法律解读书系

责任刑与预防刑

张明楷 著

图书在版编目(CIP)数据

责任刑与预防刑/张明楷著.—北京:北京大学出版社,2015.5
(法律解读书系)

ISBN 978-7-301-25824-8

Ⅰ.①责… Ⅱ.①张… Ⅲ.①刑种—研究—中国 Ⅳ.①D924.124

中国版本图书馆 CIP 数据核字(2015)第 097280 号

书　　　名	责任刑与预防刑
著作责任者	张明楷　著
责任编辑	白丽丽　邓丽华
标准书号	ISBN 978-7-301-25824-8
出版发行	北京大学出版社
地　　　址	北京市海淀区成府路 205 号　100871
网　　　址	http://www.pup.cn
新浪微博	@北京大学出版社　@北大出版社法律图书
电子邮箱	编辑部 law@pup.cn　总编室 zpup@pup.cn
电　　　话	邮购部 010-62752015　发行部 010-62750672
	编辑部 010-62752027
印 刷 者	北京虎彩文化传播有限公司
经 销 者	新华书店
	965 毫米×1300 毫米　16 开本　28.75 印张　421 千字
	2015 年 5 月第 1 版　2024 年 1 月第 5 次印刷
定　　　价	49.00 元

未经许可,不得以任何方式复制或抄袭本书之部分或全部内容。
版权所有,侵权必究
举报电话: 010-62752024　电子邮箱: fd@pup.cn
图书如有印装质量问题,请与出版部联系,电话: 010-62756370

本书由清华大学人文社科振兴基金资助

前　言

任何法律都必须以某种明确的观点或信念为根据，否则既无法解释又毫无意义。刑罚也应当具有正当化根据。讨论刑罚的正当化根据，并非只具有抽象的理论价值，而是同时具有具体的现实意义。因为刑罚的正当化根据不仅是制定法定刑的正当化根据，同时也是个案量刑与个案行刑的正当化根据。以量刑公正的标准替代刑罚的正当化根据，将刑罚的正当化根据与刑罚目的相混同、相等同，或者不讨论刑罚的正当化根据的做法，都不妥当。

报应是指责任报应，不同于报复。绝对报应刑虽然具有一定的优势，但存在明显的缺陷；另一方面，完全否认报应刑论，也并不合适。报应刑并非与刑罚目的相对立，将报应刑作为刑罚的正当化根据之一，并不妨碍将预防犯罪作为刑罚的合理目的。因为量刑与行刑完全可以在报应刑之下或者之内追求预防犯罪的目的。

将特殊预防作为刑罚唯一的正当化根据的观点，并不能说明法定刑的制定与刑罚的实际运用情况，但也不能据此完全否认特殊预防的目的。事实上，在量刑阶段，特殊预防必要性的大小明显影响刑罚的裁量。消极的一般预防与积极的一般预防并不是对立的。两者的目的都是预防犯罪，区别在于对刑罚功能的强调不同，或者说对发挥刑罚的何种功能进而实现预防犯罪的目的存在不同看法。消极的一般预防论旨在通过发挥刑罚的威慑功能，使一般人不敢犯罪（有的人可能想犯罪但担心受刑罚处罚而不敢犯罪），而积极的一般预防论则旨在发挥刑罚的规范强化功能、教育功能、安抚功能等使一般人不愿犯罪。从不敢犯罪到不愿犯罪,无疑是一种递进的效果;对于意欲犯罪的人以威慑预防为主,对于其他人则以规范预防为主,并无不当之处。另一方面,刑罚具有多重功能,甚至具有消极功能,所以,讨论刑罚的正当化根据时,应当注重发挥刑罚的各种积极功能,而没有必要以其中某些功能否认另外一些功能。

不管是报应刑论还是预防刑论,都不能完整地说明刑罚的正当化根据。并合主义是将责任报应与预防目的结合起来说明刑罚的正当化根据的理论。并合主义强调的是并合报应刑论与预防刑论的优点,同时避免二者的缺陷,而不是综合二者的缺陷,也不是以一种理论的缺陷排斥另一理论的优点,而是应当以一种理论的优点克服另一种理论的缺陷,并且针对不同的人群发挥对应的刑罚功能。此外,刑罚的正当化根据是多元的,即使是预防犯罪的目的也可以分为一般预防与特殊预防,而且赖以实现一般预防与特殊预防的功能并不完全相同。

在量刑过程中,报应刑与预防刑虽然可能存在完全一致的情形(如报应刑正好能够实现预防目的),但不可否认的是,由于报应刑与预防刑存在区别,在某些场合会存在对立现象。亦即,以报应为基础的刑罚(报应刑)和预防犯罪所需要的刑罚(预防刑)不同时(如罪行重大但预防的必要性小,或者罪行轻微但预防的必要性大),应当如何确定刑罚?这便是刑罚根据的二律背反问题。如何克服并合主义的二律背反现象,正是并合主义理论必须解决的问题。

我国刑法理论中的不同层次目的论、主次(辅)目的论、量刑与行刑关系论、罪刑均衡与刑罚个别化的关系论、广义的罪刑均衡论、广义的刑罚个别化论、罪责刑相适应论等理论,基本上都是大同小异,各种观点都只是要求刑罚既要与罪行相适应,也要与人身危险性相适应,或者说,既要考虑报应的需要,也要考虑预防(尤其是特殊预防)的需要。但是,对刑罚正当化根据的二律背反问题,均缺乏具体的解决方案。

其实,报应与预防的关系,不是一个简单的谁主谁次、哪个居于第一位哪个居于第二位的关系,而是如何发挥报应刑与预防刑的优势,同时又克服报应刑与预防刑的缺陷的问题。报应刑是指责任报应,报应刑就是责任刑。所以,既要坚持责任主义原则,又要以预防犯罪为目的。一方面,量刑时不能出于一般预防的考虑而使刑罚超出责任刑的程度。另一方面,只能在责任刑的限度内考虑特殊预防的目的。作为量刑基准的责任,一方面是对不法的责任,另一方面也包含由各种表明非难可能性的因素(不管其是否属于成立犯罪所必需的责任要素)所形成的责任程度。

问题是,责任刑是一个确定的点(点的理论),还是一个幅度(幅的理论)?是在责任刑的点周围或者点之下考虑预防犯罪的目的,还是在责任刑的幅度之内考虑预防犯罪的目的?由于不法与对不法的责任都具有特定的、确定的内容,所以,客观上存在与责任相适应的确定的刑罚(点),法官主观上也能够认识到这种确定的刑罚;法官只能在责任刑的点之下考虑预防犯罪的需要;当然,在具有减轻处罚情节的场合,法官能够在点之下低于法定刑考虑预防犯罪的需要。因此,重罪重判、轻罪轻判意义上的罪刑均衡,只是就责任刑而言,而不是就宣告刑而言。因为宣告刑是在责任刑之下考虑预防目的而形成的刑罚。由于责任刑与预防刑并不成正比例关系,所以,宣告刑不可能、也不应当完全与罪行相均衡。从宣告刑上来说,重罪也可能轻判。因为即使责任刑重,但如果一般预防或特殊预防的必要性小,就可以从轻乃至减轻判处刑罚。

量刑有三个最重要的步骤:第一是法定刑的选择,即确定罪名后根据案件的不法与责任事实确定法定刑。第二是责任刑的裁量,即根据影响责任刑的情节,确定责任刑(点)。要确定责任刑的点,就必须明确哪些情节影响责任刑。例如,不能将累犯作为影响责任刑的情节,也不能将故意、过失作为影响预防刑的情节。第三是预防刑的裁量,即在责任刑的点之下根据预防必要性的大小确定预防刑,进而确定宣告刑。不管预防必要性有多大,都只能在责任刑的点之下从重处罚。所以,任何将影响责任刑的情节与影响预防刑的情节相加或者相抵的做法,都违反了并合主义理念,还可能违反责任主义。

我国刑法分则规定的法定刑重与法定刑档次多的特点,决定了司法人员必须慎重选择法定刑,尤其要慎重选择加重法定刑(或升格法定刑)。责任加重是法定刑升格的根据,预防情节不可能成为法定刑升格的根据;不能归责于不法行为的结果,没有责任的不法加重事实,均不应成为法定刑升格的根据。

升格法定刑的适用,还以正确区分加重构成与量刑规则为前提。在我国,刑法分则条文单纯以情节(特别)严重、情节(特别)恶劣以及数额或数量(特别)巨大、首要分子、多次等作为升格条件时,只能视为量刑规则;刑法分则条文因为行为、对象等构成要件要素的特殊性使行为类型发生变化,进而导致不法程度加重并升格法定刑时,才属于加重的犯罪构成(或构成要件)。加重的犯罪构成存在未遂,量刑规则不可能存在未遂。换言之,只有当案件事实完全符合量刑规则时,才能适用该量刑规则;案件事实有符合量刑规则的可能,但实际上没有达到量刑规则的要求时,不能适用该量刑规则。所以,对意图盗窃、诈骗数额巨大或者数额特别巨大财物但未得逞的,不得适用数额巨大与数额特别巨大的法定刑(如果数额没有达到巨大或者特别巨大标准,但情节严重或者特别严重的,则应适用相应的升格法定刑)。

对应于情节较轻的减轻法定刑的选择根据是罪行较轻,包括单纯不法程度的减轻与责任本身的减轻。特殊预防必要性大小不是影响罪行轻重的要素,不能成为选择减轻法定刑的根据,只能在选择了法定刑并且裁量了责任刑之后予以考虑。

在选择了法定刑后,如何裁量责任刑,显得尤为重要。责任刑是与责任对应或者相当的刑罚,是刑罚的上限。在裁量责任刑时,应当摒弃重刑主义观念,要考虑法定刑分配,正确评价罪行程度,不得暗中想定更重法定刑,不得实行间接处罚,不得重复评价,不得盲目遵从判例。

根据责任主义的观点,影响责任刑的量刑情节,包括两个方面的内容,一是不法事实(法益侵害事实),二是表明责任程度的事实(已经作为定罪事实或者法定刑升格的事实进行评价的除外)。增加责任刑的情节必须是有责的不法事实,减少责任刑的情节可以是降低不法的纯客观事实;增加或者减少责任程度的事实是影响责任刑的情节。余罪、疑罪、社会影响、被害人的精神损害、严厉处罚要求等,不能成为影响责任刑的情节。

在进行责任刑的裁量时,首先可以确定一个量刑起点,再考虑各种影响责任刑的情节,进而确定责任刑。所确定的责任刑既是预防刑的上限,也是宣告刑的上限。亦即,考虑预防刑之后所宣告的刑罚,不能超过责任刑。如果采用以既遂为模式的量刑起点,那么,与量刑起点对应的犯罪只能是该犯罪的常态情形;常态犯罪并不是罪行程度居于中间程度的犯罪,而是比中间程度更轻的犯罪。所以,应当在法定刑的中间刑偏下乃至接近最低刑确定量刑起点。在通常情况下,法定量刑情节的作用大于酌定情节的作用,但是,对此不能绝对化,必须承认酌定情节的作用大于法定情节的情形。在犯罪人同时具有几个减少责任刑的情节,或者同时具有几个增加责任刑的情节时,应当按照从作用大到作用小的情节顺序对量刑起点进行调节。在犯罪人同时具有增加责任刑与减少责任刑的情节时,不能采取简单的折抵或者抵消的办法,而应考虑不同情节的地位与作用,分别适用各种量刑情节。

按照责任主义与点的理论,在裁量了责任刑的点之后,就应当在责任刑的点之下、法定刑最低刑以上裁量预防刑;如果有减轻处罚的情节,当然可以或者应当在法定刑之下裁量预防刑。

特殊预防是刑法所期待的未来的目的,但法官在以特殊预防目的裁量刑罚时,必须以已经发生或者已经存在的反映犯罪人的再犯罪危险性的事实为根据。

量刑时难以考虑积极的一般预防,不能考虑消极的一般预防与所谓特别的一般预防,但可以考虑一般预防必要性小的情形。一般预防必要性小而特殊预防必要性大时,或者一般预防必要性大而特殊预防必要性小时,都应当坚持特殊预防优先的立场。不管发生在什么地区、什么时期的所谓相同案件,犯罪人特殊预防必要性的大小都不可能相同。既然如此,就没有相同的案件。对量刑平衡的追求,必然对预防刑的裁量产生不利影响。刑罚的正当化根据是报应与预防,法官不能为了追求量刑平衡,而放弃对此地此时此案件的责任刑与预防刑的合理裁量,相反,必须根据此地此时此案件的责任程度与预防必要性大小,做出符合刑罚正当化根据的量刑判断。

累犯、再犯虽然都是说明特殊预防必要性大的情节,但是,在适用累犯、再犯这一情节时,也必须注意累犯、再犯与特殊预防的具体关联性。与行为人所犯之罪有关的能够表明行为人再次犯罪可能性大的一般违法行为,应当成为增加预防刑的情节。良好的一贯表现,如果能说明行为人再犯罪的可能性小,当然成为减少预防刑的情节;不良的一贯表现对预防刑的影响应当控制在很小的范围内,否则会导致间接处罚。反省、悔罪与赔礼道歉虽然不属于法定量刑情节,但在裁量预防刑时必须予以重视。事后积极退赃、赔偿损失与积极挽回损失的行为,是减少预防刑的情节。不过,究竟是减少特殊预防刑的情节,还是减少一般预防刑的情节,则需要具体分析。被告人犯罪后为逃避刑事责任而隐瞒事实、毁灭证据与负案潜逃,属于行为人犯罪后的常态。这种常态只是表明行为人希望逃避刑事责任,而不意味着其特殊预防的必要性大,不能成为增加预防刑的情节。

不管是法定的减少预防刑的情节,还是酌定的减少预防刑的情节,对被告人的量刑都必须起作用。这是因为,不论罪行轻重如何,只要被告人具备减少预防刑的情节,就表明其特殊预防必要性小,因而应当从宽处罚。换言之,对于罪行的轻重,只能根据影响责任刑的情节进行判断;对于特殊预防必要性的大小,只能根据影响预防刑的情节进行判断。前者不能直接决定后者,后者也不可能直接决定前者。不能因为罪行重,就认为特殊预防必要性大;也不能因为特殊预防必要性大,便断定罪行重。

法官在裁量预防刑时应当合理行使自由裁量权,不能期待所有情节都由刑法明文规定。"即便能够制定规则,裁量往往也是更优的。没有裁量的规则就无法全面考虑使结果适应具体案件的特定事实和情况。证成裁量正义的理由通常是个别化正义的需要。"法官的裁量,不能只是机械地套用刑法的一般性规定,更要考虑一般性规定背后的实质根据与理由。预防刑的裁量,特别需要法官明确刑罚的正当化根据,全面掌握非类型化的情节,以此为基础正确判断被告人特殊预防必要性的大小,从而实现刑罚目的。

在裁量了预防刑之后,通常会有一些相关事项要求法官做出进一步判断,最后决定宣告刑。广义的宣告刑并不限于对刑罚的宣告,而是包括了对保安处分以及其他非刑罚处罚措施的宣告。例如,是否宣告禁止令,是否没收犯罪工具等,都必须在判决时一并处理。

责任刑与预防刑的关系表明,主犯、从犯与胁从犯的再犯罪可能性大小,并不取决于责任的大小。换言之,主犯的责任重,并不等于其再犯罪可能性也大;从犯的责任轻,并不意味着其再犯罪可能性小。所以,不能片面追求主从犯的量刑均衡。

在对数罪量刑时,需要分清哪些情节对哪一犯罪的责任刑起作用,哪些情节对哪一犯罪的预防刑起作用。在被告人犯异种数罪时,对于预防刑必须分别裁量,而不得综合裁量。这是因为,被告人的再犯罪可能性是就具体犯罪而言,而不是就抽象犯罪而言。在想象竞合的场合,如果没有减轻处罚的情节,那么,在根据重罪的法定刑量刑时,宣告刑不得低于轻罪的法定刑,同时应当科处轻罪所规定的附加刑。在吸收一罪的情况下,只要行为没有侵害新的法益,或者虽然侵害了新的法益但被告人对新的法益侵害没有责任,就不得作为增加吸收之罪的责任刑的情节。

缓刑虽然是特殊预防目的的产物,基本上属于预防刑的裁量问题,但责任程度对能否宣告缓刑起着重要作用。在我国《刑法修正案(八)》公布之后,扩大缓刑的适用不仅具有可行性,而且更有利于实现特殊预防的目的,避免短期自由刑造成的诸多不利后果。

罚金刑不仅是一种痛苦,而且也确实有利于特殊预防,所以,在法定刑规定了"单处罚金"时,法官应尽可能多地单处罚金。被告人的财产富裕,不能成为增加责任刑的情节。因为被告人的财产富裕,既不能表明其犯罪的不法增加,也不能表明其犯罪的责任加重。基于同样的理由,被告人的贫穷,也不能成为减少责任刑的情节。被告人的财产富裕,不能成为增加预防刑的情节。因为并不是有钱人犯罪的可能性大,没钱人犯罪的可能性小,再犯罪的可能性与其财产的多少没有直接关系。被告人的贫穷,是减少其预防刑的情节。对贫穷的被告人判处高额罚金,不仅导致罚金刑难以执行,而且引起被告人的不满,难以促使其悔过自新。此外,高额罚金反而可能促使被告人再次实施财产犯罪,因而不能实现特殊预防的目的。所以,在裁量罚金刑时,对于贫穷的被告人应当减少罚金数额。

《刑法》第 64 条所规定的"供犯罪所用的本人财物"应当限制解释为"供犯罪使用的,并且与违禁品相当的本人财物"。所谓"供犯罪使用",是指直接供犯罪使用,不仅包括犯罪工具,而且包括犯罪行为组成之物;所谓"与违禁品相当",是指虽然不属于法律、法规明文规定的违禁品,但该财物是行为人主要或者通常用于犯罪的财物。《刑法》第 64 条所称的"违法所得",既不是指一般违法行为所得,也不是要求完全符合犯罪成立条件的犯罪所得,而是指符合犯罪构成要件的违法行为所得。亦即,"违法所得"的认定不以行为人具有责任为前提。例如,对 15 岁的人走私毒品犯罪所得,也应当没收。与此相应,其中的"犯罪分子"只要求是实施了符合构成要件的违法行为的人或者单位,而不要求是具备有责性的人。

当行为人具有可以(或者应当)"减轻或者免除处罚"的法定情节,而又不宜免除处罚时,减轻处罚时可以下降两个量刑幅度。当被告人具备两个以上减轻处罚的情节时,原则上也可以下降两个量刑幅度:(1)在被告人具有两个"应当"减轻处罚的情节时,宜下降两个量刑幅度裁量刑罚。因为《刑法》第 63 条第 1 款后段是以被告人具有一个法定的减轻处罚情节为模式所做的规定,并没有包含具有数个减轻处罚情节的情形。(2)在被告人具有一个"应当"减轻处罚与一个"可以"减轻处罚的情节,或者具有两个"可以"减轻处罚的情节时,需要对量刑情节进行综合考察,判断下降一个量刑幅度所判处的刑罚是否过重。如果得出肯定结论,就可以下降两个量刑幅度。(3)如果具有三个以上的减轻处罚的情节,通常应当下降两个量刑幅度裁量刑罚。当被告人仅具有一个减轻处罚的情节,但下降一个量刑幅度裁量刑罚仍然导致宣告刑过重,不符合报应刑原理,导致不必要的刑罚时,法官应当适用《刑法》第 63 条第 2 款,经最高人民法院核准,下降两个量刑幅度宣告刑罚。

在被告人具有"可以免除处罚"、"应当减轻或者免除处罚"、"应当从轻、减轻或者免除处罚"、"可以减轻或者免除处罚"等情节,同时具有从重处罚的情节时,要先确定被告人所具有的情节是影响责任刑的情节还是影响预防刑的情节,按照先裁量责任刑后裁量预防刑的情节的步骤,决定宣告刑。

鉴于我国法定刑较重的立法现状以及量刑较重的司法现实,本书主张,除了法定情节以外,法官应尽可能多地考虑酌定从轻情节,尽可能少地考虑酌定从重处罚的情节。

在当今社会,死刑基本上丧失了正当化根据;法官应当尽可能不适用死刑。从立法论上来看,限制减刑是一项不可取的制度,法官应当尽量不适用此项制度。

以上是本书的基本内容。一言以蔽之,法官必须在责任刑之下考虑预防犯罪的必要性。

"国家尊重和保障人权。""现代人权学说最初是为了保护个人不受国家的迫害;这一学说被当作一种规范的底线,用来批判全世界政府行为标准。"这一初衷并没有改变。人权标明了国家权力的边界。由于刑罚是以剥夺性痛苦为内容的强制措施,而且以国家的名义规定与适用,所以,所谓"保护个人不受国家的迫害",首先要保护个人不受国家刑罚的恣意侵害;要保障人权,首先要保障刑罚不得侵犯人权。刑罚与人权保障的关系明显存在于刑罚的制定、裁量与执行三个领域。国家可以将剥夺何种权利的强制措施规定为刑罚,这是一个重大课题。监狱人权保障的状况是一个国家人权状况好坏的重要标志之一,这一点受到各国政府的高度重视。至于如何在刑罚的裁量方面防止侵犯人权,我国的讨论似乎并不多。但不可否认的是,在当代,人权保障已经不再局限在观念的层面上,而是提升到宪法和法律所保障的制度层面上,许多传统上被伦理、道德、人性所关注的一般人权,相继成为宪法和法律所保障的重要内容。人权只能在法律得到遵守和实施的国度里获得实现的机会。事实上,在法治国家,人权实践上完全是通过法院得到保障和实施的;法官的任务就是解释宪法和成文法赋予公民的权利,以便确定他人诉讼请求是否有效,法官和法院是为宪法和法律确认的权利服务的。如果法官与法院都不能保障人权,那么,这个国家的人权就不可能得到保障。可以肯定的是,就刑事司法而言,法官与法院要保障人权,就必须使刑罚的裁量具备正当化根据。

如所周知,古今中外关于刑罚的正当化根据的观点林林总总、形形色色,本书第一章的归纳难免挂一漏万、杂乱无章,所做的评论也可能生拉硬扯、不得要领。宣告刑的确定涉及前前后后、方方面面,本书最后一章的安排可能本末倒置、混乱无序,所发表的观点也难免牵强附会、未中要害。其他各章所谓的论证,也是在为继续相信自己已经相信的观点而找寻理由。此外,由于语言能力有限,表述能力不强,前后各章以及各章之内均有一些必要或者不必要的简短重复。由衷地欢迎并真诚地期待各位读者对本书中不经之谈、不实之论的驳议与批评!

目 录

第一章 刑罚根据 …………………………………… (1)
  一、概述 …………………………………………… (1)
  二、报应刑论 ……………………………………… (12)
  三、预防刑论 ……………………………………… (44)
  四、并合主义 ……………………………………… (72)

第二章 二律背反 …………………………………… (94)
  一、概述 …………………………………………… (94)
  二、国内学说 ……………………………………… (99)
  三、国外观点 ……………………………………… (119)
  四、本书立场 ……………………………………… (126)

第三章 量刑基准 …………………………………… (136)
  一、概述 …………………………………………… (136)
  二、幅的理论 ……………………………………… (138)
  三、点的理论 ……………………………………… (154)
  四、本书立场 ……………………………………… (158)

第四章 法定刑的选择 ……………………………… (174)
  一、概述 …………………………………………… (174)
  二、升格法定刑的根据 …………………………… (176)
  三、升格法定刑的性质 …………………………… (210)
  四、升格法定刑的援引 …………………………… (227)
  五、减轻法定刑的选择 …………………………… (233)

第五章 责任刑的裁量 …………………………… (239)

　　一、概述 …………………………………………… (239)

　　二、裁量责任刑的观念 …………………………… (244)

　　三、裁量责任刑的关键 …………………………… (254)

　　四、影响责任刑的情节 …………………………… (273)

　　五、裁量责任刑的方法 …………………………… (309)

第六章 预防刑的裁量 …………………………… (325)

　　一、概述 …………………………………………… (325)

　　二、裁量预防刑的观念 …………………………… (326)

　　三、影响预防刑的情节 …………………………… (339)

　　四、裁量预防刑的方法 …………………………… (361)

第七章 宣告刑的确定 …………………………… (375)

　　一、概述 …………………………………………… (375)

　　二、共犯与数罪 …………………………………… (379)

　　三、缓刑与禁止令 ………………………………… (393)

　　四、罚金与没收 …………………………………… (398)

　　五、减轻处罚与免除处罚 ………………………… (415)

　　六、从轻处罚与从重处罚 ………………………… (431)

　　七、死刑与限制减刑 ……………………………… (437)

第一章 刑罚根据

一、概　　述

"任何法律都必须有其根据,即根据某种明确的观点或信念,否则便无法解释和毫无意义。"①刑罚是由刑法规定的一种痛苦(恶害),表现为对犯罪人权利与利益的剥夺,并且对国家与社会具有相当多的副作用。②所以,刑罚的存在必须具有充足的合理根据。本章所称刑罚根据,是指刑罚的正当化根据,所回答的问题是:作为一种恶害的刑罚,为什么对犯罪人的适用具有正当性?对犯罪人科处什么样的刑罚,才是正当的?讨论刑罚的正当化根据,并非只具有抽象的理论价值,而是同时具有具体的现实意义。因为刑罚的正当化根据不仅是制定法定刑的正当化根据,同时也是个案量刑与个案行刑的正当化根据。

在刑罚的正当化根据方面,我国刑法学理论大体上存在四种现象。

第一种现象是,以量刑公正的标准替代刑罚的正当化根据,或者说将量刑公正作为刑罚的正当化根据。例如,赵廷光教授指出,不同刑法学派具有不同的量刑公正标准:报应刑论认为"刑罚的轻重应当与行为的社会

---

① 〔英〕鲍桑葵:《关于国家的哲学理论》,汪淑钧译,商务印书馆1995年版,第78页。
② 除了误用刑罚所导致的不良后果外,即使是正当的刑罚,也会影响犯罪人家庭的正常生活,还可能引起犯罪人家属对社会的不满,进而对社会实施报复行为。

危害性大小成正比,所以'罪刑相适应'(亦称罪刑均衡、罪刑等价)是量刑公正的判断标准";"刑罚的轻重应当与行为人的人身危险性及其程度相适应"是目的刑论的量刑公正观;"刑罚的轻重应当与行为的社会危害性程度和行为人的人身危险性程度相适应,是折中主义刑罚论的量刑公正标准"。他认为,"我国量刑公正的标准属于折中主义刑罚论,表现为'罪责刑相均衡'","所谓量刑公正,是指对犯罪分子所判刑罚的轻重与其所犯罪行的社会危害程度及其人身危险程度相对均衡的情形"。①

在上述观点看来,公正的量刑就是正当的刑罚,而且将报应与特殊预防作为量刑公正的基本标准。但是,量刑公正的含义并不清晰,量刑公正的标准也难以确定。例如,有人指出:"所谓量刑公正,是指在刑罚裁量时对犯罪人相对平等地处罚,重罪重判,轻罪轻判,罚当其罪,坚持反对重罪轻判,轻罪重判和同罪异罚、异罪同罚。"②也有人指出:"刑罚是否正义以及量刑是否公正取决于两点,一是刑罚是否必需,二是刑罚的量是否公正。"③还有学者指出:量刑公正"是社会公众对人民法院刑事审判的一种价值期待","我们只能在相对的、多维度的意义上为量刑公正下定义",量刑公正的判断标准是"合法性"、"合理性"、"量刑结果具有可预测性和可接受性"以及"量刑过程的公开性"。④ 从这些定义可以看出,量刑公正本身就是一个不确定的概念,对量刑公正本身的界定不同,必然导致对量刑公正的判断标准不同。即使在罪刑均衡的意义上使用量刑公正的概念,也不意味着公正的量刑就具备刑罚的正当化根据。

更为重要的是,如果离开了刑罚的正当化根据,单纯探讨量刑公正的标准,必然使量刑公正丧失根基。量刑只是刑罚活动的一个内容,而且不可能与刑罚的制定、执行完全分离。例如,量刑不可能突破法定刑,即使法定刑畸轻导致量刑不公正,也不可能在法定刑之上量刑。再如,对被告

---

① 赵廷光:《论量刑公正的一般标准》,载《河南省政法管理干部学院学报》2007年第4期,第35—39页。
② 张勇:《经济犯罪定量化研究》,法律出版社2008年版,第130页。
③ 臧冬斌:《量刑的合理性与量刑方法的科学性》,中国人民公安大学出版社2008年版,第53页。
④ 张天虹:《量刑公正及判断标准》,载《法学杂志》2011年第2期,第66—69页。

人是宣告管制还是宣告徒刑,以及是否宣告缓刑,实际上包括了对刑罚执行效果的考量。所以,孤立地讨论量刑公正或者将量刑公正作为刑罚的正当化根据的做法,并不妥当。换言之,只有讨论刑罚的正当化根据①,才能明白什么样的量刑是正当的;或者说,只有具备正当化根据的量刑,才是正当的。所以,在刑罚的正当化根据之外或者离开刑罚的正当化根据讨论量刑公正及其标准,没有明显的意义。

第二种现象是,不讨论刑罚的正当化根据,只探讨刑罚目的。例如,大多数刑法学教科书在刑罚论部分,只讨论刑罚目的与刑罚功能,而没有阐述刑罚的正当化根据,也没有使用"刑罚的正当化根据"的概念②,并且强调,"人民法院对犯罪分子判处刑罚时,既要考虑特殊预防的需要,又要考虑一般预防的需要,使判决符合这两个方面的要求"。③

显然,只讨论刑罚目的,并不意味着为了实现刑罚目的而科处的刑罚就是正当的。反过来说,只讨论刑罚目的,可能形成如下局面:为了实现刑罚目的而适用的任何刑罚都是正当的。但是,刑罚目的正当并不意味着刑罚本身正当。

从常识上说,即使行为的目的正当,也必须采取适当的手段。因为目的正当并不能直接导致手段正当。如所周知,为了追回自己的被盗物品而杀害盗窃犯的,尽管目的正当,但其行为手段一般不可能正当化。刑罚目的与手段的关系也是如此。例如,为了实现特殊预防而对具有盗窃习性的盗窃判处死刑时,尽管特殊预防的目的具有正当性,而且完全能够实现特别预防的目的,但不表明适用死刑这一手段也是正当的。再如,为了实现一般预防,对轻微犯罪判处严厉刑罚时,尽管一般预防的目的是正当的,或许在一定时间内也确实有利于实现一般预防,但对轻微犯罪判处严厉刑罚的手段,会导致犯罪人成为预防犯罪的工具,侵犯了犯罪人的尊严,因而也是不正当的。

---

① 当然,如后所述,在刑罚的制定、裁量与执行阶段,正当化根据的侧重点可能有所不同。
② 参见高铭暄、马克昌主编:《刑法学》,北京大学出版社、高等教育出版社2011年第5版,第216页以下;王作富主编:《刑法》,中国人民大学出版社2009年第4版,第186页以下。
③ 高铭暄主编:《中国刑法学》,中国人民大学出版社1989年版,第234页。

从法理上说,合目的性不等于正义性,反之亦然。"法理念是以三个基本价值的紧张关系表现出来的,这三个基本价值是正义、合目的性与法的安定性。"①正义是实定法的基本价值,是立法者的目标;与真、善、美一样,正义是绝对价值,以其自身为基础,而不是从更高价值派生出来的;平等是正义的本质。"正义是形式的理念,无数的法规范根据正义采取其形式,采取对万人平等对待和由法律规制的普遍性。而其内容必须由与正义不同的、因而与正义并列的、也属于法理念的原理来决定,这个原理就是合目的性。"②亦即,法律要追求利益、价值,这种利益与价值,体现在刑法上就是法律所保护的利益即法益,刑法的目的正是通过对侵害或者威胁法益的行为追究刑事责任以保护法益的。③ 刑罚的目的是预防犯罪,但对犯罪的预防不能侵害刑法的正义性。可是,仅注重刑罚目的,必然会使刑罚丧失正义性。法的安定性具有以下四个含义:其一,法是实定的,是制定法;其二,制定法本身是安定的,对各个具体案件的处罚不受法官恣意的左右;其三,作为法的基础的事实必须尽可能准确无误地予以确认;其四,不轻易变更实定法。④ 可以认为,法的安定性表现在刑法上就是罪刑法定原则,罪刑法定原则的各个派生原则,都是法的安定性的理念在刑法上的表现。如果只考虑刑罚的目的,对各个具体案件的处罚就会受法官恣意的左右,从而有损刑法的安定性,违反罪刑法定原则。

从实践上看,如果在对一个具体个案量刑时,只考虑预防犯罪的刑罚目的,就必然导致量刑畸重。我国以往的量刑实践就充分说明了这一点。在以往的各类"专项斗争"期间,对被告人所科处的刑罚都相当重,原因之一是为了实现一般预防的目的。但是,为了实现一般预防的目的所科处的刑罚是否具有正当性与有效性,则不无疑问。事实上,"专项斗争"过后,相关犯罪并没有得到明显抑止。同样能说明问题的是,历次"严打"行动,只是在"严打"期间以及随后的短暂时间内减少了犯罪。稍微

---

① 〔德〕G. Rudbruch:《法学入门》,〔日〕碧海纯一译,东京大学出版会1973年版,第33页。
② 同上书,第34页。
③ 〔日〕丸山治:《刑法的の目的と机能》,载〔日〕阿部纯二等编:《刑法基本讲座》第1卷,法学书院1992年版,第7页。
④ 〔德〕G. Rudbruch:《法学入门》,〔日〕碧海纯一译,东京大学出版会1973年版,第36页。

经过一段时间后,犯罪率明显上升,尤其是恶性案件大量增加。于是,重刑与重罪形成恶性循环,并且产生其他诸多弊害。① 之所以如此,就是因为各类"专项斗争"与"严打"行动基本上只考虑刑罚目的,而不考虑刑罚的正当化根据。

从量刑上说,如果仅讨论刑罚目的,而不讨论刑罚的正当化根据,就无法为量刑活动提供指导。因为当一个法官在量刑过程中缺乏刑罚的正当化根据观念时,他就只会简单地考虑刑罚目的与各种量刑情节,而不会在刑罚的正当化根据的观念指导下,考虑什么样的量刑是正当的,以便正确处理各种量刑情节的关系。如后所述(参见本书第五章、第六章),最高人民法院公布的《关于常见犯罪的量刑指导意见》,并不是在刑罚的正当化根据的观念指导下形成的,没有区分各种量刑情节的根据与作用,对各种量刑情节简单地"采用同向相加、逆向相减的方法",因而难以使量刑具有正当化根据。

总之,仅讨论刑罚的目的,而不探讨刑罚的正当化根据,不仅导致刑罚的适用缺乏正当性,而且导致刑罚的目的难以实现。

第三种现象是,将刑罚的正当化根据与刑罚目的相混同,主要表现为将刑罚正当化的部分根据当作刑罚目的。例如,有人指出:"报应主义认为犯罪是对罪犯科刑的唯一原因,刑罚是犯罪的当然结果。也就是说,报应既是国家行使刑罚权的理由,也是刑罚的目的,除了报应外,刑罚再无其他目的。""预防主义又称目的刑主义或社会防卫主义,即指对犯罪人适用刑罚的目的,既不在于报应,也不在于威吓,而是防止发生新的犯罪,保卫社会利益。"②还有人指出:"报应主义刑罚目的观,认为刑罚目的在于报应。这种观点认为犯罪是一种恶害,刑罚是对犯罪行为所造成的危害的报复,因而目的在于报应犯罪所造成的恶害,即通过施加于犯罪人痛苦以均衡犯罪行为的恶害和犯罪人的罪责,实现公平正义。因此刑罚只

---

① 参见陈兴良:《严打利弊之议》,载《河南省政法管理干部学院学报》2004年第5期,第120页以下。
② 田文昌:《刑罚目的论》,中国政法大学出版社1987年版,第9、10—11页。

能以已然的犯罪为根据对犯罪实施报应,除此不应追求其他目的。"①

其实,上述观点是一个误解。众所周知,前期旧派以个人为本位,反对将个人作为社会的手段,报应刑论正是从犯罪人的个人角度说明刑罚的正当化根据的。根据黑格尔的说法,报应刑论实际上是尊重了犯罪人。因为等价的报应刑是对犯罪人理性的荣誉待遇,报应是恢复理性的平衡过程。② 新派以社会为本位,主张为了防卫社会而适用刑罚,目的刑论正是从社会角度说明刑罚的正当化根据的。正如日本学者前田雅英教授所言:"报应刑论主张'刑罚是作为对犯罪的报应而科处的'……是从个人(犯人)方面来谈刑罚正当化的……与此同时,认为'刑罚在广义上为了防止犯罪的目的而科处'的目的刑论,是从社会方面来谈刑罚正当化的。"③ 可以肯定的是,凡是从刑罚目的的正当性角度说明刑罚正当化根据的,都被称为目的刑论。如果认为报应刑论主张报应是刑罚的唯一目的,那么,报应刑论也是从刑罚目的论证刑罚的正当化根据的,岂不是也可以将报应刑论归入目的刑论? 于是,报应刑论与目的刑论成为目的刑论内部的争论。但是,这完全不符合刑罚学说发展的事实。

诚然,将刑罚目的与刑罚的正当化根据相等同,也常见于国外刑法理论。例如,德国学者 Roxin 教授在介绍战后德国刑法学的发展时指出,第二次世界大战结束至 1962 年,在刑罚目的论上"报应刑论占支配地位";1962 年至 1975 年,"刑罚目的在此时期由报应向预防转变",将重点放在特殊预防;1975 年以后,"在刑罚目的论领域,一般预防的刑罚理论在大部分学说中占据优势地位"。④ 但是,将报应作为刑罚目的,与 Roxin 教授对报应刑的批判是不协调的。Roxin 教授在介绍和批判报应刑论时指出:"报应刑论不是在追求任何对社会有用的目的中考虑刑罚的意义……对

---

① 陈异慧:《刑罚目的的人性反思》,载《法学杂志》2014 年第 6 期,第 75 页。
② 参见〔德〕黑格尔:《法哲学原理》,范扬、张企泰译,商务印书馆 1961 年版,第 103 页。
③ 〔日〕前田雅英:《刑法总论讲义》,东京大学出版会 1988 年版,第 47 页。
④ 〔德〕Claus Roxin:《第二次世界大戦後のドイツにおける刑事政策と刑法学の発展について》,〔日〕川口浩一、葛原力三译,载《关西法学论集》第 50 卷(2000 年)第 1 号,第 170 页以下。

于报应刑论来说,刑罚的意义独立于社会的效果。"① 显而易见,一方面将报应刑论理解为一种关于刑罚目的的理论,另一方面又认为报应刑论没有考虑刑罚对社会有用的目的,是自相矛盾的。再如,日本学者小林宪太郎教授指出:"关于刑罚目的,一般列举出报应、消极的一般预防、积极的一般预防与特殊预防四种。"同时又指出:"将单纯的报应作为刑罚目的的观点,被称为报应刑论。更正确地说,报应刑论的立场是,刑罚没有目的,只是对犯罪科处作为反作用的刑罚。因此,报应刑的对应语,是将目的作为刑罚观念的目的刑论。"② 这里的矛盾也显而易见。概言之,将报应刑作为刑罚目的来理解,本身就缺乏妥当性。或许可以认为,国外学者现在所称的"刑罚目的",实际上是指刑罚的正当化根据。③

事实上,我们不可能用刑罚目的代替刑罚的正当化根据。例如,在量刑阶段,刑罚的正当化根据,实际上所回答的是对犯罪人科处刑罚的理由是什么。人们的回答既可能是因为犯罪人实施了刑法所禁止的法益侵害行为(报应刑论),也可能是因为防止犯罪所必需(预防刑论),还可能是二者兼具(并合主义)。显然,如果认为对犯罪人科处刑罚的理由是报应,那么,刑罚的正当化根据与刑罚的目的就并非等同概念;如果认为对犯罪人科处刑罚的理由是报应与预防,刑罚的正当化根据与刑罚的目的也不是等同概念。只有当人们认为对犯罪科处刑罚的理由就是预防犯罪,刑罚的正当化根据与刑罚目的才是等同关系。但是,此时的"等同",只是一种巧合,而不是意味着刑罚的正当化根据与刑罚的目的是等同的概念。

第四种现象是,强调刑罚的正当化根据与刑罚目的具有同一性,主要表现为虽然承认刑罚正当化根据与刑罚目的是两个不同概念,但同时认为正当化根据也是刑罚目的。例如,周少华教授主张刑罚目的是报应与特殊预防,他指出:"报应刑论和目的刑论并不仅仅是针对刑罚的正当化

---

① Claus Roxin, Strafrecht Allgemeiner Teil, Band I, C. H. Beck 4. Aufl., 2006, S. 870.
② 〔日〕小林宪太郎:《刑罚に关する小讲义》,载《立教法学》第 78 号(2010 年),第 408 页。
③ 事实上,我国刑法理论也存在用"刑罚目的"表述"刑罚的正当化根据"的现象(参见本书第二章)。

根据而形成的对立,它们也是刑法基本观念上的对立。这种对立不但决定着它们对刑罚正当化根据的不同解说,而且也影响着它们对诸多刑法基本问题的看法,其中也包括对刑罚目的的不同认知。既然报应是刑罚的正当化根据之一,就说明刑罚的报应性可以成为一种合理的要求,而满足这种要求,也就应当成为制定、适用和执行刑罚的基本目的之一。如果报应不是刑罚的目的,那么社会的报应情感和要求如何才能满足?报应又何以能够证明自己是刑罚的正当化根据?报应刑论的基本观点是,刑罚是作为对实施犯罪的回报(报应)而科处的,国家的刑罚是对实施犯罪这种恶行的一种社会反作用,其目的就是代行私人复仇,满足人的复仇本能。因此,报应刑论在承认报应是刑罚的正当性根据的同时,也必然把报应作为刑罚的目的。"①

在本书看来,上述观点表面上区分了刑罚的正当化根据与刑罚目的,其实仍然是对二者的混同。第一,刑罚的正当性与刑罚目的不是等同的概念,不能因为报应具有正当性,就肯定报应也是目的。如果认为报应也是目的,那么,对任何犯罪都必然追求报应这一目的。于是,在保留死刑的情况下,要将对少数罪犯判处死刑作为追求的目的。这显然不合适。第二,报应刑论采取必罚主义的立场,如果将其作为目的,就意味着缓刑与免予刑罚处罚都不符合刑罚目的。这明显不符合当今世界各国刑法的规定。如果说报应与特殊预防都是目的,那么,在二者存在冲突时,必然要放弃其中之一。如果放弃预防目的,则陷入了绝对报应刑论;如果放弃报应,至少意味着报应不能成为目的。第三,不将报应作为刑罚目的,并不意味着社会的报应情感和要求不能得到满足。因为只要判处刑罚,作为其伴随效果,就当然能够满足社会的报应情感和要求。第四,报应能够成为刑罚的正当化根据之一,不是因为报应是目的,而是因为报应刑可以限制刑罚的范围与程度,从而将对预防目的的追求限定在公平、公正的范围内,防止把犯罪人当作预防他人犯罪的工具,保障犯罪人的人权。第五,国家对犯罪人科处刑罚,并不是代行私人复仇,也不是为了满足人的

---

① 周少华:《刑罚目的观之理论清理》,载《东方法学》2012年第1期,第20页。

复仇本能。将满足私人的复仇本能作为国家刑罚的目的,只能导致国家的倒退。退一步说,犯罪并非只是侵害个人的法益,事实上存在大量针对超个人法益的犯罪,个人对这种犯罪并不存在复仇的本能。所以,将报应作为刑罚目的,也难以解释针对这部分犯罪所适用的刑罚。

笔者的一贯看法是,旧派与新派在刑罚论领域中的绝对主义(报应刑论)与相对主义(目的刑论)之争,并不是关于刑罚目的本身的争论,而是关于刑罚的正当化根据的争论。

绝对主义是前期旧派的主张,以绝对的报应刑论为内容①,故绝对主义与报应刑论属意义等同的概念。② 报应刑论将刑罚理解为对犯罪的报应,即刑罚是针对恶行的恶报,恶报的内容必须是恶害,恶报必须与恶行相均衡。恶有恶报、善有善报是古老的、朴素的正义观念,基于报应的原理对恶害的犯罪以痛苦的刑罚进行报应,就体现了正义,这便是刑罚的正当化根据。③ "因为有犯罪而科处刑罚"(Punitur quia peccatum est),是绝对主义刑罚理念的经典表述。

相对主义则属于新派的理论,以目的刑论为内容,故相对主义与目的刑论是意义等同的概念。④ 目的刑论认为,刑罚本身并没有什么意义,只有在为了实现一定目的即预防犯罪的意义上才具有价值,因此,在预防犯罪所必要而且有效的限度内,刑罚才是正当的。由于目的刑论所提倡的目的基本上是预防犯罪,故目的刑论的内容是预防论。预防论分为一般预防论与特殊预防论。一般预防论又分为通过刑罚预告的一般预防论与通过刑罚执行的一般预防论;还可以分为消极的一般预防与积极的一般预防。特殊预防论中的惩罚论或威慑论,主张通过惩罚或者威慑犯罪人使其不再犯罪;特殊预防论中的教育刑论或改善刑论,主张通过教育或者改善犯罪人使其不再犯罪。根据目的刑论的观点,刑罚的正当化根据在

---

① 以下一般将绝对的报应刑论简称为报应刑论。这一方面是为了表述上的简便,另一方面是因为国内外学者所说的报应刑论通常是指绝对的报应刑论。
② 参见林山田:《刑罚学》,台湾商务印书馆1983年第2版,第58页。
③ 参见〔日〕大塚仁:《刑法概说(总论)》,有斐阁2008年第4版,第44页以下。
④ 参见林山田:《刑罚学》,台湾商务印书馆1983年第2版,第63页。

于刑罚目的的正当性与有效性。① "为了没有犯罪而科处刑罚"（Puniturne peccetur）是相对主义刑罚理念的经典表述。

并合主义（综合理论）是一种折中的观点，以相对报应刑论为内容，故并合主义与相对报应刑论乃是意义等同的概念。相对报应刑论认为，刑罚的正当化根据一方面是为了满足恶有恶报、善有善报的正义要求，同时也必须是防止犯罪所必需且有效的，应当在报应刑的范围内实现一般预防与特殊预防的目的。② 相对报应刑论还可以进一步区分为报应型相对报应刑论与预防型相对报应刑论：前者认为报应是刑罚正当化的主要根据，预防犯罪只是次要根据；后者则认为，预防犯罪是刑罚正当化的主要根据，报应虽然是刑罚的本质，但它只是预防犯罪的手段，因而只是次要根据。③ "因为有犯罪并为了没有犯罪而科处刑罚"（Punitur, quia peccatum est, ne peccetur）是并合主义刑罚理念的经典表述。

不难看出，报应刑论、目的刑论与相对报应刑论并不是关于刑罚目的本身的争论，而是针对刑罚的正当化根据所形成的理论。虽然人类在初民社会时代，便以刑罚制裁代表正义理念的实现，并将刑罚发展为国家的一种权力行使的手段，但由于刑罚并不像边境军事防卫措施等直接的公共秩序控制措施一样的单纯，而是关系世界观、价值观等诸多方面，故一直是法律学尚无圆满答案的问题。④ 尤其重要的是，刑罚是以剥夺性痛苦为内容的强制措施，中世纪的刑罚极为泛滥和残酷，表现出极大的不合理性，专制政权一方面充分利用刑法规定的刑罚，另一方面也在刑法之外滥施刑罚。虽然前一种做法能够使人民在一定范围内预见刑罚后果，但由于后一种现象的存在，使得人民的预见化为泡影。换言之，由于专制政权在没有法律根据时，也采用实际上属于刑罚的措施侵犯人民权利，所

---

① 参见〔日〕早稻田司法考试研究室：《刑法总论》，早稻田经营出版1990年版，第12页以下。
② 参见〔日〕大谷实：《刑法总论》，成文堂2000年第2版，第23页。
③ 参见〔日〕前田雅英：《刑法总论讲义》，东京大学出版会2011年第5版，第21页以下。这其中还可以再细分，如有人认为报应刑是主要根据，特殊预防是次要根据；有人认为报应刑是主要根据，一般预防是次要根据；有人认为一般预防是主要根据，报应刑是次要根据；有人认为特殊预防是主要根据，报应刑是次要根据；如此等等。
④ 参见苏俊雄：《刑法总论 I》，作者1998年修订自版，第137页。

以,滥施刑罚便成为典型的暴君形象。① 正因为如此,前期旧派学者认为刑罚一概是恶害。另一方面,启蒙思想家极力主张天赋人权,而刑罚与侵害权利的犯罪一样,以剥夺人的权利为内容,这便与天赋人权的观念相对立。但是,这些思想家们所处的国家并没有因此而放弃刑罚,事实上也没有任何国家废除刑罚,这便形成了以犯罪克服犯罪的局面(因为刑罚与犯罪一样,都以侵害权利为内容)。但是,"绝不能用犯罪克服犯罪"(Numquam scelus scelere vincendum est),于是人们不能不讨论,为什么国家可以对国民适用以剥夺权利为内容的刑罚?即为什么适用刑罚是正当的?这便是刑罚的正当化根据问题。如上所述,报应刑论从刑罚报应的正义性②、目的刑论从刑罚目的的正当性与有效性角度、相对报应刑论从报应的正义性与目的的正当性及有效性方面,分别做出了回答。

李斯特(F. von. Liszt)是目的刑论的倡导者,他在《刑法中的目的观念》一文中对报应刑论与目的刑论进行了分析,明确指出这两种观点都是为了说明刑罚的正当化根据。他说:"刑罚,是作为报应、是犯罪概念的必然结果呢?还是作为保护法益的形式、是有目的意识的国家组织的创造物乃至机能呢?是排除其他某种正当化根据,从对过去的赎罪就足以说明其正当化根据呢?还是不需要其他某些根据,着眼于未来寻求其正当化根据呢?对这个问题的回答,有必要回顾历史。"经过历史地分析后,他认为不能形而上学地给刑罚提出正当化根据,自有原始的刑罚以来,"刑罚就被作为防卫法秩序的手段来认识的,刑罚不能不为防卫法益服务。

---

① 如约翰国王不管有无战争,每年都征收高额的免役税,这实际上是以征税的名义没收个人财产;他强迫封臣的遗孀与女继承人服从他的婚姻安排,否则便处以沉重的罚款;他经常以莫须有的罪名,没收封臣土地,或者进行敲诈;为了慑服贵族,他还经常采用恐吓、酷刑、处死等残暴手段;他还株连无辜,导致没有犯罪的人被活活折磨而死(参见程汉大主编:《英国法制史》,齐鲁书社2001年版,第206页以下)。

② 所谓从刑罚报应的正义性进行回答,实质上是从刑罚的功能或本质的妥当性方面进行回答。不过,报应究竟是刑罚的功能、本质还是内容,尚需研究。正如平野龙一教授所言:"要回答刑罚的正当化根据问题,其前提是必须明确刑罚具有什么内容。但遗憾的是,历来的刑罚理论之争,是在没有区分刑罚的内容问题与刑罚的正当化根据问题的情况下进行议论的。当人们说'刑罚的本质是报应'或'刑罚的目的是使犯罪人重返社会'时,究竟是回答刑罚的内容是什么的问题,还是回答刑罚正当化根据是什么的问题,大多并不明确。诚然,这两个问题实际上是相互联系的,但应注意,在伦理上它们是不同的问题。"([日]平野龙一:《刑法总论I》,有斐阁1972年版,第19页)。

因此,说刑罚的历史是人类法益的历史也不过分"。于是他得出结论:"由目的观念完全约束刑罚权力,正是刑罚的正义的理想。"①很清楚,李斯特告诉我们,报应刑论与目的刑论是在刑罚的正当化根据问题上展开的争论。

如前所述,将刑罚目的与刑罚的正当化根据相混淆,既可能导致将刑罚目的当作刑罚的唯一正当化根据,从而形成只要目的正当刑罚便正当的局面;也可能导致将报应当作刑罚的唯一正当化根据,从而形成有罪必罚的积极的责任主义的局面。所以,刑法理论不能只讨论刑罚的目的,而是需要讨论刑罚的正当化根据。因为只有明确了刑罚的正当化根据,我们才能判断某个罪的法定刑是否妥当;法官在具体量刑时才有正当化根据的标准,其他人才能以正当化根据的标准评价具体量刑是否适当;行刑活动才有正确观念的指导。概言之,只有明确了刑罚的正当化根据,才能既发挥刑罚的效用,又合理地限制刑罚的适用。

本书所讨论的主要是量刑问题,因此,以下关于刑罚正当化根据的讨论,主要侧重于量刑方面,必要时也会涉及刑罚的制定与执行方面。

二、报应刑论

刑法理论对报应刑存在三种立场:其一,赞成将报应刑作为刑罚的唯一正当化根据,同时反对将预防犯罪的目的作为刑罚的正当化根据(绝对报应刑论);其二,赞成将报应刑作为刑罚的正当化根据之一,同时承认预防犯罪的目的也是刑罚的正当化根据(相对报应刑论);其三,彻底否认报应刑,仅将预防犯罪的目的作为刑罚的正当化根据(报应刑否定论)。

本书持第二种立场,主张报应刑并非刑罚的目的,只是刑罚的正当化根据之一。而且,将报应作为刑罚的正当化根据之一,仅仅意味着对任何

---

① 转引自〔日〕庄子邦雄:《リスト》,载〔日〕木村龟二编:《刑法学入门》,有斐阁1957年版,第88、96页。

犯罪所科处的刑罚,都不得超出报应的限制。后面将对这一立场进行详细的说明,在此仅对报应刑本身略作探讨,并对第一种立场与第三种立场略作评论。

（一）报应刑的类型

报应刑的含义因人而异,这不仅因为"报应"本身难以界定,以及报应在不同的历史时期反映出不同的特点,而且因为人们对报应刑所持的立场不同。

我国学者一般按照传统分类将报应刑论分为神意报应论、道义报应论与法律报应论。

例如,陈兴良教授指出:"报应是一种十分古老的观念,作为一种理论形态,它经历了从神意报应到道义报应,再到法律报应这样一个演进过程。"①"神意报应主义以神的旨意作为报应的理由,认为犯罪是违反了神的命令或上天的旨意,国家对罪犯适用刑罚是秉承神意给以报应。"②"道义报应是以道德义务论证报应的正当性,并由此引申出等量报应的观点;而法律报应是以法律义务论证报应的正当性,并由此引申出等价值报应。""道义报应是指根据犯罪人的主观恶性程度实行报应。根据道义报应的观点,对犯罪人发动刑罚,应以其道德罪过为基础,使刑罚与道德充分保持一致。道义报应的本质是将刑罚奠基于主观恶性,予以否定的伦理评价。道义报应揭示了刑罚的伦理意义,因而是刑罚的题中应有之义。""法律报应是指根据犯罪的客观危害程度实行报应。根据法律报应的观点,对犯罪人发动刑罚,应以其客观上对社会造成的危害为基础。法律报应将刑法与道德加以区分,认为犯罪的本质并不是一种恶,尤其不能把罪过视为犯罪的本质,满足于对犯罪的否定的道德评价,而是强调犯罪是在客观上对法秩序的破坏,刑罚是对犯罪的否定。"③

在本书看来,上述对三种报应论的介绍与论述似乎混淆了报应根据

---

① 陈兴良:《本体刑法学》,商务印书馆2001年版,第638页。
② 陈兴良:《刑法的启蒙》,法律出版社1998年版,第125页。
③ 陈兴良:《本体刑法学》,商务印书馆2001年版,第638、640—641页。

与报应对象。从报应根据上说,神意报应意味着以刑罚报应犯罪,是根据神的意志;道义报应意味着以刑罚报应犯罪是根据社会道义;法律报应意味着以刑罚报应犯罪是根据法律。但是,就报应的对象即报应所针对的是什么而言,神意报应对象并不明确,道义报应与法律报应的区别恐怕不在于所谓主观恶性与客观危害。可以认为,道义报应所对应的是道义责任论,法律报应所对应的是法的责任论。可是,道义责任论与法的责任论都认为,作为谴责对象的行为,必须有可能被行为人的意思所控制,不是基于人的意思的行为,不能作为责任谴责的对象。二者的区别在于,道义责任论将刑事责任视为伦理责任,其根据在于"刑法是将最低限度的社会伦理上升为法规范"的观点①;法的责任论强调法与伦理区分,认为刑事责任是一种刑事法律上的责任,因此,即使行为人负有道义上的责任,但若没有法律上的责任,也不可能追究行为人的责任。② 事实上,道义报应论者并不认为报应的对象是主观恶性或者社会危险性,相反认为,刑罚不能以行为人的社会危险性为标准,而是必须以非难可能性即责任为标准,但责任是对不法的责任,并不是单纯的主观恶性。③ 同样,法律报应论者所称的罪刑均衡,也是指刑罚与不法、责任相均衡④,而不是单纯与客观危害相均衡。概言之,道义报应论与法律报应论,主要在于报应的根据不同,而非表现为报应的对象不同。因为当今的刑法理论均认为,报应不能超过责任的程度。此外,社会责任论者一般主张性格责任论。性格责任论认为,责任非难的对象不是各个犯罪行为,而是行为人对社会的危险性格;责任是应当被科处社会防卫处分的地位。据此,应受处罚的不是行为,而是行为人,刑罚应当与行为人的危险性格相均衡。然而,社会责任论并不承认自由意志,并且通常反对报应刑论。由此看来,陈兴良教授上述关于道义报应与法律报应的解释,不免存在疑问。

就报应根据而言,本书不赞成神意报应论与道义报应论,而赞成法律

---

① 参见〔日〕团藤重光:《刑法纲要总论》,创文社1990年第3版,第37页以下。
② 参见〔日〕西田典之:《刑法总论》,弘文堂2010年第2版,第207页。
③ 参见〔日〕团藤重光:《刑法纲要总论》,创文社1990年第3版,第39页。
④ 参见〔日〕西田典之:《刑法总论》,弘文堂2010年第2版,第20页。

报应论,亦即,对犯罪人科处作为报应的刑罚,所根据的是刑法,而不是神意与社会道义。因此,犯罪的本质既不是违背神意,也不是违反社会伦理,而是侵害刑法所保护的法益。就报应对象来说,本书主张报应的对象是责任,但这里的责任是对不法的责任(既包括有责的不法程度,也包括责任本身的程度),不同于我国刑法理论所称的主观恶性,也不同于人身危险性与危险性格。

美国刑法学者德雷斯勒将报应刑区分为攻击性报应、保护性报应与为受害者平反三种类型。①

攻击性报应论认为,"仇恨罪犯在道德上是正当的"。因为罪犯危害了社会,所以社会"还击罪犯"是正当的。这种报应也被称为公共报复或者社会报复。这种观点的倡导者认为,对罪犯进行公共报复后,就会满足个人的报复情绪,可以防止私人复仇。但是,这种报应论只是站在被害人角度考虑刑罚的正当性,而将罪犯看作是应该被踩在社会底层的害虫,不仅不可能为刑罚提供正当化根据,而且会侵害犯罪人的尊严与人权。

保护性报应论认为,刑罚是保护社会道德平衡的一种手段。社会由禁止各种危害行为的规范所构成,遵守规范是社会中每个自律成员的义务,只要每个人都遵守了规范,每个人就都同样承受负担和享受利益,因而存在一种平衡;如果一个人拒不承担其应当承担的负担,就破坏了这种平衡,他就成为一个免费的受益者,因而对社会负有债务。所以,要求罪犯向社会还债是公正的,要求罪犯承担与其所欠债务同等或者成比例的刑罚是正当的。这种报应主义将罪犯视为社会中有责任的道德主体,与后述的"秩序报应"类似,所重视的是行为人反抗规范的意思与行为,以超越的权威(法规范本身)的存在为前提。

为受害者平反论认为,刑罚是"纠错"的一种方式。罪犯通过实施犯罪行为,向受害者与社会发出了一个信息,即他的权利与需求高于受害者

---

① 参见〔美〕约书亚·德雷斯勒:《美国刑法精解》,王秀梅译,北京大学出版社2009年版,第16—17页。

的权利与需求;罪犯通过实施犯罪行为,提高了自己相对于其他人的地位,对自身的相对价值提出了一个错误的道德主张。然而,罪犯和受害者享有同等的道德价值,刑罚纠正了罪犯的错误主张,重新肯定了受害者作为人的价值。刑罚意味着罪犯被与他用来征服受害者相类似的方法所征服,因此,罪犯应当得到与其罪行相适应的刑罚。但是,这种报应主义,充其量只能为罪刑均衡原则在部分犯罪中的适用提供根据,而不能说明所有犯罪的刑罚的正当化根据。因为在没有直接被害人的犯罪(对国家社会法益的犯罪)中,难以采用罪犯征服被害人的方法去征服罪犯。况且,即使就有直接被害人的犯罪来说,这种报应也难以贯彻到底。因为按照这种观点,是否对罪犯适用刑罚,应当取决于受害人的意志,但事实上不可能如此。

以上三种报应论都不过是一般性的说明,不能说明刑罚的正当化根据,为本书所不取。

日本学者松原芳博也将报应刑分为三种类型。①

第一种类型是"被害报应"。亦即,犯罪使被害人遭受了具体的损害,刑罚作为这种损害的代价或者补偿而具有正当性,其原型是氏族间的复仇。在"被害报应"的时代,问责的主体是被害人或者是作为被害人的人格继承者的遗族,国家只是处于代行者的地位,所以,刑法的性质是私法。"被害报应"观念重视结果的严重程度,形成了"结果责任"。一方面,否认对未遂犯、危险犯的处罚;另一方面,故意的加害与过失的加害、未成年人的加害与精神病人的加害,对被害人所造成的损害没有区别,所以会同等处罚。

这种"被害报应"的背后是利益的零和状况与等价交换的背景。如同交易场合那样,当复数当事人参与总量确定的财物交易时,一方当事人的获利必然意味着另一方当事人的损失,这种状况纳入刑罚中时,便形成了对加害人造成损失意味着对被害人有利的观念。然而,对加害人科处刑罚,并没有给被害人带来利益,两者并不是等价交换的对象。所以,"被

---

① 参见〔日〕松原芳博:《刑法总论》,日本评论社2013年版,第2—5页。

害报应"难以正当化。更为重要的是,与"被害报应"相应的结果责任,不可能被实行责任主义的现代社会所认同。

第二种类型是"秩序报应"。也即,犯罪或者冒犯了神,或者侵犯了主权者的权威,或者扰乱了法秩序,刑罚作为其反面而正当化,其原型是中世纪教会法与绝对王权下的刑法。一般认为,黑格尔所持的"犯罪是对法的否定、刑罚是对犯罪的否定"的报应刑论,也属于这一类。① "秩序报应"的主体是神或者国家,因而确立了刑法的公法性质。"秩序报应"重视的是行为人反抗规范的意思,具有违法性的意识却仍然实施违法行为,成为犯罪的基本类型。

这种"秩序报应"的思想,以超越的权威(神、国王、国家或者法本身)的存在为前提,如果没有超越的权威,对他人反抗的反抗本身就不可能是正当的。而且,在具体层面上说,这种报应刑论未必能为刑罚提供正当化根据。例如,就量刑而言,这种报应刑论能够说明在法定刑内的量刑都是正当的。然而,当今各国刑法均采用相对确定的法定刑,对一个具体犯罪人的量刑是否正当,不是只看刑罚是否处于法定刑内,而且还要看在法定刑内是否选择了正当的刑罚。但是,这种报应刑论未必能提供正当化根据。因为不管是为了赌博实施盗窃,还是为了治疗疾病而实施盗窃,反抗规范的意思并没有什么不同,可是,要对二者判处相同的刑罚,不一定是正当的。

第三种类型是"责任报应"。此即,犯罪人基于自己的意志选择了犯罪行为,刑罚作为对其责任的清算具有正当性。"责任报应"以人是理性的、具有意志自由为前提,换言之,对行为人的处罚以行为人有责任为前提。反过来说,行为人的责任限定了刑罚的有无与程度。

本书所赞成的作为刑罚正当化根据之一的报应刑,就是指这种"责任报应"。② 诚然,"责任报应"以承认人具有意志自由为前提(非决定论),而这一点并没有得到有效的证明。尽管如此,本书仍然站在非决定论的

---

① 黑格尔的报应论被我国学者称为法律报应刑论(参见陈兴良:《刑法的启蒙》,法律出版社1998年版,第147页以下)。

② 如无特别说明,本书以下所称报应刑均指责任报应。

立场。

哲学界关于自由意志的讨论中,"可供取舍可能性"(alternate possibilities; alternative possibilities)原则起到了统辖性作用。"这个原则说,只有当一个人本来能够做其他行动的时候,他才能对他所做的行动负有道德责任。"①换言之,"一个人为了能够对自己的行为承担道德责任,他就必须(在到达那个行为的某个相关点上)具有某种类型的可供取舍的可能性,这是一个基本的、广泛的假设。这个基本观念被概括在'可供取舍的可能性原则'中,它的各种版本都要求道德责任要伴随着可供取舍的可能性的出现。"②根据这种观点,行为人对 A 行为及其结果的道德责任③,是以其在实施 A 行为的当时本来能够实施 B、C 等行为为前提的。显然,这种可供取舍的可能性就是刑法理论上的他行为可能性(自由意志)。

是否承认可供取舍的可能性,在何种范围内承认可供取舍的可能性,是哲学家、法学家们争论了两千多年的问题。决定论者并不承认人的自由意志与可供取舍的可能性。有的学者否定"只有当一个人本来能够以其他的方式行为时,他才对他所做的事情负有道德责任"的论断,但肯定"只有当一个人本来可以履行一个给定的行为时,他才能对没能履行那个行动负有道德责任"的论断。④

本书之所以站在非决定论的立场,是因为刑法上的责任概念,原本就是以自由意志为前提而形成的。如所周知,"确定体系性意义中的责任概念、对责任刑法的展开做出重大贡献的,是启蒙思想家 S. 普芬道夫(Samuel Pufendorf,1632—1694)。他将人作为具有理性、基于自由意志而行为

---

① 〔美〕哈里·法兰克福:《可供取舍的可能性与道德责任》,载徐向东编:《自由意志与道德责任》,江苏人民出版社 2006 年版,第 359 页。
② 〔美〕约翰·马丁·费尔希:《法兰克福式例子与半相容论》,载同上书,第 392 页。
③ 哲学上的道德责任是与因果责任相对的概念。道德责任并不特别需要与道德上的对错相联系,而是与人的反应性态度相联系。可以认为,在刑法上,因果责任是客观归责问题,而道德责任是主观归责问题。但是,这并不意味着刑法上的责任是一种伦理责任或者道义责任。
④ 〔美〕约翰·马丁·费尔希:《法兰克福式例子与半相容论》,载徐向东编:《自由意志与道德责任》,江苏人民出版社 2006 年版,第 394 页以下。

的存在来把握,即将人作为可以基于自由意志决定实施好行为或者恶行为的存在来把握。于是,他认为,只有这样的自由的行为可以主观地归属于行为人时,行为人对行为才是有责的。普芬道夫将行为理解为自由意志的产物,使自由意志占据归责中心的观点,对其后的学说产生了很大影响。"①在刑法上,普芬道夫"由意思自由的前提出发,得出责任只有在具备归责能力和辨认能力的情况下才成立,由此创设出责任刑法的一个新学说。国家目的中合道德性的设立,限制了教育和威慑作为刑法的目的,预防代替了复仇。普芬道夫刑罚威慑的道德强制思想走在了费尔巴哈的心理强制学说的前面"。② 概言之,刑法上的责任概念,应当以行为人具有自由意志(他行为可能性)为前提。

  本书之所以持非决定论的立场,还基于以下几点理由:(1)虽然自由意志是难以证明的③,但自由意志是值得向往和保护的。刑法禁止的一些犯罪(如强奸罪、非法拘禁罪、外国刑法规定的胁迫罪等),不仅保护人的行动自由,而且保护人的意识活动自由。如果人没有自由意志,其一举一动完全是被决定的,那么,法律就没有必要保护人的意识活动自由。(2)否认自由意志的结局,要么像新派的代表人物之一菲利(Ferri)那样,主张没有责任与刑罚的刑法典④,要么认为法律责任不以自由意志为前提。但是,前者行不通,后者无法说明刑法上的责任。(3)承认意志自由,可以解决刑法上的诸多问题。例如,正是因为人有自由意志,刑法规范可以影响人们做出适当的意志决定,预防犯罪才有可能,并且成为刑罚的目的。事实上,即使不(完全)承认自由意志或者不使用自由意志概念

---

  ① 〔日〕芝原邦尔等编:《刑法理论の现代的展开—总论Ⅰ》,日本评论社1988年版,第172—173页。
  ② 〔德〕格尔德·克莱因海尔、扬·施罗德主编:《九百年来德意志及欧洲法学家》,许兰译,法律出版社2005年版,第345页。
  ③ 事实上,决定论也没有得到证明。
  ④ 参见〔意〕恩里科·菲利:《实证派犯罪学》,郭建安译,中国人民公安大学出版社2004年版,第185页以下。

的刑法学者,其理论也往往以人具有自由意志为前提。①(4)刑法的重要机能之一是保障被告人的自由,承认意志自由,对被告人更有利。否认自由意志的结果,要么否认责任,从而使刑罚不能受到责任的限制,导致刑罚过重;要么由刑罚目的决定责任,导致以预防的必要性大小决定刑罚轻重,使被告人成为预防他人犯罪的工具。(5)即使认为自由意志是一种假定,这种假定也和社会契约论一样,具有积极意义。

总之,承认人具有自由意志比否定人具有自由意志更好,建立在自由意志基础之上的"责任报应"具有三个含义:其一,刑罚以犯罪的实施为前提,是作为对犯罪的反作用而科处的法律制裁。据此,即使某人具有明显的犯罪倾向,但只要其还没有实施犯罪行为,就不得科处刑罚。其二,刑罚是从法律的侧面作为对行为人的非难而科处的对行为人不利的制裁,换言之,刑罚具有对犯罪行为进行非难的性质,因而以行为人对其实施的不法行为具有责任为前提。据此,即使行为人实施了符合构成要件的违法行为,但倘若其没有责任,就不得科处刑罚。其三,报应是对行为人实施不法行为的意思决定的非难,刑罚的痛苦程度应与责任程度相应,故报应刑是与责任相应的刑罚。② "根据报应主义要求刑罚与犯罪,特别是与责任一致,于是将刑罚权的行使依责任主义予以限制,这可以说是报应主义对刑法学的永远的贡献。"③所以,报应刑就是责任刑。本书也在等同意义上使用报应刑与责任刑这两个概念。

---

① 例如,Roxin 教授提倡规范的应答可能性说。他认为,责任是不顾规范的应答可能性的不法行为。当行为人在行为时,他的精神和心理处于能够应答规范的号召的状态,心理上具有做出以规范为导向的行为决定的可能性,在具体案件中存健康的成年人都具有的心理的控制可能性时,就可以肯定行为人的责任。这种责任不涉及不可能证明的假说,而是涉及经验科学的智识。责任是经验的材料与规范的材料的混合;控制能力与规范的应答可能性是根据经验认定的;适法行为的可能性,则是规范的要求。Roxin 教授还在责任概念的基础上,加入通过刑罚处罚的预防必要性的判断,形成答责性(Verantwortlichkeit)的概念。尽管行为人能够倾听规范的号召作用,具有控制能力,心理上具有实施适法行为的可能性,却实施了刑法上的不法时,就能够肯定责任。在这种场合,虽然通常能够肯定处罚的必要性,但例外地在阻却责任的紧急避险等场合,由于没有预防性的处罚必要性,故阻却答责性(Vgl., Claus Roxin, Strafrecht Allgemeiner Teil, Band I, C. H. Beck 4. Aufl., 2006, S. 851ff)。
② 参见〔日〕井田良:《讲义刑法学·总论》,有斐阁 2008 年版,第 8—9 页。
③ 〔韩〕李在祥:《韩国刑法总论》,韩相敦译,中国人民大学出版社 2005 年版,第 43 页。

(二) 报应与报复的区别

如前所述,"被害报应"实际上是报复。但是,"报应观中的报应结果与报复刑的关联甚紧。报应结果是以报复刑为基础的。人们对报应的结果的设想,离不开报复刑的惩罚方式与惩罚幅度的提示……报应观的报应期待是报复刑观念的延长,它拓宽并加深了报复刑观念的心理基础。本来,报应观是以报复刑为基础的,但在民间、在下层社会,则表现为:报复刑观念是在报应观这个'大观念'或大背景下去建立并得到修饰的。"① 所以,部分或者全面肯定报应刑的学者必须明确区分报应与报复。事实上,"由于个人报复欲与报应惩罚理论在轮廓上的紧密联系,故长期以来,报应正义的支持者一直顽强坚持他们的理论与个人报复欲存在明显差异……报应的欲望与作为独立评价原则的报应本质上是不同的。"② 莫尔(Moore)指出:"报应主义完全不同于那种因为大多数公民认为违法者应受惩罚所以要求惩罚具有公正性的观点……民众认为或感觉应怎么报复违法者是一回事,违法者应受何种惩罚是另一回事。"③ 或许有人认为,报应正义只是对纯粹报复的优美包装,报应论没有以令人信服的理由说明报应论与报复欲之间的区别。但是,我们还是可以看出并肯定二者之间的区别,即使认为报应与报复都是出于人类关于惩罚的直觉与本能,我们也可以说,至少当今时代的报应刑论已经排除了报复的消极内容。

第一,报复的基准是单一的、几乎没有变化,这就是人们通常所说的"以眼还眼、以牙还牙"。但是,"报应的基准是随着时代而发展的。报应感情与复仇心是应当区别的,而且即使是复仇,已经经历了从没有限度的'血仇'到'以眼还眼、以牙还牙'这种物物交换的原理,再到'以钱还眼'这种交换原理的变化。近代的国家刑罚不是复仇。近代以来,虽然报应刑也受到了批判,但是存在划定刑罚上限的'罪刑均衡'原则。这种均衡

---

① 霍存福:《复仇 报复刑 报应刑》,吉林人民出版社2005年版,第212页。
② 〔美〕路易斯·卡普洛、斯蒂文·沙维尔:《公平与福利》,冯玉军、涂永前译,法律出版社2007年版,第404—405页。
③ 转引自同上书,第404页。

是等价性的。等价性是由社会关系的应有状态决定的。"①在当今世界，对于砍掉他人一只胳膊的犯罪人，国家并没有砍掉其一只胳膊，而是判处有期徒刑或者罚金。在此，国家采取了比犯罪轻缓得多的刑罚措施。在所有近现代文明中，对罪犯的身体刑都被取消（只有个别例外），取而代之的是剥夺自由与科处罚金。这种对暴力的限制，既是一种权力上的进步，也能说明报应与报复的区别。

第二，与上一点相联系，以眼还眼、以牙还牙的"对等报应法"，是结果责任时代，只强调犯罪行为的物质内容和实害结果，而不重视主观责任的产物。换言之，报复基本上与客观损害相联系，因而与实害相适应。但是，"不存在着正当惩罚的绝对的'自然'的方法，'对等报应法'（以牙还牙、以眼还眼）失去了意义，因为它强调的是犯罪行为的物质内容和结果，而不是强调其形式上的过错（不公正性），这种形式过错在于一种意志，它更喜欢毫无限制的私利，而非共同善，或者至少不愿意努力保持在一种正常方式之内。但是某些不法行为是有预谋的，某些是临时起意的，有的是牵扯到各种琐事的，而其他的却是为了大赌注的重大选择，它真正地使个人自我意志与其他同类的意志对立起来。"②报应以行为人的主观责任为前提，并且与责任相应。于是出现了这样的现象：客观上只是造成了危险，没有造成实害，但具有责任和处罚必要的，可能不会遭受报复，但有报应的必要（如未遂犯）。

第三，报复不具有限制刑罚的意义，甚至"常是放纵而漫无节制的"③，但当今的报应刑更具有限定刑罚的意义。一方面，如后所述，刑罚不得超出责任的程度，但可以低于责任的程度；另一方面，报应与责任主义具有亲和性，要求实行没有责任就没有刑罚的消极责任主义。④ 于是出现了这样的现象：客观上造成了损害，但没有责任的，可能遭受报复，但不可能遭到报应。

---

① 〔日〕生田胜义：《応報感情を考える》，载《法学セミナー》1993年第10号，第44页。
② 〔美〕约翰·菲尼斯：《自然法与自然权利》，董娇娇、杨奕、梁晓晖译，中国政法大学出版社2005年版，第211—212页。
③ 林山田：《刑罚学》，台湾商务印书馆1983年第2版，第49页。
④ 参见〔日〕西田典之：《刑法总论》，弘文堂2010年第2版，第15—20页。

第四,报复使得被害人所经历的痛苦(罪行)与报复者所造成的痛苦(惩罚)之间没有距离,在加害者与被害人之间没有距离;而报应在罪行与惩罚之间、加害人与被害人之间存在恰当距离,这种距离正是公正所需要的。报应由第三者完成,而不是由被害人一方完成。我们经常经历这样的现象:当受害者遭受痛苦后并不报复加害者,只是说"你以后会遭到报应的"。这个受害者所讲的报应的完成者,一定是第三者,尤其是主持正义的上帝。所以,由被害人实施的报复不能体现正义,而由第三者施加的报应则是正义的体现。

第五,与上一点相联系,报复是受害者个人的反应,是情绪化的,旨在满足激愤感情,与宽恕之间没有相容性,是非正义的。但报应是社会大众对他人受害的反应,是理性化的,与宽恕之间具有相容性,是为了实现正义。① 于是,会出现这样的现象:行为客观上造成了损害,行为人也有责任,但没有处罚必要的,可能遭受报复,但没有必要报应。

第六,报复与赎罪没有关系,因为报复不可能使加害者赎罪,反而会使加害者产生新一轮的报复。但报应与赎罪有紧密联系,能使行为人赎罪。长期以来就存在一种刑罚理论,认为刑罚目的是对具有非难可能性的不法的报应、责任的清算与赎罪,强调被犯罪行为侵害的法秩序的妥当性。② 根据这种理论,"报应与赎罪(Sühne)有如一体之两面,报应通常又意味着赎罪"。诚然,"报应与赎罪两者在其基础上有其不同之处:报应系出自外力的强制……相反地,赎罪系犯罪人出自内心的一种伦理上的自我谴责,是行为人自己的一个伦理行为……理想的刑罚,应能促使犯罪人赎罪,在刑事矫治工作上务必促成受刑人的赎罪能力与赎罪的心理条件,使其真正出自内心的悔悟而改过自新,在此情况下,赎罪思想实际上也应涵盖着教育思想。如此的报应,才能具有刑事政策上的意义。"③ 概

---

① 参见〔美〕M. P. Golding:《法哲学》,日本培风馆1985年版,第116页以下。
② 参见〔德〕Wolfgang Frisch:《量刑に对する责任、危险性および预防の意味》,〔日〕松宫孝明译,载〔德〕Wolfgang Frisch、〔日〕浅田和茂、〔日〕冈上雅美编著:《量刑法の基本问题》,成文堂2011年版,第5页。
③ 林山田:《刑罚学》,台湾商务印书馆1983年第2版,第49—50页。

言之,以非难可能性为基础的报应刑,可能使犯罪人产生赎罪感。①

第七,报复并不以建立和平关系为目的,只是为了单纯给对方造成痛苦,就像黑格尔所说的那样:"复仇由于它是特殊意志的肯定行为,所以是一种新的侵害。作为这种矛盾,它陷于无限进程,世代相传以至无穷。"②"因此之故,报复者与被报复者并不能因为报复行为而言归于好,建立彼此的和平关系,这也就是何以报复行为常是连绵不断,而难有终了之时的主要原因。"③但报应总是以建立和平关系为目的,所以,绝大多数报应刑论者都赞成预防犯罪的目的,尤其赞成一般预防目的。于是,报应进一步与行为人的责任相联系,出现了这样的现象:报复要么超出加害的程度,要么至少与加害程度相当;但报应既可能等于加害程度,也可能低于加害程度。

报复与报应的上述区别,使得报应在总体上比报复更为轻缓。不过,至少存在两点疑问,需要进一步解释。

其一,未遂犯没有造成实害,可能不会遭受报复,却会受到刑罚处罚。这正是不少刑法学者反对报应刑论的理由。例如,有学者指出:"对于已经发生的个案来说,无论是在既遂或是未遂的情形,刑法事后对于行为人所做的制裁可以说是与法益保护完全没有关系。倘若只针对过去已经发生的事实,势必就无法理性地说明制裁规范的正当性。在文献上对于'刑罚之意义'所提出的各种'刑罚理论'(Straftheorien)中,应报理论(Vergeltungstheorien)便是仅着眼于过去已经发生的事实(既存的恶害)……如果

---

① 德国有学者指出:"赎罪的严格含义是,它是由责任人自己造成的,唯有如此才能消除行为人的罪责。然而,出于多方面的原因,道德上的责任并不能通过国家刑罚来解决……赎罪都是责任人自己的受自由意志支配的道德上的义务。那么,强迫赎罪本身就可能很荒谬。通过刑罚强迫赎罪还特别违反了法治国的基本原则,因为公共暴力的任务并不在于提高市民的道德水准,而只是维护社会秩序。之所以有必要采用国家刑罚,并不是为了净化罪犯的道德"(〔德〕冈特·施特拉腾韦特、洛塔尔·库伦:《刑法总论I——犯罪论》,杨萌译,法律出版社2006年版,第8页)。在本书看来,联系刑罚的正当化根据讨论赎罪时,没有必要将赎罪限定为道德上的赎罪。刑罚的适用使得犯罪人认识到自己罪有应得,进而悔过自新,就是一种赎罪。所以,赎罪与再社会化具有相通之处。刑罚不是要提高犯罪人的道德水准,而是要提高犯罪人的规范意识或者守法意识。当然,由于赎罪是犯罪人的内心活动,国家不可能进行暴力强制,更不可能超出报应的限度强迫犯罪人赎罪。

② 〔德〕黑格尔:《法哲学原理》,范扬、张企泰译,商务印书馆1961年版,第107页。

③ 林山田:《刑罚学》,台湾商务印书馆1983年第2版,第49页。

真的要贯彻应报理论的主张,如果只看过去已经发生的恶害来决定刑罚的发动与否,便会因为未遂行为并没有引起法益侵害的结果,而必须放弃对于未遂行为的处罚。"①

其实,上述学者所反对的报应刑,只是"被害报应",而不是本书所赞成的"责任报应"。"责任报应"以犯罪的实施为前提,但不是以犯罪的既遂为前提;"责任报应"只是与责任程度相应,而不是与"被害程度"相应。所以,即使是对于未遂犯乃至预备犯,也可能进行责任报应。因为未遂犯与预备犯,不仅实施了刑法所禁止的违法行为,形成了法益侵害的危险(即危险结果),而且对违法行为与法益侵害的危险具有责任。

其二,反过来,一个非法拘禁他人10天的人,可能被判处3年有期徒刑。对于单纯侵犯财产的行为,也会判处有期徒刑。在此,国家采取了重于犯罪的刑罚措施。这给人们的印象是,刑罚与犯罪之间是不"均衡"的。换言之,自由的剥夺也是一种折磨,因而存在一种反常现象或者说存在一种悖论:为了消除社会上的暴力,国家不得不以惩罚的形式来运用暴力。②

事实上,除了对故意杀人者判处死刑以外,几乎再也没有一种刑罚与犯罪完全相"均衡"。例如,对于故意造成他人大腿骨折的犯罪人,国家并没有造成犯罪人大腿骨折,而是判处有期徒刑。在此,国家采取了比犯罪轻缓得多的刑罚措施。再如,一个非法侵入他人住宅的人,可能被判处3年有期徒刑。对于单纯盗窃他人财物的行为,也会判处有期徒刑乃至无期徒刑。在此,国家似乎采取了重于犯罪的刑罚措施。显然,二者之间都是不"均衡"的。国家一方面不采用犯罪人所采用的残酷方法,另一方面不得不通过徒刑以处罚某些犯罪人。概言之,对杀人者判处死刑、对盗窃犯判处罚金,显然很"均衡";但徒刑基本上难以与犯罪相"均衡",却得到大量适用。之所以如此,是因为进入19世纪后,基于预防犯罪与改造犯人的功利主义观念,监狱成为集惩罚与教养于一体的"理想"场所。

---

① 蔡圣伟:《刑法问题研究(一)》,台湾元照出版有限公司2008年版,第78—79页。
② 杜小真编:《利科北大讲演录》,北京大学出版社2000年版,第24页。

"惩罚与教养应该是在犯人和监督者之间展开的过程。这些过程应能对个人的全面改造发生效用,通过强制他从事日常劳动,改造他的身体和他的习惯,通过精神上对他监督,改造他的精神和意志……这种改造完全由监狱当局负责……监狱虽然是一个行政管理机构,但同时也是一个改造思想的机器。"①监狱中的"严格管制与训诫是改造的方式,它们也如大卫·罗斯曼(David Rothman)所说,'旨在会给社会带去一个信号'。监狱将'训练社会失序的最明显的受害者遵守法律,教会他们抵制堕落……监狱将增进对秩序和权威的新的尊重'。这很重要,因为'社会稳定离开个人化的和真切的对权威的尊重就无法实现'"。② 正因为监狱成为集惩罚与教养于一体的理想场所,于是,徒刑成为最普遍的刑罚措施。反过来说,"我们不拥有任何可取消监禁的可行的计划"。③ 所以,特殊预防的观念反过来影响了报应刑;在为了特殊预防而科处徒刑具有充分必要性的场合,人们便认为必要限定内的徒刑是与犯罪相均衡的刑罚方法。然而,这对于罪行轻微的犯罪人而言,也许是不公正的。所以,为了防止国家片面追求特别预防的目的,刑法理论提出以报应刑限制目的刑,将特殊预防的需要控制在报应刑的限度之内,从而保障犯罪人的人权。因此,当今社会的报应刑观念,并不是为了使惩罚与罪行具有"等同性",而是为了限制惩罚程度。

或许有人认为,以上关于报应与报复的区别,只是笔者的设定,并非二者的真实区别。对此,本书想说明两点:其一,诚然,如果将报应与报复混为一谈,那么,报应的所有内容也是报复的内容,反之,报复的所有内容也成为报应的内容。但是,笔者的做法是,区分报复与报应,剔除报应中不妥当的内容,保留其可取的内容,从而使报应具有正当性。换言之,即使人们认为报应与报复是一种完全等同关系,但我们依然可能将其中不妥当的内容剔除在报应之外,使报应与报复相区别。其二,对报应刑持绝

---

① 〔法〕米歇尔·福柯:《规训与惩罚》,刘北成、杨远婴译,生活·读书·新知三联书店1999年版,第140—141页。
② 〔美〕弗里德曼:《选择的共和国》,高鸿钧等译,清华大学出版社2005年版,第171页。
③ 杜小真编:《利科北大讲演录》,北京大学出版社2000年版,第9页。

对排斥态度的人,也可能基于自己的立场,特意混淆报应与报复,或者将报复的消极内容全部纳入报应,从而使报应一无是处。所以,从方法论上来说,明确区分报应、报复与特意混淆报应、报复都是为自己的立场服务的。诚然,报应源于报复,我们既可以说报复概念一直在变化,也可以说报应观念一直在发展,但我们也可以将"被害报应"定格为报复,将演变后的报复或者报应作为报应。概言之,在当下,应当将报应与报复相区分。最为明显的是,当代的报应在报应的标准和程度方面,已经与报复产生了明显的区别。既然如此,就不能不承认报应与报复的区别。

(三)绝对报应刑论

绝对报应刑论,是将报应作为刑罚的唯一正当化根据的理论。例如,布兰德利指出:"惩罚只有在其是该当的场合才成其为惩罚。我们付出刑罚是因为我们欠刑罚,而不是因为任何其他理由。而且,如果惩罚的施加,不是因为它是错误所值得的,而是出于此外的任何其他理由,它倒是一种严重的不道德,一种惊人的不正义,一种令人憎恶的犯罪,而不是它所伪装的东西。""惩罚是犯罪之该得的补足物。只有在其所该得的范围内,进一步说,只有在其本身是一种目的的范围内,惩罚才可以证明是正当的。"[1]再如,大场茂马博士认为,"刑罚是作为对犯罪(罪责)的报应而对行为人施加的痛苦",是对行为人实施犯罪的意志与所实施的行为的正当的报应;"刑罚的目的在于确保刑法的威严信用",刑罚的这一目的不得与刑法"保护生活利益和维护法律秩序"的目的相混同。"因此,就特定的事件而言,如果单纯基于利益保护的考虑不需要科处刑罚,但基于确保刑法的威严信用的考虑必须科处刑罚时,就仍应科处刑罚。"[2]

绝对报应刑论的优点在于,刑罚的适用以犯罪行为的实施为前提,而且刑罚不可能超出报应的程度。根据绝对报应刑论,即使行为人具有犯罪的危险性,但只要其没有实施犯罪行为,就不得对其科处刑罚;即使犯

---

[1] 转引自〔英〕菲利普·本:《惩罚与报应》,载邱兴隆主编:《比较刑法(第二卷):刑罚理论专号》,中国检察出版社2004年版,第420页。
[2] 〔日〕大场茂马:《刑法总论上卷》,日本中央大学出版部1912年版,第162页以下。

罪人的特殊预防必要性大,或者一般预防的必要性大,对犯罪人所科处的刑罚,也不得超出犯罪人的罪行程度。

绝对报应刑的世界观基础是,国家是正义的维护者,是伦理观念的集中体现;个人都具有自我决定的能力;国家的任务仅仅是保护个人的自由。因此,绝对报应刑论集中了唯心主义、保守主义与自由主义的观念。根据绝对报应刑的观念,即使社会全体成员决定解散,也必须在解散之前处决监狱里的谋杀犯,以便让所有人都知道他罪有应得。但是,实现世界上的绝对伦理,并非国家的任务。而且,根据国家的目的和权力手段,也不可能将实现绝对伦理作为国家的任务。事实上,许多已经发生的犯罪行为,并没有受到处罚。对于国家权力而言,适用刑罚的目的只能在于,通过法的强制来维护人类和平和安全的共同生活基础。正因为如此,并不是只要公正就必须适用刑罚,而是在维护人类生活利益所不可避免的场合才能适用刑罚。此外,绝对报应刑论完全没有认识到,人会受到各种各样的诱惑,是需要援助并且常常受到虐待的生物。① 换言之,绝对报应刑论对人提出了过度的伦理要求,而没有考虑人情弱点,是一种冷冰冰的公正。

从刑事法角度来说,绝对报应刑论存在没有考虑预防犯罪的目的的缺陷,因而与明显具有特定目的的刑罚本身、刑事诉讼制度以及刑罚执行制度不协调。

首先,刑法关于刑罚本身(包括法定刑)的许多规定都直接或者间接地体现了预防犯罪的目的,但绝对报应刑论却没有考虑这一点,因而导致刑罚丧失合理目的。例如,我国《刑法》第46条规定:"被判处有期徒刑、无期徒刑的犯罪分子,在监狱或者其他执行场所执行;凡有劳动能力的,都应当参加劳动,接受教育和改造。"这充分说明,刑罚的一个重要目的是特殊预防。再如,古今中外,盗窃罪的法定刑都重于故意毁坏财物罪的法定刑。从不法层面来说,盗窃罪的法益侵害并不轻于故意毁坏财物罪。

---

① Vgl., H. Jescheck/T. Weigend, Lehrbuch des Strafrechts Allgemeiner Teil, 5. Aufl., Duncker & Humblot 1996, S. 70f.

从责任层面来说,二者都是故意犯罪,区别在于盗窃罪具有非法占有目的。非法占有目的的内容包括排除意思与利用意思,故意毁坏财物的行为人事实上也具有排除意思,只是没有利用意思,盗窃罪的行为人则不仅具有排除意思,而且具有利用意思。恰恰是这个利用意思,说明盗窃罪的一般预防必要性大。从一般伦理上说,与穷人甲无缘无故或者基于报复动机毁坏他人财物相比,穷人乙为了生存盗窃他人财物时更值得宽恕。但是,刑法的责任不是伦理的责任,而是法律的责任。利用意思是驱使人们实施盗窃行为的重要动因,而且一般人容易产生利用意思。相反,无缘无故或者基于报复动机毁坏他人财物,则是比较少见的现象。所以,基于利用意思实施的盗窃罪,其一般预防的必要性大,因而其法定刑重于故意毁坏财物罪。不难看出,单纯的报应刑观念难以说明盗窃罪的法定刑为什么重于故意毁坏财物罪。

其次,刑事诉讼法与刑法规定的相对不起诉与免予刑罚处罚制度,表明有罪也可能不罚,因而实行的是消极的责任主义。但是,绝对报应刑论会导致有罪必罚,形成了积极的责任主义。这种做法,不仅不符合刑罚目的,使部分犯罪人遭受不必要的刑罚处罚,而且不符合刑事法律的规定与客观事实。在当今社会,有罪不罚的现象相当普遍,并且具有法律根据。其一,在国外,警察机关在立案后,移送至检察机关的数量(移送起诉率)相当低。例如,1998年至2007年的10年间,几个发达国家的主要犯罪每年的移送起诉率如下[1]:德国最高为55.4%(2006年)、最低为52.3%(1998年),法国最高为36.1%(2007年)、最低为24.9%(2001年),英国最高为29.3%(1998年)、最低为20.5%(2004年),美国最高为20.5%(2000年)、最低为19.3%(2006年),日本最高为38%(1998年)、最低为19.8%(2001年)。[2] 以盗窃罪为例。在2003年至2007年的5年间,德国对盗窃案件的移送起诉率没有达到30%;法国对盗窃案件的移送起诉率不超过13%;英国对盗窃案件的移送起诉率不超过17%;美国对盗窃

---

[1] 其中的"主要犯罪",在德国、法国为除交通犯罪之外的重罪与轻罪,在英国是指警察向内务部报告的犯罪,在美国是指暴力犯罪与盗窃罪,在日本是指刑法典规定的犯罪。

[2] 日本法务综合研究所:《平成21年版犯罪白书》,日本国立印刷局2009年版,第37页。

案件的移送起诉率不超过17%；日本对盗窃案件的移送起诉率不超过28%。① 其二，由于刑事诉讼法规定了各种不起诉制度（如我国的相对不起诉制度、日本的起诉犹豫制度），各国检察机关的不起诉率不断提高。例如，从20世纪70年代起，德国检察官的行为准则由"起诉法定原则"变为"起诉权衡原则"。1993年1月11日德国颁布的《减轻司法负担法》使检察机关在中止刑事诉讼程序的问题上取得了高度的自主性，其权限已扩大到中等严重程度的犯罪。几乎全部刑事案件的诉讼都可能受到检察机关自由裁量权的影响。② 德国《刑法》1994年增加的第46a条规定：如果行为人所犯之罪的刑罚不超过1年自由刑或者不超过360日额罚金，行为人在与被害人的和解中，已经补偿或者认真地力求补偿其行为对受害人所造成的损害的，法院可以免除刑罚。相应地，检察机关可以不起诉而中止诉讼程序。③ 日本检察机关的起诉率同样很低。从1998年到2007年的10年间，日本检察机关对警察移送起诉的触犯刑法典的案件的起诉率，仅为43.6%，对包括触犯特别刑法在内的所有刑事案件的起诉率，仅为39.6%。反之，对触犯刑法典的案件的起诉犹豫率达到了41.3%；对包括触犯特别刑法在内的所有刑事案件的起诉犹豫率达到了58.3%。④ 其三，起诉后法院宣告免予刑罚处罚的现象也不罕见。我国刑法规定了各种应当或者可以免除刑罚的情节，在实践中也存在认定行为构成犯罪但免予刑罚处罚的判决。以上表明，有罪必罚的绝对报应刑论既不符合刑法与刑事诉讼法的规定，也不符合客观事实。

最后，近代以来，各种刑法都规定了假释制度，我国刑法还另规定了减刑制度。假释、减刑制度不仅是特殊预防目的在行刑过程中的贯彻，而且可以避免不必要的刑罚。绝对报应刑论与各国刑罚执行制度不相吻

---

① 日本法务综合研究所：《平成21年版犯罪白书》，日本国立印刷局2009年版，第38—39页。其中的盗窃，在德国包括单纯盗窃与加重盗窃，在法国指除抢劫与赃物犯罪之外的盗窃，在英国包括盗窃与以实施不法行为为目的的侵入行为，在美国包括盗窃、盗窃自动车与以实施不法行为为目的的侵入行为，在日本指盗窃罪（日本刑法典没有规定其他盗窃罪）。

② 参见武功：《德国的刑事司法改革》，载《检察日报》2000年8月7日第3版。

③ 〔德〕托马斯·魏根特：《德国刑事诉讼程序的改革：趋势和冲突领域》，樊文译，载陈光中主编：《21世纪域外刑事诉讼立法最新发展》，中国政法大学出版社2004年版，第240页以下。

④ 日本法务综合研究所：《平成20年版犯罪白书》，日本国立印刷局2008年版，第47页。

合。反过来说，如果采用绝对报应刑论立场，则不可能采用减刑与假释制度。正如我国台湾地区学者林纪东所言："报应主义认为对犯人科以刑罚，是当然的报应，种恶因者使得恶果，是事理所当然，目的主义则认为科罚本身并不是本能的作用，而是达到防卫社会、预防犯罪目的之手段。如依报应主义，刑罚是对于犯人的恶报，万无中途不予报应，释放出狱之理，故在报应主义观点上，应不容许假释制度的存在（虽然时至今日，报应主义者，亦不反对假释制度，甚至有认为假释是报应主义的产物者，但这种说法，过于牵强，已非报应主义的本来面目）。必须赞同目的主义，认为科刑是有所为而为的，是为了社会而科刑的，则在受刑人已有悛悔实据，不至危害社会时，自然没有继续监禁的必要，而不妨暂予释放。"①不难看出，假释与减刑制度本身就是对绝对报应刑论的否定。

总之，不考虑刑罚目的的绝对报应刑并不可取。不仅如此，即使考虑了刑罚目的，但过度重视报应观念的做法，也不可取。

我国《刑法》第50条原本规定："判处死刑缓期执行的，在死刑缓期执行期间，如果没有故意犯罪，二年期满以后，减为无期徒刑；如果确有重大立功表现，二年期满以后，减为十五年以上二十年以下有期徒刑；如果故意犯罪，查证属实的，由最高人民法院核准，执行死刑。"在我国，已经服刑15年左右的人，在释放后基本上很少重新犯罪。例如，北京市监狱管理局2004年初的调查结果显示：重新犯罪人员中，前次犯罪判处10年以下的占总数的89.4%，前次犯罪判处10年以上的占总数的10.6%。② 再如，山东省监狱管理局2004年的调查结果显示：重新犯罪人员中，前次犯罪判处10—15年的占7.4%，15—20年的占2.5%，无期徒刑、死缓的占0.4%。③ 又如，福建省2005年关押的重新犯罪人员中，前次犯罪判处10年以上有期徒刑的占9.5%，前次犯罪判处无期徒刑的占1.5%，前次犯

---

① 林纪东：《刑事政策学》，台湾正中书局1969年第4版，第242—243页。
② 北京市监狱管理局"重新犯罪"课题组：《北京市在押犯重新犯罪情况的调查分析》，载《中国司法》2005年第6期，第23页。
③ 山东省监狱管理局重新犯罪调查课题组：《2004年山东省在押重新犯罪服刑人员调查分析报告》，http://dlib2.cnki.net/kns50/detail.aspx?QueryID=505&CurRec=42（访问日期：2009年4月6日）。

罪判处死缓的为0。① 以上的重新犯罪率是以前次犯罪"被判处"的刑罚为标准统计的,显然,如果以实际"服刑"为标准统计,服刑15年后再犯罪的,必然十分罕见了。

尽管如此,《刑法修正案(八)》却对《刑法》第50条作了如下修改:"判处死刑缓期执行的,在死刑缓期执行期间,如果没有故意犯罪,二年期满以后,减为无期徒刑;如果确有重大立功表现,二年期满以后,减为二十五年有期徒刑;如果故意犯罪,查证属实的,由最高人民法院核准,执行死刑。""对被判处死刑缓期执行的累犯以及因故意杀人、强奸、抢劫、绑架、放火、爆炸、投放危险物质或者有组织的暴力性犯罪被判处死刑缓期执行的犯罪分子,人民法院根据犯罪情节等情况可以同时决定对其限制减刑。"《刑法修正案(八)》还规定:"人民法院依照本法第五十条第二款规定限制减刑的死刑缓期执行的犯罪分子,缓期执行期满后依法减为无期徒刑的,不能少于二十五年,缓期执行期满后依法减为二十五年有期徒刑的,不能少于二十年。"于是,被判处死缓的犯罪人,如果在二年考验期内,没有重大立功表现,其在监狱至少要服刑27年,这还不包括判决前的羁押时间。

在本书看来,《刑法修正案(八)》延长死缓犯人的服刑时间,并对死缓犯人设立限制减刑的制度,是过度重视报应刑的表现。因为即使从特殊预防必要性的角度来看,也没有必要延长死缓犯人的服刑时间。前述三个省市的统计数据充分说明了这一点。立法机关的相关人员也指出,"从司法统计数据分析,执行十年以上有期徒刑的犯罪分子在刑罚执行完毕之后再犯罪的比率很低,可以认为基本上达到了适用刑罚的目的。"② 既然如此,《刑法修正案(八)》的上述规定,就只是为了满足民众的报应感情,适用的结局必然会导致许多犯罪人承受不必要的刑罚。

有人指出:"近几年,全国监狱系统释放的原判死缓罪犯中,平均服刑期限为16年2个月;被假释的原判死缓罪犯平均服刑期限为15年9个

---

① 欧渊华、陈晓斌、陈名俊:《福建省刑满释放人员重新犯罪问题研究》,载《福建公安高等专科学校学报》2007年第3期,第52页。
② 黄太云:《〈刑法修正案(八)〉解读(一)》,载《人民检察》2011年第6期,第11页。

月。全国监狱系统释放原判无期的罪犯中,平均服刑 14 年 9 个月,被假释的原判无期罪犯平均服刑期限 13 年 10 个月。从以上统计数字可看出,原判死缓的罪犯与原判无期的罪犯平均服刑期限相差不到 2 年。"① 言下之意,死缓原本属于死刑的范畴,事实上却与无期徒刑没有明显差别。延长死缓犯人的服刑时间,就可以使死缓与无期徒刑相区别。还有学者用"死刑过重、生刑过轻"概括《刑法修正案(八)》之前的刑罚制度。其中的生刑过轻,主要是指自由刑的刑期过短;死缓虽被归入死刑的范畴,但事实上属于自由刑。可是,不管是被判处无期徒刑还是被判处死缓,罪犯平均只需要服刑 18 年左右就可以出狱,与死刑相差太大,进而提出如下建议:"被判处死缓的,原则上关押终身。个别减刑或者假释的,最低应关押 30 年以上。被判处无期徒刑的,多数应关押终身。少数减刑或者假释的,最低应关押 20 年以上。"②上述观点表面上是为了使死缓与无期徒刑相区别,为《刑法修正案(八)》的上述规定提供了实证与理论根据,但实际上是过度重视报应刑论的反映。

一方面,上述观点以执行刑为根据说明死缓与无期徒刑没有明显差异。然而,执行刑的异同并不意味着宣告刑的异同,或者说,执行刑的相同不能否认宣告刑的差异,反之亦然。例如,甲与乙犯相同的罪,均被法院判处有期徒刑 8 年,但甲在执行过程中有悔改立功表现被减刑 4 年,乙没有悔改立功表现而未被减刑。二者的执行刑存在明显差异,但不可否认其宣告刑的相同,更不能从执行刑的角度说明对甲、乙的刑罚处罚不公正。再如,甲与乙犯不同的罪,分别被法院判处有期徒刑 8 年与 4 年,但甲在执行过程中有悔改立功表现被减刑 4 年。二者的执行刑没有差异,但不能认为法院对二者的刑罚处罚是不公正的。死缓本身就可以在执行过程中减为无期徒刑乃至有期徒刑,所以,死缓与无期徒刑的区别只能表现在宣告刑上,而不可能表现在执行刑上。既然如此,上述从执行刑的角度来论证应当延长死缓的执行期间的观点,就明显存在疑问。

---

① 黄太云:《〈刑法修正案(八)〉解读(一)》,载《人民检察》2011 年第 6 期,第 8 页。
② 陈兴良主编:《宽严相济刑事政策研究》,中国人民大学出版社 2007 年版,第 20 页。

另一方面,上述观点虽然从执行刑的结局判断死缓与无期徒刑的差异,却没有注重特殊预防目的在执行过程中的表现特点。如所周知,行刑的直接目标,在于使受刑人接受教育改造,消除其再犯罪的可能性,并对社会起积极的一般预防作用。每个犯罪人在服刑期间的表现并不相同,反映了他们各自的再犯罪可能性大小消长变化情况不一致。行刑机关就是要根据这种不一致,及时有针对性地分别进行有效的改造教育;对于其中确有悔改、立功表现、再犯罪的可能性明显降低的受刑人,还可以依法予以减刑、假释。显然,行刑过程是特殊预防目的的实现过程。其表现的特点是,重在犯罪人的再犯罪可能性大小的消长变化,兼及罪质和犯罪情节。所以,无论如何设计死缓与无期徒刑制度,只要行刑过程着眼于特殊预防的目的,那么,无期徒刑犯人被终身关押,而死缓犯人执行一段时间即可获释的现象,就是完全可以被接受的。但我们不能据此认为,无期徒刑重于死缓。亦即,不能以执行刑为标准判断犯罪人应受刑罚的轻重。如果充分考虑行刑是特殊预防目的的实现过程,考虑到不同的犯罪人在行刑过程中的悔改表现不同,那么,要求死缓犯人的服刑期间与无期徒刑犯人的服刑期间存在明显区别,就不一定合适了。

笔者虽然一直主张解释刑法,而不要批判刑法,但是,刑法对"数字"的规定没有解释的余地。没有人可以将我国修正后的《刑法》第 50 条中的"二年期满以后,减为二十五年有期徒刑"解释为"二年期满以后,减为十五年有期徒刑",不管其理由多么充分!但是,基于强化报应观念对《刑法》第 50 条所做的修改,在不久的将来就会凸显出问题(如被判死缓的人缺乏改造的积极性、监狱人满为患、监狱老年人与患病者众多等等)。

总之,单纯将报应作为刑罚的正当化根据不可取,过度重视报应也不合适。

(四)报应刑否认论

如前所述,所谓报应刑否定论,是指对报应刑一概持否定态度的观点。这种观点既反对绝对报应刑论,也反对相对报应刑论。但在本书看来,完全否定报应刑论,也未必合适。

报应刑受到的批判之一是：报应"理论没有对什么是应受惩罚的错误行为下定义。绝大多数报应正义的作者在其思想中总有些他们认定是错误的主要行为类型，如谋杀、抢劫等，但他们却不能清楚地描述出什么样的行为应该受到惩罚。这种缺失在决定某些行为是否错误以及是否应受惩罚时，就立即产生了困难。""即使我们能够辨别应受惩罚的错误行为，如何评价错误严重程度的问题也就随之出现了。攻击他人的行为是否比偷车行为更为严重，如果是这样的话，又会严重多少？"①"报应刑论对于在什么样的场合必须处罚没有提供任何线索，只不过是单纯地主张'如果——不管采取什么样的基准——科处刑罚，它就必须是对恶行的报应'。在什么样的要件下，以人负有责任为根据，国家的处罚是正当的，这一决定性的问题，仍然没有解释。于是，对国家的刑罚权进行内容上的限定这一课题，报应刑便是苍白无力的。"②

这不仅是福利经济学者提出的批判意见，也是刑法学者提出的批判观点。诚然，为什么可以对人科处刑罚以及科处刑罚的目的何在，必然影响对作为刑罚前提的犯罪的看法。"因为犯罪是科处刑罚的要件，故可以说，适合科处刑罚的行为就是犯罪。"③对"什么是刑罚"的看法，必然影响对"什么是犯罪"的看法；对刑罚的正当化根据的看法，也必然影响对犯罪的成立范围的看法。可是，在刑法学中，什么是犯罪并不是报应刑论本身所要回答的问题。刑罚的正当化根据是什么，与什么是犯罪，是两个不同的问题；对刑罚正当化根据的回答，并不需要同时给犯罪下定义。况且，刑法明文规定了各种犯罪的成立条件及其法定刑，对各种罪行的严重程度的评价，首先以法定刑的轻重为根据，其次要考虑案件的具体事实。至于在什么样的要件下，对责任的报应才使刑罚正当化，报应刑论当然提供了部分根据，亦即，只有存在不法与责任时，才具有报应的前提。在此前提下，实现预防犯罪目的的合理性，进一步使刑罚正当化。亦即，不法

---

① 〔美〕路易斯·卡普洛、斯蒂文·沙维尔：《公平与福利》，冯玉军、涂永前译，法律出版社2007年版，第339、341页。
② 〔德〕Claus Roxin：《刑法における責任と予防》，〔日〕宫泽浩一监译，成文堂1984年版，第4—5页。
③ 〔日〕平野龙一：《刑法总论Ⅰ》，有斐阁1972年版，第39页。

的内容与预防犯罪的目的相对应;如果说预防犯罪就是预防法益侵害,那么,不法的内容就是法益侵害。① 报应刑对国家刑罚权的限定相当明显:只有行为人实施了不法行为并且具有责任时,才能进行报应,这便有利于防止处罚无辜的现象;而且报应不得超出责任的程度,这便有利于防止对目的的无限定追求。

报应刑受到的批判之二是:"报应主义者提出的基本答案是惩罚的力度应与罪行相符合,也就是说惩罚应与违法行为的严重性相称。相称原则最清楚和最简单的表述就是同态复仇(lex talionis),也就是《圣经》当中'以眼还眼'的格言。同态复仇引申出两个观点,其一是惩罚应以同样的方式实施(现代报应主义者通常对此并不赞同);其二是在某种程度上的惩罚(不论是何种形式)的严厉程度应与行为的错误程度相等。我们注意到,关于报应理论惩罚程度的理论基础,同施加惩罚的理论基础一样,很难确认。绝大多数的报应主义者似乎都相信相称原则是不证自明的,或者其认定直接来源于如下的理解:惩罚的目的是恢复宇宙中的道德平衡。"②"如果这个错误行为是偷窃或者投敌叛国,那么,在同态复仇观之下该错误行为将如何能够转变成一种监禁类型的惩罚?除非伤害和惩罚是在相同情况下被确认的(伤害是金钱上的,惩罚也是金钱上的;或者伤害是物理上的,那么惩罚也是相类似的,即'以眼还眼'),否则同态复仇观就解释不清楚。"③

如果将报应理解为"被害报应",上述批判或许是能被接受的。但是,如前所述,"责任报应"不再是作为报复的"被害报应","同态复仇"或者"以眼还眼、以牙还牙"不再是报应的内容。所以,不能用"责任报应"论者所反对的"被害报应"的内容来批判"责任报应"。诚然,现在还没有也不可能有关于痛苦与罪恶的计算单位,犯罪的恶与某一种类或者某一等级的刑罚之间,还不能证明有数学上的必然联系,甚至连贝卡里亚所设

---

① 单纯采取预防刑论时,其前提也是需要明确预防犯罪目的的"犯罪"是什么含义,否则,也不可能对国家的刑罚权进行内容上的限定。
② 〔美〕路易斯·卡普洛、斯蒂文·沙维尔:《公平与福利》,冯玉军、涂永前译,法律出版社2007年版,第338—339页。
③ 同上书,第342—343页。

想的"精确的、普遍的犯罪与刑罚的阶梯"①都还难以实现。但不能不承认的是,近代以来,"出现了一种粗略的、现成的'函数(function)',或者更直接地说,是相对适切的惩罚性回应的'尺度'"。② 换言之,刑罚与犯罪相适应在目前"所要求的并不是某一犯罪和对这种犯罪的惩罚之间的那种完美适应的关系。而是对不同犯罪的惩罚应当在罚与罪的标度或标准上'相当'于相应的犯罪的恶或严重性。尽管我们不能说某种犯罪有多大的恶,但或许我们能说某种犯罪比另外一种犯罪更恶,而且我们应当以相应的惩罚标度来表明这种依次的关系。造成很小危害的轻微犯罪不能像造成严重危害的犯罪那样得到严厉的惩罚,而故意造成危害的犯罪应当受到比非故意造成同样的危害的犯罪更严厉的惩罚"。③

报应刑受到的批判之三是:报应理论"所确认的错误与惩罚之间的正确比例被说成是单一的。其理由即在于并不存在一种天然的标准能经常(即使不总是)把错误行为转换成应受的惩罚……由于伤害与惩罚之间的实际比例在不同时代和社会有很大不同,答案就不可能来自于我们的经验或者一致同意(即使这些因素都被报应理论考虑到了),即使在当今社会,伤害与惩罚之间的比例在不同犯罪之间也有很大不同。我们也注意到,如果一个行为的惩罚和错误之间的比例在不同的犯罪事件中能够随意改变,报应主义的正义惩罚观念将会是无意义的"。④

其实,只要不采取绝对报应刑论,刑罚与犯罪之间的正确比例就不是单一的,而是在一定的比例之下或者之内,考虑预防犯罪的目的。"责任报应"观念随着时代的发展而变化,相同罪名的犯罪事实上也存在重大差异(各国采取的相对确定的法定刑制度就充分说明了这一点),所以,刑罚与犯罪之间的比例在不同犯罪事件之间存在很大不同,是相当正常的现象。况且,刑罚与犯罪之间的比例在不同犯罪事件中的不同,并不是随

---

① 〔意〕贝卡里亚:《论犯罪与刑罚》,黄风译,中国大百科全书出版社1993年版,第65页。
② 〔美〕约翰·菲尼斯:《自然法与自然权利》,董娇娇、杨奕、梁晓晖译,中国政法大学出版社2005年版,第212页。
③ 〔英〕哈特:《惩罚与责任》,王勇等译,华夏出版社1989年版,第155页。
④ 〔美〕路易斯·卡普洛、斯蒂文·沙维尔:《公平与福利》,冯玉军、涂永前译,法律出版社2007年版,第342—344页。

意改变的,而是案件事实差异、责任程度不同所导致的。在案件事实相同、责任程度相当时,如果刑罚存在差异,则不是报应的比例不同,而是因为预防犯罪的必要性大小不同。所以,上述批判充其量只能针对绝对报应刑论,而不能用来反对相对报应刑论。

报应刑受到的批判之四是:"事实上在真实的生活当中,判处惩罚时不可避免会出现失误;有时候惩罚太严重了,包括有些无辜者被错误地加以惩处;有时候惩罚又不充分,包括罪犯被宣告无罪而逃脱惩罚……这就引发了新的问题:报应论者愿意支付多少社会资源以减少惩罚失误的发生率。"①

这显然不是报应刑本身的问题。不管在刑罚的正当化根据问题上采取什么观点,误判总会发生。换言之,即使仅承认预防犯罪的目的是刑罚的正当化根据,也会存在误判。报应刑论强调刑罚是对犯罪的报应,在本质上就是为了杜绝误判。反之,如果仅以预防犯罪的目的作为刑罚的正当化根据,误判率可能更高,甚至为了预防犯罪而故意枉法裁判。同样,不管采取什么学说,犯罪的人没有受到刑事追究的现象,也不可避免。所以,一方面,支付多少社会资源以减少惩罚失误的发生率,不只是报应刑本身所面临的问题。另一方面,如何减少处罚失误的发生率,是所有国家都面临的问题,而且所涉及的不只是刑罚正当化根据的问题。例如,诉讼制度的设计,在很大程度上就是为了防止误判。在事实认定方面采取"存疑时有利于被告"的原则,就是为了防止不利于被告人的误判。

报应刑受到的批判之五是:报应刑论并没有追求任何对社会有用的目的,只是通过给予痛苦使行为人对自己的行为承担责任的方法,实现正义的报应、清算与赎罪。这种绝对的报应刑独立于社会效果,从社会效果中分离出来了,因而不能成为刑罚的目的。②

如前所述,本书的观点是,报应刑论与目的刑论是关于刑罚正当化根据的理论,而不只是关于刑罚目的的理论。在讨论刑罚的正当化根据时,

---

① 〔美〕路易斯·卡普洛、斯蒂文·沙维尔:《公平与福利》,冯玉军、涂永前译,法律出版社2007年版,第344页。

② Claus Roxin, Strafrecht Allgemeiner Teil, Band I, 4. Aufl., C. H. Beck 2006, S. 70.

"因为"与"为了"并非对立,而是并存。主张相对报应刑论,并不意味着将报应本身当作刑罚的目的,而是意味着以报应限定目的的追求(如同以罪刑法定原则限定对保护法益目的的追求一样)。如后所述,预防犯罪目的的正当性,还不能完全为刑罚提供正当化根据。例如,在某种犯罪的一般预防必要性大,但又没有查明具体犯罪人时,通过对无辜者适用刑罚,也会产生一般预防的效果。但是,这种刑罚并不具有正当性。况且,刑罚的正当化根据,不仅涉及量刑的正当化根据,还涉及法定刑的正当化根据。由于刑法是普遍适用的规范,所以,针对各种犯罪所设置的法定刑,不可能着眼于特殊预防,只能着眼于一般预防。在着眼于一般预防时,不可能单纯按照一般预防的需要设置法定刑,而必须考虑报应的合理性。

报应刑受到的批判之六是:报应意味着责任的清算,责任的清算以人具有自由意志为前提,但是,意志自由的存在是不可能证明的。[1]

如前所述,现代科学既没有证明人的意志是自由的,也没有证明人的意志是不自由的。在这种情况下,采取意志自由的观点,更符合法律的目的,更有利于实现预防犯罪的目的。

报应刑受到的批判之七是:作为责任清算的报应本身,只有通过信仰才可能被接受。"因为只要进行合理的考察,就会发现,所发生的恶害如何通过给予刑罚痛苦这种第二个恶害予以抵消,这是难以理解的……报应消除'国民杀人之罪'、使行为人赎罪之类的说法,只有通过信仰才能理解。但是,根据我们的宪法,不允许对任何人强制这样的信仰,所以,将其作为国家刑罚的一般基础,是不起任何作用的。"[2]

如前所述,报应与赎罪虽如一体之两面,但报应并不等于赎罪。报应是外在的,赎罪是内心的;报应由第三者完成,赎罪由行为人完成。费尔巴哈将绝对报应刑论分为作为均衡和报应的理论与作为正义的理论,前者"又可细分为:a. 道德报应理论;b. 法律报应理论;c. 将刑罚视为恢复被破坏的和谐的方法的理论;d. 再报应理论,其特点是,刑罚是对有责的

---

[1] 〔德〕Claus Roxin:《刑法における責任と予防》,〔日〕宮澤浩一監訳,成文堂1984年版,第5—6页。

[2] 同上书,第7页。

恶尽可能相同的恶的回报;e. 赎罪理论,其特点是犯罪人对遭受其犯罪行为侵害的市民社会进行赔偿和赎罪;f. 不法无价值理论,该理论认为,由犯罪实施的不法无价值,必须根据其行为所表现出来的特殊意志来对待犯罪人,以恢复各种法秩序"。① 在此,报应论与赎罪理论并不是等同关系。德国其他许多学者也没有将责任的清算与赎罪相等同。② 所谓责任的清算,也不意味着赎罪,只是意味着刑罚以责任为前提,而且不得超出责任的程度。至于通过适用刑罚,使行为人放弃犯罪的意念,则是实现特殊预防的刑罚功能,而不是报应本身的内容。

报应刑受到的批判之八是:报应主义美化了人们对犯罪的愤怒,并且将仇恨合法化,不符合尊重包括罪犯在内的所有人的权利的基本观念。③ 或者说,报应主义是非理性的,它建立在诸如愤怒之类的感情之上。④

但是,在法律范围内对犯罪予以报应,并不意味着侵犯了犯罪人的权利。否则,目的刑论对罪犯所科处的刑罚,同样也侵犯了犯罪人的权利。另一方面,由于犯罪侵犯了法益,所以,社会一般人对犯罪产生愤怒感情不可避免。刑罚的适用并不是助长一般人对犯罪的愤怒感情,相反可以安抚社会一般人,使他们放弃个人对犯罪的愤怒感情,从而避免私刑。

综上所述,完全否认报应刑论的各种观点,都难以成立。不仅如此,将报应作为刑罚的正当化根据之一,还具有明显的优势。

报应刑可以避免不正义的惩罚,有利于维护正义的法秩序。"制裁是一种惩罚,因为对制裁的合理要求是为了避免不正义,在所有的社会成员

---

① 〔德〕冯·费尔巴哈:《德国刑法教科书》(第十四版),徐久生译,中国方正出版社 2010 年版,第 24 页。
② 参见〔德〕Wolfgang Frisch:《量刑に対する责任、危险性および予防の意味》,〔日〕松宫孝明译,载〔德〕Wolfgang Frisch、〔日〕浅田和茂、〔日〕冈上雅美编著:《量刑法の基本问题》,成文堂 2011 年版,第 5 页。
③ See David Dolinko, Three Mistakes of Retributivism, 39 *UCLA L. Rev.* 1623 (1991—1992), p.1650.
④ 参见〔美〕约书亚·德雷斯勒:《美国刑法精解》,王秀梅译,北京大学出版社 2009 年版,第 21 页。

之间维持比例适当的平等、公正的合理秩序。由于当某个人实在要另作选择时,在他的行为中明显体现了,对自己的利益、行为和选择自由的偏好(无论是故意的、不计后果的还是疏忽大意的),这种偏好与公共利益、合法确定的正常行为方式适相反对;所以在他的行为且通过他的那种行为,他比那些为了遵守法律而限制自身且限制对自身利益的追求的人获得了更多的某种利益……如果意志自由的罪犯能够保留这种优势的话,情况就会变得如同为他保留犯罪的有形利益(赃物、被他侵占的资金、有益的职位,等等)一样不平等、不公正。如果当权者允许保留非公正获得的利益,那么当权者不仅会失去那些遵守法律而未获利者对他们的忠诚,而且还将丧失他们拥有那种忠诚的资格。因为统治者的权威来源于他们促进共同善的机会,在共同体内部实现利益和负担的平衡是共同善的一个重要方面。""因此,惩罚典型是为了试图在犯罪分子和守法者之间恢复分配正义的利益平衡,结果,越过时间的跨度,从犯罪前到惩罚后,应该没有人因为选择留在法律的边界以内而在实际上受到过损害——在这个特殊但非常真实的利益种类方面公正秩序的恢复是通过剥夺犯罪分子的犯罪行为所得(在目前的相关意义上就是'收益')来实现的;也就是对自由意志或自由选择的行使。"①

报应刑与国民的正义感相适应,有着合理的内核。报应刑论源于恶有恶报、善有善报这一古老而朴素的观念。②"'善有善报,恶有恶报'有着大量的经验基础,尤其在谈到现世报应的时候更是如此。从经验上看,一个人很自然地会以恩惠报应恩惠,以怨仇回敬怨仇。这符合一般的人

---

① 〔美〕约翰·菲尼斯:《自然法与自然权利》,董娇娇、杨奕、梁晓晖译,中国政法大学出版社 2005 年版,第 211 页。
② 这种观念几乎早于人类而产生。长久以来,我们一直认为人类是唯一具有道德观念的动物,但美国艾莫里大学研究中心动物行为学家迪戈尔博士的一项最新专题研究显示,诸如黑猩猩一类的灵长类高等动物,也具有一定的是非和道德观念。迪戈尔在研究时发现,人类社会中常见的行为举止,在黑猩猩中也可以看到,其中最常见的是"知恩图报"。迪戈尔证实,如黑猩猩甲平时曾将食物分给黑猩猩乙,那么,乙在拥有食物时也会慷慨地分给甲作为报偿。打抱不平则是黑猩猩表现出的第二种道德观念,迪戈尔曾多次目睹受欺侮的黑猩猩受到同伴的安慰或安抚,而当体格强壮的成年猩猩欺侮小猩猩或体格弱小的同类时,母猩猩则会齐声发出尖叫。迪戈尔推测说,人类的正义观念很可能是从此演变、发展而来的(邹国更:《动物也有道德感》,载日本《半月文摘》1996 年 4 月 15 日第 7 版)。

性,也构成了大多数人类社会的文化。"①倘若一个社会是善无善报、恶无恶报,或者善有恶报、恶有善报,那将是无法想象的。在当今社会,对什么行为科处刑罚以及如何科处刑罚,应当考虑一般人的价值观念与正义感。既然报应是一种正义观念,成为一般人道德上的信念,恶有恶报是人们遇到恶行时的公正主张,那么,就应当考虑这种报应观念。因此,报应作为对犯罪科处刑罚的根据之一,是不可否认的。

报应刑论更为现实的意义在于,"只有从报应说的角度,我们才能最有力地维护我们反对惩罚无辜的论点。诚然,如果单从有效性考虑问题,有时惩罚个别无辜似乎是合理的。譬如在犯罪猖獗而难以收拾的时候,警察对罪犯完全失去了威慑作用。于是人们以为惩罚个别无辜能起到杀人儆百的作用。从实用观点出发,这种说法也是无懈可击的,然而这毕竟是难以接受的。我们假想一下,我们以莫须有的罪名把某人投入监狱。不管怎么说,这个人利用在狱中的机会勤奋地攻读、学习和思考,终于在出狱时学识渊博,前后判若两人。难道我们能因此就认为把他投入监狱是正确的吗?所谓报应性惩罚,就是惩罚犯罪,就是根据犯罪的程度量刑。因此,惩罚无辜是毫无道理的。"②简言之,报应刑论牢固地确定了犯罪与刑罚之间的基本关系:只能对犯罪科处刑罚。

报应刑进一步确立了犯罪与刑罚之间的量的关系:刑罚不得超出责任的程度。因为,"今天刑法上所谓的报应,概念上已经不是反映过去的'报仇'或者社会仇恨的具攻击性的意思,而是一种正义的'平衡原则'(Massprinzip);其作为在于依据行为的危害责任,去决定等价的适度刑罚,而具体表现为'责任刑法原则'的实践意义。法理上,现代刑罚的报应思想,具有三项内在的基本要求:第一,国家对于犯罪处罚的公正性,必须得到社会的公认。第二,刑罚必须以责任的存在为前提,并且以其轻重为刑度的衡量标准。第三,刑罚的判决,必须符合责任原则;对于受刑人及社会大众,均应有'报应正义'的感受。"③概言之,自 18 世纪启蒙运动

---

① 盛洪:《道德. 功利及其他》,载《读书》1998 年第 7 期,第 121 页。
② 子犹编译:《刑罚的含义与报应论》,载《现代世界警察》1986 年第 5 期,第 34 页。
③ 苏俊雄:《刑法总论 I》,作者 1998 年修订自版,第 141 页。

以来,报应意味着科处刑罚是对有责的不法行为的回答,并使得有责的不法行为与报应等价①;根据报应思想,已经实施的行为决定刑罚的基础与标准。②

报应刑可以防止不必要的刑罚。报应刑反映出一种比例原则。法治所要求的比例原则在刑法上表现为罪刑相适应或罪刑相均衡。但是,相适应、相均衡的基准会随着社会的发展而不断变化。在中世纪,只有对严重犯罪科处死刑,才认为是相适应、相均衡的;但在近现代的欧洲国家,对严重犯罪科处无期徒刑或者15年左右的有期徒刑,就会认为是相适应、相均衡的。如前所述,报应感情与复仇心理存在区别。而且,即使是复仇,也已经历了从没有限度的"血仇"到"以眼还眼、以牙还牙"再到"以钱还眼"的变化。近现代国家的刑罚不是复仇。近代以来,虽然报应刑也受到了批判,但是报应刑与划定刑罚上限的"罪刑均衡"原则是一致的。这种均衡是等价性的,等价性是由社会关系的应有状态决定的。③ 如果意识到犯罪是社会的副产品,考虑到人们物质生活水平的不断提高,如若注重维护犯罪人的尊严,尊重犯罪人的人格,那么,死刑就不再是与犯罪等价的刑罚。所以,利科指出:"司法不仅要使自己与野蛮的复仇相分离,而且也要与宗教式的复仇——以正义之名行以血还血之实为特征的复仇——相分离。"④

报应刑可以防止对特殊预防与一般预防的过度追求,因而有利于保障犯罪人的权利。例如,对特殊预防的过度追求要求采取不定期刑制度,但是,不定期刑制度明显不符合报应刑的原理。再如,按照特殊预防的要求,如果犯罪人刑满时仍有再犯罪的危险,就应当延长刑期,可是,这种做法也不符合报应刑的要求。又如,为了一般预防,有可能超出报应的要求而对特定的犯罪科处重刑;承认报应是刑罚的正当化根据之一,则可以避

---

① 关于量刑中的有责的不法与责任的关系,以及作为犯罪成立条件之一的责任与作为量刑基准的责任的关系,参见本书第三章、第五章的相关内容。
② Vgl., H. Jescheck/T. Weigend, Lehrbuch des Strafrechts Allgemeiner Teil, 5. Aufl., Duncker & Humblot 1996, S. 66f.
③ 〔日〕生田胜义:《応報感情を考える》,载《法学セミナー》1993年第10号,第44页。
④ 〔法〕保罗·利科:《论公正》,程春明译,法律出版社2007年版,第166页。

免这种现象。由此可以看出,报应刑可以制约目的刑的要求,保障犯罪人的权利。

报应刑并非与刑罚目的相对立,将报应刑作为刑罚的正当化根据之一,并不妨碍将预防犯罪作为刑罚的合理目的。因为如后所述,量刑与行刑完全可以在报应刑之下或者之内追求刑罚预防犯罪的目的。

总之,绝对报应刑虽然具有一定的优势,但也存在明显的缺陷;另一方面,完全否认报应刑论,也并不合适。刑法理论与司法实践应当利用报应刑的优势、避免报应刑的弊端。

三、预防刑论

"根本不可能存在这样的情况,即立法者将特定行为规定为犯罪,却并未因而表现出预防此类[犯罪]行为的愿意与目的。因此,预防似乎成为了首要且唯一普遍的惩罚目的。如果你做了特定的事,法律将施以特定的痛苦,因而意在为你提供一个不做那些事的全新动机。"① 当今刑法理论,均将预防犯罪作为刑罚的正当目的。② 如前所述,目的刑论旨在从目的的正当性角度说明刑罚的正当化根据,由于目的刑论均认为刑罚的目的是预防犯罪,所以目的刑论与预防刑论事实上成为等同概念,本书也在等同意义上使用目的刑(论)与预防刑(论)概念。至于如何理解预防犯罪的目的,则存在不同观点。

(一) 特殊预防

特殊预防,是指防止犯罪人再犯罪。一般认为,特殊预防目的,是通过刑罚的保安、威慑与再社会化功能实现的。③ 保安功能,即限制、剥夺

---

① 〔美〕霍姆斯:《法律的生活在于经验——霍姆斯法学文集》,明辉译,清华大学出版社2007年版,第122页。
② 关于刑罚目的的具体内容,我国刑法理论存在各种形形色色的观点,周少华教授归纳了13种观点(参见周少华:《刑罚目的观之理论清理》,载《东方法学》2012年第1期,第15页以下)。
③ 参见〔日〕城下裕二:《量刑基准の研究》,成文堂1995年版,第133页。

再犯条件的功能,是指通过适用刑罚,可以从外部来限制、消除犯罪人再次犯罪的条件,使之永远或者在一定时期内不能再犯。除死刑外,徒刑的保安功能最为明显。① 威慑功能表现为使犯罪人承受一定的痛苦,使其认识到,犯罪后刑事责任的不可避免性和罪有应得,从而不敢再次犯罪,重受痛苦处遇。再社会化功能即教育感化功能,通过制定、适用和执行刑罚,使犯罪人养成良好的规范意识,树立和强化对法的信仰与忠诚,从而不愿再次犯罪。

平野龙一教授指出:"特殊预防论认为,预防犯罪行为人再次陷入犯罪的效果,是刑罚的正当化根据。但在作为特殊预防论前提的刑罚内容中,存在两个有明显差异的内容。第一个内容是痛苦或者恶害,即通过施加痛苦或者恶害,对犯罪人进行惩罚,以防止其再犯罪(Intimidation)。在这种场合,刑罚的内容与一般预防论的内容基本相同,故可以说是一般预防论中针对犯罪人自身的侧面。因此,两者合并起来可以称为抑止刑论。另一个内容不是以痛苦(即使伴随着痛苦)而是以此外的方法防止犯罪人再犯罪,这被称为改善刑、教育刑或者犯罪人的重返社会(Reformation, Resocialization)。通常,讲到特殊预防论时,多指改善刑论。"② 平野龙一教授是在刑罚的正当化根据意义上论述特殊预防的。他将通过对犯罪人的惩罚防止其再犯罪纳入了一般预防论的内容,形成了抑止刑论。本书采取通说的观点,将针对犯罪人的预防即防止犯罪人再次犯罪作为特殊预防的内容。对犯罪人的教育、改善也是特殊预防的目的,但是,这一改善以惩罚为前提。至为明显的是,如果采取刑罚以外的方法达到教育、改

---

① 有人对此持反对态度,认为罪犯出狱后仍然可能犯罪,故刑罚对抑制犯罪没有作用。但是,实证研究表明,徒刑,即使是非长期的徒刑,对抑制犯罪的作用也是相当明显的。根据美国1979年相当确切的估计,如果美国的在押犯人被释放,平均每人每年会犯下9至17桩严重罪行。如果将100名犯罪人关押2年(假定他人每人每年犯罪10起),就等于制止了2000起犯罪。犯罪学中一个最有价值的数据就是年龄;犯罪行为一般集中在青少年时期,几乎可以说发生在14至24岁的10年期间,惯犯的犯罪率则在25岁才开始下降,一直延续到40岁。因此可以说,犯罪生涯的寿命是比较短促的。基于这一事实,作为制止犯罪的手段,并不意味着非处以长期徒刑不可;只要在适当时机,对犯人处以数年的徒刑就足以大大减少他可能犯下的罪行(子犹编译:《刑罚的含义与报应论》,载《现代世界警察》1986年第5期,第33页)。

② 〔日〕平野龙一:《刑法总论I》,有斐阁1972年版,第20页。

善的目的,那么,该目的就不是刑罚目的的内容,而是其他方法的目的内容。此外,使犯罪人与一般社会隔离,虽然在隔离期间也能实现防止犯罪人再犯罪的效果,但是这种效果本身难以成为刑罚的正当化根据。隔离是对犯罪人人身自由的剥夺,必须控制在报应的限度内,否则就缺乏正当化根据。

对于特殊预防,理论上也提出了一些批判意见,有必要展开讨论。

第一个批判:特殊预防论不能限定刑罚权的内容。因为在某种意义上说,我们大家都不仅有责,而且也有改善的必要。而且,根据这一理论,政治上的反对者、社会的不适应者都有可能置于刑法的"处遇"之下。此外,只要是改善罪犯所必需的,就不管刑期多长,因而不可能对刑期进行限定。概言之,特殊预防论具有国家恣意干涉公民自由的倾向,这一倾向比报应刑论更强烈。① 例如,"一位累犯者,即使所犯之罪轻微,但由于该犯罪显示其具有犯罪的倾向,因此必须受到彻底的治疗处分或者保安处分,这与其实施的犯罪的严重程度是没有关系的"②。

如果仅将特殊预防作为刑罚的正当化根据,的确可能存在上述问题。但是,其一,刑罚的正当化根据不只是目的的合理性,还有报应的正义性,故不能超出报应的限度追求特殊预防目的。其二,特殊预防中的再社会化功能或者教育感化功能,并不是针对任何人,只是针对犯罪人。由于特殊预防是预防犯罪,而不是预防道德过错与一般违法行为,所以,对于那些只有道德过错或者一般违法行为的人,特殊预防论者并没有主张进行教育感化。其三,需要将哪些行为人置于刑法的处遇之下,并不是由特殊预防必要性本身决定,而是由刑法对犯罪的规定来决定。恣意干涉公民自由的不是特殊预防,而是刑法对犯罪的过度处罚,或者违反罪刑法定原则的恣意处罚。

第二个批判:根据特殊预防论,在没有再犯罪危险的情况下,即使是

---

① 〔德〕Claus Roxin:《刑法における责任と预防》,〔日〕宫泽浩一监译,成文堂1984年版,第10—11页。

② H. Jescheck/T. Weigend, Lehrbuch des Strafrechts Allgemeiner Teil, 5. Aufl., Duncker & Humblot 1996, S. 75.

极为严重的犯罪,也可以不处罚。例如,"谋杀犯中的许多人,以嗜虐的动机残忍地杀害了无数没有罪的人。现在,这些谋杀犯人大抵毫不起眼地生活在社会中,因此没有'再社会化'的必要;他们也不存在必须通过威慑予以阻止或者必须针对他们保护我们的再犯的危险。那么,对他们不处罚真的合适吗?……但是,在这样的场合,没有人真正地主张不处罚的结论。尽管如此,在此有必要科处刑罚的理由,就不是由来于特殊预防论。"①又如,根据特殊预防论,"在实施重大犯罪后,经过数年在井然有序状态下被发现的行为人,如被卷入犯罪体制的强制收容所的杀人者(KZ-Mörder),或者为了挽回妻子的名誉而作伪证的丈夫,就完全不受处罚。因为在这样的事例中,没有再社会化的必要。"②

从抽象层面来说,上述批判涉及一般预防与特殊预防的关系。如后所述,在法定刑的制定方面,可以说是一般预防优于特殊预防;在量刑与行刑阶段,则应当是特殊预防优于一般预防。从具体层面而言,上述批判涉及免予刑罚处罚与缓刑的适用问题。《德国刑法》第211条对谋杀罪规定了终身自由刑,第212条对故意杀人罪规定了不低于五年的自由刑(情节特别严重的,处终身自由刑)。根据《德国刑法》第56条的规定,如果判处二年以上的自由刑,就不可能宣告缓刑。所以,倘若被告人没有其他减轻处罚与免除处罚的情节,德国法官对于谋杀罪与故意杀人罪的被告人不可能宣告缓刑。于是,在谋杀犯或者故意杀人犯确实没有再犯罪危险性的情况下,只能以一般预防为由科处刑罚。这或许是德国学者反对特殊预防目的、主张一般预防的一种重要原因。但在我国与日本等国,则不存在这样的问题。一般来说,如果行为人实施了极为严重的犯罪,就难以认定其没有再犯罪的可能性;但不可否认,杀人犯没有再社会化的必要和再犯的危险的情形,也是客观存在的。例如,行为人基于特殊原因犯故意杀人罪,这种特殊原因不可能重现,且行为人悔过自新,因而没有再犯

---

① 〔德〕Claus Roxin:《刑法における责任と预防》,〔日〕宫泽浩一监译,成文堂1984年版,第12页。

② H. Jescheck/T. Weigend, Lehrbuch des Strafrechts Allgemeiner Teil, 5. Aufl., Duncker & Humblot 1996, S. 75.

罪的危险性，但没有免予刑罚处罚的情节。在这种场合，虽然不能免予刑罚处罚，但只要适用缓刑即可，而不需要判处实刑。换言之，此时，不应当以一般预防必要性为由对被告人宣告实刑（参见本书第七章）。事实上，在我国，存在对故意杀人罪宣告缓刑的实例；在日本，对故意杀人适用缓刑相当普遍。显然，对杀人犯适用缓刑，正是以特殊预防目的为根据的。基于同样的理由，在我国，对于为了挽回妻子的名誉而作伪证的丈夫，即使认定为伪证罪，也可以适用缓刑。

第三个批判：特殊预防论的正当性根据表现为多数人可以强制少数人适应多数人认为合适的生活方式（再社会化），可这一点没有得到充分说明。例如，"违反成年人的意志对其进行教育、处遇的权利，究竟来源于哪里？对适应社会的人——乞丐、卖淫女或者同性恋者——他们过着自己喜欢的生活，为什么却不被允许？他们所做的令其他多数国民不喜欢或者不愉快的事情，能成为刑罚上的差别对待的充分理由吗？"①

可是，特殊预防既有犯罪人的再犯罪危险性的依据，也有预防犯罪人重新犯罪的合理目的的根据；而且，任何人都生活在社会中，对于反社会的人当然要求其社会化。对犯罪的成年人进行教育、处遇的权利，源于防止其再次犯罪的正当目的。以往一些国家的刑法将乞讨、卖淫、同性恋行为规定为犯罪，不是特殊预防论导致的，而是没有合理确定刑法目的所致。亦即，这些国家的刑法将伦理道德秩序的维护也视为刑法目的，而不是将刑法目的限定为法益保护，导致处罚单纯违反伦理道德的行为。特殊预防论也不可能将行为人事前的一切不道德行为作为从重处罚的情节，只是将表明再犯罪危险性大的事实作为量刑情节予以考虑。将单纯违反伦理道德而不表明再犯罪危险性大的行为，作为量刑时从重处罚的根据，不是特殊预防论的过错，而是法官没有正确把握量刑的正当化根据所致（参见本书第六章）。

第四个批判："如今赞成特殊预防的人不能以此为由对过去的法侵害

---

① 〔德〕Claus Roxin：《刑法における責任と預防》，〔日〕宫泽浩一监译，成文堂1984年版，第12—13页。

行为(Rechtsverletzung)进行'惩罚',而最多只能针对将来的违法行为进行'防卫。"①亦即,如果将特殊预防作为刑罚的正当化根据,就丧失了对已然的犯罪行为予以处罚的根据。这是因为,"为了特别持久地防制犯罪,甚至可以完全不待某一犯罪行为的发生而在前阶段便适当地处置这些危险的个体。"②换言之,"始终如一的特殊预防,必然导致犯罪前的处分。因为从其立场出发,不能理解,为什么在国家进行预防性介入之前,必须等待犯罪行为的实施。"③言下之意,如果将特殊预防作为刑罚的正当化根据,则可以处罚将要犯罪但事实上还没有犯罪的人。

显然,这样的批判只是社会政策或者刑事政策方面的不当构想,而且多少有些强词夺理。因为刑罚的适用以犯罪为前提,特殊预防原本就意味着防止已经犯罪的人再次犯罪,故只能以行为人已经犯罪为前提,而不可能在犯罪行为发生之前就处罚所谓危险的个体。退一步说,虽然采取预防性的刑罚措施或许是更有效的,但现代科学还没有达到事先能够预测一个人将来是否会犯罪的水平;只有当一个人实施犯罪行为后,我们才推测他可能还会犯罪。只要一个人没有实施犯罪,就没有根据说他将来一定会犯罪。所以,一方面,只有等行为人实施犯罪之后,才能对之科处刑罚。另一方面,特殊预防必须以报应为基础,否则,就会导致刑罚的泛滥。

第五个批判:"特别预防理论中的再社会化并非目的本身,而只是反映一个在社会政策上有所成效的方案;这一提醒或许可以遏止不当的言过其实。因此我们仍然无法断定特别预防思想作为刑罚理论基础的妥当性。它得以作为刑罚理论基础的必要条件在于,根据特别预防思想来对付偏差行为的方式仍然显示了刑罚的特征。若非如此,特别预防理论将无权要求刑罚理论的头衔。在这种情形下,特别预防理论或许不是在论

---

① 费尔巴哈语,转引自〔美〕马库斯·德克·达博:《积极的一般预防与法益理论》,杨萌译,载陈兴良主编:《刑事法评论》第21卷,北京大学出版社2007年版,第446页。

② 〔德〕Michael Pawlik:《对预防理论刑罚正当化论据之批判》,钟豪峰译,载台湾《政大法学评论》第117期(2010年),第362页。

③ H. Jescheck/T. Weigend, Lehrbuch des Strafrechts Allgemeiner Teil, 5. Aufl. , Duncker & Humblot 1996, S. 75.

证实际运作之'刑罚'制度的正当性,而是在一连串专门术语的表象下,大力提倡以其他类型的法律制度('社会干预权'(soziales Interventionsrecht))来取代刑罚。"①简言之,特殊预防论中的再社会化所求的内容并不是刑罚,而是保安处分之类的社会干预制度。这是因为,"如果要贯彻特殊预防,就必须以治疗措施替代刑罚。因为如果在刑事司法中,只考虑对违法者的再社会化,那么,存在于刑罚中的对犯罪的伦理的非难,就与对疾病的非难一样,没有意义。"②

诚然,刑罚不同于保安处分与治疗措施,如果将刑罚等于再社会化的手段,刑罚就丧失了意义,所以,特殊预防的前提必须是报应。不过,刑罚与保安处分的区别,不是表现在形式上,而是表现在实质上。不同的刑罚具有不同的内容,为了使犯罪人再社会化而在行刑过程中采取的具有针对性的措施,并不影响刑罚的性质。例如,在我国,强迫犯罪人劳动就是徒刑的内容,这一内容也旨在使犯罪人再社会化,但不能因此否定徒刑的性质。况且,特殊预防的功能也并不限于再社会化,其还具有保安与威慑等内容。

第六个批判:根据特殊预防的观点,必须考虑的是犯罪人再犯罪的危险性的有无、程度以及犯罪人对刑罚的感受力的有无、程度。但是,对再犯罪危险性的判断只能依赖经验性的各种条件予以判断,因而并不明确;对刑罚感受力的判断,则缺乏一般性的标准。③

事实上,不管采取什么样的理论,量刑的标准都难以精确化,因为我们对犯罪没有计算单位。根据经验性的各种条件或者因素判断犯罪人再犯罪的危险性的大小与对刑罚感受力的有无与程度,恰恰是一条比较可靠的路径。例如,当法官面对一位刑罚刚执行完毕的累犯时,不仅会认为他再犯罪的危险性大,而且会认为他的刑罚感受力差。反之,当法官面对一位有明显悔悟、期待从宽处罚的初犯时,则会认为他再犯罪的危险性

---

① 〔德〕Michael Pawlik:《对预防理论刑罚正当化论据之批判》,钟豪峰译,载台湾《政大法学评论》第 117 期(2010 年),第 360—361 页。

② H. Jescheck/T. Weigend, Lehrbuch des Strafrechts Allgemeiner Teil, 5. Aufl., Duncker & Humblot 1996, S.75.

③ Vgl., Michael Köhler, Strafrechts Allgemeiner Teil, Springer 1997, S.44ff.

小,而且会因为他期待从宽处罚而认为他的刑罚感受力可能很强。另一方面,正是因为量刑不可能精确地把握犯罪人再犯罪危险性的大小与刑罚感受力的强弱,所以,我国刑法不仅规定了假释制度,而且规定了减刑制度。这两种制度事实上对于纠正量刑偏差起到了重要作用,也彰显了刑罚的特殊预防目的。

第七个批判:特殊预防中的再社会化理论,在某些情况下根本行不通。这是因为,"如果社会复归是唯一的刑事责任和刑罚配置的原则,刑事法律体系中可能应释放所有那些不能被矫正的犯罪人——这样的人可能占据了现在被拘禁的人当中的大多数。不用说,这在任何人眼里都可能是不可行的,无论其所关注的是犯罪控制还是实现正义。"①

不可否认,对不可能被矫正的人实行再社会化当然不可能达到目的。然而,其一,我们依据什么说哪些犯罪人是不可能被矫正的?又根据什么说服刑中的多数人是不可能被矫正的?只有执行了刑罚判决,才可能得出结论,而不可能事先得出结论。其二,当犯罪人执行完刑罚判决后,仍然表明其不可能被矫正,当然不应当再继续执行刑罚,充其量只能采取保安处分措施。其三,将再社会化作为刑罚唯一的正当化根据当然不符合现实(不管是在美国还是在中国,判处犯罪人死刑立即执行就不可能以再社会化为由予以说明),但是,这并不意味着将再社会化作为对部分犯罪人适用刑罚的部分正当化根据也不符合现实。其四,再社会化有利于监狱采取合理的矫正政策。正如上述对再社会化持反对意见的学者所言:"社会复归可能是一种非常合理的矫正政策。换句话说,人们可能希望监狱看守和缓刑、假释官尽可能多地对具有现实矫正可能的犯罪和犯罪人适用社会复归计划。在合适的情况下加以运用,社会复归计划可能成为良性的社会投入。"②

总之,将特殊预防作为刑罚的唯一的正当化根据,并不能说明法定刑的制定与刑罚的实际运用情况,但也不能完全否认特殊预防的目的。事

---

① 〔美〕保罗·H.罗宾逊:《进行中的刑罚理论革命:犯罪控制意义上的公正追求》,王志远译,载《当代法学》2012年第2期,第62页。

② 同上。

实上,我国刑法的相关规定,明显肯定了特殊预防目的。例如,刑法规定了累犯从重处罚的制度,而且对累犯不得适用缓刑,对被判处10年以上有期徒刑、无期徒刑的累犯不得假释。这些制度都是基于特殊预防目的所设计的。如果否认特殊预防的目的,就无法解释刑法的上述规定。当然,肯定特殊预防的目的,并不意味着仅将特殊预防作为刑罚的目的。事实上,在法定刑的制定阶段,法定刑的轻重所依据的主要是罪行的轻重与一般预防的必要性大小,对特殊预防必要性大小的考虑则是次要的。如后所述,在量刑阶段,对特殊预防必要性大小的考虑则是相当重要的。

(二) 一般预防

一般预防分为消极的一般预防与积极的一般预防,有必要分开讨论。

1. 消极的一般预防

传统的一般预防论是消极的一般预防论,也称威慑预防论。费尔巴哈的心理强制说代表了这种预防论,即通过对犯罪规定和适用刑罚而向一般人宣告:谁实施犯罪行为谁就受到刑罚处罚,从而威慑一般人,使其不敢犯罪。但这种消极的一般预防论受到了批判。

(1) 国家对什么样的行为具有威慑的权限,并不明确,因此,消极的一般预防论不能划定可罚行为的范围,也必然导致刑罚过于严厉。因为对于任何可能犯罪的人来说,死刑的威慑力总会大于其他刑罚的威慑力,重刑的威慑力总是大于轻刑的威慑力,于是存在着刑罚愈严厉威慑力愈强预防效果愈佳的倾向。例如,在战时,对轻微犯罪也可能科处重刑乃至死刑,其目的旨在实现一般预防,但即使对于国家来说,正当目的也不能使所有的手段都正当化。[①]

要求消极的一般预防论划定可罚行为的范围,并不妥当。因为讨论刑罚的正当化根据以所针对的行为是犯罪为前提,划定可罚行为的范围,不必以刑罚的正当化根据为前提。诚然,倘若没有报应刑的限制,消极的

[①] 〔德〕Claus Roxin:《刑法における責任と予防》,〔日〕宫泽浩一监译,成文堂1984年版,第14—15页。

一般预防论的确存在使得刑罚过于严厉的缺陷。所以,消极的一般预防不可能独立成为刑罚的正当化事由。相反,消极的一般预防本身反而可能使刑罚丧失正当性。只是经由报应的限制,消极的一般预防才可能针对部分意欲犯罪的人发挥积极作用。

(2)威慑的效果至少仍然不能得到科学的证明。诚然,一般人在通常情况下,会受到刑罚威慑的影响,但对于职业犯、冲动的机会犯而言,则并非如此。"没人知道,对于那些并非为获得货币或其他可见收益,只因冲动、狂怒或精神疾病或缺陷引发的犯罪,这些惩罚又有多少震慑效果。没人清楚死刑到底有多少震慑增量,以及就此而言终身监禁有多少震慑增量。"①在杀人犯、风俗犯等场合,刑罚的威慑力也极为有限。而且,许多人犯罪并非基于合理的计算,即不是一概将犯罪带来的好处与刑罚带来的痛苦进行比较从而决定实施或者不实施犯罪,而是(至少多数是)在期待不被发觉的侥幸心理下实施犯罪。对这些犯罪人来说,威慑的效果也不明显。②

在本书看来,既然批判论者认为刑罚越重威慑力就越大,就没有理由完全否认刑罚的威慑效果。威慑的效果不能得到科学的证明,并不表明刑罚不可能具有威慑的效果。刑罚的效果本身就不可能得到清晰的证明,因为犯罪的原因过于复杂,即使某个国家或者地区的某一段时间犯罪明显减少,也难以认为刑罚产生了良好的效果。同样,即使采取后述积极的一般预防论,其效果也不可能得到科学证明。刑罚对职业犯、冲动的机会犯乃至杀人犯、风俗犯等预防作用的确有限,但这主要基于其他原因,而不是消极的一般预防论本身的缺陷。虽然量刑时追求威慑预防会导致量刑过于严厉,但即使不是以威慑为目的的合理量刑,事实上也会对一般人尤其是意欲犯罪者产生威慑效果。对一位盗窃犯判处适当的刑罚,多少会对意欲盗窃他人财物的人产生威慑作用。行为人期待不被发觉的侥

---

① 〔美〕理查德·波斯纳:《波斯纳法官司法反思录》,苏力译,北京大学出版社2014年版,第75页。
② 〔德〕Claus Roxin:《刑法における責任と予防》,〔日〕宫泽浩一监译,成文堂1984年版,第15—16页;Günther Jakobs, Strafrecht Allgemeiner Teil, 2. Aufl., Walter de Gruyter 1993, S.21.

幸心理下实施犯罪,只是说明刑罚的威慑效果不明确,但"期待不被发觉"的心理至少能够说明刑罚具有威慑效果。

(3)通过威慑进行一般预防,意味着不是因为犯罪受处罚,而是为了他人不犯罪才受处罚,犯罪人成为预防他人犯罪的工具,侵犯了人的尊严。①

本书的看法是,法定刑的制定与刑罚制度的设计是针对一般人而言,即使承认刑罚的威慑效果,也没有将任何人当作预防他人犯罪的工具。例如,倘若刑法为了防止非法偷越国(边)境,而对该罪规定了无期徒刑乃至死刑,也只能认为该法定刑违反罪刑均衡原则(超出报应的限度),而不能认为该法定刑将某人当作了预防犯罪的工具。事实上,费尔巴哈的消极的一般预防论,也是从宣示法定刑的角度而言的。根据费尔巴哈的观点,为了保障市民外部的自由,法规则必须具有强制力,其中一个表现便是通过宣示法定刑,对侵害他人权利的行为予以禁止,刑法就是为了保障市民的外部自由而制定的,因而必须以防止侵害市民外部自由(侵害权利)的犯罪作为自己的目的。如果人只是理性的存在,就不会违反刑法规范,但是,人同时也是感性的存在,可能为了追求自己的快乐而侵害他人的权利。因此,国家为了实现防止犯罪的目的,必须对犯罪人基于感性的冲动而实施犯罪行为的现象进行心理的强制。亦即,只有提前宣示法定刑,使人们认为犯罪后会使自己遭受更大的不快乐,才能消除人们感性上的冲动。宣示法定刑对感性的冲动所起的作用就是威慑,但它旨在保障所有人在法秩序中的相互自由。概言之,费尔巴哈所主张的是通过宣示法定刑进行威慑的一般预防论。② 当然,从逻辑上说,费尔巴哈的心理强制说为重法定刑提供了根据,因而可能超出报应的程度。在此意义上说,心理强制说的缺陷也是不可否认的。反过来说,通过报应刑限制消极的一般预防论,是十分必要的。

---

① 〔德〕Claus Roxin:《刑法における責任と預防》,〔日〕宫泽浩一监译,成文堂1984年版,第16页。
② 参见〔日〕饭岛畅:《カント刑罚における預防の意义と応报の限界》,载《香川法学》第28卷(2008年)第2号,第213页、

（4）消极的一般预防论存在逻辑矛盾。消极的一般预防论将人视为趋利避害的人，认为当人们认识到实施犯罪可能遭受处罚时，就会削弱实施犯罪的动机，从而遏制犯罪行为。"然而这一结论过于草率。对于已经违反有效刑法规范的社会成员而言，这一结论只有在一个重要的限制条件之下才会成立。虽然根据上述说明，以刑罚加以恫吓以及在大多数的情形下依照规定科处刑罚（因为假使不这样作，恫吓便可能丧失其刺痛效果而不被当真）也符合这种个体的理性利益。然而对他最有利的可能是，倘若只有其余社会成员的违反规范行为遭受处罚，而他本身毫发无伤地侥幸脱险。因而对于这些已经违反规范的相关人等，我们再也无法基于精明自身利益的观点来支持个案中的刑罚科处，亦即那实际上造成痛苦并因此显然必须加以正当化的行动。"①这一逻辑矛盾表明，消极的一般预防论不能说明量刑的正当化根据。

消极的一般预防论能否成为量刑的正当化根据，的确是值得讨论的问题。费尔巴哈指出："科处刑罚的目的，不能使法律上的威慑徒有其表（无效的东西），而应为法律上的威慑的有效性提供基础。"因此，科处刑罚的最终目的"同样只是法律对国民的威慑"。②但是，一方面，如果在量刑过程中发挥刑罚的威慑作用，而对犯罪人判处重刑，则使犯罪人成为预防他人的工具，因而不可取。例如，对甲盗窃电力设备的行为原本只能判处5年有期徒刑，但为了防止其他人盗窃电力设备，对甲判处无期徒刑，则侵害了甲的尊严。所以，必须承认消极的一般预防论在量刑方面的缺陷。另一方面，按照消极的一般预防的逻辑，即使对于已经犯罪的人，科处通常之刑，也只是为了向社会其他成员传递犯罪后会受到刑罚处罚的信息。"然而，如果一个人之所以受到刑事处罚，是为了威慑他人，那么他就同样只被当作了预防犯罪的工具。"③在本书看来，对犯罪人科处刑罚

---

① 〔德〕Michael Pawlik：《对预防理论刑罚正当化论据之批判》，钟豪峰译，载台湾《政大法学评论》第117期（2010年），第355页。
② 转引自〔德〕Claus Roxin：《刑法における责任と预防》，〔日〕宫泽浩一监译，成文堂1984年版，第28页。
③ 〔美〕马库斯·德克·达博：《积极的一般预防与法益理论》，杨萌译，载陈兴良主编：《刑事法评论》第21卷，北京大学出版社2007年版，第446页。

时,的确会有向社会其他成员传递犯罪后会受到刑罚处罚的信息的效果,但法官不能将这一效果作为量刑的目的。

(5)即使将消极的一般预防论限定为单纯的法定刑理论(即法定刑的制定是为了威慑预防一般人),也仍然存在疑问。因为法定刑的确定标准并不是威慑预防。例如,按照消极的一般预防论的观点,当行为人为了获得数百欧元的财物而谋杀他人时,数千欧元的罚金就足以产生预防的效果;反之,当行为人为了维护人际关系或者促进职业生涯而犯诽谤罪时,或许只有多年的自由刑才足以产生预防效果。然而,针对这种犯罪的不法内容来说,这样的刑罚绝对是不合理的。①

上述批判不无道理。犯罪类型具有多样性,同样是杀人,但行为人的动机可能完全不同。刑法不可能根据动机的区别规定杀人罪的类型,因而也不可能根据动机规定法定刑。另一方面,由于刑罚种类相对较少,犯罪人因犯罪所获得的利益与刑罚对其造成的不利益之间,一般难以比较。例如,行为人基于报复动机杀人时,其获得的利益是什么?什么样的刑罚才能使行为人打消报复动机?这是很难回答的问题。况且,许多行为人是基于侥幸心理,以为自己的犯罪行为不会被发现才实施犯罪行为的。对于这样的犯罪人,再严厉的刑罚也难以打消其犯罪动机。所以,将威慑的必要性作为法定刑轻重的根据,的确存在不能回答的问题。这似乎从另外一个角度说明,刑法基本上只是根据有责的不法来确定法定刑。或者说,确定法定刑的根据是报应刑,只不过这种报应刑对一般人会产生威慑效果。但是,这样的结论未免草率。事实上,除了特殊情形以外,立法者在确定法定刑时,会考虑一般预防的必要性,而且其中不可避免会通过威慑来实现一般预防。如前所述,盗窃罪的法定刑之所以重于故意毁坏财物罪的法定刑,就是因为后者的一般预防必要性小。所以,不能完全否认一般预防的必要性对法定刑的影响。

(6)消极的一般预防论需要一个基本的前提,威慑对象必须知道相关的刑法规定,但事实表明,威慑对象一般不知道刑法的规定,故不能取

---

① Günther Jakobs, Strafrecht Allgemeiner Teil, 2. Aufl., Walter de Gruyter 1993, S. 21f.

得威慑效果。如美国学者罗宾逊指出:"威慑对象必须知道我们用以取得影响个人行为效果的法律规则,研究表明,犯罪人通常不知道法律规则。有多少人知道他们所在州的重罪谋杀规则(felony murder)或者三振出局法(three strikes statutes)?我想不会有许多。有多少中国人知道涉毒犯罪的'特别再犯'规定或者加重抢劫罪的具体规定?我想也不会有很多。那么,伫立在便利店之外意图实施抢劫的一个年轻人又如何知道这些规则呢?然而法律规则试图威慑的正是这个人的行为。这种情况下对我们有帮助的一个因素在于,越多卷入犯罪的人,就越有动机实质性地学习刑法规则。但从相关的研究当中我们所知道的却是:即便是犯罪人,往往也不知道刑法规则,即使他们认为自己知道,也经常是错误的。即使威慑目标知道法律规则,如果此人不能够理解这些信息并将其运用于理性地指导其行为,也不能取得威慑效果。这里的问题在于,最有可能成为犯罪的人,也最有可能是那些不合格的计算者,或者漠视行为未来结果的人。"①概言之,由于行为人不知道刑法规则,知道了也不合理计算行为的各种后果,故刑法的威慑效果难以实现。

的确,并不是任何人都知道刑法的具体内容,但是,一般国民都会知道犯罪后会受到刑罚处罚。国民或者可能通过直接阅读刑法条文,或者通过媒体等途径得知刑事判决的内容,进而大体上了解刑法的内容。威慑效果的实现,并不以威慑对象全面、具体了解刑法的全部内容为前提,只要威慑对象知道犯罪后会受到一定的刑罚处罚,刑罚就必然具有一定的威慑效果。诚然,如果威慑对象能够全面了解刑法的具体规定,并且能够合理计算行为的各种后果,威慑效果就更加理想,但是,谁都知道这是不可能的。然而,我们也不可否认,从经验上说,的确有一部分人是因为知道犯罪后会受到刑罚处罚,才不实施犯罪行为的。

(7)消极的一般预防论的前提是,"在人性中潜在的恶的可能性面前人人平等,帝王将相与市井小人,'君子'与'匹夫'概莫能外,都有作恶的

---

① 〔美〕保罗·H.罗宾逊:《进行中的刑罚理论革命:犯罪控制意义上的公正追求》,王志远译,载《当代法学》2012年第2期,第59页。

可能"。① 但这种保守主义人性论并没有得到证实。

其实,消极的一般预防论也并非一概以保守主义人性论为根据,事实上,消极的一般预防论将人视为理性的人,视为能够权衡利弊并能按照自己的意志决定是否实施犯罪行为的人。消极的一般预防论只是针对潜在的犯罪人即可能犯罪的人,而不是针对一切人。所以,是不是人人都有作恶的可能,这个问题并不重要。只要一部分人有作恶的可能,消极的一般预防论就不会完全丧失意义。

综合上述讨论,可以得出如下结论:第一,消极的一般预防论并不是将威慑本身作为目的,而是通过威慑达到预防一般人(尤其是意欲犯罪的人)实施犯罪的目的。所以,威慑只不过是刑罚的功能。第二,如果没有报应刑的限制,消极的一般预防论必然导致将犯罪人作为预防犯罪的工具,而且会使得刑罚过于严厉,违反比例原则,损害刑法的正义性。所以,不能过度重视消极的一般预防,只能在报应刑限度内实现消极的一般预防。第三,从法定刑的制定来说,消极的一般预防论不可能被完全否定,因为法定刑的轻重的确会考虑一般预防必要性的大小。刑法对各种犯罪规定法定刑时,所针对的是一般人,不存在将犯罪人当作工具予以利用的问题。在此意义上说,消极的一般预防论主要是一种法定刑理论,当然也是有一定缺陷的法定刑理论。第四,合理的量刑也会对意欲犯罪的人起到一定的威慑作用,只不过无法对这种作用进行数理统计。第五,不能为了发挥刑罚的威慑功能进而实现预防犯罪的目的,而没有限制地适用刑罚。概言之,消极的一般预防虽然是法定刑的制定根据之一,但难以成为量刑的正当化根据。

2. 积极的一般预防

由于消极的一般预防具有明显的缺陷,逐渐失去了支持,于是刑法理论上出现了积极的一般预防论即规范预防论。"这个理论有很多版本,其数量如此之多以至于事实上可以不提积极的一般预防理论(Theorie),而称之为积极的一般预防的理论群(Theorien)。尽管如此,积极的一般预

---

① 刘军宁:《保守主义》,中国社会科学出版社1998年版,第79页。

防论的基本特征可以说还是非常清楚的。因为它不是特殊预防,也就不考虑通过针对特定犯罪规定刑罚来威慑具体的犯罪行为人,所以是一般预防。因为它并不想通过威慑潜在的犯罪行为人,而是通过增强其他民众对法律的忠诚来预防犯罪,所以它又是积极的。最后与之紧密相连的一点是预防,这样就与威慑(英语:deterrence)划清了界限,也就不可能让人想到像'积极的威慑'之类的学说。"①

德国联邦宪法法院1977年6月1日的判决,明显区分了一般预防的积极侧面与消极侧面。根据该判决,一般预防的积极侧面在于"维持、强化对法秩序的持续力与贯彻力的依赖",亦即,"在法共同体面前宣示法秩序的不可侵犯性,据此强化国民对法的忠诚"。② 综合德国的刑法理论,积极的一般预防的内容是,唤醒和强化国民对法的忠诚、对法秩序的存在力与贯彻力的信赖,从而预防犯罪。换言之,通过对犯罪人的适当处罚,以事实证明刑法规范的妥当性,从而使国民的法意识安定化,增强国民的规范意识,实现一般预防。具体地说,刑罚通过四个方面的效果来实现一般预防:一是对法的忠诚训练所形成的社会教育学上的学习效果(Lernffekt);二是使公民都知道法律正在得到贯彻实施的信赖效果(Vertrauenseffekt);三是平静一般法意识,平息事态的满足效果(Befriedungseffekt)③;四是对法规范的妥当性的确证效果。④ 乍一看,积极的一般预防论并不存在明显的缺陷,但是,积极的一般预防论也受到了一些质疑。

(1)学习效果意味着通过维持或者唤醒国民的规范意识实现预防犯罪的目的。学习效果具有两个明显的特点:其一,消极的一般预防论旨在使国民不敢犯罪,积极的一般预防论旨在使国民不愿犯罪,即通过使国民的规范意识内在化而不产生犯意。可以认为,消极的一般预防论针对的

---

① 〔美〕马库斯·德克·达博:《积极的一般预防与法益理论》,杨萌译,载陈兴良主编:《刑事法评论》第21卷,北京大学出版社2007年版,第445—446页。
② BverfGE,45,256.转引自〔日〕城下裕二:《量刑基准的研究》,成文堂1995年版,第131页。
③ Vgl., Claus Roxin, Strafrecht Allgemeiner Teil, Band I, 4. Aufl., C. H. Beck 2003, S. 80f.
④ Vgl., Winfried Hassemer, Einführung in die Grundlagen des Strafrechts, 2. Aufl., C. H. Heck 1990, S.325f.

是可能犯罪的人,而积极的一般预防论针对的是一般国民。换言之,在积极的一般预防论来看,社会成员并不是潜在的犯罪者;但根据消极的一般预防论,人们都是潜在的犯罪者。① 其二,由于规范意识也可以在各种教育与日常生活中内在化,所以,刑罚只需要在补充的限度内起到维持规范意识的作用,因而对刑罚不必产生过度的期待,于是可以防止重刑。而且,过度的重刑反而可能切断规范意识的内在化。

但是,学习效果也存在疑问。其一,如同积极的一般预防论者对特殊预防所做的批判一样,国家对国民进行规范意识训练的观念是权威主义的表现,规范意识的内容,并不是建立在服从关系基础上的"应当遵守国家决定的规范"的意识,而应理解为国民的平等或者立场的交换可能性的"法益尊重意识";规范意识的维持与唤醒,不能依靠他律的方法,而应依赖各人内心的自觉。其二,为什么可以为了维持、唤醒规范意识而适用刑罚这种"恶害"? 积极的一般预防论者对此的回答是,刑罚旨在传达法规范的重要性和对犯罪行为的真实非难。但这样的说明并不充分,而且最终可能陷入消极的一般预防论。其三,与消极的一般预防论的快乐与否或者利害关系的计算相比,规范意识更为复杂,这会导致刑罚更难以发挥作用。②

(2) 信赖效果的特点是针对被害人或者善良的国民,而不是潜在的犯罪人。它旨在向被害人或者善良的国民说明,即使有人违反了规范、侵害了法秩序,但由于国家对之适用了刑罚,所以,规范与法秩序还是值得信赖的,从而消除国民不安的感觉。不难看出,依赖效果可谓刑罚的安抚功能。

"诚然,对法秩序的信赖对于社会的安定是重要的,倘若丧失了通过法律维护法秩序的真实感,善良国民的守法精神或许会降低。但是,一旦只是为了确保'作为潜在的被害人'的国民的信赖,就容易通过刑罚追求国民不安感的消解。作为潜在的被害人的国民的'信赖',指向的是国民

---

① 参见〔日〕松村良之:《社会学、社会心理学与刑罚论》,载《法律时报》第 78 卷(2006 年)第 3 号,第 47 页。
② 〔日〕松原芳博:《刑法总论》,日本评论社 2013 年版,第 6—7 页。

所希望的处罚的实现,信赖的'确保'只是国民处罚感情的满足。国民信赖的确保,是作为抑止或者规范意识的觉醒实现防止犯罪的结果而产生的东西,不应当作为独立的目的来看待。"①换言之,信赖效果既具有报应的内容,也只是一种反射效果,而不一定具有独立的意义。

(3)满足效果的特点是,犯罪案件发生后,国民会产生某种内心的不安,对犯罪人科处刑罚可以使一般国民的法意识得到平静,使国民与犯罪人之间的矛盾得到解决。

在本书看来,满足效果只不过是报应刑的另一种表述,因为所谓使国民的法意识得到平静,基本上是指国民的报应感情得到满足。所以,"积极的一般预防论,与社会心理学上的报应刑的理解是非常接近的"。② Roxin 教授指出:积极的一般预防的首要优点是,"能够理所当然地说明,即使在没有再犯罪危险性的场合,也不一定要完全放弃刑罚。因为如果不处罚行为人,就会使人们产生模仿犯罪的兴趣,所以,制裁是必要的"。③ 然而,这一点与报应刑论极为相似乃至相同。因为根据报应刑论的观点,即使行为人没有再犯罪的危险性,也必须处罚行为人。只不过积极的一般预防论显示出预防目的,而绝对的报应刑论没有表明预防犯罪的目的。

(4)确证效果(规范确证论)的特点是,犯罪是违反法规范的行为,对犯罪行为科处刑罚,确证了法规范的妥当性。如果说信赖效果是一种作为经验事实的社会心理的信赖,那么,确证效果则旨在说明,科处刑罚本身能够证实规范的妥当性。

但是,这种规范确证论,无非是说"刑罚确证了以预防犯罪为目的的规范",而不是真正将预防犯罪作为目的。因为刑罚确证了以预防犯罪为目的的规范,并不等于刑罚一定以预防犯罪为目的。相反,确证法规范的妥当性,是以法规范具有超越的权威为前提的。在此意义上说,这种积极

---

① 〔日〕松原芳博:《刑法总论》,日本评论社2013年版,第7页。
② 〔日〕松村良之:《社会学、社会心理学と刑罚论》,载《法律时报》第78卷(2006年)第3号,第47页。
③ Claus Roxin, Strafrecht Allgemeiner Teil, Band I, 4. Aufl. , C. H. Beck 2003,S. 81.

的一般预防论,只不过是"秩序报应"的另一种表述。① 正如美国学者所言:"事实上或许很难将积极的一般预防与一种绝对的刑罚理论加以区别。毕竟主张古典的报应理论者意图通过刑罚增强国家权威,或者至少是增强刑事法律(或者社会的,道德的或者法律的)规范的效力。与现代支持积极的一般预防论的人不同,当时他们虽然并非肯定地想过,国家权威的确认之外还需要另外一个要达到的目的——比如降低犯罪率。然而,如果达到这个目的是无关紧要的、可以忽略的,以至于不需要任何经验证明,那么,积极的一般预防与绝对的刑罚理论之间的界限很快就会消失。"② 例如,主张积极的一般预防论的 Jakobs 教授指出:"刑罚的功效在于,从法的立场否定那些对决定社会的同一性的规范予以否定的现象。因此,刑法证明……社会的同一性。基于这样的理解,刑罚不仅是维持社会的同一性的手段,而且已经是维持本身。"③ 不难看出,这种观点已经十分接近黑格尔的法律报应主义了。④

根据规范确证论,刑罚所针对的是犯罪所导致的规范动摇,科处刑罚是为了确证规范的妥当性,所以,规范确证的程度必须与犯罪行为产生的规范动摇的程度相关联。可是,这样的规范确证论存在诸多问题。其一,确证法规范的方法有很多,为什么不用其他方法,而偏偏要用刑罚?其二,这种规范确证论与其所反对的报应论已经没有什么区别。因为规范被动摇的程度是由犯罪行为造成的,所以,规范确证的必要性(预防的必要性)就必须与犯罪行为相适应。其三,根据这种规范确证论,在一个盗窃频发的社会,"不得盗窃他人财物"的法规范被严重动摇,那么,为了确定被严重动摇的规范,就必须提升刑罚的严厉程度。反之,在一个多年才发生一起杀人案的社会里,"不得杀人"的法规范坚若磐石,故必须降低

---

① 〔日〕松原芳博:《刑法总论》,日本评论社 2013 年版,第 7—8 页。
② 〔美〕马库斯·德克·达博:《积极的一般预防与法益理论》,杨萌译,载陈兴良主编:《刑事法评论》第 21 卷,北京大学出版社 2007 年版,第 448 页。
③ Günther Jakobs, Das Strafrecht Zwischen Funktioalismus und Alteuropaischem Prinzipiendenken, ZStW 107(1995), S. 844.
④ 当然,如后所述,也可以认为,黑格尔并不是一位绝对报应刑论者,而是并合主义者。

刑罚的严厉程度。① 但这样的结论恐怕又与积极的一般预防中的信赖效果、满足效果相冲突。其四，如何评价犯罪行为对规范的动摇程度，是一个重大的难题。或许持上述观点的学者心中有杆秤，但是，其他人（包括法官）未必能恰当地评价出这一程度。

此外，积极的一般预防论还受到了以下批判。

第一，积极的一般预防论同样会导致重罚的倾向，因为按照积极的一般预防论者对消极的一般预防论的批判观点，越是重刑，越能够训练国民对法的忠诚，国民更能知道法律正在得到贯彻实施，法意识更能得到平静。

第二，根据积极的一般预防论，刑罚的目的指向与犯罪行为无关的其他人对"法的忠诚"，这与消极的一般预防论一样，仍然是将犯罪人作为实现其他利益或目的的工具予以利用。Roxin教授在为积极的一般预防论辩护时指出："行为人本人在能够对其行为归责的限度内，具有为了共同体而必须忍受刑罚的义务……行为人作为共同体的成员，为了维护共同体的秩序，根据对其自己行为的归责性程度而必须承担责任，因此是正当的。据此，行为人不是作为他人目的的手段而被利用的，而是在共同负担对所有人的命运的责任，作为享有同等权利、负有同等义务的国民的地位中得到确证的。"② 但是，这一辩解缺乏说服力，因为积极的一般预防论在很大程度上是为了论证，即使没有特殊预防必要性的犯罪人，但只要具有一般预防的必要，就应当科处刑罚。这本身就是将犯罪人作为一般预防的工具看待的。另一方面，Roxin教授为积极的一般预防论辩护的上述理由，也同样可以成为为消极的一般预防论辩护的理由。

第三，即使是支持积极的一般预防论的人也认为，这种理论还没有经验科学的基础。③ 事实上，人们也只是在象征性或者思想性的层面上主

---

① 以上参见〔日〕中村悠人：《刑罚の正当化根据に关する一考察》（2），载《立命馆法学》2012年第2号，第229页。
② 〔德〕Claus Roxin：《刑法における责任と预防》，〔日〕宫泽浩一监译，成文堂1984年版，第35页。
③ 参见〔日〕城下裕二：《量刑基准の研究》，成文堂1995年版，第132页。

张积极的一般预防论,并力图避免积极的一般预防在经验上的可证明性。① "稍夸张地说,积极的一般预防正因为如此可能显得非常有吸引力,因为它的效果是无法通过经验加以证明的——或者更准确地说,是因为其效果在经验上是不可能证明的。就所有的目的而言,积极的一般预防在经验论上是免疫的;它基本上是'不可反驳的'(不是可以证伪的)。"② 既然如此,积极的一般预防论就并没有克服消极的一般预防论缺乏经验科学证明的缺陷。更为重要的是,为了力图避免经验上的可证明性,法官就不可能根据积极的一般预防理论裁量刑罚,或者说,根据积极的一般预防理论裁量刑罚只具有象征性或者思想性层面的意义,而缺乏现实意义。这可能难以被人接受。

第四,法官在量刑时,基本上不可能知道什么样的刑罚能够训练国民对法的忠诚,什么样的刑罚能使国民知道法律正在得到贯彻实施,什么样的刑罚能够平静一般人的法意识。换言之,法官不能根据积极的一般预防目的具体确定刑罚程度,结局只能推论"与责任相适应的刑罚能够实现积极的一般预防目的"。③ 既然如此,刑罚只要与责任相适应就足够了,完全没有必要强调刑罚符合一般预防的目的。

3. 消极的一般预防与积极的一般预防的关系

积极的一般预防论者虽然对消极的一般预防论展开了强烈批判,但在本书看来,消极的一般预防与积极的一般预防并不是对立的。两者的目的都是预防犯罪,这一点没有任何区别。二者的区别在于对刑罚功能的强调不同,或者说对发挥刑罚的何种功能进而实现预防犯罪的目的存在不同看法。消极的一般预防论旨在通过发挥刑罚的威慑功能,使一般人不敢犯罪(有的人可能想犯罪但担心受刑罚处罚而不敢犯罪),而积极的一般预防论则旨在发挥刑罚的规范强化功能、教育功能、安抚功能等使

---

① Günther Jakobs, Das Strafrecht Zwischen Funktioalismus und Alteuropaischem Prinzipiendenken, ZStW 107(1995), S. 845.
② 〔美〕马库斯·德克·达博:《积极的一般预防与法益理论》,杨萌译,载陈兴良主编:《刑事法评论》第21卷,北京大学出版社2007年版,第448页。
③ 参见〔日〕阿部纯二:《量刑论の现状と展望》,载《现代刑事法》第21号(2001年),第6页。

一般人不愿犯罪。从不敢犯罪到不愿犯罪,无疑是一种递进的效果;前者不是出于良心而后者出于良心,前者不符合道德而后者符合道德,故后者比前者理想;国家在追求威慑预防的效果同时,当然追求规范预防的效果。但是,一方面,刑罚是一种具有消极作用的制裁,而非教育人彬彬有礼、举止端庄的手段①,况且社会上确实存在一些意欲犯罪而需要威慑的人。因此,对于意欲犯罪的人以威慑预防为主,对于其他人则以规范预防为主,并无不当之处。另一方面,刑罚具有各种各样的功能,甚至具有消极的功能,所以,讨论刑罚的正当化根据时,重点在于讨论如何发挥刑罚的各种积极功能,而没有必要以其中某些功能否认另外一些功能。

如果从法定刑的制定来说,人们很难说法定刑的制定是为了追求消极的一般预防的效果,还是为了追求积极的一般预防的效果。某些罪行严重的行为,即使很少乃至基本上没有人实施,刑法也可能规定很重的法定刑。例如,我国刑法所规定的危害国家安全罪与军人违反职责罪中的大部分犯罪,很少甚至没有人实施,但法定刑特别重,这不是积极的一般预防论所能说明的,相反是报应刑论与消极的一般预防论可能说明的。

然而,不能不反复说明的是,如果量刑时追求一般预防的效果,就必然使犯罪人成为实现一般预防目的的工具,必然造成刑罚与罪行的程度不相适应,从而伤害报应的正义性。

(三) 综合预防

综合预防也可谓双面预防,亦即,同时承认特殊预防与一般预防。当然,有的学者所称的综合预防是指特殊预防与消极的一般预防,有的学者所称的综合预防则是指特殊预防与积极的一般预防。不仅如此,持综合预防的学者,也可能对特殊预防有不同的理解。

例如,Roxin 教授所主张的综合预防论,就是积极的一般预防与再社会化(重返社会)意义上的特殊预防的统合。② Roxin 教授指出,法治社会

---

① 参见〔日〕平野龙一:《刑法总论I》,有斐阁1972年版,第51页。
② Vgl.,Claus Roxin, Strafrecht Allgemeiner Teil, Band I, 4. Aufl., C. H. Beck 2003,S. 85f.

有两个对立目标的设定,保护社会与保障自由,必须使二者处于良好的均衡状态。为了保护社会,必须进行积极的一般预防。与此同时,必须保障犯罪人的人权,不能将具有受刑经历的人排除在社会之外,而必须使他们享有重返社会的机会。所以,刑罚的目的是一般预防与再社会化意义上的特殊预防。① 再如,Hassemer 教授主张的综合预防化,则包括使被违反的规范安定化的积极的一般预防、对一般人进行威慑的消极的一般预防以及以改善犯罪人为导向的特殊预防。②

就刑罚目的而言,本书赞成综合预防。特殊预防与一般预防显然不是对立关系,相反完全可以并存。既然对于一般国民都有预防犯罪的必要,那么,对于已经犯罪的人更有预防其再犯罪的必要。刑罚完全可能非常协调地对一般国民、可能犯罪的人与已经犯罪的人发挥不同的功能。况且,对一般国民、可能犯罪的人进行预防并不会促使已经犯罪的人再犯罪,同样,对已经犯罪的人进行预防也不会促使一般国民、可能犯罪的人实施犯罪。所以,二者基本上是一种同向关系。当然,在个别场合,尤其是在量刑阶段,特殊预防与一般预防也可能发生冲突。在二者发生冲突的时候,应当如何处理,是综合预防论者必须面对的问题(参见本书第六章)。

事实上,刑法也没有单纯将一般预防作为刑罚目的。例如,刑法规定了缓刑制度,对什么样的犯罪人可以或者应当适用缓刑而不需要执行刑罚,不是单纯可以根据一般预防的需要做出决定的,只能根据特殊预防必要性的大小决定能否宣告缓刑。再如,累犯从重处罚制度的设立,也表明刑法考虑了特殊预防目的。所以,本书不赞成单纯将一般预防作为刑罚的正当化根据的观点。

(四) 预防刑论与刑罚根据

预防刑论旨在说明刑罚目的的正当性。但是,单纯将预防犯罪的目

---

① Claus Roxin:《第二次世界大戦のドイツにおける刑事政策と刑法学の発展について》,〔日〕川口浩一、葛原力三译,载《关西法学论集》第 50 卷(2000 年)第 1 号,第 176—177 页。
② Vgl., Winfried Hassemer, Warum und zu welchem Ende strafen wir?, ZRP 1997, S.318f.

的作为刑罚的正当化根据,或者说将预防犯罪的目的作为刑罚的唯一的正当化根据,则不无疑问。

预防刑论中的消极的一般预防论与特殊预防论中的威慑刑论常常过分强调刑罚的威吓功能,然而,"过分强调刑罚的威吓功能,而把'重典'当作刑事政策的万灵丹,误信杀一可儆百,并期杀一奸之罪而得止境内之邪,造成严刑峻法之局。这在表面上似乎颇具刑事政策的目的性,可是事实上却无抗制犯罪之功能,这是古今中外均有过的现象。在欧洲各国的刑罚史上,也曾出现过这种过分强调一般预防的刑事政策,而造成在刑事立法与刑事司法上,均有超越罪责程度相称的刑罚主张"①。由于刑罚越重威慑效果越明显的观念相当普遍,因此,只考虑预防犯罪的目的,会导致刑罚没有上限,于是造成恶性循环:社会治安形势严峻,便适用重刑;重刑之后,社会治安不仅没有根本好转,而且恶性案件上升,于是适用更重的刑罚。这样,恶性案件越来越多,刑罚也越来越重。我国以往的"严打"实践就充分说明了这一点。所以,没有报应刑的限制,预防刑论是行不通的。

预防刑论中的一般预防(包括积极的一般预防与消极的一般预防)强调通过对犯罪人适用刑罚来预防一般人实施犯罪,这必然导致将犯罪人作为"防止犯罪的工具"进行利用的现象。因为通过威慑进行一般预防,或者为了增强国民的规范意识而适用刑罚,意味着不仅因为犯罪本身而受处罚,而且为了他人而受处罚,意味着将犯罪人作为预防其他人犯罪的工具或手段,这便侵害了人的尊严。国家不能将个人作为可以利用的资源,个人在国家之前便存在,是国家应当保护的人格价值的担当者,在人皆平等的法秩序里,不应将人作为其他目的的手段。这说明,预防刑论侧重对社会的防卫,而忽视对个人的保护。所以,需要有其他根据限制一般预防目的。

预防刑论中的一般预防可能为了追求预防犯罪、保卫社会的目的,而导致对没有犯罪的人适用刑罚。因为既然实施惩罚就可以防止他人犯

---

① 林山田:《刑罚学》,台湾商务印书馆 1983 年第 2 版,第 70 页。

罪,那么,完全可能出于警告、威慑或者增强国民规范意识的需要,对没有犯罪的人适用刑罚。"下面这一假定可以说明这个问题:一个住在种族隔离区的白人妇女被一个不明身份的黑人男子粗暴地强奸。一群白人种族主义者冲进一个非裔美国人人口占支配地位的小镇,意欲不分青红皂白地对无辜者施暴并焚烧他们的房子。镇上的治安官无法交出犯罪人来阻止这群暴乱者。报应主义者批判道,一个功利主义者的治安官会认为,立刻对一个无辜的黑人实施逮捕让他顶罪来安抚暴乱者是正当的。报应主义者坚决反对这种结果,无辜者绝不应该受到惩罚,因为他没有要向社会偿还的债务。因此,对一个无辜者的惩罚绝对是错误的。"①这表明,预防刑必须受到报应的制约。

预防刑论中的教育刑论、改善刑论,常常追求将犯罪人教育改造成伦理上高尚的人,从而导致以刑罚方法迫使行为人接受一定的伦理观念。然而,刑罚的消极作用相当明显,并非维护社会伦理秩序的理想手段。以刑罚教育行为人成为伦理上高尚的人,必然得不偿失。②

预防刑论中特殊预防强调量刑时偏重行为人的再犯罪危险性,但再犯罪危险性不像行为对法益的侵害或者威胁那样容易被人们感知,于是所造成的量刑畸重畸轻的现象较多。从世界范围内来看,对预防犯罪目的的过分追求,必然出现诸多弊端,因而不能不给报应刑应有的地位。例如,美国在20世纪70年代前采取教育刑论。③"根据这一思想,对于教育、改善的必要性大的人应科重刑,对该必要性小的人应科轻刑。由此导致了不定刑论,其结果是出现量刑、处遇基准不明确、不公平的现象。"④另一方面,也造成罪犯与普通国民生活待遇的不公平。人们批评说,即使从观念上考虑,由于多数国民还比较贫穷,不能享受高等教育,而有人因

---

① 〔美〕约书亚·德雷斯勒:《美国刑法精解》,王秀梅译,北京大学出版社2009年版,第19页。
② 参见〔日〕平野龙一:《刑法总论Ⅰ》,有斐阁1972年版,第44页以下。
③ 美国《模范刑法典》也特别强调,有关犯罪与刑罚的规定,是为了"禁止和预防对于个人和公共利益会造成实际危害或威胁的不正当和不可宽恕的行为","使那些行为显示出犯罪倾向的人置于社会控制之下","防止犯罪之实行","促进犯罪者之矫正及过迁善"。
④ 〔日〕林幹人:《アメリカ刑事法の変遷と展望》,载《ジュリスト》第919号(1988年),第7页。

为犯了罪就能安逸地享受教育改善,与其说这是反正义的,不如说他们没有受到必要的惩罚。在这种背景下,报应刑论抬头,相关刑罚制度也相应地改变。美国1976年加利福尼亚州制定的《量刑法》、1984年联邦制定的《综合控制犯罪法》中的量刑法,都体现了报应刑论,特别重要的有,废止假释、采用定期刑、恢复死刑制度等等。人们相信,对犯罪人以刑罚进行报应才是最现实的、最正义的,报应刑也给刑罚提供了相适应标准。[1]在英国,虽然有人认为报应是出于卑下的动机,但多数人还是认为不能忽视报应。因为报应是一种古老的正义观念,如果没有刑罚的报应,就会出现私人之间的复仇。人们同时也认为,威慑与改造罪犯的目的总是不能实现,到头来,对犯罪人实行报应,将其关在监狱以防卫社会则更为现实。[2] 在德国,"Schünemann 最近曾经提到'绝对刑罚理论的复兴'。近年来许多意见的确相继涌现;这些意见主张在刑罚正当化论据的领域中赋予应报思想一个重要的地位。论据的光谱从参照'责难'在我们文化当中的明确实践以及符号理论或沟通理论的讨论,并进而回顾 Kant 与 Hegel 的刑罚理论与一般正义理论的考量。"[3]我国旧刑法时代的后期在罪犯的处遇方面所反映出来的问题,如减刑、假释的随意性,也说明了预防刑论导致的处遇基准不明确、不公平。这些都表明,有必要利用报应刑限制预防刑。

不难看出,预防犯罪的目的具有正当性,但是刑罚目的的正当性并不等于刑罚的正当化根据。预防刑论的缺陷,恰恰需要报应刑弥补。

当然,我们也不能因为预防犯罪目的不能独立地成为刑罚的正当化根据,或者预防犯罪的目的不可能完全实现,就否认预防犯罪的目的或者变更刑罚的目的。

李卫红教授指出:"人性是脆弱的,人的德性是不健全的、有缺陷的……如此脆弱的人性,我们怎么可能一般预防?换言之,人性的本质并

---

[1] 〔日〕林幹人:《アメリカ刑事法の変遷と展望》,载《ジュリスト》第919号(1988年),第6页以下。
[2] 参见〔英〕詹姆斯:《法律原理》,关贵森等译,中国金融出版社1990年版,第35页以下。
[3] 〔德〕Michael Pawlik:《对预防理论刑正当化论据之批判》,钟豪峰译,载台湾《政大法学评论》第117期(2010年),第375—376页。

不因为法律的规定而改变,不因刑罚的严峻而停止犯罪的脚步,也并不因为没有法律的规定而去杀人、放火。""行为人将行为倾向转化成外显行为时,其若干心理因素有瞬间的变化,尤其是情绪、情感因素,许多激情犯罪就是在情绪、情感难以控制的情况下发生的。对于这样的犯罪人,无论何种刑罚都是无法预防的。""犯罪存在的当然性或不可避免性"、"犯罪价值的相对性"以及"犯罪控制的有限性",决定了"一般预防不过是人类的美好理想,而这一美好理想就像泡沫一样,被无情的现实及人们的理性戳破了"。①

其实,目的能否实现与目的是否正当,是两个不同的问题。能够实现的目的不一定是正当的,反之,正当的目的也不一定能够完全实现。其实,刑罚目的的实现并不意味着对犯罪人科处刑罚后社会上就不再发生犯罪,只是意味着对犯罪人科处刑罚能够将犯罪控制在一定范围之内。既不能因为预防犯罪的目的针对部分人不可能实现,也不能因为现实生活中永远都存在犯罪,就否认预防犯罪目的的正当性。刑罚的正当化根据所要回答的问题是,针对犯罪所制定、科处与执行的刑罚为什么是正当的、合理的?反过来说,应当以什么作为正当根据去制定、科处与执行刑罚。刑罚本身是一种手段,所以,在回答使用刑罚这种手段是否正当时,必然涉及两个方面的根据:一是使用这种手段的目的是否正当,二是这种手段本身是否适当。前者是目的刑,后者是报应刑。如果否认目的刑,就导致单纯从手段本身是否适当的角度判断刑罚正当与否,必然陷入绝对的报应刑论。

另一方面,我们没有理由说,因为有社会就有犯罪,所以,预防犯罪的目的是不合理的或者不现实的。根据社会的一般经验,如果犯罪后不受刑罚处罚,犯罪就会明显增加。这是因为,多数犯罪都会使行为人获得一定的利益,如果犯罪后不受刑罚处罚,就意味着可以通过犯罪手段获得利益,那么其他人必然效仿,进而导致犯罪蔓延。国外学者的调查也证实,

---

① 李卫红:《对一般预防的否定论证》,载《中国青年政治学院学报》2010 年第 5 期,第 89 页以下。

如果不以刑罚处罚某种犯罪行为,实施这种犯罪行为的可能性就明显提高。① 反之,正当的刑罚总是能对犯罪起到预防作用。"行为科学家似乎一致同意,那些施加刑事责任的法律规则对那些被告知了这些规则的行为人的行为确实存在实质性的潜在影响。"②例如,日本在 2001 年对危险驾驶致人伤亡规定了合理的法定刑之后,危险驾驶致人伤亡的案件明显减少。③ 诚然,犯罪的减少并不能单纯依赖刑罚,因为犯罪的发生具有多方面的原因,刑罚的性质与特点决定了它不可能消除犯罪的一切原因。犯罪难以减少,是由于社会中总是不断出现导致人们犯罪的原因。但是,没有刑罚就绝对不可能减少犯罪。刑罚不是通过改变社会环境减少犯罪,而是通过影响人们的心理或者意识决定来预防犯罪。因为不管是就故意犯罪而言还是就过失犯罪而言,一个人是否具有规范意识,在行为时是否考虑到可能受刑罚处罚,总会对犯罪的实施与否产生重大影响。换言之,如果刑罚能够增强人们的规范意识,能够产生威慑作用,就可以起到预防犯罪的作用。所以,不能因为犯罪难以减少乃至不断增加,而否认刑罚预防犯罪的目的与效果。

还有学者在否认了预防犯罪的目的后指出:"人权是一种无论何时何地都由全体人类享有的道德权利,是一种普遍的最低限度的道德标准的要求。""刑罚的本质是痛苦,只有当刑罚达到好的结果超过犯罪造成的恶害时,刑罚才是公正合理的。基于刑罚之本质特性,保障基本人权应是其最高价值理念。基本人权是人在社会中生存或发展必须具备的基本自由和权利,是人之为人而享有的权利底线,主要包括人的生命、安全及自

---

① 参见〔日〕中村悠人:《刑罚の正当化根据に関する一考察》(1),载《立命馆法学》2012 年第 1 号,第 321—322 页。
② 〔美〕小詹姆斯·A. 亨德林等:《美国侵权法实体与程序》,王竹等译,北京大学出版社 2014 年版,第 251 页。当然,衡量和评估刑罚对行为的影响是一个复杂和困难的事情,这种影响受到各种因素的制约。例如,行为类型不同,制裁对其产生的影响就不同。"作为一种获取物质目标的方式而从事,其行为越是被看做是违法的,行为人就越多受到刑事禁止的阻吓;而作为一种愉悦目的本身而从事,其行为越是有此种倾向,行为就越少地受到此种威胁的阻吓。"
③ 参见〔日〕生田胜义:《刑罚の一般的抑止力と刑罚理论》,载《立命馆法学》2005 年第 2、3 合并号,第 25 页以下。

由、财产等。刑罚只能适用于侵犯基本人权的犯罪人及其犯罪行为,即刑罚目的是保障基本人权。"①

这种观点虽然旨在否认预防犯罪的刑罚目的,但实质上只不过是话语的转换,缺乏现实意义。首先,如果说犯罪的本质是侵犯一般人的基本人权,刑罚的目的是保障一般人的基本人权,那么,这种观点无非是说,犯罪的本质是侵害法益,刑罚的目的是保护法益。但这与刑罚的目的是预防犯罪没有丝毫区别。因为所谓预防犯罪,也就是预防侵害法益的犯罪行为,从而保障法益。其次,如果说保障基本人权的目的是保障犯罪人的基本人权,那么,这种观点就意味着对犯罪人适用刑罚是为了保障犯罪人的人权。然而,刑罚的属性是使犯罪人承受剥夺性的痛苦,而不是为了保障犯罪人的基本人权。诚然,对犯罪人适用不必要的、残虐的刑罚,侵害了犯罪人的基本人权,但这不是刑罚目的的内容。最后,如果同时将保障一般人的基本人权与犯罪人的人权作为刑罚目的,同样存在上述两个方面的问题。

总之,预防犯罪目的的正当性是值得肯定的,完全否认预防目的或者单纯将预防目的作为刑罚的正当化根据的观点,难以成立。

四、并合主义

如上所述,不管是报应刑论还是预防刑论,都不能完整地说明刑罚的正当化根据,于是产生了并合主义。并合主义是将责任报应与预防目的结合起来说明刑罚的正当化根据的理论。

(一) 并合类型

在刑法理论上,并合主义原本有两种类型:一种类型是,刑罚既要满足报应的要求,与责任相适应,又要有某种合理的必要性(论理积)。这种类型一般主张在报应刑的范围内考虑预防犯罪的目的,换言之,报应为

---

① 陈异慧:《刑罚目的的人性反思》,载《法学杂志》2014 年第 6 期,第 78—79 页。

刑罚奠定基础,预防目的是一种"外在的"附加。另一种类型是,只要刑罚满足报应的要求或者满足预防目的的要求即可(论理和)。这种类型认为,预防目的与报应都可以为刑罚奠定基础,故只要满足其中之一即可。① 不过,后一种类型是极少数人的主张。通常所称的并合主义以及本书所称的并合主义,是指前一种类型。

由于对刑罚目的存在不同观点,所以并合主义的内容也存在明显区别。有的主张报应刑与一般预防的综合。如后所述,费尔巴哈实际上是将报应与消极的一般预防作为刑罚的正当化根据的。有的主张报应刑与特殊预防的综合。例如,德国的韦塞尔斯教授指出:"犯罪行为之所有的法律后果,必须与法治国家原则和比例性原则相一致……'刑'以负有法律意义上的责任为前提条件……责任原则禁止对不承担责任行为科处刑罚和刑罚超过责任程度……与这个责任原则(Schuldprinzip)具有同等地位的社会化原则(Resozialisierungsprinzip),也是刑罚处罚体系的一个构建基础。刑罚的目的是使行为人能重新融入法制共同体;通过被科处刑罚,行为人将受到惩肃威慑,产生对社会负有责任的意识,在今后的生活中不再违法。"② 有的主张报应刑与一般预防、特殊预防的并合。例如,德国的阿图尔·考夫曼(Arthur Kaufmann)教授指出,刑罚必须体现正义,正义分为平均的正义、分配的正义与法律的正义;与平均的正义相对应的是报应刑(与责任相适应的刑罚),与分配的正义相对应的是特殊预防(与行为人人格的尺度相适应的刑罚),与法律的正义相对应的是一般预防,包括积极的一般预防与消极的一般预防(与共同体的必要性的尺度相适应的刑罚)。③ 再如,日本的西田典之教授指出:"相对报应刑论认为,刑罚的目的在于保护法益、抑止犯罪,只是为了控制刑罚的适用才采纳报应刑论,因而是与'没有责任就没有刑罚'的消极的责任主义相联系的。亦即,将与犯罪的结果与情节(违法与责任)相均衡的刑罚作为上限,在此

---

① 参见〔日〕吉冈一男:《自由刑论の新展开》,成文堂1997年版,第10页以下。
② 〔德〕约翰内斯·韦塞尔斯:《德国刑法总论》,李昌珂译,法律出版社2008年版,第7页。
③ 〔德〕Arthur Kaufmann:《转换期の刑法哲学》,〔日〕上田健二监译,成文堂1993年版,第271页。

限度内,才能进行一般预防的考虑与特殊预防的考虑。因此,在某些场合,采用替代刑罚的手段进行处理也是可能的。"①本书所称的并合主义,是报应刑与一般预防、特殊预防目的的并合,其中的一般预防既包括消极的一般预防,也包括积极的一般预防。

(二) 对立统一

如前所述,报应刑论与预防刑论都是为了说明刑罚的正当化根据,事实上也都可以从某一角度说明刑罚的正当化根据。那么,为什么前期旧派采取报应刑论,新派采取预防刑论,而不是相反呢? 这是因为,前期旧派以个人为本位,从犯罪人的个人角度说明刑罚的正当化根据的②;新派则以社会为本位,从社会角度说明刑罚的正当化根据。此外,报应刑论以意志自由为前提,具有自由意志的人根据其自由意志选择了反道义的行为,故应当作为道义上的非难而追究责任,刑罚正是作为对这种具有道义责任的行为的报应而对犯罪人科处的恶害。而预防刑论(尤其是新派所主张的预防刑论)则否认意志自由,认为犯罪是由犯罪人的性格与环境所导致的必然现象,犯罪行为是行为人反社会性格的征表,具有反社会性格的人必须甘心接受社会出于自我防卫所采取的一定措施,刑罚正是改善、教育行为人的反社会性格的一种手段。③ 因此,新派不可能仅采取绝对报应刑论,前期旧派也不可能仅采取预防刑论。问题是,能否将二者结合起来,使并合主义成为刑罚的正当化根据?

日本学者小林宪太郎指出:相对报应刑论即并合主义缺乏说服力,"因为它是单纯地将'刑罚没有目的'与'刑罚具有目的'两个在逻辑上相互排斥的命题并列在一起的理论。这一事实虽然被'相对的'或者'折中的'用语所掩盖,但其本身所包含的矛盾在实体上是不可能消解的"。④

---

① 〔日〕西田典之:《刑法总论》,弘文堂 2010 年第 2 版,第 19—20 页。
② 根据黑格尔的说法,报应刑论实际上是尊重了犯罪人(参见〔德〕黑格尔:《法哲学原理》,范扬、张企泰译,商务印书馆 1961 年版,第 103 页)。
③ 参见〔日〕内藤谦:《刑法讲义总论》(上),有斐阁 1983 年版,第 60 页以下。
④ 〔日〕小林宪太郎:《刑罰に関する小講義》,载《立教法学》第 78 号(2010 年),第 408 页。

其实,报应刑论与预防刑论是从不同角度说明刑罚正当化根据的,二者并不完全排斥,而可以结合成为相对报应刑论。因为承认刑罚功能或本质(报应)的人,也可能承认刑罚的目的(预防),反之亦然。换言之,报应刑论与预防刑论不是对立的,只是绝对报应刑论没有考虑刑罚目的,而不是说报应刑论本身与预防刑论在逻辑上是对立关系。事实上,旧派学者也并不否认刑罚目的。如贝卡里亚、费尔巴哈等人就积极倡导刑罚目的是预防犯罪。贝卡里亚说:"刑罚的目的仅仅在于:阻止罪犯再重新侵害公民,并规诫其他人不要做同等的事情。"① 费尔巴哈的心理强制说,则清楚地表明他主张刑罚目的是一般预防。事实上,费尔巴哈也不是仅从一般预防说明刑罚的正当化根据的。费尔巴哈指出:"怎么能仅仅因为对某人所加的痛苦有利于国家,便赋予对这个人施加这种恶害的权力?这叫作把人当作物来加以对待,而——犯罪人也是人。"② "在考虑到科刑时,Feuerbach 转变为应报理论的立场:他认为处罚的根据是犯罪这一类的事件。'当某人由于一个既遂行为而应得一个施加于己的相同程度恶害,他便会遭到处罚'。刑罚'基于已经违犯的违法行为并单单基于此行为而施加于某一主体'。"③ 换言之,费尔巴哈主要是在与罪刑法定主义相关联的法定刑的确定上,强调消极的一般预防,而在量刑阶段,他还是考虑了报应的要求。反之,目的刑论者也有不反对报应的。如李斯特虽然是目的刑论的倡导者,但他并不一概否认刑罚的报应功能,他只是认为报应刑与犯罪人的人格相分离,只是考虑犯罪人的行为,因而不能准确决定刑罚的量。他指出,目的刑与报应刑不是对立的,"认为'因为'与'为了'(quia 与 ne)之间存在对立,是幻想的产物。换言之,镇压与预防没有任何对立。因此,既可以说刑罚是以镇压来预防,也可以说以预防来镇压"。④

---

① 转引自黄风:《贝卡里亚及其刑法思想》,中国政法大学出版社 1987 年版,第 85 页。
② 转引自〔德〕Michael Pawlik:《对预防理论刑罚正当化论据之批判》,钟豪峰译,载台湾《政大法学评论》第 117 期(2010 年),第 356—357 页。
③ 同上文,第 357 页。
④ 转引自〔日〕庄子邦雄:《リスト》,载〔日〕木村龟二编:《刑法学入门》,有斐阁 1957 年版,第 98 页。

在哲学上,报应刑论也没有排除预防刑论,或者说,报应与预防也不是对立关系。例如,人们习惯于认为康德与黑格尔主张报应主义,否认刑罚的目的。但在本书看来,康德与黑格尔并没有将二者对立起来。

康德指出:"法院的惩罚绝对不能仅仅作为促进另一种善的手段,不能是对犯罪者本人或者对公民社会。"①言下之意,不能因为刑罚是促进另一种善的手段,刑罚就具有了正当化根据。换言之,不能因为刑罚具有特殊预防与一般预防的目的,就具有正当性。"惩罚在任何情况下,必须只是由于一个人已经犯了一个罪行才加刑于他。因为一个人绝对不应该仅仅作为一种手段去达到他人的目的,也不能与物权的对象混淆……他们必须首先被发现是有罪的和可能受到惩罚的,然后才能考虑为他本人或者为他的公民伙伴们,从他的惩罚中取处什么教训。"②显而易见,只有当一个人应当受刑罚处罚时,才能考虑特殊预防与一般预防的需要。易言之,只能在报应的前提下,考虑刑罚目的。由此看来,也可以认为康德是并合主义者,而不一定是绝对报应刑者。换言之,康德并没有将报应与预防对立起来。

黑格尔指出:"犯罪行为不是最初的东西、肯定的东西,刑罚是作为否定加于它的,相反地,它是否定的东西,所以刑罚不过是否定的否定。"③人们据此认为黑格尔是法律报应主义者。但是,黑格尔并没有排斥刑罚的目的。他指出:"现在现实的法就是对那种侵害的扬弃,正是通过这一扬弃,法显示出其有效性,并且证明了自己是一个必然的被中介的定在。""对被害人和其他人的特殊意志说来,侵害不过是某种否定的东西。侵害唯有作为犯人的特殊意志才具有肯定的实存。所以,破坏这一作为定在着的意志的犯人的特殊意志,就是扬弃犯罪(否则会变成有效的了),并恢复法的原状。"④既然黑格尔承认刑罚的意义在于显示法的有效性、恢复法的原状,就可以认为他同时承认积极的一般预防。黑格尔明确指出:

---

① 〔德〕康德:《法的形而上学原理——权利的科学》,沈叔平译,商务印书馆 1991 年版,第 164 页。
② 同上书,第 164—165 页。
③ 〔德〕黑格尔:《法哲学原理》,范扬、张企泰译,商务印书馆 1961 年版,第 100 页。
④ 同上书,第 100、101 页。

"关于作为现象的刑罚、刑罚与特种意识的关系,以及刑罚对的表象所产生的结果(儆戒、矫正等等)的种种考虑,固然应当在适当场合,尤其在考虑到刑罚方式时,作为本质问题来考察,但是所有这些考虑,都假定以刑罚是自在自为地正义的这一点为其基础。"①显然,黑格尔的意思是,对一般预防与特殊预防的考虑,必须以法律报应为基础,或者说,只能在法律报应的基础上考虑预防犯罪的目的。黑格尔还指出:"认为刑罚既被包含着犯人自己的法,所以处罚他,正是尊敬他是理性的存在。如果不从犯人行为中去寻求刑罚的概念和尺度,他就得不到这种尊重。如果单单把犯人看做应使变成无害的有害动物,或者以儆戒和矫正为刑罚的目的,他就更得不到这种尊重。"②在此,黑格尔也只是说,不能"单单"从一般预防(威慑)与特殊预防(教育刑或者改善刑)的目的出发科处刑罚,而没有说法律报应必须否定一般预防与特殊预防。由此看来,黑格尔也没有将报应与预防对立起来。

(三) 各国规定

由于报应与预防并不对立,各国刑法都采取了并合主义立场。

我国现行刑法实际上采取了并合主义的立场。从现行刑法对原刑法的修改之处就可以看到这一点。

报应刑论是在法律范围内对犯罪进行报应,用法律作为尺度衡量犯罪的危害③;为了体现报应的正义性,报应刑论提供较小幅度的法定刑,甚至主张绝对确定的法定刑。虽然从刑罚的体系与种类来看,现行刑法与原刑法完全相同,但现行刑法对新罪规定的法定刑幅度较小,出现了原刑法中未曾有过的2年以上5年以下有期徒刑、2年以上7年以下有期徒刑、3年以上7年以下有期徒刑、7年以上10年以下有期徒刑等较小幅度的法定刑,并且对死刑的适用条件作了比原刑法更为具体的限制。这体现了报应刑论。预防刑论一般提倡采用幅度较大的法定刑,以便法官拥

---

① 〔德〕黑格尔:《法哲学原理》,范扬、张企泰译,商务印书馆1961年版,第102页。
② 同上书,第103页。
③ 参见同上书,第106页。

有较大的自由裁量权,从而实现刑罚的个别化。部分人(尤其是教育刑论者与改善刑论者)主张废除死刑,部分人主张保留死刑(实现特殊预防)。现行刑法对一些多发的犯罪、严重的犯罪,仍然规定了幅度较大的法定刑。综合上述规定可以看出,现行刑法同时考虑了预防刑论与报应刑论。

我国现行《刑法》第5条规定:"刑罚的轻重,应当与犯罪分子所犯罪行和承担的刑事责任相适应。"如后所述(参见本书第三章),该条的真实含义是,刑罚一方面要与罪行本身的轻重程度相适应,另一方面要与犯罪前后所表现出来的犯罪人的再犯罪可能性相适应。前一相适应是报应刑的要求,后一相适应是预防刑的要求。可见,现行《刑法》第5条正面肯定了并合主义。

现行刑法规定了减刑、假释等制度,但同时作了一些特殊限制。例如,现行《刑法》第78条规定,人民法院依照《刑法》第50第2款规定限制减刑的死刑缓期执行的犯罪分子,"缓期执行期满后依法减为无期徒刑的,不能少于二十五年,缓期执行期满后依法减为二十五年有期徒刑的,不能少于二十年。"这种基于预防刑设立的减刑制度实际上反映出报应的观念。再如,现行《刑法》第81条第2款规定:"对累犯以及因故意杀人、强奸、抢劫、绑架、放火、爆炸、投放危险物质或者有组织的暴力性犯罪被判处十年以上有期徒刑、无期徒刑的犯罪分子,不得假释。"而不管他们在服刑期间是如何悔改立功的,这明显反映出报应的观念。该条还规定,对于有特殊情节不受执行刑期限制而假释的,必须报经最高人民法院核准。这也是在肯定特殊预防目的的同时,肯定甚至强调了刑罚的报应性质。①

德国《刑法》第46条第1项规定:"犯罪人的责任是量刑的基础,且应考虑刑罚对犯罪人将来社会生活产生的影响。"第2项规定:"法院在量刑时,应权衡对犯罪人有利和不利的情况。特别应注意下列事项:犯罪人的犯罪动机和目的,行为所表露的思想和行为时的意图,违反职责的程度,行为方式和犯罪结果,犯罪人的履历、人身和经济情况,及犯罪后的态

---

① 虽然我国刑法的并合主义的立场值得肯定,但不意味着刑法的每一项刑罚制度都值得肯定。如前所述,基于对报应刑的过度重视而对死缓犯人采取的限制减刑制度,就值得商榷。

度,尤其是为了补救损害所作的努力。"日本《刑事诉讼法》第 248 条规定,在决定是否暂缓起诉时,应当考虑"犯罪人的性格、年龄和境遇,犯罪的轻重和情节,以及犯罪后的态度"。日本刑法理论与审判实践一般认为,这些因素也是量刑时必须考虑的情节。① 日本《改正刑法草案》第 48 条第 1 项规定:"刑罚应当根据犯罪的责任量定。"第 2 项规定:"适用刑罚时,应当考虑犯罪人的年龄、性格、经历与环境、犯罪的动机、方法、结果与社会影响、犯罪人在犯罪后的态度以及其他情节,并应当以有利于抑止犯罪和促进犯罪人的改善更生为目的。"瑞士《刑法》第 63 条、奥地利《刑法》第 32 条都有类似规定。不难看出,这些规定一方面要求刑罚与责任相适应(量刑中的责任主义),另一方面要求刑罚有利于预防犯罪。虽然对其中的"责任"应当如何理解还存在不同看法,但可以肯定的是,关于刑罚必须以责任为基础的规定,体现的是报应刑论。而上述规定要求量刑时考虑预防犯罪的效果,则体现的是预防刑论。这充分说明,大陆法系国家刑法及其理论并没有一概否认报应刑论,而是采取了以报应刑论为基础的并合主义。

此外,美国的《模范刑法典》事实上也采取了并合主义。该法典第 1.02 条将"预防犯罪、促进罪犯的矫正和改造、保障罪犯不受过度的、有失均衡的、恣意的刑罚"等规定为量刑目的。其中虽然没有使用"责任"的概念,但仍然反映出妥当处理预防刑与责任刑关系的内容,因而也是并合主义的立场。

(四) 并合理由

如上所述,报应刑论与预防刑论都可以说明刑罚的正当化根据,为什么要将二者结合起来形成并合主义,而不承认各自本身的完全合理性呢?这是因为对刑罚的正当化根据的回答,不仅是为了从总体上回答国家为什么能够以刑法规定刑罚、司法机关为什么可以对犯罪人适用和执行刑罚,而且是为了回答对具体犯罪的量刑根据以及具体刑罚制度的取舍,以

---

① 参见〔日〕大塚仁:《刑法概说(总论)》,有斐阁 2008 年第 4 版,第 552 页。

便对刑罚的适用起限制作用,以免侵害公民的正当权利。"就合理的刑事政策而言,本质的问题是,赋予制裁以意义与目的,即所创设的法律效果体系,应根据行为责任的轻重划分层次,同时能够避免再犯。倘若单方面地强调两个方面的某一方,其结局要么陷入非人道的刑事政策,要么坠入不公正的刑事政策。亦即,如果仅将刑罚理解为对责任的报应,那么,行为人就会因为仅仅由于该原则而遭受显著痛苦,这对行为人与其他人都不会带来任何好处。如果仅着眼于刑罚的社会目的(如威吓或者'治疗'行为人),常常就会对行为人判处与其有责地实现的不法不相均衡的制裁。"①对具体犯罪的量刑以及具体刑罚制度的取舍,都取决于对刑罚功能、本质与目的的认识。例如,如果采取报应刑论,刑罚的程度就应当与犯罪本身的危害程度相适应,尤其应与客观的犯罪结果相适应;如果采取特殊预防刑论,刑罚的程度则必须与犯罪人的反社会性格或者再犯罪的危险性相适应。再如,倘若主张报应刑论,就会反对不定期刑论;倘若主张特殊预防刑论,就会赞成不定期刑论。又如,如若采取报应刑论,即使没有一般预防与特殊预防的必要性,也必须科处刑罚;如若采取积极的一般预防论,只要没有一般预防的必要性,就不得科处刑罚。可见,关于刑罚的正当化根据的争论,实际上是关于刑罚本质的争论。而一旦具体到量刑根据以及刑罚制度的取舍问题上来,就会发现报应刑论与预防刑论各有利弊,并合主义则可以使二者优势互补、弊害互克。例如,预防刑论往往导致刑罚过重,报应刑论正好给刑罚划定了上限,使得刑罚不得超出报应的范围;但报应刑论导致从预防角度而言不需要判处刑罚时也必须科处刑罚,预防刑论正好解决了这一问题:如果没有预防犯罪的效果或者从预防犯罪的角度而言不需要判处刑罚,就不应当判处刑罚,这为免除刑罚处罚找到了根据。从刑罚制度来说,缓刑、减刑、假释制度都是预防刑论的产物,而对这些制度适用条件的限定,在很大程度上取决于报应刑观念。可见,预防刑论的缺陷正好需要报应刑论的优点来克服,报应刑论的

---

① H. Jescheck/T. Weigend, Lehrbuch des Strafrechts Allgemeiner Teil, 5. Aufl., Duncker & Humblot 1996, S.741.

缺陷恰好需要预防刑论的优点来弥补。于是,并合主义成为理想的刑罚观念。

法治所要求的比例原则在刑法上表现为罪刑相适应或罪刑相均衡。但是,相适应、相均衡的基准是随着社会的发展而不断变化的。在中世纪,对严重犯罪科处死刑,被认为是相适应、相均衡的;但在近现代的欧洲国家,对严重犯罪科处无期徒刑或者15年左右的有期徒刑,就会认为是相适应、相均衡的。如果意识到犯罪是社会的副产品,考虑到人们物质生活水平的不断提高,如若注重维护犯罪人的尊严,尊重犯罪人的人格,就不能使刑罚超出犯罪人"应得"的范围。"应得的概念是处罚和正义之间的唯一联接。只有当一个刑罚是应得或不应得时,我们才能说它是正义的或不正义的。……因此,如果我们不再考虑罪犯应得什么,而仅仅考虑什么可以治疗他或威慑别人,我们就默认地把他从整个正义领域中排除出去了;我们现在面对的不再是一个人,一个权利主体,而是一个纯粹的对象,一个病人,一个'病例'。"[1]显然,如果我们离开了犯罪人"应得"的概念,将被害人"应得"的转变为对犯罪人的处罚,必然导致刑罚缺乏正义性。反过来,如果只是注重犯罪人的"应得",而不考虑刑罚的目的,对犯罪人科处"应得"的刑罚就丧失了价值。显而易见的是,犯罪发生后,存在被告人与被害人的关系。但由于禁止私刑与复仇,所以,被告人与被害人的关系只能由国家处理,于是形成了三种关系,国家在三种关系中分别起不同的作用。首先,在被告人与被害人的关系中,国家既不能放任被告人与被害人关系的任意发展,也不是一个单纯的中间人,而是需要在加害人与被害人之间,进行恢复性司法。[2] 其次,在国家与被害人的关系中,在物质方面,国家需要设立被害人补偿制度,使被害人得到国家的补偿。在心理方面,刑罚可以安抚被害人的心灵。最后,在国家与被告人的关系中,国家要以国家的名义公正地处罚被告人,而不是将被害人的要求

---

[1] 〔美〕詹姆斯·P.斯特巴:《实践中的道德》,李曦、蔡蓁等译,北京大学出版社2006年版,第518页。
[2] 参见〔日〕高桥则夫:《刑法の保护の早期化と刑法の限界》,载《法律时报》2003年(第75卷)第2号,第18页。

加于被告人。与此同时,要预防犯罪人再次犯罪,并且避免其他人实施犯罪。可以认为,并合主义是法治的必然产物。

"刑法的禁令具有一个简单的正当化的目标:某种行为形式,包括疏忽大意的行为,发生的次数将会比若无此禁令这些行为发生的次数要少。但是刑法的'体系'却不止是那一系列禁令。刑法的众所周知的现代体系的'目的',只可以被描述为某种形式或质量的公共生活,在这种公共生活中,共同善的要求实际上清楚地、坚决地偏向于利己的冷漠或对许可的个人主义的需要,而且还被认为是包括了个人自治的善,因此在这种社会模式中,没有人会为别人的利益或便利而生活,并且每个人都能够用清楚的知识以及对适宜的通常方式和对其中成本的预知,来管理自己的生活(用整个一生的时间来构建自我)。因此,刑法禁令的实施和运行就是通过程序公正('法律的正当程序')和实体公正(应得、合比例性)的规则和原则来渗透的,这就实质上修正了追求减少或杜绝不受欢迎的行为方式这个目的。"①也就是说,预防犯罪的目的除了受到程序公正的限制之外,也受到实体公正即报应的限制。这再一次表明,并合主义与法治的要求完全吻合。

并合主义是长期的政治与学术争论形成的结论,在新旧两派争论的最激烈时期,就有学者试图调和二者以与刑事司法的实际必要性相适应。此后,报应刑并不只是在哲学的思考领域自由漂移,而是作为犯罪人和社会生活的现实,充分发挥其社会机能而被正当化。报应刑维护了社会秩序,满足了一般人的法感情,并最大限度地保护了法益。行为人获得了他认为公正的刑罚,刑罚对其起到了警告作用,并在可能的范围内给予其教育。因此,只有公正的刑罚,才能对一般人产生威慑作用,对一般人的法律意识起强化作用,并对行为人产生威慑与教育作用。报应刑通过责任与刑罚程度的均衡关系,以宽大的干预方式保护法秩序。预防刑虽然在支配近代刑法的犯罪预防目的中具有正当性,但是,只有当刑罚满足正义

---

① 〔美〕约翰·菲尼斯:《自然法与自然权利》,董娇娇、杨奕、梁晓晖译,中国政法大学出版社2005年版,第210页。

的要求时才能实现这一目的。① 报应刑既可以限制刑罚的程度,以免为了追求预防犯罪的目的而滥施刑罚,也有利于刑罚目的的实现。预防刑使刑罚不再是无目的的报复,也使没有预防目的的报应刑丧失意义,从而使得刑罚更为轻缓。

(五) 并合优势

并合主义可以使预防刑论与报应刑论优势互补、弊害互克,还因为它具有更高层次的优势。

第一,并合主义有利于同时保护个人权利与社会利益。这里的个人权利,主要是指行为人的权利,社会利益包括国家利益、公共利益与一般人的利益。如前所述,报应刑论实际上是从犯人角度论证刑罚的正当化根据的,它能使犯罪人免受超出报应程度的制裁,不致使犯罪人成为国家预防他人犯罪的工具,从而保障犯罪人的权利,但却忽视对社会利益的保护;而预防刑论则是从社会角度来论证刑罚的正当化根据的,有利于保护社会利益,却不注重对个人权利的保障。特别是其中的一般预防论,容易使犯罪人(乃至非犯罪人)成为国家预防他人犯罪的手段。但是,"历史表明,要求承认个人权利的欲望在任何时候都不可能完全从人的头脑中消除。另外,似乎也没有一个社会能够消除公共利益的理念,因为它根植于人性的共有成分之中。"②刑法既是善良人的大宪章,也是犯罪人的大宪章,既要针对个人恣意保护社会利益,也要针对国家恣意保障个人自由,这是"刑法的二律背反性"。③ 这种二律背反性,既需要刑罚以预防犯罪为目的(保护社会利益),也要求刑罚受到报应的合理限制(保障个人自由)。并合主义正好将二者结合起来,理当是最完善的。

第二,并合主义有利于适当处理刑罚积极主义与刑罚消极主义的关

---

① H. Jescheck/T. Weigend, Lehrbuch des Strafrechts Allgemeiner Teil, 5. Aufl., Duncker & Humblot 1996, S. 76f.
② 〔美〕E. 博登海默:《法理学:法学哲学与法律方法》,邓正来译,中国政法大学出版社1999年版,作者致中文版前言第 IX 页。
③ 参见〔日〕团藤重光等编:《泷川幸辰刑法著作集》第 5 卷,世界思想社 1981 年版,第 74 页以下。

系。"主张应当积极地对犯罪适用刑罚的观点,叫做刑罚积极主义。根据绝对的报应刑论,只要实施了犯罪就必然地给予刑罚处罚。正如康德所言,对犯罪人免除刑罚是不正义的。"①绝对报应刑论认为刑罚应是一种不受目的构想拘束的正义之诫命,反对通过对犯罪人适用刑罚来达到其他目的,认为以刑罚报应犯罪就是正义。所以,谋杀者必须处死,因为在这种情况下,没有其他方法可以满足正义的原则。在任何场合,都要让每一个人可以认识到自己言行有应得的报应,也认识到不应该把有血债的人留给人民,否则是对正义的公开违犯。② 不难看出,"报应刑论认为科处刑罚本身是件好事,存在有罪'必罚'的倾向"。③ 刑罚消极主义则主张尽量限制刑罚的适用。④ 因为刑罚是一种必要的恶害,以刑罚防止犯罪并非理想,如果有其他方法可以防止犯罪,就尽可能适用其他方法。这正是大多数预防刑论者的主张。例如,李斯特将犯罪原因分为个人原因与社会原因,消除社会原因必须依靠社会政策,故"最好的社会政策就是最好的刑事政策";刑罚则主要消除个人原因,故"应受处罚的不是行为而是行为人"。⑤ 再如,菲利将犯罪原因分为人类学原因、社会学原因与物理学原理,并且认为,为了防止社会免遭犯罪侵害,必须充实代替刑罚的社会政策、福利政策等。他指出:"通过改变最易改变的社会环境,立法者可以改变自然环境及人的生理和心理善的影响,控制很大一部分犯罪,并减少相当一部分犯罪。我们深信,一个真正文明的立法者,可以不过多地依赖刑法典,而通过社会生活和立法中潜在的救治措施来减少犯罪的祸

---

① 〔日〕町野朔:《刑法总论讲义案 I》,信山社 1995 年第 2 版,第 24 页。
② 参见〔德〕康德:《法的形而上学原理——权利的科学》,沈叔平译,商务印书馆 1991 年版,第 166 页以下。
③ 〔日〕平野龙一:《刑法总论 I》,有斐阁 1972 年版,第 23 页。
④ 刑罚消极主义表现为各种形式:第一,将犯罪限定在确实需要以刑罚对付的行为;第二,对于实施了犯罪行为的人现实上不科处刑罚也能预防其再犯时,就不得科处刑罚;第三,在其他处分比刑罚更能有效地防止再犯而且弊害较少时,应当使用其他处分代替刑罚;第四,在刑罚执行阶段,必须采取有效措施避免刑罚的弊害(参见〔日〕町野朔:《刑法总论讲义案 I》,信山社 1995 年第 2 版,第 26 页以下)。
⑤ 参见〔日〕庄子邦雄:《リスト》,载〔日〕木村龟二编:《刑法学入门》,有斐阁 1957 年版,第 87 页以下。

患。"① 又如，平野龙一教授主张抑止刑论②，他说："从抑止刑论的立场来看，必须慎重考虑刑罚的必要性界限。这里应当特别考虑以下几点：首先，为了防止犯罪，采取社会福利政策有时比采取对行为非难的方法更有效。……其次，对犯罪的社会性非难，不是仅仅表现为刑罚手段，换言之，并非只有刑罚是社会统制手段，还有邻人的评价、职业上的社会地位与信用的丧失、一般人通过宣传工具的反应等其他许多'社会统制手段'，刑罚只不过作为上述手段之一而存在。……最后，即使在刑事司法内部，也不是只有刑罚孤立地发挥机能。……虽然不可否认现实执行刑罚本身的抑止效果，但有时也不是非执行不可。"③ 显然，预防刑论主张刑罚消极主义。在我国，我们固然应当主张刑罚的谦抑性，重视刑罚消极主义。但另一方面，联系我国的国情和一般国民的价值观念，过于轻视刑罚的功能也不妥当。④ 现行《刑法》第3条规定："法律明文规定为犯罪行为的，依照法律定罪处刑；法律没有规定为犯罪行为的，不得定罪处罚。"本条后段虽然是对罪刑法定原则的肯定，但前段则是对法益保护的重视，它明显融合了刑罚积极主义与刑罚消极主义。采取并合主义，既使刑罚的免除受到报应的牵制，又使刑罚的适用受到预防目的的制约，从而合理地调节刑罚积极主义与刑罚消极主义，是与现行刑法的整体精神相协调的。

第三，并合主义有利于协调罪刑均衡原则与刑罚个别化原则。报应刑论主张刑罚的程度应与罪行的程度相适应，这便是传统的罪刑相均衡原则。这样，从预防角度而言，完全没有必要科处刑罚的也必须科处刑罚。而预防刑论主张刑罚应与犯罪人的再犯罪可能相适应，即使是实施了相同犯罪的人，如果行为人再犯罪的危险性不同，就应当科处不同的刑

---

① 〔意〕菲利：《实证派犯罪学》，郭建安译，中国政法大学出版社1987年版，第43页。
② 如前所述，目的刑论主要是一般预防论与特殊预防论，后者又可以分为惩罚论与改善论或教育论，惩罚论是指通过科处刑罚惩罚犯罪人，防止其再犯罪。平野龙一教授反对改善刑论与教育刑论，其主张的抑止刑论基本上是一般预防论与特殊预防论中的惩罚论的结合。抑止刑论仍然是目的刑论的一种，但又多少带有报应刑论的色彩。
③ 〔日〕平野龙一：《刑法总论I》，有斐阁1972年版，第23页以下。
④ 与西方国家相比，我国刑法的处罚范围相当狭小，刑法所规定的都是比较严重的犯罪。在这种立法例之下再强调刑罚消极主义，并不符合我国的立法与司法实际，也会违背人民群众的法感情。

罚。这就是刑罚个别化原则的表现。于是,在认为没有再犯罪危险性的场合,即使犯罪再严重也不科处刑罚;并且常常以事先无法预测何时可以改善犯罪人为由主张不定期刑。采取并合主义,使报应刑与预防刑相互牵制,从而克服两派理论在量刑基准上的缺陷:因为刑罚必须与罪行相均衡,故可以防止为了追求预防目的而出现畸轻畸重的刑罚;因为刑罚必须与犯罪人的再犯罪可能性相适应,"刑罚的严厉程度应该只为实现其目标而绝对必需"①,故又可以防止为了追求报应而科处不必要的刑罚。但是,如果要对一个犯罪人完全满足罪刑均衡与刑罚个别化,又是相当困难乃至不可能的。因为满足了刑罚个别化的要求,就可能不符合罪刑均衡的要求。并合主义可以通过正确处理报应刑与预防刑的关系,使对预防刑的追求不超过报应刑的程度,从而使罪刑均衡与刑罚个别化得到一定的协调。

第四,采取并合主义,可以在整体上使刑罚既不会过于严厉,也不会过于轻缓,从而使刑罚在整体上保持适当程度。因为过于严厉的刑罚既可能超出了报应的限度,也可能是预防犯罪所不必要的,而过于轻缓的刑罚既可能没有体现报应的正义性,也可能难以满足预防犯罪的要求。采取并合主义,一方面可以防止片面惩罚的做法,另一方面也可以防止教育万能的现象,从而使刑罚程度整体适当。

(六) 主要回应

对并合主义一直存在批判,在此有必要就两个方面的主要批判做点回应。

德国学者 Roxin 等人认为,报应思想不能与预防思想融为一体。因为刑法的任务是保护法益,既然如此,就不允许使用明显不考虑法益保护目的的刑罚;不为刑法任务服务的刑罚,丧失了其在社会中的合理根据。刑法是为特殊预防和一般预防服务的,刑罚的严厉程度不是由报应思想

---

① 〔英〕边沁:《立法理论——刑法典原理》,孙力等译,中国人民公安大学出版社1993年版,第78页。

限制,而是由责任程度限制。而且,只要从特殊预防的角度考虑认为是必要的,也不违反一般预防的最小限度要求,刑罚就可以不达到责任的程度。① 但联系 Roxin 等人主张的积极的一般预防来看,所谓的"不违反一般预防的最小限度要求",实际上是考虑了国民的报应感情。而且,Roxin 教授也不得不承认:"尽管放弃了所有的报应,但预防性的综合理论必须纳入报应论中的决定性因素:将责任原则作为设定刑罚界限的手段。"② 既然不能否认报应刑论的积极作用,也就难以否认并合主义的合理性。如前所述,报应是由第三方完成的。就对犯罪的报应来说,国民都期待这个第三方很中立,但这种中立只是相对于加害人与被害人而言,实现报应的第三方在科处刑罚时,当然会考虑刑罚的目的。于是,报应与预防犯罪能够相结合。也正因为如此,绝大多数报应刑论者都赞成预防犯罪的目的,尤其赞成一般预防目的。

事实上,"对犯罪的报应动机存在于社会全体成员,这给恢复被毁损的社会共有价值提供了动机……在人们的意识中,刑罚的中心是使被毁损的社会共有价值得到恢复。这在以报应为中心的同时,也与对犯罪的抑止相结合。""报应刑论不是形而上学的言说,而是必然伴随社会、集团的惩罚性质在法律学上形成的东西,将报应刑与抑止刑作为对立项处理的方法并不妥当。"③

反之,如果离开了公正的报应,预防犯罪的目的是难以实现的。"社会科学暗示,偏离于大众的正义直观(经验论应得惩罚观念来源于此)却可能会造成现实的犯罪控制困境。众所周知,我们正越来越多地知道社会性影响(social influence)和内化观念(internalized norms)的巨大力量。人们在日常生活中一直在做的行为决定,首要地受到其对其他人如何看待他们和他们如何看待他们自己的这样的问题的影响。如果刑法获得了道德权威的声音——即,如果人们将刑法视为按照与人们的正义直观相

---

① Claus Roxin, Strafrecht Allgemeiner Teil, Band I, 4. Aufl., C. H. Beck 2006, S. 88f.
② Claus Roxin, Strafrecht Allgemeiner Teil, Band I, 4. Aufl., C. H. Beck 2006, S. 91.
③ 〔日〕松村良之:《社会学、社会心理学と刑罚论》,载《法律时报》第 78 卷(2006 年)第 3 号,第 46—47 页。

符合的方式妥当地施加刑罚——它就能够利用这些规范性力量。但如果刑事法律体系被认为缺乏道德可信赖性,那么它就会失去利用社会性影响和内化观念之力量的能力。"①

其实,积极的一般预防论也许是一种变相的并合主义。正如美国学者所言:"在内涵广泛的刑罚理论中,积极的一般预防理论毕竟是一种能够正视目的论与报应论之间的紧张关系的尝试,它没有像通常那样忽略或者回避这个问题,而是结合两者优点形成一种新的更好的理论。一个日复一日亲身(或者至少在罪犯身上)体验目的刑罚理论与绝对刑罚理论之间矛盾要求的美国法官,或许会赞赏一定程度上的模棱两可,会满足于在两个极端世界之间徘徊,在正义与宽大、报应与效用的考量之间找到平衡。"②

对并合主义的另一重要批判是,"把各种学说相互混合地聚在一起的方法,对于刑法学来说是毫无用处的。即使把若干个破碎的衣服拼补起来,也不能做成国家制度的基础这一件衣服,这是早就能想象得到的。由于组成混合说的各个体系当中存在不能支持混合说的地方,所以,其必然走向崩溃。"③换言之,"如果相对报应刑论只是单纯地将报应刑论与目的刑论结合在一起,那么,两者的问题也只能加算起来,进而增添了问题。"④

其实,并合主义强调的是并合报应刑论与预防刑论的优点,同时避免二者的缺陷,而不是并合二者的缺陷,也不能以一种理论的缺陷排斥另一理论的优点,而是应当以一种理论的优点克服另一种理论的缺陷,并且针对不同的人群发挥对应的刑罚功能。此外,刑罚的正当化根据是多元的,即使是预防犯罪的目的也可以分为一般预防与特殊预防,而且赖以实现

---

① 〔美〕保罗·H.罗宾逊:《进行中的刑罚理论革命:犯罪控制意义上的公正追求》,王志远译,载《当代法学》2012年第2期,第64页。
② 〔美〕马库斯·德克·达博:《积极的一般预防与法益理论》,杨萌译,载陈兴良主编:《刑事法评论》第21卷,北京大学出版社2007年版,第452页。
③ 〔德〕特奥多尔·赫布:《刑罚学说的主要分类》,载邱兴隆主编:《比较刑法(第二卷):刑罚理论专号》,中国检察出版社2004年版,第303页。
④ 〔日〕佐伯仁志:《刑法の基础理论》,载《法学教室》第283号(2004年),第43页。

一般预防与特殊预防的功能并不完全相同。另一方面,刑罚分为刑罚的制定(制刑)、刑罚的裁量(量刑)与刑罚的执行(行刑)三个阶段,因此,就不同阶段分别讨论刑罚的正当化根据,有利于对批判的回应与问题的解决。

如所周知,刑罚理论中早就存在分配主义(Verteilungstheorie)。分配主义认为,应当根据刑罚的发展阶段,确立不同的刑罚理念。如 M. E. Mayer 指出,刑罚在与立法者、法官、监狱执行官的关系上,可分为刑罚的法定(Strafandrohung)、刑罚的量定(Strfzumessung)与刑罚的执行(Strafvollzug)三个阶段;各个阶段的刑罚指导理念分别是报应(Vergeltung)、法的确证(Rechtsbewahrung)与目的刑(Zweckstrafe);其间不存在一个一以贯之的刑罚理念。① 分配理论的方法论意义不可低估,但如何分配则并没有形成一致意见。如意大利刑法学者帕多瓦尼指出,刑罚在法定刑阶段主要发挥一般预防作用。"立法者在法律中规定实施一定的行为的人会受到一定的刑罚处罚,显然不是一个简单的'通知'。这种规定一方面是一种威胁,同时也是一种信息;前者的目的在于'阻止'违法行为;后者则是为了'说服'人们守法。""刑罚在司法阶段的主要功能是通过诉讼程序使犯罪人受到刑事追究来树立榜样,以确保并实现法定刑的威慑作用。然而,在具体决定犯罪人的刑罚时,其标准应该是'报应'和'特殊预防'的需要。""在宣判后执行刑罚同样具有一般预防的作用(因为只有这样才能显示法定刑的可信性与严肃性),然而,在从整体上说,这一阶段应着重发挥刑罚的特殊预防功能。"② 日本的内藤谦教授认为,应当在报应的基础上考虑预防目的,其中,在立法阶段考虑的是一般预防,在量刑阶段考虑的是一般预防与特殊预防,在行刑阶段考虑的是特殊预防。③ Roxin 教授否认报应刑,就不同预防目的在不同阶段所起的作用提出如下观点:在确定法定刑时,目的纯粹是一般预防;在量刑时,对特殊预防与一般预

---

① 参见〔日〕大塚仁:《刑法概说(总论)》,有斐阁 2008 年第 4 版,第 46 页。
② 〔意〕杜里奥·帕多瓦尼:《意大利刑法学原理》,陈忠林译,法律出版社 1998 年版,第 346 页以下。
③ 〔日〕内藤谦:《刑法讲义总论(上)》,有斐阁 1983 年版,第 120 页以下。

防的考量则同等重要;在刑罚执行阶段,特殊预防便完全处于优越的地位。① Roxin 教授之所以认为量刑时特殊预防与一般预防同等重要,是因为即使行为人没有再犯罪的危险性,也可能基于一般预防的必要而被判处刑罚。在此意义上说,一般预防又优于特殊预防。上述不同观点都有可取之处,但过于绝对,并不完全符合各国的刑法规定与客观事实。

制刑,主要表现为建立刑罚体系和规定各种具体犯罪的法定刑。这种立法活动在于准确估计刑法禁止的各种行为在一定历史时期内,其罪行可能达到的最高限度与最低限度,从而制定相应的刑法规范。它重在对各种犯罪的不法与责任程度的宏观预测和遏制手段的总体设计;至于各具体案件中的犯罪情节与犯罪人的再犯罪危险性的不同,相对来说,属于微观方面的差异,不可能在制刑时逐一规定与之相适应的具体规范,而是在法定刑中预留一定的幅度,由审判机关灵活运用;或者在必要且可能的情况下根据不同情节,规定几个档次的法定刑;或者将表明再犯罪危险性的情节类型化规定在刑法总则中(如累犯制度、自首与坦白制度)。由此可见,制刑比较重视犯罪性质,力求在宏观上保证刑罚与犯罪性质相适应,同时兼顾犯罪情节与犯罪人的再犯罪危险性。② 这表明,制刑阶段首先考虑的是报应刑与一般预防的需要,其次也兼顾了特殊预防的必要性。

例如,故意伤害罪的发案率明显高于故意杀人罪,前者的一般预防必要性大,但前者的刑罚轻于后者,这是报应刑决定的。所以,认为仅由一般预防决定法定刑的轻重,是不符合各国刑法规定的。况且,如果在制刑

---

① Vgl., Claus Roxin, Strafrecht Allgemeiner Teil, Band I, 4. Aufl., C. H. Beck 2003, S. 87.
② 立法机关在确定法定最高刑与法定最低刑以及二者之间的幅度时,只应以该类犯罪在通常情况下的罪行程度以及犯罪人在通常情况下的人身危险性为依据,而不宜过多地考虑该类犯罪中的罕见的特别严重的情形与特别轻微的情形。否则,就会使法定最高刑过高(以往对传授犯罪方法等罪规定死刑便是如此),法定刑过高的结局,往往是导致对该类犯罪中情节一般甚至轻微的犯罪也科处较重的刑罚(因为像故意伤害罪那样,将较重法定刑作严格、明确、易认定的限制的情况毕竟少见,也难以做到;如果只是规定"情节严重"、"情节特别严重"的处无期徒刑、死刑,必然导致过多判处重刑的现象);如果过多地考虑罕见的特别轻微的情形,就会使法定刑过低(因为刑法已经规定了酌定减轻的制度,如果司法机关充分、合理地利用这一制度,完全可以克服因法定刑过高而导致量刑过重的局面),法定刑过低的结局,常常是导致对该类犯罪中情节严重的犯罪也科处较轻的刑罚;最高刑过高与最低刑过低的结局,必然是法定刑的幅度过大,司法裁量权过大,"刑的法定"实质上成为一纸空文。所以,有一句法律格言说:"立法者不尊重稀罕之事"。

阶段仅考虑一般预防的需要,就必然导致法定刑过重。因此,认为制刑阶段的指导理念只是报应的观点,也不符合各国刑法的规定。又如,有的国家(如日本)刑法分则规定了惯犯与常习犯,并且对之规定了较重的法定刑。这表明特殊预防在制刑中也会起到一定的作用。我国刑法分则并没有规定惯犯、常习犯,只是在总则中规定了累犯、自首等表明特殊预防必要性的情节,这表明,特殊预防在制刑阶段发挥作用较小。再如,我国《刑法》第56条第1款前段规定:"对于危害国家安全的犯罪分子应当附加剥夺政治权利。"这显然旨在防止这些犯罪分子利用政治权利再次犯罪。不难看出,完全否认特殊预防在制刑阶段的功能,也不符合各国刑法的规定。

  在制刑阶段将报应刑与一般预防的需要作为重点,并无矛盾之处。因为只有符合比例原则的正当刑罚才能使一般国民的规范心理安定化,才能产生积极的一般预防所称的信赖效果与满足效果。畸重的刑罚会动摇一般国民对法规范的忠诚,不利于积极的一般预防的实现。反之,畸轻的刑罚,则不足以威慑可能犯罪的人,不利于实现消极的一般预防,也难以产生积极的一般预防所称的满足效果。正如台湾地区学者林山田所言:"只要基于正义与衡平的理念以及公正报应的原则,依据行为的程度与行为人的罪责,定出报应刑罚,促成社会大众在法律情感上的共鸣,增强一般民众的法意识。在此情况之下,即能以此公正的报应刑罚实现一般预防的目的构想,如此,则报应刑罚即能与一般预防相调和。"[①]准确地说,在报应刑范围内确定的刑罚,就是正义所要求的正当刑罚,就具有威慑预防与规范预防的效果。例如,刑法总则规定对未遂犯可以从轻或者减轻处罚,不仅是因为社会的刑罚欲求降低,报应的需要减少,而且因为在未遂的场合,行为人的目的失败导致犯罪的感染力与诱惑力减少,故一般预防的必要性减少。中止犯以悔悟的形式确证了共同体成员所尊重的价值秩序,报应与一般预防的必要同时减少。再如,过失犯的法定刑之所以轻于故意犯的法定刑,不仅因为前者的责任较轻,报应的需要减少,而

[①] 林山田:《刑罚学》,台湾商务印书馆1983年第2版,第85页。

且因为过失犯的感染力与诱惑力很低,一般预防的必要性不大。①

量刑,是在认定犯罪性质及其法定刑的基础上,依案件情节和犯罪人的再犯罪危险性程度不同,实行区别对待方针,具体选定适当的宣告刑或者决定免予刑罚处罚的审判活动。刑罚个别化就是在量刑阶段实现的,对于不法与责任相同的罪犯,也可能因为特殊预防必要性的大小不同,而宣告不同的刑罚。所以,量刑主要根据犯罪情节,重点考虑犯罪人的再犯罪危险性,故量刑阶段的重点在于特殊预防。与此同时,一般预防在某些情况下也会起作用。但是,对特殊预防的考虑以及一般预防所起的作用,都必须受到报应刑的限制。②

不难看出,量刑阶段的正当化根据与制刑阶段的正当化根据并不完全相同。德国有学者指出:"完全分裂法定刑与科刑的评价基础,将会导致事前所宣告的量刑标准迥异于事后所适用的量刑标准。行为人经由犯罪行为所可能获得的利益,此一思想方向与威吓思想的逻辑相符。相对地,行为人所酿成的不法程度则合乎应报思想的逻辑。这两个评价体系会导致截然相异的结果。……'刑罚的法规逻辑……其目的(是)与刑罚的科处相结合';在这两种情形下的评价标准必须完全一致。"③在本书看来,法定刑与科刑的评价基础一致,表现在报应刑方面。在预防刑方面,不能要求法定刑与科刑的评价基础相同。因为法定刑是针对一般人制定的,它普遍适用于所有犯罪;量刑是针对特定犯罪人的,它是将法定刑运用到个案的过程。在法定刑的制定阶段,不可能具体考虑不同犯罪的各种情节,所以,只能重视一般预防。在量刑阶段,必须通过考虑个案犯罪人的具体情节,根据法定刑宣告刑罚,必须重视特殊预防。所以,就预防

---

① 参见〔日〕中村悠人:《刑罰の正当化根拠に関する一考察》(1),载《立命館法学》2012年第1号,第312页。

② 依照刑法规定与案件事实裁量刑罚的过程,的确是法的确证的过程。但是,在这个过程中,并不只是为了进行法的确证。可以认为,在量刑阶段,法的确证只是一个当然效果,而不是量刑所追求的目的。而且,法的确证不可能为具体的量刑提供根据。例如,普通抢劫的法定刑为"三年以上十年以下有期徒刑",如果不考虑报应程度与特殊预防的目的,判处3年徒刑与判处10年徒刑,都是法的确证。

③ 〔德〕Michael Pawlik:《对预防理论刑罚正当化论据之批判》,钟豪峰译,载台湾《政大法学评论》第117期(2010年),第357—358页。

刑而言,法定刑与科刑的评价基础当然不可能相同。

行刑的直接目标,在于使服刑人接受教育改造(死刑立即执行除外),消除其再犯罪的危险性。各犯罪人在服刑期间的表现并不相同,反映了各自的人身危险性程度消长变化情况不一致。行刑机关就是要根据这种不一致,及时有针对性地分别进行有效的改造教育;对于其中确有悔改、立功表现、再犯罪的危险性明显降低的服刑人,还可以依法予以减刑、假释。显然,行刑重在犯罪人的人身危险性程度的消长变化,强调的是特殊预防。行刑阶段的特殊预防在两个方面受到报应刑的限制:其一,即使犯罪人明显悔改,没有再犯罪的危险性,在减刑、假释等方面,依然会受到报应刑的限制。例如,在通常情况下,被判处无期徒刑的犯罪人,只有实际执行13年后,才能被假释。其二,即使犯罪人没有丝毫悔改,再犯罪的危险性很大,也必须受原犯罪的报应刑的限制,不能延长服刑时间。

"不管怎么说,刑罚的理论之争就是不能把报应主义和结果主义(目的刑论——引者注)的观点截然分开,这就说明没有哪种理论能够真正证明刑罚现象的正当性。"[①]换言之,只有并合报应刑论与预防刑论,才能真正证明刑罚的正当性。但不可否认的是,由于报应刑与预防刑存在区别,甚至在某些场合还会存在对立现象,所以,如何克服并合主义的二律背反现象,正是并合主义理论必须解决的问题。

---

① 〔英〕威廉姆·威尔逊:《刑法理论的核心问题》,谢望原、罗灿、王波译,中国人民大学出版社2014年版,第69页。

第二章 二律背反

一、概 述

前章已经说明,刑罚的正当化根据是报应的正当性与预防犯罪目的的合理性。

但如所周知,报应刑与预防刑存在三个基本的区别:首先,报应刑是基于过去的事实形成的刑罚,预防刑则是针对将来的事实适用的刑罚。倘若认为报应是刑罚的正当化根据,那么,只要有犯罪就必须科处刑罚。但是,如若认为预防目的是刑罚的正当化根据,那么,无论犯罪多么严重,只要没有预防的必要,就不得科处刑罚。其次,报应刑论的前提观点是,人通常享有意志自由或者选择自由,犯罪人在原本可以选择合法行为时选择了犯罪行为,故应当受到谴责。消极的一般预防论的前提观点是,人们通常都是趋利避害的理性人;特殊预防论的前提观点可能是,人们没有意志自由与选择自由。最后,在实体法领域,报应刑是限制国家刑罚权力的最强有力的原理,而预防刑则旨在通过适用刑罚预防犯罪、保护社会。如何让对立的二者在量刑阶段处于协调关系,是量刑理论的重大课题。换言之,报应刑与预防刑虽然存在可能完全一致的情形(如报应刑正好能够实现预防目的),但也完全可能存在不一致的情形。主要表现在,以报应为基础的刑罚(报应刑),和预防犯罪所需要的刑罚(预防刑)不同时(如罪行重大但预防的必要性小,或者罪行轻微但预防的必要性大),应当如何确定刑罚？这便是刑罚根据的二律背反问题。①

二律背反的问题主要表现为量刑环节。刑罚的制定与刑罚的执行环节的二律背反问题，虽然存在，但相对容易解决。

在刑罚的制定阶段（主要指具体犯罪法定刑的确定），可能存在报应刑与一般预防的二律背反，这主要表现在，罪行重大但一般预防的必要性并不大，以及罪行较轻但一般预防的必要性较大两种情形。

例如，《刑法》第102条规定的背叛国家罪（勾结外国，危害中华人民共和国的主权、领土完整和安全的行为），罪行重大，但一般预防的必要性小，因为发生此罪的概率极小。但是，刑法基于报应的正义性，规定犯本罪的"处无期徒刑或者十年以上有期徒刑"，"可以并处没收财产"，"对国家和人民危害特别严重、情节特别恶劣的，可以判处死刑"。类似这种罪行重大但一般预防必要性小的犯罪，刑法都按照罪行程度规定了较重的法定刑。就此而言，可以得出的结论是，在刑罚的制定阶段，如果报应刑重于预防刑，立法机关可能（不是必然）以报应刑为标准确定法定刑。应当认为，这样的处理没有明显的缺陷，因为法定刑没有超出报应刑的限制。而且，在对个案量刑时，如果预防的必要性小，法官完全可以在报应刑的限度内判处相对较轻的刑罚。

当然，也存在另一种情形，即罪行较重，但由于一般预防的必要性小，刑法规定了较轻法定刑。例如，刑法对普通诈骗罪、合同诈骗罪、贷款诈骗罪、票据诈骗罪、金融凭证诈骗罪、信用证诈骗罪、信用卡诈骗罪、有价证券诈骗罪规定的最高刑均为无期徒刑，并对集资诈骗罪规定了死刑，但是，《刑法》第198条对保险诈骗罪规定的最高刑却只有15年有期徒刑。从报应刑角度来说，保险诈骗罪的不法与责任，不会轻于其他诈骗罪（都可能存在骗取的数额特别巨大或者情节特别严重的情形），既然如此，保险诈骗罪的报应刑就不应当轻于其他诈骗罪。倘若从立法论的角度来说，或许可以认为保险诈骗罪的法定刑偏低，应当提高其法定刑。但从解

---

① 德国学者也称为刑罚目的二律背反（Antinomie der Strafzwecke）。Vgl., H. Jescheck/T. Weigend, Lehrbuch des Strafrechts. Allgemeiner Teil, 5. Aufl., Duncker & Humblot 1996, S. 879.

释论的角度来说，也许可以认为，由于立法者认为保险诈骗罪的一般预防必要性相对较小，因而规定了相对较轻的法定刑。这样的处理也不存在明显的缺陷，因为法定刑没有超出报应刑的限度，而且，既然一般预防的必要性较小，就没有必要规定较重的法定刑。不过，从我国刑法分则的整体情况来看，因为一般预防必要性较小而规定较轻法定刑的情形，比较少见。

问题在于罪行较轻但一般预防必要性较大的情形。对此，可以为分两种情形讨论。

一种情形是，尽管一般预防的必要性大，但法定刑仍然没有超出报应的限度，大多数犯罪的法定刑都是如此。例如，故意伤害罪（包括轻伤与重伤），尽管一般预防的必要性特别大，但是，其法定刑并没有超出报应的程度。当然，某些情形值得讨论。例如，盗窃罪只是违反被害人的意志将被害人占有的财物转移给自己或者第三者占有，而敲诈勒索罪通过恐吓行为使被害人产生恐惧心理，进而取得被害人的财物。就罪行轻重即报应刑而言，盗窃罪的法定刑应当轻于敲诈勒索罪的法定刑。但是，《刑法》第264条规定的盗窃罪的法定刑重于《刑法》第274条敲诈勒索罪的法定刑。这难以从报应刑角度得出结论，只能从预防刑的角度予以说明。亦即，由于盗窃罪的一般预防必要性明显大于敲诈勒索罪，所以，刑法对前者规定了较重的法定刑。就此而言，似乎可以认为，在刑罚的制定阶段，如果预防刑重于报应刑，立法机关会以预防刑为标准确定法定刑。但是，我们也可以得出另一结论，亦即，敲诈勒索罪虽然重于盗窃罪，但由于敲诈勒索罪的一般预防必要性小，所以，刑法对其规定了轻于盗窃罪的法定刑。换言之，并不是盗窃罪的法定刑超出了报应刑的限制，而是敲诈勒索罪的法定刑低于报应刑的程度。

另一种情形是，由于一般预防的必要性大，法定刑超出了报应的限度。首先，考察旧刑法（包括1979年《刑法》以及此后的单行刑法）的法定刑，可以发现，在刑罚的制定阶段，如果报应刑与预防刑不一致时，立法者一般会按较重的一方确定法定刑。例如，旧刑法对盗窃罪、部分经济犯罪以及并不严重的刑事犯罪（如传授犯罪方法罪）规定死刑，都是基于特定时期的一般预防必要性,而没有使法定刑受到报应刑的限制。其次,现行刑法中也存在类似的情形,如对组织卖淫罪(不包括强迫他人卖淫,下同)规定死刑,就明显超出了报应的程度。组织卖淫的行为并没有侵害重大法益;从行为的方式来看,只是招募、雇用、引诱、容留等非暴力、胁迫方式,因而与违反被害人意志的犯罪存在重大区别;从行为的结果来看,该行为不可能造成致人重伤、死亡等严重后果;行为人的主观上虽然具有犯罪的故意,并常常具有牟利的目的,但其主观上并不希望或者放任发生严重后果。不难看出,这种犯罪的危害程度并没有达到应当判处死刑的程度。所以,对组织卖淫罪规定死刑,已经超出了报应的程度,缺乏正当化根据。不仅如此,组织卖淫罪基本上属于"没有被害人的犯罪",并不对他人造成具体损害(卖淫者与嫖娼者都不是被害人)。刑法对"没有被害人的犯罪"的处罚必须特别慎重,否则有悖刑法保护法益的目的。正因为如此,许多国家对一些"没有被害人的犯罪"实行了非犯罪化。虽然由于各种原因,我国现阶段不能对组织卖淫罪实行非犯罪化,但对这种犯罪规定和判处死刑,却大可不必。除此之外,在《刑法修正案(八)》之前,刑法对部分经济犯罪、非暴力犯罪规定了死刑,也超出了报应的限度。反之,《刑法修正案(八)》废除13个罪名的死刑,主要是基于报应刑的考虑。例如,相关人士就《刑法修正案(八)》废除13个罪名死刑的理由指出:"这次减少死刑罪名主要是经济类非暴力性犯罪,实际上有些经济犯罪的死刑还是留着,比如说集资诈骗就没有取消死刑。在取消死刑的时候到底掌握一个什么标准?这个标准应当说比较原则,就是考虑经济类的、非暴力性的,同时主要是考虑它的社会危害性。主要是以社会危害性作为标准,来确定到底减少哪些死刑。"① 显然,这是从报应刑的角度来说明废除死刑的理由的。同样,近年来,刑法理论之所以主张首先废除经济犯罪、非暴力犯罪的死刑,也是基于报应刑的考虑。这是因为,虽然经济犯罪的一般预防必要性大,但是死刑超出了经济犯罪的罪行程度,不符合报应刑的原理。

---

① 郎胜:《〈刑法修正案(八)〉解读》,载《国家检察官学院学报》2011年第2期,第153页。

按照并合主义的原理,法定刑不应当超出报应的限度,否则,就会使法定刑丧失正义性、比例性,违反法治原则,第一章的论述已经能够说明这一点。法定刑超出报应程度的做法显然会导致法定刑较重,这也是我国法定刑较重的一个重要原因。更为重要的是,如果法定刑超出了报应的限度,量刑也相应地会超出报应的限度。例如,在旧刑法时代,刑法对盗窃罪规定了死刑,这样的规定明显缺乏报应的正当化根据。于是,在司法实践中,对盗窃犯判处死刑也就缺乏正当化根据。如前所述,刑罚的制定与裁量在报应根据上应当是相同的,应当杜绝刑罚的制定超出报应限度的现象。

在刑罚的执行阶段,也可能存在报应刑与特殊预防的二律背反问题(如刑罚执行完毕,但特殊预防的目的不能实现)。一般来说,由于我国刑法规定了减刑与假释制度,只要犯罪人在服刑阶段有悔改表现,就可能减刑,如果没有再犯罪的危险,就可能假释,因此可以认为,在刑罚执行阶段,主要考虑的是特殊预防目的。但是,特殊预防也可能在某些方面受到报应刑的限制。其一,即使犯罪人在服刑期间没有悔改表现,仍有再犯罪的危险性,也不能延长刑期、加重刑罚。据此,特殊预防不可能超出犯罪的报应程度。其二,一般来说,减刑、假释受到报应刑的制约。这主要表现在,即使犯罪人没有再犯罪的危险性,减刑也有限制;同样,即使犯罪人没有再犯罪的危险性,也必须经过一定服刑期间才可能假释。从刑法规定的减刑与假释条件来看,可以认为,报应刑对特殊预防起到了部分的限制作用。或者说,报应刑对特殊预防有部分的让步。其三,就部分罪行重大且一般预防必要性较大的犯罪而言,报应刑对特殊预防的限制更明显,或者说,报应刑对特殊预防的让步较小。例如,根据《刑法》第81条第2款的规定,对因故意杀人、强奸、抢劫、绑架、放火、爆炸、投放危险物质或者有组织的暴力性犯罪被判处10年以上有期徒刑、无期徒刑的犯罪分子,不得假释。再如,根据《刑法》第50条第2款的规定,对因故意杀人、强奸、抢劫、绑架、放火、爆炸、投放危险物质或者有组织的暴力性犯罪被判处死刑缓期执行的犯罪分子,人民法院根据犯罪情节等情况可以同时决定对其限制减刑。显然,即使故意杀人的犯罪人,在服刑阶段有明显的悔改表现,甚至没有再犯罪的危险性,也要受报应刑的限制,不能像一般犯罪那样减刑与假释。其四,就累犯而言,刑法的规定可谓既重视了报应,也重视了特殊预防。这主要表现在,刑法规定对累犯不得宣告缓刑、对被判处死刑缓期执行的累犯可以宣告限制减刑、对被判处 10 年以上有期徒刑、无期徒刑的累犯不得假释。

就刑罚的裁量而言,报应刑与预防刑的关系是最难处理的问题。这不仅因为报应刑与预防刑在量刑阶段会存在明显的不一致,而且因为刑法仅规定了量刑的一般原则与部分量刑情节,没有规定处理报应刑与预防刑的关系的原则与方法,导致量刑理论的分歧。然而,如果不能处理好报应刑与预防刑的二律背反关系,就意味着量刑缺乏正当化根据。缺乏正当化根据的量刑,就不是合理的量刑。

下文主要就量刑过程中的二律背反展开讨论。先就国内外的学说略作介绍与评论,然后发表一点看法。

二、国内学说

如所周知,我国刑法理论的通说,在刑罚正当化根据的问题上采取了并合主义,只是表述不同。例如,有的将报应与预防均视为刑罚的目的,进而论述两个目的的关系;有的侧重于讨论罪刑均衡与刑罚个别化的关系;有的则从罪责刑相适应的角度展开论述。但总的来说,我国刑罚理论似乎缺乏问题意识,没有针对刑罚正当化根据的二律背反问题展开具体研究。

(一) 不同层次目的论

不同层次目的论,是指将惩罚或者报应作为刑罚的表层目的,将预防作为刑罚的深层目的的观点。谢望原教授认为,刑罚目的包括惩罚犯罪人与防卫社会免遭犯罪侵害。"惩罚犯罪人与防卫社会免遭犯罪侵害共同构成刑罚目的的有机整体,不可分割。其中,惩罚目的服务于防卫社会免遭犯罪侵害的目的,防卫社会免遭犯罪侵害的目的又奠基于惩罚的目的。这就形成了一种惩中有教、寓教于惩、惩教结合、以教为主的刑罚目的。它既不同于绝对报应主义的刑罚目的观,也相异于相对报应主义的刑罚目的思想。它与前者的区别在于:它具有鲜明的功利色彩,惩罚只是刑罚目的系统中的一个表层结构,它服务于刑罚目的系统中的深层目的。它与后者的区别在于:它具有明显的主次性,即它明确主张惩的目的只占较小的成分,其他功利目的则占主要地位。总之,刑罚中的惩罚目的性应当控制在最有利于防卫社会免遭犯罪侵害和最有利于犯罪人回归社会的这个度上。"①不难看出,这种观点实际上认为,报应是表层目的②,预防是深层目的,预防为主,报应为辅。但是,这一观点存在重大疑问。

第一,将惩罚作为刑罚目的并不可取,论者将惩罚作为刑罚目的的论证似乎并不充分。

谢望原教授的理由之一:"既然'作为刑罚学上的一个用语,刑罚意味着由官方当局为了寻求被认为是刑事司法中所固有的某些价值而故意对犯罪人施加痛苦和令其受苦'③,那么刑罚的惩罚目的是不能绝对排除的,即刑罚应当含有惩罚的目的。"④

刑罚必然给犯罪人施加痛苦或者令其受苦,但由此还不能得出刑罚的目的就包含了惩罚本身。惩罚是刑罚的固有属性,没有惩罚就不可能成为刑罚。但是,惩罚只是手段,正如谢望原教授所引论著所言,对犯罪人施加痛苦是为了寻求某些价值。所以,不能因为刑罚本身具有惩罚的属性,就将惩罚本身也视为目的。如同一位家长在小孩实施了不当行为之后对小孩予以惩罚一样,惩罚本身不可能成为目的,只是防止小孩再次实施不当行为的手段而已。谢望原教授所称的"惩罚目的服务于防卫社会免遭犯罪侵害的目的",实际上也是指惩罚服务于预防。既然如此,就没有理由将惩罚本身理解为刑罚目的。

谢望原教授的理由之二:"把惩罚作为刑罚的目的之一,符合人类情

---

① 谢望原:《实然的刑罚目的与应然的选择》,载《浙江社会科学》2000 年第 5 期,第 67 页。
② 其中的惩罚犯罪人,实际上是指报应。因为谢望原教授同时指出:"只要刑罚还是刑法意义上的处罚或惩罚或制裁,刑罚的报应或惩罚的本质就不会改变。"
③ George B. Vold, *Theoretical Criminology*, Oxford University Press, 1958, p. 282.——原文注
④ 谢望原:《实然的刑罚目的与应然的选择》,载《浙江社会科学》2000 年第 5 期,第 66 页。

感的伦理需要。惩罚犯罪人是人类讨回公道、满足公平需要的基本措施……光明正大的报复还是可赞佩的,因为报复不仅是为了让对方受苦,更是为了让他悔罪。①……如果刑罚全然失去了惩罚的目的,如果刑罚真的只具有教育、改造,甚至治疗的目的,那么人们不禁要问:'当罪犯没有受到身体上的痛苦、其犯罪所获得的唯一后果却是免费教育的特权时,'②刑罚的存在还会有何意义?"③

诚然,惩罚能满足人们的报应乃至报复情感,但是,这也只是刑罚的功能之一,而不可能成为刑罚目的。如果将对报复情感的满足作为惩罚的目的,就只能导致刑罚畸重。因为惩罚越重越能满足人们的报复情感。另一方面,刑罚没有惩罚目的,并不意味着刑罚没有惩罚属性。没有惩罚属性的措施根本不可能成为刑罚,但这与惩罚本身是不是刑罚目的完全是两个不同的问题。惩罚也只是特殊预防即教育、改造目的的前提与手段。如果对犯罪人单纯实行免费的教育,就意味着没有对犯罪人适用刑罚。所以,不能让"犯罪所获得的唯一后果是免费教育的特权",只是说明了需要对犯罪人施加惩罚,而不意味着惩罚本身是刑罚目的。

谢望原教授的理由之三:"把惩罚作为刑罚的目的之一,乃是实事求是的必然结论。只要刑罚还是刑法意义上的处罚或惩罚或制裁,刑罚的报应或惩罚的本质就不会改变。既然'刑罚即有意地施加痛苦'④,那么国家制刑、量刑、行刑所追求的功利目的中就当然包括这种使犯罪人受到痛苦的结果。"⑤

显然,上述理由并不充分。刑罚的本质或者属性是惩罚,对此没有疑问。但是,不能由此得出惩罚是刑罚目的的结论。不可否认,刑罚是国家有意对犯罪人施加痛苦,但是,这并不意味着国家对犯罪人施加痛苦就是

---

① 〔英〕培根:《人生论》,何新译,湖南文艺出版社1987年版,第38—40页。——原文注
② 〔法〕加罗法洛:《犯罪学》,耿伟译,中国大百科全书出版社1998年版,第228页。——原文注
③ 谢望原:《实然的刑罚目的与应然的选择》,载《浙江社会科学》2000年第5期,第66页。
④ 〔德〕拉德布鲁赫:《法学导论》,米健等译,中国大百科全书出版社1997年版,第87页。——原文注
⑤ 谢望原:《实然的刑罚目的与应然的选择》,载《浙江社会科学》2000年第5期,第66页。

目的,而是有目的地对犯罪人施加痛苦。况且,各国刑法对轻微犯罪都设立了免予刑罚处罚制度。按照谢望原教授的观点,免予刑罚处罚时,就没有实现惩罚目的;既然没有实现惩罚目的,就不可能进一步实现防卫社会免遭犯罪侵害的深层目的,于是免予刑罚处罚制度完全没有存在的余地。但这样的结论恐怕不符合现行刑法的规定。

由上可见,谢望原教授实际上是以刑罚的属性替代刑罚目的,因而不可取。

第二,上述观点没有解决刑罚正当化根据的二律背反问题。

说惩罚与预防作为有机整体、不可分割,并没有论证在报应与预防发生冲突时,应当如何处理。"惩中有教、寓教于惩、惩教结合、以教为主"的表述,同样没有回答在惩罚与预防发生冲突时,应当如何解决。"惩罚的目的只占较小的成分,其他功利目的则占主要地位"的提法,也缺乏实际意义。事实上,只要对犯罪人适用刑罚,惩罚就永远伴随着刑罚的执行过程,刑罚的执行也一直以预防目的为指导。就此而言,人们很难认为,惩罚只占较小的成分,而预防目的占主要地位。倘若认为,在量刑时惩罚目的只占较小的成分,预防目的占主要地位,也不能说明什么样的量刑才是正当的。例如,法官在对一起抢劫案的被告人量刑时决定判处有期徒刑8年,人们不可能说,其中的2年是基于惩罚目的,另外的6年是基于预防目的。因为其中的2年不可能没有预防目的,另外的6年也同样伴随着惩罚。所以,将所谓的两种目的分为不同比重的观点,难以被人接受。

"刑罚中的惩罚目的性应当控制在最有利于防卫社会免遭犯罪侵害和最有利于犯罪人回归社会的这个度上"这一表述,意味着惩罚或者报应不能超出一般预防与特殊预防的需要。但是,这一表述的含义明显不同于论者前面所称的表层目的与深层目的关系。更为重要的是,人们不得不提出如下疑问:如果说惩罚或者报应不能超出一般预防与特殊预防的必要,那就意味着只要根据一般预防与特殊预防的必要裁量刑罚即可。在此,惩罚的目的已经荡然无存,何来惩罚目的与功利目的的并存?另一方面,如何决定一般预防与特殊预防所需要的刑罚量?一般预防与特殊预防相冲突时,又应当如何处理?这都是上述观点没有回答,也基本上不可能回答的问题。因为论者并不是从惩罚与预防的二律背反的角度来讨论问题,也就不可能解决二律背反的问题。

(二) 主次(辅)目的论

陈兴良教授认为报应与预防均是刑罚目的,并从正义、常识与伦理角度论证预防是刑罚目的。"正义是报应论的理论基础。报应作为刑罚目的,是指对犯罪人适用刑罚,是因为他犯了罪,通过惩治犯罪表达社会正义观念,恢复社会心理秩序。正义是评价某一行为或者某一社会制度的道德标准,它往往成为一种行为或一种社会制度存在的正当性根据。刑罚制度同样也要合乎正义,而报应就是这种刑罚正义的体现。……常识是报应论的知识基础。报应作为一种常识,为社会所普遍认同……只要这种常识仍然在社会通行,报应就具有其存在的合理性。……伦理是报应的道义基础。刑罚的报应性,就体现了伦理上的必要性,使刑罚不满足于成为一种外在的强制,而具有内在的道义根据。"[1]

其实,从正义、常识与伦理角度论证报应是刑罚目的是难以成功的。从正义角度可以说明报应的正义性,但报应的正义并不意味着报应本身就是刑罚目的。事实上,论者也认为正义是一种制度存在的正当化根据。至于报应为社会所普遍认同,也只能说明报应具有正当性、合理性,同样不能说明报应就是刑罚目的。将伦理作为报应的道义基础,并不符合现代刑法理论的基本立场。因为作为刑罚正当化根据的报应,不是道义报应,而是责任报应、法律报应。

更为重要的是,如何处理报应刑与预防刑的关系?陈兴良教授指出:"就报应与预防两者而言,我认为应当以报应为主、预防为辅,即以报应限制预防,在报应限度内的预防才不仅是功利的而且是正义的。超出报应限度的预防尽管具有功利性但缺乏正义性。……报应与预防的统一,并且以报应为主、预防为辅,指的是在刑罚总体上以报应为主要目的,预防

---

[1] 陈兴良:《刑罚目的新论》,载《华东政法学院学报》2001年第3期,第3—4页。

为附属目的,从而保持刑罚的公正性与功利性。但这并非意味着在刑事活动的各个阶段,报应与预防没有轻重之分。我认为,在刑事活动中,应当同时兼顾报应和预防这两个目的,但在刑事活动的不同阶段,两者又有所侧重:……刑罚创制阶段……一般预防的目的显然处于主导地位,但对一般预防的追求又不能超过报应的限度。……刑罚裁量阶段……以报应为主。在法定刑幅度内,可以兼顾一般预防和个别预防,使两者得以统一……刑罚执行阶段……个别预防成为行刑活动的主要目的。但这一目的的实现同样受到报应与一般预防的限制,例如减刑与假释都受到原判刑期的限制,以免过分追求个别预防效果而有损于报应与一般预防。"①在本书看来,这些观点也存在不少疑问。

第一,将报应与预防的关系归纳为"报应为主、预防为辅",并不合适。在以报应限制预防,只能在报应限度内实现预防目的的意义上,似乎可以说"报应为主、预防为辅"。但是,一方面,这里并不是谁主谁辅的问题。因为在报应刑限度内,重要的乃至唯一的考虑就是预防犯罪的目的。此时,说预防是辅并不妥当。另一方面,在完全没有预防必要的场合,就必须放弃报应,放弃刑罚。此时,也不能说报应是主要的。

第二,既然认为在刑事活动的各个阶段,报应与预防有轻重之分,就不能说"在刑罚总体上以报应为主要目的,预防为附属目的"。按照陈兴良教授的观点,在刑罚制定阶段,一般预防处于主导地位,在刑罚执行阶段,特殊预防成为主要目的,只有在量刑阶段,报应才是主要目的。既然如此,就不能认为总体上是"报应为主、预防为辅"。而且,如果从"目的"的角度来说,由于刑法的目的是保护法益,所以,刑罚的目的只能是预防犯罪。即使认为报应是目的,预防犯罪的目的也必然优于报应目的。另一方面,既然认为在刑事活动的不同阶段,报应与预防的关系并不相同,就只能分阶段得出结论,而不应有一个总体上的主辅关系。

第三,在刑罚创制阶段,虽然对一般预防的追求不能超过报应的限度,但也难以认为一般预防的目的处于主导地位。如前所述,即使是一般

---

① 陈兴良:《刑罚目的新论》,载《华东政法学院学报》2001年第3期,第9页。

预防必要性较小的犯罪,但由于罪行严重,刑法也可能规定较重的法定刑(如危害国家安全罪、军人违反职责罪),一般预防的目的并不绝对处于主导地位。

第四,在刑罚裁量阶段以报应为主,亦即在法定刑幅度内兼顾一般预防和个别预防的观点,也值得进一步研究。一方面,在法定刑幅度内,并不意味着在报应刑的限度内。因为法定刑是针对犯罪类型或者抽象的个罪而言,量刑是针对具体的犯罪而言。所以,即使在法定刑幅度内量刑,也可能超出了报应的限度。例如,甲使用以暴力相威胁的手段抢劫了乙价值200元的财物,没有对乙的身体造成任何伤害。显然,对甲适用的法定刑为"三年以上十年以下有期徒刑"。但是,倘若法官在此法定刑幅度内,以行为人的特殊预防必要性大为由,而宣告8年左右的徒刑,无论如何都超出了报应的程度。另一方面,陈兴良教授的观点没有解决量刑过程中刑罚正当化根据的二律背反问题。如果以报应为主,那么,就必然牺牲预防犯罪的目的。因为报应处于主要地位,在报应与预防存在冲突时,只能服从报应。既然如此,就难以实现报应与预防的统一。

不难看出,将报应作为刑罚主要目的、预防作为辅助目的的观点,并没有解决量刑时刑罚正当化根据的二律背反问题。

(三) 量刑与行刑关系论

夏勇教授指出:"报应与预防体现着两种刑罚价值的对立,从根本上不能调和,在量刑中难以共存。这就要求我们反思,做出非此即彼的选择。""刑法的本质是痛苦,是恶害,是一种严厉性。这才是刑罚自身的根本属性……实现刑罚本质的任务只能留给报应。量刑的任务就是要针对特定的犯罪展现和实现刑罚的本质。刑罚的本质必须在量刑中得到体现,包括在量刑的过程中和量刑的结果中加以体现。""断言量刑的根据只能是报应,并不意味着笔者是绝对的报应刑论者。因为笔者的立场还包括另一半:把预防从量刑环节转到行刑环节中去。""即社会危害性因素用于量刑,人身危险性因素用于行刑,标准有别,各归其所。"①

夏勇教授意识到了报应与预防在根据上的对立性,或者说意识到了报应与预防的二律背反。但是,仅在行刑阶段考虑预防却存在疑问。

首先,量刑阶段的人身危险性(犯罪时以及犯罪前后所体现的再犯罪危险性)与行刑阶段的人身危险性并不相同,表明人身危险性的事实根据也不同。例如,被告人量刑阶段的人身危险性并不大,但由于不服判决,在行刑阶段或许抗拒改造,不思悔改。同样,也会存在相反的情形:量刑阶段的人身危险性大,但在行刑阶段积极悔改。虽然后一种情形是在行刑阶段解决的,但是前一种情形却不可能在行刑阶段解决,而必须在量刑阶段解决。倘若在行刑阶段处理量刑阶段的人身危险性,那么,当被告人在量刑阶段的人身危险性与行刑阶段的人身危险性不一致时,行刑阶段便会束手无策。

其次,与上一点相联系,夏勇教授的观点不符合我国现行刑法的规定。因为我国现行刑法规定按照被告人在行刑时的表现决定是否减刑和假释,而不是按照行刑前所表现出来的人身危险性决定减刑与假释。其他国家刑法关于假释的规定,也以行刑时的表现为根据。再如,对被告人宣告缓刑,只能是根据量刑阶段的人身危险性做出的决定,而不可能根据行刑阶段的人身危险性做出决定。夏勇教授以死缓为根据论述自己的观点,并且认为死缓是死刑的执行制度(行刑)。于是,判处死刑的根据是犯罪的社会危害性大,而宣告死缓(即行刑)的根据则是人身危险性较小。但是,夏勇教授的观点只能说明这一种情形。如果被告人犯罪的社会危害性大且人身危险性严重,对被告人判处死刑立即执行,就难以适用夏勇教授的观点。因为在这种情况下,人身危险性就没有留给行刑阶段,而是在量刑阶段处理的。况且,能否认为宣告死缓本身是一种行刑措施,还存在疑问。

最后,虽然报应与预防存在对立,但是,如果不从根本上解决对立问题,而是在两个阶段分别处理报应与预防,结局只能掩盖对立,而不可能

---

① 夏勇:《关于量刑根据的反思》,载《法治研究》2012年第4期,第13—14页。

真正解决二律背反问题。换言之,夏勇教授的观点可能存在方法论的疑问。在同一阶段的 A1 与 A2 有冲突时,将 A2 置于 A1 的后一阶段,并不能消除 A1 与 A2 之间的冲突。

(四)罪刑均衡与刑罚个别化的关系论

罪刑均衡与刑罚个别化的关系,一直是我国刑法理论讨论的课题。这一课题虽然侧重于量刑,但实际上在刑罚的正当化根据问题上采取了并合主义,至少可以认为,参与讨论的学者将报应与特殊预防作为刑罚的正当化根据。① 从这一角度展开讨论的论著较多,但也没有解决二律背反问题。

1. 不可偏废论

例如,曲新久教授在上世纪 80 年代就指出:刑罚个别化原则"最基本的内容就是,在具体运用刑罚处罚罪犯时,要根据犯罪者的个人情况,有针对性地适用相应的刑罚,以期教育改造罪犯,实现刑罚特殊预防的目的"。进而指出:"刑罚个别化原则并不违反罪刑相适应原则……这两个原则是处刑过程中不可分割的两个方面,二者相互区别,相互联系,不可偏废,共同完成刑罚的任务……犯罪者个人情况的一个重要内容是'人身危险性',而犯罪行为本身也集中地体现了这一内容,所以重罪重判,轻罪轻判也符合刑罚个别化原则的要求。但犯罪行为并不能完全反映犯罪人的人身危险性,罪刑相适应原则,也不是罪与刑的绝对等价,而是罪与刑的基本相称,因此在此前提下,再根据刑罚个别化原则从重或从轻科以刑罚,并不违反罪刑相适应原则的要求。"② 显然,其中的刑罚个别化是指量刑必须以特殊预防为目的,而罪刑相适应则是针对报应刑,反映了并合主义的立场。但是,上述观点并没有解决报应刑与特殊预防刑的二律背反问题。

首先,在报应刑重特殊预防必要性小或者报应刑轻特殊预防必要性

---

① 当然,也难以认为就这一课题展开讨论的学者否认了一般预防的目的。
② 曲新久:《试论刑罚个别化原则》,载《法学研究》1987 年第 5 期,第 23、27—28 页。

大时,不可能做到二者"不可偏废"。因为在这种冲突的场合,必然偏向一方。例如,甲盗窃了接近数额特别巨大的现金。从罪刑相适应的角度而言,可能需要在"三年以上十年以下有期徒刑"的法定刑内选择 8 年至 9 年的徒刑。但是,甲事后投案自首、积极退赃,具有明显的认罪、悔罪表现,按照刑罚个别化的要求,由于行为人再犯罪的危险性小,可能只需要判处 3 年至 4 年徒刑。此时,刑罚偏向了预防刑。如果要求报应刑与预防刑不可偏废,就无法决定宣告刑。或许有人认为,此时宣告 5 年至 7 年的徒刑,则做到了"不可偏废"。其实不然,因为宣告 5 年至 7 年的徒刑,就意味着偏向了报应刑,废弃了预防刑(即没有根据预防必要性小这一客观事实宣告刑罚)。

其次,罪行轻重本身的确能够说明犯罪人的"人身危险性",因此,在通常情况下,重罪重判、轻罪轻判也可能大体上符合刑罚个别化原则的要求。但是,这只是就报应刑与预防刑一致的情形而言。问题是,在报应刑(罪刑相适应)与预防刑(刑罚个别化)存在二律背反的情况时,应当如何处理。显然,上述观点并没有解决这一问题。

最后,罪与刑不可能绝对等价,对此没有疑问。但是,如果认为在罪刑相适应的前提下,可以"再根据刑罚个别化原则从重科以刑罚",则是后述"幅的理论"观点(与罪行相适应的刑罚是一个幅度)。但如后所述,"幅的理论"难以被人接受。

2. 主次原则(地位)论

周振想教授在二十多年前就指出:"将罪刑相适应与刑罚个别化并列为适用刑罚的两项原则,并不意味着二者对人民法院适用刑罚活动的指导作用是等量齐观的。实际上,人民法院在适用刑罚时,首先考虑的应是刑罚的轻重与犯罪的社会危害性相适应,罪行的轻重是刑罚轻重的决定性因素,然后才考虑刑罚的轻重与犯罪的人身危险性相适应的问题。……罪刑相适应是首要的原则,而刑罚个别化是第二位的原则。"[①]

类似的观点并不少见。如谭淦博士指出:"就刑罚的适用而言,罪刑

[①] 周振想:《刑罚适用论》,法律出版社 1990 年版,第 188、198—199 页。

相适应侧重的报应由于蕴涵着刑罚的公正性因而居于主导地位,而刑罚个别化侧重的预防由于蕴涵着刑罚的功利性而只能居于从属地位。罪刑相适应所反映的刑罚公正合理性,乃是构成整个科学的罪刑关系的基础,离开了这个基础,罪刑关系就会被扭曲,刑罚的功能便不能很好地实现。因此,罪刑相适应是基础,是第一位的;刑罚个别化只具有调节和补充作用。只是由于罪刑相适应所关注的是犯罪人实施犯罪行为时的心理态度及犯罪行为本身,客观上无法涉及犯罪人犯前和犯后的一系列情况,因而才需要补充刑罚个别化的内容。离开了罪刑相适应,必然会导致整个罪刑关系的彻底毁灭。"①

但是,首要原则(第一位原则)与第二位原则(调节和补充作用)的关系并无实际意义,未能解决报应刑与特殊预防的二律背反关系。这是因为,罪行轻重与行为人的再犯可能性大小,并不总是成正比例关系,前者重后者小或者前者轻后者大的现象,并不罕见。例如,甲所犯罪行比较严重,与之相均衡的刑罚为 10 年有期徒刑。但是,甲事前事后的诸多情节表明其特别预防的必要性很小,仅判处 3 年有期徒刑就足以预防其再次犯罪。如果说罪刑相适应是首要原则,那就意味着不能因为刑罚个别化的需要,而对与罪行相适应的刑罚做出修正,结局只能科处与罪行相适应的刑罚(10 年有期徒刑),刑罚个别化就没有存在的余地。亦即,如若认为"刑罚个别化只具有调节和补充作用",实际上会放弃刑罚个别化。倘若法院仅判处甲 3 年有期徒刑,实现了刑罚的个别化,就意味着量刑没有与甲的罪行相适应,违反了首要原则。

3. 内在统一论

陈兴良教授认为上述主次原则论存在值得商榷之处,并提出了自己的观点:"刑罚个别化原则的实质在于:要求对犯罪人处以与其人身危险性大小相当的刑罚。因此,在刑罚个别化中仍然体现着罪刑的均衡性,只不过这种均衡性不同于刑事古典学派所主张的罪刑均衡而已。因此,我

---

① 谭淦:《论罪刑相适应同刑罚个别化的冲突与协调》,载《重庆广播电视大学学报》2001年第 2 期,第 34 页。

认为,罪刑相适应与刑罚个别化相并列,只是两者的外在统一,还没有达到内在的统一。只有在罪刑均衡这一理论框架下,将社会危害性与人身危险性,从而也就是将刑罚一般化与刑罚个别化统一起来,才能将罪刑均衡建立在更为可靠的逻辑基础之上,达到理论上的圆满与贯通。"①

显然,这种观点所称的罪刑均衡,已经包含了通常所说的罪刑均衡与刑罚个别化的含义。亦即,只有当刑罚既与罪行(社会危害性)相适应,也与人身危险性(再犯可能性)相适应时,才可谓罪刑均衡。但问题是,与罪行(社会危害性)相适应的刑罚,又怎么可能与刑罚个别化(特殊预防目的)相协调?例如,对一起故意重伤案件,根据行为的社会危害性应当判处8年有期徒刑,但根据被告人的人身危险性只应判处3年有期徒刑时,如何在罪刑均衡这一框架下,将二者内在地统一起来呢?这是上述观点难以回答的问题。其实,陈兴良教授的上述观点,似乎只是改变了罪刑均衡概念的含义,实际上属于后述广义的罪刑均衡论,并没有解决报应刑与特殊预防刑的二律背反问题。

(五) 广义的罪刑均衡论

黄祥青法官主张:"把有关犯罪人的个别情况纳入'罪'的蕴涵之中比独立于外更为合理。"并且认为,"将刑罚个别化精神溶入罪刑相当原则之中,这样既可统一标准,同时又可消除矛盾。因为在犯罪行为的社会危害性程度制约下的有关犯罪人的个别情况,只对刑罚轻重起调节作用。在有些情况下调节作用大些,如适用缓刑的场合;在有些情况下起到一定的调节作用,如偶犯、前科等因素;在有的情况下也不一定发挥作用,如在我国刑法理论与实践中,职高位显并不能作为减轻罪责的正当理由。"据此,"有些事实或情节可以直接归入'罪'的内容,如累犯、焚尸灭迹等;有些事实或情节本身并不为'罪',但对说明罪的大小具有意义,因而也被纳入罪的蕴涵之中;如自首、立功和罪前表现良好等,因为罪刑相当原则

---

① 陈兴良:《刑法的价值构造》,中国人民大学出版社2006年第2版,第517页。

所称之'罪'是一个罪质与罪量的有机统一体。"①

显而易见,这种广义的罪刑均衡论,实际上是将刑罚个别化的内容纳入罪刑均衡内。亦即,罪刑均衡原则不仅要求刑罚与行为的社会危害性相适应,而且要求刑罚与被告人的再犯罪危险性(或者人身危险性)相适应。所谓累犯、焚尸灭迹、自首、立功和罪前表现良好等,都是表明被告人再犯罪危险性的情节。但是,在广义的罪刑均衡范围内,如果报应刑与特殊预防刑相冲突时,仍然存在没有解决的问题。换言之,面对罪行本身重但被告人的再犯罪危险性小,或者罪行本身轻但被告人再犯罪的危险性大的情形时,不管是以报应刑优先,还是以特殊预防刑优先,都不能实现论者所称的广义的罪刑均衡。

再如,张小虎教授指出,罪刑均衡的内容随着时空的变迁而变化;罪刑均衡首先要求罪与刑"相均衡",这种均衡包括质的相称(即罪的质与刑的质相称)与量的相称(即罪的量与刑的量相称)。相均衡的"罪",以已然之罪为主,未然之罪为辅。已然之罪是指行为人所实施的犯罪行为的社会危害的一系列事实特征的表述;未然之罪是对可能实施危害社会行为的行为人在自身生活背景、生理、人格等方面所表现出的社会危害的一系列特征的表述。行为人的自身社会危害主要表现为人身危险性。相均衡的"刑"包括报应之刑与预防之刑。"报应之刑为基础,预防之刑为引申。报应之刑报应已然之罪,与已然之罪相适应;预防之刑预防未然之罪,与未然之罪相适应。报应之刑与预防之刑并非截然分割的,固然报应之刑的质与量主要与已然之罪相适应,但是报应之中也蕴含着预防的意义;同样,虽然预防之刑的质与量主要与未然之罪相适应,但是预防是体现于报应之中的。"②显然,这种观点也是将刑罚个别化的含义纳入到广义的罪刑均衡之中。

但是,这种观点不仅没有充分意识到已然之罪与未然之罪、报应刑与预防刑的冲突,而且试图将二者融为一体,增加了解决二律背反问题的难

---

① 黄祥青:《罪刑相当原则解释论》,载《法学》1999年第7期,第39页。
② 张小虎:《罪刑均衡蕴意探究》,载《现代法学》2002年第6期,第23—27页。

度。"报应之中也蕴含着预防的意义","预防是体现于报应之中"的表述,实际上只是表述了报应与预防的基本关系,亦即,对被告人科处报应之刑是为了预防,不科处报应之刑就不可能预防犯罪。然而,对于在已然之罪与未然之罪相矛盾、报应与预防相冲突时,究竟应当如何处理的问题,这种观点没有提出任何解决方案。

又如,王刚博士指出:"罪刑均衡要求犯罪与刑罚保持对等性,刑事立法与司法都应当遵循,因而是刑法的基本原则。刑罚个别化不仅要求刑罚与罪行,而且要与犯罪人的人身特征相适应,是处理具体刑事案件的要求,是刑事司法的基本原则。就二者关系而言,罪刑均衡是刑罚个别化的上位原则,刑罚个别化是罪刑均衡在刑事司法中的体现。""司法中做到个案的罪刑均衡也就实现了刑罚个别化。"①

这种观点没有意识到报应与预防的二律背反问题,因而不能解决对罪行轻重与人身危险性大小相对立的案件如何量刑的问题。如果说只要做到罪刑均衡就能实现刑罚个别化,那么,其中的罪刑均衡就不是报应意义上的罪刑均衡,而是包括了预防尤其是特殊预防的考虑。可是,上述观点并没有意识到,如何在罪刑均衡中既考虑报应,也考虑特殊预防,在二者相冲突时应当如何量刑。此外,认为刑罚个别化只是司法所遵循的原则,而不是立法所遵循的原则,也不一定符合事实。刑法关于累犯、自首、坦白的规定,刑法关于刑罚必须与罪行和刑事责任相适应的规定,以及刑法关于量刑原则、相对确定法定刑的规定,都表明刑事立法也在遵循刑罚个别化原则。因为刑罚的目的是预防犯罪,刑事立法当然也要考虑预防犯罪的目的。

其实,广义的罪刑均衡论不仅没有找到二律背反这一焦点问题,而且存在方法论的缺陷。在 A1 与 A2 有冲突时,将 A2 并入 A1,或者将 A1 与 A2 并入 A 的做法,都不可能克服和避免 A1 与 A2 之间的冲突。

---

① 王刚:《罪刑均衡与刑罚个别化关系论纲》,载《云南大学学报法学版》2012 年第 3 期,第 63、70 页。

(六) 广义的刑罚个别化论

在方法论上与广义的罪刑均衡论相同的是广义的刑罚个别化论。

翟中东教授在考察了刑罚个别化的发展轨迹后指出："现代刑法中的刑罚个别化不再是以个别预防犯罪为适用刑罚的唯一出发点，而是既考虑犯罪的个别预防，又考虑刑罚的报应。特别预防主义在报应主义的影响与批评下不断加以修正，从而使刑罚适用由单纯考虑特殊预防的刑罚个别化向既考虑特殊预防，又考虑报应的刑罚个别化发展。"①

持相同观点的石经海教授指出：现代理性的刑罚个别化，"是兼以社会危害性和人身危险性为根据的刑罚个别化。刑罚个别化的以上进化发展表明，仅以行为的社会危害性或仅以行为人的人身危险性为根据的刑罚个别化都是极端和片面的。仅以行为的社会危害性为根据，过分强调犯罪人的反社会倾向，忽视犯罪行为的现实危害大小，割裂了行为与行为人、行为的主观方面与客观方面的联系，只能使刑罚仅为报应犯罪行为的工具，其结果必然会因其极端性而没能控制和减少犯罪。仅以犯罪人的人身危险性为根据，虽然使刑法及其科学的重心从行为向行为人发生转变，但这必定会导致无罪施罚、轻罪重罚、同罪异罚、有罪不罚等不公正现象，为法官主观臆断、为国家恣意干涉公民自由，留下了方便之门，从而又走向了另一个极端……具体到刑罚个别化问题上，现代刑法学者'扬弃'新派和旧派的刑罚个别化理论，吸收它们的合理内核，坚持并合主义的刑罚基本立场，既考虑犯罪的个别预防（特殊预防），又考虑刑罚的报应，兼以社会危害性与人身危险性为根据，从而使刑罚个别化进化到现代理性形态"。②

其实，上述两位学者并不是对刑罚个别化发展轨迹的考察，只是对刑罚正当化根据的考察，得出的结论应当是并合主义，而不是刑罚个别化。

---

① 翟中东：《刑罚个别化的蕴涵：从发展角度所作的考察》，载《中国法学》2001 年第 2 期，第 47 页。

② 石经海：《从极端到理性——刑罚个别化的进化及其当代意义》，载《中外法学》2010 年第 6 期，第 891—892 页。

换言之,两位学者将国外当今采取的并合主义当作现代刑法的刑罚个别化原则。这只是一种表述的转换,采取的是一种广义的刑罚个别化论。

更为重要的是,这种广义的刑罚个别化论,实际上是将罪刑均衡的内容纳入刑罚个别化内。亦即,广义的刑罚个别化要求刑罚同时以行为的社会危害性(报应)和行为人的人身危险性(预防)为根据。这种广义的刑罚个别论没有解决刑罚正当化根据的二律背反问题,同样存在方法论的缺陷。

(七) 罪责刑相适应论

现行《刑法》第 5 条的规定,被我国刑法理论归纳为罪责刑相适应,不少学者试图通过对罪责刑相适应原则的解释来处理报应刑与预防刑的冲突。

例如,何秉松教授根据《刑法》第 5 条的规定指出:"刑事责任的轻重,主要是由犯罪构成事实这个有机整体的性质和危害性程度来决定的。但是,刑事责任毕竟是由犯罪分子承担的责任……在决定刑事责任轻重时,除了以犯罪构成事实的性质和危害性程度作为根据外,还要结合责任者的其他情况判断其刑事责任的轻重。所谓其他情况,是指不属于犯罪构成事实本身而在量刑时又必须考虑的其他情况,或者虽然属于犯罪构成事实但在评定刑事责任轻重时仍应再一次作为评价因素的情况。例如,未满 18 周岁的青少年、尚未完全丧失辨认或者控制自己行为能力的精神病人、累犯、自首、立功等等,但是,这些因素只对刑事责任的轻重起一定程度的影响,而且它们是从属于犯罪构成事实的,不能离开犯罪构成事实独立地成为决定刑事责任及其轻重的根据。"其中的"刑事责任"是指"由于责任者实施了刑法规定的犯罪行为而应负担刑法上规定的制裁或不利后果的责任"。①

但是,这种观点没有解决二律背反问题。首先,这种观点无非是说,

---

① 何秉松:《试论新刑法的罪刑相当原则(下)》,载《政法论坛》1997 年第 6 期,第 16—17 页。

刑罚不仅要以犯罪构成事实的性质和危害程度作为根据,而且还要考虑其他情况,如未成年、责任能力减弱的精神病人、累犯、自首、立功等等。可是,这里的"其他情况"要么是表明责任减少的情况,要么是表明再犯罪可能性大小的情况。因此,这种观点也只是表达了刑罚必须与罪行轻重以及犯罪人的人身危险性相适应的基本含义,没有对二律背反问题提出任何解决方案。

其次,所谓"其他情况……只对刑事责任轻重起一定程度的影响"的表述,也没有实际意义。因为对人身危险性的考虑原本就是以被告人的行为构成犯罪为前提,离开了犯罪前提的年龄、责任能力以及对犯罪的检举等表现,不可能决定刑事责任的有无与轻重。但是,对人身危险性的考虑以行为构成犯罪为前提的这一基本关系,同样不能解决报应刑与预防刑的二律背反问题。

最后,何秉松教授认为,刑事责任是"由于责任者实施了刑法规定的犯罪行为而应负担刑法上规定的制裁或不利后果的责任"。但是,这种责任的实质意义并不明确。从文字表述上看,这种责任其实也是犯罪的后果。然而,刑罚原本就是犯罪的后果,要求量刑时同时考虑刑事责任这种后果,就多少难以理解了。从论者所列举的要素来看,影响刑事责任的要素既包括构成要件的要素,也包括构成要件外的表明犯罪人再犯罪危险性大小的因素。既然如此,所谓的罪责刑相适应,也只是表述了刑罚必须与罪行轻重以及犯罪人的再犯罪危险性大小相适应的基本含义,而没有针对二律背反提出自己的观点。

再如,赵廷光教授指出:"罪责刑相适应原则的含义是:罪行大小决定法定刑的轻重配置,法定刑的轻重应当与犯罪分子所犯罪行相适应;刑事责任程度决定宣告刑轻重,宣告刑应当与犯罪分子所承担的刑事责任相适应;犯罪是刑事责任的前提,刑罚是刑事责任的法律后果,刑事责任是罪刑关系的纽带和桥梁并对罪刑关系起调节作用。总之,罪、责、刑三者的有机统一,是正确定罪与适当量刑的根本指导方针。""这里所说的'罪',是指犯罪分子所犯的罪行。所谓罪行,是指依照我国刑法规定,具有特定构成要件或者符合特定构成要件要求的,并且配置有一定法定刑的行为模式或者适用一定法定刑的现实行为……所谓刑事责任,是指因实施犯罪行为而引起的由国家司法机关依法对犯罪人所进行的一定刑事非难,并依非难程度而强制犯罪人承担适当的刑事法律后果。"同时认为,"量刑情节是评价刑事责任程度的唯一依据。""所谓量刑情节,是指定罪情节以外的表明行为社会危害程度和行为人人身危险程度的主客观事实情况。"①

这种观点同时从法定刑的配置与量刑两个角度表述了罪责刑相适应的含义,与前一种观点有所不同,但仍然存在缺陷。

首先,罪、责、刑三者究竟应当如何有机统一?论者只有抽象的表述,没有针对二律背反问题提出具体的解决方案。这是因为,如果说量刑情节是评价刑事责任程度的唯一依据,量刑情节包括了定罪情节以外的表明行为社会危害程度和行为人人身危险程度的主客观事实情况,那么,也只是表述了刑罚必须既考虑报应又考虑特殊预防的基本含义,没有就二者存在的冲突找到解决路径。

其次,将作为犯罪人承担的法律后果这种刑事责任,作为犯罪与刑罚之间的纽带和桥梁,没有任何作用。因为不管是影响罪刑轻重的因素,还是影响人身危险性程度的因素,都可以直接影响量刑,而不是论者所称的"刑事责任"这一中介。

最后,赵廷光教授虽然将刑事责任表述为一种法律后果,但实际上是指表明人身危险性程度的因素。赵廷光教授指出:"鉴于量刑情节是影响刑事责任程度的因素,因而罪行的轻重与刑事责任的大小未必成正比。例如,甲乙二人所犯罪行及其社会危害程度大体相同,如果甲在犯罪前一贯遵纪守法,或多次立功受奖,或属初犯偶犯等,而乙在罪前一贯违法乱纪,屡教不改,或多次受过行政处罚,或有前科等,两者的刑事责任程度就各不相同;如果甲犯罪时是未成年人,或又聋又哑人,或从犯,或胁从犯等,乙是老谋深算的成年人,或犯罪动机特别卑鄙,或对老弱妇孺犯罪等,

---

① 赵廷光:《罪刑均衡论的兴衰与罪责刑均衡论的确立》,载《山东公安专科学校学报》2003年第4期,第35、37页。

两者的刑事责任程度必有差异;如果甲在罪后毁灭罪证,畏罪潜逃,或栽赃陷害他人,或订立攻守同盟等,而乙在罪后真诚悔悟,坦白交代,或积极退赃,或自首立功等,两者的刑事责任程度就大相径庭。总之,根据《刑法》第5条规定,罪行大小与刑事责任轻重不是一个概念,这就是说,罪行重的刑事责任可能轻,罪行轻的刑事责任可能重,于是,刑罚的具体适用往往因刑事责任程度不同而背离罪行的社会危害程度上下波动,从而使罪行大小与刑罚轻重失去本来的均衡,这就是刑事责任对罪刑关系所起的调节作用。"①显然,这段话实际上是说,罪行大小与人身危险性程度不是一个概念,罪行大小与人身危险性程度不是呈正比关系。在此意义上说,论者意识到了刑罚正当化根据的二律背反问题。但是,二律背反关系,并不因为在犯罪与刑罚之间加上一个刑事责任的中介,就能够得到解决。其实,加入刑事责任的概念,不仅不能解决问题,反而会增加解决问题的难度。因为倘若从法律后果意义上说,影响刑事责任的因素既可能包括罪行本身的情况,也可能包括犯罪人的人身危险性的情况,这种使得报应与特殊预防不相区别的做法,更不利于处理报应与预防的冲突。例如,谭淦博士指出:"为了消除罪刑相适应与刑罚个别化在理论上的对立性,我国刑法学界尝试的努力是引入刑事责任的概念。刑事责任是犯罪人因其犯罪行为而遭受的法律上的否定评价和非难。刑事责任在传统上被视为联系犯罪与刑罚的桥梁,它既包括责任的有无(定罪),也包括责任的大小(量刑),这就解决了罪刑相适应与刑罚个别化相互孤立,缺乏内在联系的局面。"②这样的观点,也只是说,以往关于罪刑均衡与刑罚个别化关系的讨论,是分别考虑"刑罚与罪行相适应"以及"刑罚与人身危险性相适应",但在犯罪与刑罚之间加入一个包括了责任的有无与大小的刑事责任概念之后,就不再是分别考虑,而是综合考虑。然而,这种综合的考虑反而掩盖了报应与预防的二律背反问题,更不可能解决这一问题。

---

① 赵廷光:《罪刑均衡论的兴衰与罪责刑均衡论的确立》,载《山东公安专科学校学报》2003年第4期,第38页。
② 谭淦:《论刑相适应同刑罚个别化的冲突与协调》,载《重庆广播电视大学学报》2001年第2期,第34页。

(八)"一般预防论"

这里的"一般预防论",是指"同时兼顾了报应(即正义)和特殊预防的内容为核心的'一般预防论'"。亦即,"量刑的基准只能是犯罪成本刚刚大于犯罪收益足矣。量刑的基准是犯罪的成本大于收益,首先可以遏制一般潜在犯罪人不犯罪,达到刑罚一般预防的效果;可以遏制理智型的犯罪人不去再犯罪,达到刑罚特殊预防的效果。其次,犯罪的成本是刚刚大于收益,没有过多地超过收益,使犯罪人能够心平气和地接受刑罚的制裁,减少对抗社会的心理态度,从而减少人身危险性而导致减少再犯罪,实现对犯罪人特殊预防的同时也能保障犯罪人人权,实现保障包括犯罪人在内的全体公民基本人权的目标。第三,量刑的基准是犯罪的成本刚刚大于收益,也使被害人觉得量刑是公平的,至少是被害人可以容忍的结果,从而减少被害人基于报复而引发的新的犯罪。实现刑罚的报应效果。"①

这种观点实际上认为,只有当某个量刑显示出犯罪成本刚刚大于犯罪收益时,该量刑才是正当的。由于犯罪成本刚刚大于犯罪收益,所以,基本上考虑了报应或者正义的需要,也照顾了被害人的报应感情,并且具有一般预防的效果。但是,其一,如何衡量某个量刑犯罪成本刚刚大于犯罪收益?例如,按照这种观点,当犯罪人盗窃1万元财物时,判处1.0001万元的罚金,就是犯罪成本刚刚大于犯罪收益。但这是不可能的事情。倘若按国民年收入将1.0001万元折算为徒刑,也是不可能被人接受的。再如,当犯罪人故意伤害他人造成重伤、强奸妇女致人重伤时,犯罪人的收益是什么?什么样的量刑才能使犯罪成本刚刚大于犯罪收益?还如,按照这样的观点,对于故意杀人既遂的被告人,是不是只能判处死刑立即执行?其二,虽然论者没有表明"量刑的基准"的含义,但从中可以看出,如果刑罚必须使犯罪成本刚刚大于犯罪收益,那么,减轻处罚、免予刑罚处罚,可能没有存在的余地。于是,必然陷入绝对报应刑论。其三,这种

---

① 肖洪:《刑罚目的应该是"一般预防"》,载《现代法学》2007年第3期,第174页。

观点声称兼顾了报应与预防,可是,仍然没有处理报应与预防的二律背反问题。概言之,上述观点只是用一种不可能实际操作的设想掩盖了刑罚正当化根据的二律背反。

综上所述,我国关于报应与预防关系的讨论,虽然存在不同观点,但基本上都是大同小异,甚至也可以说只是表述上的差异,各种观点都只是要求刑罚既要与罪行相适应,也要与人身危险性相适应,或者说,既要考虑报应的需要,也要考虑预防(尤其是特殊预防)的需要。但是,对刑罚正当化根据的二律背反,均缺乏具体的解决方案。此外,罪刑均衡与刑罚个别化关系论、广义的罪刑均衡论、广义的刑罚个别化论以及罪责刑相适应论,都只是涉及了报应刑与特殊预防的关系,而没有考虑报应刑与一般预防以及一般预防与特殊预防的关系。

三、国外观点

古典学派与近代学派之争,主要是报应刑与特殊预防刑之争,也可谓罪刑均衡与刑罚个别化之争。"责任"与"危险性"是可能想到的与刑罚的连接点,同时也是量刑的原理。古典学派将责任作为刑罚的连接点,强调刑罚的裁量以责任的程度为根据(报应刑或者责任刑),近代学派则以行为人的危险性作为刑罚的连接点,强调刑罚的裁量以行为人的危险性程度为根据(预防刑)。①

不可否认的是,报应刑与预防刑存在明显的对立。日本的松尾教授在上世纪70年代指出,根据古典的理解,刑罚的本质是报应,这一观念与自由主义的罪刑均衡的要求相结合,在文化史上起到了进步作用。但是,近来的经验科学的发展,开始危及报应刑思想的基础。亦即,人是否具有自由意志这样的古典命题,是难以有确定回答的,可以想定的存在自由意志的情形确实缩小了。但是,"刑罚个别化"的思想越是发展,罪刑均衡

---

① 参见〔德〕Wolfgang Frisch:《量刑に対する責任、危険性および予防の意味》,〔日〕松宫孝明译,载〔德〕Wolfgang Frisch、〔日〕浅田和茂、〔日〕冈上雅美编著:《量刑法の基本問題》,成文堂2011年版,第4页。

的观念就越是作为刑罚个别化的相反命题而负有使自己发挥机能的任务。这是因为,罪刑均衡在实体法领域是限制国家科刑权的最强有力的原理。这个原理与通过刑罚预防犯罪、保护社会的目的刑思想是对立的、矛盾的。①

显然,如果在刑罚的正当化根据问题上采取并合主义,同时仅仅承认报应刑与预防刑的对立,是不合适的。刑法理论必须回答如下问题:当报应刑与预防刑不一致时,是应当以报应刑优先,还是应当以预防刑优先? 在什么情形下报应刑优先,在什么情形下预防刑优先? 在此问题上,日本存在报应型相对报应刑论与抑止型相对报应刑论。②

报应型相对报应刑论,将"作为正义的报应"置于重点,通过将报应作为刑罚的积极的正当化根据而强调道德的责任,同时承认预防目的的介入。因此,这种见解会涉及伦理的侧面。日本的团藤重光、大塚仁教授的见解属于这一类。

团藤重光教授指出,刑法上的责任本质上是一种道义责任;法与道德虽然必须区别,但社会生活所必要的最小限度的道德规范必须归化为法律规范。古典学派的道义责任是有关行为的意思责任,但如果离开了行为人的人格,是难以考虑行为意思的。所以,刑法上的责任首先是行为意思责任,其次是背后的人格形成责任。刑罚不应以行为人的社会危险性或者社会的适应性为标准,而应以对犯罪行为及背后的人格形成的非难可能性为标准。在必须与犯罪行为的轻重相应的意义上,采取的是报应主义。同时,也必须考虑通过这样的刑罚使一般人与行为人的规范意识得到觉醒或者强化。在此意义上,必须承认一般预防与特殊预防的作用。③ 概言之,刑罚首先必须与犯罪行为及背后的人格形成的非难可能性相应,在此前提下发挥刑罚一般预防与特殊预防的作用。大塚仁教授也提倡人格的刑罚理论,主张将报应作为刑罚的积极的正当化根据,同时

---

① 〔日〕松尾浩也:《刑の量定》,载〔日〕宫泽浩一等编:《刑事政策讲座》(第 1 卷),成文堂 1971 年版,第 348 页以下。
② 参见〔日〕远藤邦彦:《量刑判断过程の总论的检讨》,载大阪刑事实务研究会编著:《量刑实务大系第 1 卷量刑总论》,判例タイムズ社 2011 年版,第 21 页。
③ 〔日〕团藤重光:《刑法纲要总论》,创文社 1990 年第 3 版,第 37—39 页。

承认预防犯罪的目的。① 这种报应型相对报应刑论,可能导致预防目的难以实现,甚至可能走向绝对的报应刑论。因为只要将报应作为刑罚的积极的正当化根据,那么,即使没有预防必要性时,也必须科处刑罚,于是出现了有犯罪就有刑罚的局面。尽管如此,报应型相对报应刑论依然将责任作为量刑基准。

抑止型相对报应刑论则将刑罚视为以防止犯罪为中心的社会控制的重要手段。因此,这种见解一方面认为刑罚的本质是报应,但对道义的责任予以缓和或者希薄化,仅将责任作为对目的的抑制原理。日本的佐伯千仞、大谷实等教授的见解属于这一类。

佐伯千仞教授在上世纪 60 年代就指出,作为刑罚前提的责任,虽然包含了非难,但不是单纯地为了非难而非难,不是意味着与行为相当的作为报应的痛苦。非难是要求行为人对自己行为的反价值性进行反省,对法律与社会谢罪。与此同时,还包含了提高行为人的规范意识,使行为人决意将来能作为良好法秩序的维护者而回归社会的目的。刑罚是作为实现这种目的的手段而存在的。对各种犯罪科处刑罚起决定作用的不是责任非难本身。正确的做法是,将责任非难作为前提,在根据责任非难所划定的刑罚量的范围内,进行合目的的考虑。② 显然,这一观点强调量刑时在报应刑的范围内考虑特殊预防的需要。至于量刑时应否以及如何考虑一般预防,则没有提及。

大谷实教授指出:"报应刑论与一般预防论、特殊预防论不一定是矛盾的。应当认为,只有立足于报应原理的刑罚,才符合正义,才会对犯罪人的理性产生作用,促使其形成主体性的规范意识,与此同时,也可能促使一般国民形成规范意识,产生一般预防与特殊预防的效果……于是,以报应刑为基础,考虑一般预防、特殊预防是完全可能的。报应感情的满足以及一般预防、特殊预防的各种机能,就必须由维护社会秩序这一高层次

---

① 参见〔日〕大塚仁:《刑法概说(总论)》,有斐阁 2008 年第 4 版,第 50—52 页。
② 〔日〕佐伯千仞:《刑の量定の基准》,载日本刑法学会编集:《刑法讲座》第 1 卷,有斐阁 1963 年版,第 133 页。

的目的予以统合。"①这一观点强调,立足于报应的刑罚,必须以实现一般预防与特殊预防进而以维护社会秩序为目的。

最彻底的抑止型相对报应刑论者平野龙一教授指出:"通过施加痛苦来防止犯罪,其自身并不是理想的;由于刑罚可谓必要的恶,所以,如果有其他方法可以防止犯罪,就尽可能限制刑罚的适用。于是,从抑止刑论的立场来看,必须慎重考虑刑罚必要性的界限。"②平野龙一教授认为,单纯的报应不能成为刑罚的正当化根据,具有防止犯罪的效果,且因此具有必要性的刑罚才是正当的。"当然,并不是只要有防止犯罪的效果,科处何种刑罚都是正当的,只有科处与犯罪的轻重相应的刑罚才是正当的……但仅仅是'正当的报应',并不能直接使刑罚正当化,在具有防卫犯罪效果的限度内才使刑罚正当化。"③"因此,刑罚不能超出犯罪的程度,但有时可以低于犯罪的程度,甚至可能不科处刑罚。"④对平野龙一教授的抑止刑论可以归纳如下:其一,刑罚是否正当化,首先取决于其是否具有防止犯罪的效果。如果科处刑罚没有防止犯罪的效果,就不得科处刑罚。其二,即使刑罚具有防止犯罪的效果,但如果缺乏必要性,亦即采取其他措施也足以防止犯罪时,就不得科处刑罚。其三,即使刑罚具有防止犯罪的效果,且具有必要性,刑罚的量也必须控制在报应的限度内,而不能超出报应的程度。其四,单纯的报应的正当性不可能成为刑罚的正当化根据。

由上可见,日本刑法理论对二律背反虽然存在不同的观点,但各种观点都认为,不得超出报应的程度追求预防犯罪的目的。

德国主张并合主义的学者一般认为,应当在报应刑之下或者之内考虑一般预防与特殊预防的需要。

例如,Jescheck 与 Weigend 教授指出:"并合主义(Vereinigungstheorie)是试图在绝对理论与相对理论之间架起桥梁的理论,这一理论当然

---

① 〔日〕大谷实:《刑法讲义总论》,成文堂2012年第4版,第44页。
② 〔日〕平野龙一:《刑法总论I》,有斐阁1972年版,第23页。
③ 同上书,第22页。
④ 〔日〕平野龙一:《刑法概说》,东京大学出版会1977年版,第8页。

不是将互相矛盾的基本思想简单相加,而是考虑到在刑罚的现实适用中,对其适用的对象以及一般人发挥所有的机能。结局重要的是,所有的刑罚目的相互处于均衡的关系之中(辩证的方法)……一般预防与正当的报应应当结合在一起,因为经验表明,只有根据责任的量而正当化的刑罚,才具有威慑作用,并且在社会教育意义上发挥教育机能。报应,绝不是单纯对有罪者给予屈辱,而总是作为尽可能宽大的干涉来理解,它通过适当的责任清算,再次使行为人与社会和解。而且,所有的刑罚的形成,必须并且尽可能地使其发挥再社会化的机能(第46条第1款后段)。为了实现这一目的,有时可能对依照责任的量所受的严厉刑罚予以减轻,以免增加行为人走向再社会化道路的障碍。当然,在这种场合,刑罚也不得丧失与作为基础的责任的关联(第46条第1款前段)。与此相对,也绝不允许以一般预防的理由或者特别预防的理由,超过依据责任的量所受的刑罚。因此,并合主义说具有多元的刑罚概念所赋予的特征,它虽然以责任清算思想为导向,但并非限定在这一思想内。"① 据此,只能在责任刑的限度内追求预防犯罪的目的。

再如,施特拉腾韦特与库伦教授也认为,只能在与罪责相符的刑罚范围内,考虑特殊预防与一般预防。② Roxin教授虽然放弃了报应刑,但又认为必须在刑罚的正当化根据中纳入报应论中的决定性因素,亦即,将责任原则作为设定刑罚界限的手段。③ 也就是说,对一般预防与特殊预防的追求,不能超出责任刑的限度。

韩国刑法理论基本上采取了德国刑法理论立场,通说主张只能在责任的范围内追求综合预防目的,责任原则限制了综合预防目的。④

意大利刑法理论认为,"在具体决定犯罪人的刑罚时,其标准应该是

---

① H. Jescheck/T. Weigend, Lehrbuch des Strafrechts Allgemeiner Teil, 5. Aufl., Duncker & Humblot 1996, S. 75f.
② 参见〔德〕冈特·施特拉腾韦特、洛塔尔·库伦:《刑法总论 I——犯罪论》,杨萌译,法律出版社2006年版,第18页。
③ Claus Roxin, Strafrecht Allgemeiner Teil, Band I, 4. Aufl., C. H. Beck 2006, S. 91.
④ 参见〔韩〕金日秀、徐辅鹤:《韩国刑法总论》,郑军男译,武汉大学出版社2008年版,第728页以下。

'报应'和'特殊预防'的需要。通行的观点认为,具体量刑时应排除一般预防的因素……刑罚不能超出罪过的限度,然而却可以根据特殊预防的需要,低于罪过内容所要求的刑罚……刑罚不能超过罪过内容的限制是司法阶段量刑的基础,因为,既然刑罚是'法律规定的痛苦',这种痛苦必须存在的理由就只能是根据人们对犯罪人应受责难的判断,而得出犯罪人'应受'这种痛苦的结论。"①根据这一观点,量刑时只能在责任的限度内追求特殊预防的目的,既不能在责任限度内追求一般预防的目的,以免将犯罪人作为工具对待,也不能超出责任的限度追求特殊预防的目的。

在英美,"许多理论家已经试图在承认刑罚不但是应得之惩罚,而且是社会所必需的这一不容否认的事实基础上,将应得之刑罚主义与结果主义结合起来。我们可以识别两种基本模式——可以表述为弱势的结果主义报应模式(a weak consequentialist retributive model)和强势的结果主义报应模式(a strong consequentialist retributive model)。哈特曾经主张弱势的结果主义报应模式……他的立场乃是,虽然刑罚是应得之惩罚,但是国家刑罚制度只有基于功利主义的理由——减少反社会的行为,才是正当的。只有可归责的犯罪才应该受到刑罚处罚,并且刑罚严厉程度应该与犯罪危害程度相适应。……强势的结果主义报应模式允许结果主义追求的价值与报应更加直接的互动,从而作为刑罚的基础。"②虽然后一模式的具体观点还不清楚,但前者明显是在责任的范围内追求功利主义的价值。

综上所述,国外刑法理论在处理报应刑与预防刑的二律背反问题上所采取的基本立场是,在报应刑的限度内,实现刑罚一般预防与特殊预防的目的。换言之,对一般预防与特殊预防目的的追求,不能超出责任的程度;如果没有预防的必要,则可以免予刑罚处罚。

何秉松教授指出:"西方刑法提出的罪刑相当原则,没有涉及刑事责

---

① 〔意〕杜里奥·帕多瓦尼:《意大利刑法学原理》,陈忠林译评,中国人民大学出版社2004年版,第308—309页。
② 〔英〕威廉姆·威尔逊:《刑法理论的核心问题》,谢望原、罗灿、王波译,中国人民大学出版社2014年版,第70—71页。

任问题,而是直接讲罪—刑的均衡关系。这是以行为中心论构架的罪刑关系,不涉及行为人即责任者的责任问题。而西方刑法提出的量刑中的责任主义,主要解决责—刑的均衡关系即行为人的刑事责任与刑罚的均衡关系问题,没有涉及犯罪与刑事责任的均衡关系。"①应当认为,这是一种误解。在西方国家,所谓罪刑相当或者罪刑均衡,都涉及责任问题。因为罪行并不是指客观的法益侵害,而是"有责的不法"。在三阶层体系下,虽然存在"没有责任的不法",但是,"没有责任的不法"不可能成为刑罚的根据,只有"有责的不法"才能成为刑罚的根据。另一方面,责任是以不法为前提的,不存在"没有不法的责任"。所以,由"有责的不法"限定刑罚与由"责任"限定刑罚,大体上只是表述的不同(责任本身加重或者减轻时除外,参见本书第三章),二者对刑罚的限定作用是基本相同的。例如,甲受蒙骗为 X 出卖了 500 克海洛因后,才认识到自己所出卖的是毒品,此后在明知的情况下又出卖了 300 克海洛因。乙仅出卖了 300 克海洛因,但开始出卖时就知道是海洛因。甲的不法表现为贩卖了 800 克海洛因,但有责的不法只是故意贩卖了 300 克海洛因,也可以说甲只对贩卖 300 克海洛因有责任。乙的不法表现为贩卖 300 克海洛因,却对全部不法具有责任,其有责的不法是故意贩卖了 300 克海洛因,也可以说乙对贩卖 300 克海洛因有责任。于是,假定其他情形完全相同,则甲、乙的不法程度不同,但有责的不法相同,责任也相同。在西方国家,甲没有责任时出卖 500 克海洛因的不法事实,不可能成为刑罚的根据,因而不是罪刑相当、罪刑均衡所考虑的因素。至于特殊预防必要性的大小,则不是罪刑相当或者罪刑均衡本身考虑的内容,而是在报应刑或者责任刑之下或者之内所要追求的目的。我国学者不能以我国《刑法》第 5 条的字面含义为根据,衡量西方国家刑法对二律背反的处理方法是否妥当。

---

① 何秉松:《试论新刑法的罪刑相当原则(下)》,载《政法论坛》1997 年第 6 期,第 16—17 页。

四、本书立场

量刑是否正当,不是简单地根据感觉判断的。"解明量刑基准时,首先要从刑法理论特别是刑罚理论中围绕刑罚的'正当化根据'的议论出发,这是不可缺少的前提。"①换言之,"'为什么'刑罚是正当的根据,也是'何种程度的'刑罚是正当的根据。"②在整体上回答了刑罚的正当化根据,也就在具体的量刑问题上回答了刑罚的正当化根据。并合主义是将报应与预防目的同时作为刑罚的正当化根据的理论。但是,报应与预防存在对立的情形,尤其是在量刑时,对立的情形比较常见。总的来说,报应与预防的关系,不是一个简单的谁主谁次、哪个居于第一位哪个居于第二位的关系,而是如何发挥报应刑与预防刑的优势,同时又如何克服报应刑与预防刑的缺陷的问题。

如前所述,报应刑是指责任报应,报应刑就是责任刑。根据并合主义的基本观点,一方面,必须坚持责任主义原则,另一方面,又必须以预防犯罪为目的。于是出现了两个选择:其一,以预防为基准,在此基础上考虑报应的需要;其二,以责任为基准,在此限度内考虑预防的需要。

如果进行第一种选择,意味着先考虑预防犯罪的需要,再考虑报应的需要。所谓在量刑时先考虑预防犯罪的需要,实际上就是先考虑犯罪人的人身危险性、性格危险性等等。但是,将犯罪人的危险性作为量刑基准,根本行不通。相反,只能以责任作为基准。

首先,从形式上说,量刑基准的概念要求在应当科处刑罚的各种案件中,都必须有可能量刑。责任基准可以满足这一条件,而预防基准则不能满足这一条件。根据责任基准,只有在行为人具有责任的案件中,才有可能裁量刑罚,而责任是对不法的责任,所以,只要行为人有责任,就意味着行为构成犯罪,因而有可能对行为人量刑。反之,如果行为人没有责任,

---

① 〔日〕城下裕二:《量刑基准の研究》,成文堂1995年版,第39页。
② 〔日〕平野龙一:《刑法总论 I》,有斐阁1972年版,第27页。

则其行为不成立犯罪,当然不可能量刑。但是,在行为人没有责任却有危险性时,按照第一种选择却是可以量刑的,然而,此时并不具备量刑的条件,因为行为人的行为原本不构成犯罪。由此可见,责任基准符合量刑基准概念的要求,而预防基准不符合量刑基准的要求。①

其次,从实质上说,量刑基准的概念要求对各种犯罪的量刑能提供一个相对一致的标准,从而满足国民对正义的期待。责任基准可以反映出平均正义的要求,在平均正义的前提下再考虑分配正义的要求,是最好的路径。但是,预防基准没有考虑平均正义的要求,不能满足国民对正义的期待。

本书主张以责任刑为基准,亦即,只有在坚持责任主义的前提下追求预防犯罪的目的,才能解决二律背反问题。

如所周知,从实质的观点进行考察,只有具备以下两个条件,才能认定为犯罪:其一,发生了符合构成要件的违法事实(不法);其二,能够就不法事实进行非难(有责性)。据此,犯罪的实体是不法与有责。② 责任主义被公认为刑法的基本原则③,这一原则不仅制约定罪,而且制约量刑。

当今大陆法系国家的刑法理论往往在宪法上寻找责任主义的根据,即认为责任主义是宪法上的原理。如联邦德国宪法法院1966年10月25日的判决指出:"对刑法上的不法行为的刑罚以及对其他不法行为的类似刑罚的制裁等一切刑罚均以存在责任为前提的原则,具有宪法的价值。该原则在作为基本法的本质原则之一的法治国原理中可以找到根据;法的安定性与实质的正义也是法治国原理的内容;此外,正义的理念要求构

---

① 参见〔德〕Wolfgang Frisch:《量刑に対する责任、危险性および预防の意味》,〔日〕松宫孝明译,载〔德〕Wolfgang Frisch、〔日〕浅田和茂、〔日〕冈上雅美编著:《量刑法の基本问题》,成文堂2011年版,第8页以下。

② 参见〔德〕乌尔斯·金德霍伊泽尔:《论犯罪构造的逻辑》,徐凌波、蔡桂生译,载《中外法学》2014年第1期,第200页;〔日〕前田雅英:《刑法总论讲义》,东京大学出版会2011年第5版,第29页;张明楷:《以违法与责任为支柱构建犯罪论体系》,载《现代法学》2009年第6期,第41页以下。

③ Vgl.,Claus Roxin,Strafrecht Allgemeiner Teil,Band I,4. Aufl.,München:C. H. Beck,2006,S. 91ff;〔日〕山口厚:《刑法總論》,有斐阁2007年第2版,第6页。

成要件与法律效果之间具有实质的适合关系。……刑罚、秩序罚对行为人的违法行为进行非难。这种刑法上的非难以具有非难可能性为前提。如果不是这样,刑罚便成为对行为人不应当承担责任的事实的一种报应,这与法治国原理不一致。因此,对没有责任的行为人的举止进行刑法的威慑或者类似刑法的威慑违反了法治国原理,侵害了行为人所享有的基本法第 2 条第 1 款的基本权。"① 日本学者大多在宪法上寻找责任主义的根据。如内藤谦教授在《日本宪法》第 13 条有关尊重个人的规定中寻求责任主义的宪法根据②;荻原滋教授在《日本宪法》第 31 条有关实体的正当程序的规定中寻找责任主义的根据③;神山敏雄教授在《日本宪法》第 39 条关于禁止溯及既往与双重处罚的规定中寻找责任主义的根据。④

英美实行严格责任。"在某些特殊的犯罪中,即使被告的行为不具有对被控犯罪必要后果的故意、放任或过失,即使被告对必要的犯罪条件没有犯罪意识或行为过失,……他也可能被定罪。"⑤ 严格责任制度虽然在一定程度上反映了社会生活复杂化的要求,但显然是结果责任的残余。⑥而且,即使在美国,认为严格责任违反美国宪法的观点,也是十分有力的主张。⑦ 英国则有判例认为:"就外形上属于规定严格责任的法规,如果举证证明基于诚实且合理的确信而实施行为的,应免除责任。"⑧ 这一判例试图将严格责任变更为举证责任的倒置,旨在使任何犯罪都要求"犯意"。

我国《刑法》第 14 条、第 15 条与第 16 条的规定明确否定了严格责

---

① 转引自〔日〕西原春夫等编:《刑法マテリアルズ》,柏书房 1995 年版,第 119 页以下。
② 参见〔日〕内藤谦:《刑法总论讲义(下)I》,有斐阁 1991 年版,第 738 页以下。
③ 〔日〕荻原滋:《实体的デュー·プロセス理论の研究》,成文堂 1991 年版,第 180 页以下。
④ 〔日〕神山敏雄:《两罚规定と业务主の刑事责任》,载《法学セミナー》1974 年第 227 号,第 85 页。
⑤ 〔英〕鲁珀特·克罗斯、菲利普·A.琼斯:《英国刑法导论》,赵秉志等译,中国人民大学出版社 1991 年版,第 67 页。
⑥ 参见〔日〕木村光江:《主观的犯罪要素の研究》,东京大学出版会 1992 年版,第 4 页。
⑦ 参见〔日〕荻原滋:《实体的デュー·プロセス理论の研究》,成文堂 1991 年版,第 180 页以下。
⑧ 转引自〔日〕木村光江:《主观的犯罪要素の研究》,东京大学出版会 1992 年版,第 9 页。

任。虽然有人认为,我国刑法中存在严格责任的犯罪,表现在醉酒的人犯罪、奸淫幼女、法律认识错误的犯罪中存在严格责任①,但这种观点明显不符合刑法的规定。在我国,任何犯罪的成立都必须具备犯罪主观要件。

国民应当受到尊重。"对人类的普遍'尊重'在某种意义上是'找不到根据的'——它是一种终极的态度,而这一点本身是不能用更终极的术语来加以说明的。"②尊重人首先意味着将人作为自在目的,而不能作为实现其他任何目的的手段。对于没有故意、过失的行为也追究行为,无非是为了通过惩罚这种行为以达到防止这种行为的目的,这实际上是将人作为实现目的的手段对待,背离了尊重人的观念。尊重人还意味着肯定人的意志,肯定人的主观能动性,从而肯定人与一般动物的区别。没有故意、过失的行为不是行为人主观选择的结果,将其作为犯罪就否定了人的意志,实际上将人视为一般动物,不是尊重人的表现。正因为如此,责任与自由意志不可分离,没有自由意志就没有选择,没有选择就没有责任。"当人的意志能够选择为或者不为该种行为时,意志的作用便是使人的行为受到称赞或者责难的唯一原因。"③选择与责任成为高度统一的哲学范畴。因为人是在特定的社会关系、特定的法律秩序范围内进行选择的,人的选择必然给社会关系带来某种影响,做出选择的人应当对此影响负责。如果行为及其实害不是人选择的结果,就不可能追究其刑事责任。

刑罚应当受到限制。刑法除了法益保护外,还具有自由保障的机能。刑法的合理性取决于处罚范围与程度的合理性。刑罚的宣告、适用,有利于实现法益保护机能,而刑罚的限制则有利于实现自由保障机能。为了实现法益保护机能与自由保障机能的协调,必须明确划定犯罪与刑罚的界限。所有的人都是自由且平等的"法的主体",只有将个人责任与行为责任作为犯罪与刑罚的前提而划定犯罪与刑罚的界限,才能保障行为人的权利与自由,保障个人的尊严。易言之,为了不致使国家刑罚过于恣意

---

① 刘生荣:《论刑法中的严格责任》,载《法学研究》1991年第1期。
② 〔美〕范伯格:《自由、权利和社会正义》,王守昌、戴栩译,贵州人民出版社1998年版,第135页。
③ 布莱克斯顿(Blackstone)语,转引自〔英〕哈特:《惩罚与责任》,王勇等译,华夏出版社1989年版,第166页。

地侵害国民的权利与自由,必须制约国家的刑罚权,制约的方式是通过个人责任与行为责任合理划定犯罪与刑罚的界限。

犯罪应当得到抑止。罪刑法定主义与责任主义都对犯罪起抑止作用。根据罪刑法定主义,国家通过事先明文预告犯罪与刑罚,使人们能够正当区分罪与非罪,从而对犯罪产生"反对动机",做出不实施犯罪的意思决定,实现行为的规制。如果没有罪刑的事先预告,人们因为不知何为犯罪而不可能对犯罪产生"反对动机",也就无法抑止犯罪。同样,如果不采取责任主义,在行为人对结果没有故意与过失时,也将行为作为犯罪科处刑罚,那么,由于缺乏对结果的预见(故意)与结果的预见可能性(过失),便不可能通过设定为了避免结果发生而不实施犯罪行为的"反对动机"来规制行为。① 换言之,当行为人没有责任时,将其行为以犯罪论处,是根本不可能预防犯罪的。

总之,责任主义是刑法的基本原则。"没有责任就没有刑罚"意义上的责任主义,是消极的责任主义;"有责任就有刑罚"意义上的责任主义,是积极的责任主义。当今刑法理论的通说采取的是消极的责任主义。② 但是,在不同的层面,消极的责任主义具有不同含义或者要求。③

第一,在整体的宏观层面上,消极的责任主义是对必罚主义的否定。例如,西田典之教授指出:"'没有责任就没有刑罚'的消极责任主义,是与'有责任就(必)有刑罚'的积极责任主义对置的。可以说,消极的责任主义的旨趣在于,没有责任时不应科处刑罚。不仅如此,即使在有责任时,从一般预防、特殊预防的观点来看,其他制裁或处分适当时,就应当控制刑罚的适用。"④显然,否定必罚主义意义上的消极的责任主义,是刑法谦抑性的另一种表述。

我国《刑法》第3条前段规定:"法律明文规定为犯罪行为的,依照法律定罪处刑。"这似乎意味着我国刑法采取了必罚主义(积极的责任主

---

① 参见〔日〕内藤谦:《刑法总论讲义(下)I》,有斐阁1991年版,第739页。
② 参见〔日〕平野龙一:《刑法总论I》,有斐阁1972年版,第52—53页。
③ 参见〔日〕小池信太郎:《量刑における消极的责任主义の再构成》,载《庆应法学》2004年第1号,第277—279页。
④ 〔日〕西田典之:《新版共犯と身分》,成文堂2003年版,第284页。

义)。其实不然。

如所周知,国外的刑事立法上对犯罪的成立没有量的标准,但在刑事司法上存在量的限制(由检察官、法官行使自由裁量权)。我国刑事立法已经严格限制了处罚范围,检察官、法官不可能轻易地将符合刑法规定的犯罪构成的行为不以犯罪处理。《刑法》第 3 条前段既不是对罪刑法定原则的规定(不是所谓积极的罪刑法定原则),也不是对必罚主义的肯定,而是基于我国刑法分则的特点,禁止司法机关随意出罪、防止司法人员滥用自由裁量权。易言之,《刑法》第 3 条前段,旨在突出刑法的法益保护机能(法益保护主义)。①

那么,如何从文理上说明《刑法》第 3 条前段没有采取必罚主义呢? 笔者的解释是:首先,《刑法》第 3 条前段的"定罪处刑"既包括宣告有罪同时科处刑罚的情形,也包括仅宣告有罪而不科处刑罚的情形。换言之,对"法律明文规定为犯罪行为的",单纯宣告有罪,也是符合刑法规定的。一个简单的道理是,刑法规定了多种免除处罚情节。如果将《刑法》第 3 条前段的"定罪处刑"解释为定罪就必须科刑,就必然导致刑法的自相矛盾。其次,《刑法》第 3 条前段的"定罪"既包括人民法院宣告有罪,也包括人民检察院做出的相对不起诉决定。《刑事诉讼法》第 173 条第 2 款规定:"对于犯罪情节轻微,依照刑法规定不需要判处刑罚或者免除刑罚的,人民检察院可以做出不起诉决定。"对这种相对不起诉的结果,其实是单纯宣告有罪。② 正因为如此,《刑事诉讼法》第 177 条规定:"对于人民检察院依照本法第一百七十三条第二款规定做出的不起诉决定,被不起诉人如果不服,可以自收到决定书后七日以内向人民检察院申诉。"据此,"依照法律定罪处刑"并不等于"必须定罪定刑";否定必罚主义意义上的

---

① 参见张明楷:《司法上的犯罪化与非犯罪化》,载《法学家》2008 年第 4 期,第 65 页以下。
② 我国《刑事诉讼法》第 12 条规定:"未经人民法院依法判决,对任何人都不得确定有罪。"学界据此认为,《刑事诉讼法》第 173 条第 2 款所规定相对不起诉,不属有罪宣告。在本书看来,这是过于形式化的解释。其一,既然是"犯罪情节轻微",只是"依照刑法规定不需要判处刑罚或者免除刑罚",当然表明行为构成了犯罪。其二,正是因为相对不起诉宣告行为构成犯罪,所以才有《刑事诉讼法》第 177 条的规定。其三,《刑事诉讼法》第 12 条的规定,旨在宣示无罪推定原则,并没有否认人民检察院的相对不起诉是一种有罪宣告。

消极的责任主义,并不违反我国《刑法》第 3 条前段的规定。

第二,在犯罪成立条件层面上,消极的责任主义是"限定犯罪成立的原则,而不是扩张犯罪成立的原则"①。亦即,责任是犯罪的成立条件,没有责任就没有犯罪;责任要素的设定,只能限定犯罪的成立范围,而不会扩张犯罪的成立范围。

争论的问题是,在承认责任所具有的限制刑罚机能的同时,是否也承认责任具有为刑罚提供根据的机能?一种观点认为,凡是为刑罚提供根据的要素,都是限制刑罚的要素;反之亦然。②另一种观点则认为,责任只具有限制刑罚的机能,而不能为刑罚提供根据。如井田良教授指出:"与不法不同,责任并不为处罚提供根据,只是单纯地限制处罚,其自身并不具有独立的分量;具有分量的,仅仅是违法性的程度。"③如何看待这两种不同观点,关键在于怎样理解"为刑罚提供根据"的含义。责任是成立犯罪的一个条件,当然也是刑罚的前提条件,倘若将这种前提条件理解为"为刑罚提供根据",则是任何观点都不会否认的。但是,倘若认为,"为刑罚提供根据"意味着责任即非难可能性在使犯罪成立的同时,"要求"法官科处与非难可能性程度相适应的刑罚,则不可避免陷入绝对的报应刑论④,但是,绝对的报应刑论不仅有悖刑法的谦抑性,而且不符合刑法的法益保护目的与刑罚的预防犯罪目的。因此,即使承认责任为刑罚提供根据,也只是意味着责任是成立犯罪的前提条件,因而也是科处刑罚的前提条件。

对此有两点需要说明:其一,根据结果无价值论的观点,故意、过失是责任要素,而不是违法要素。然而故意犯的非难可能性明显重于过失犯的非难可能性,这是否意味着故意犯"要求"科处与非难可能性程度相适应的刑罚?答案依然是否定的。正是因为故意犯的责任重于过失犯的责任,所以,刑法已经针对故意犯罪与过失犯罪规定了不同的法定刑,在这

---

① 〔日〕平野龙一:《刑法总论 I》,有斐阁 1972 年版,第 52 页。
② Arthur Kaufmann, Das Schuldprinzip, 2. Aufl., Carl Winter Universitätsverlag 1976, S. 268.
③ 〔日〕井田良:《讲义刑法学·总论》,有斐阁 2008 年版,第 156 页。
④ 参见〔日〕城下裕二:《消极的责任主义的归趋》,载〔日〕川端博等编:《理论刑法学の探究 2》,成文堂 2009 年版,第 34—35 页。

种场合,故意、过失所具有的不同的非难可能性,已经被评价在法定刑中。所以,当某人故意犯罪时,法官不能将故意本身作为从重处罚的情节。①其二,责任虽然不具有要求刑罚、要求刑罚加重的机能,但如后所述,责任减轻时,当然要求刑罚减轻。例如,责任能力减轻时,相应地应当减轻刑罚。

第三,在报应刑与预防刑关系的层面上,消极的责任主义意味着"责任是刑罚的上限",亦即,"责任主义禁止……刑罚超过责任程度"②。例如,内藤谦教授指出:"必须确立刑罚以'行为责任'为前提,而且将行为责任作为'界限',不得超过其限度的限定刑罚的、消极的行为责任主义原则。"③再如,山中敬一教授指出:"责任主义,亦即'没有责任就没有刑罚',不仅意味着科处刑罚必须以存在责任为前提,而且意味着刑罚不得超出责任的量。这种将责任的存在作为刑罚的条件,责任的量限定刑罚的量(量刑中的责任主义)的原则,称为消极的责任主义。"④显然,这基本上是量刑意义上的消极的责任主义。

将责任作为刑罚的上限,意味着量刑时对预防犯罪的考虑,不得超过责任的上限。换言之,"'责任'概念在量刑中的主要作用,在于针对过度的预防考虑设定限定,在此意义上发挥'刑罚限定机能'。"⑤

如前所述,报应刑的最大优势在于限定了刑罚的程度,防止为预防犯罪而超出报应程度裁量刑罚,但其缺陷在于导致积极的责任主义,使得没有处罚必要性(没有预防必要性)的犯罪也必须受刑罚处罚。预防刑的最大优势在于使刑罚具有合目的性,杜绝为惩罚而惩罚的现象,但其缺陷在于容易导致为了预防犯罪而惩罚无辜或者为了预防犯罪而科处严厉刑罚,将犯罪人作为预防犯罪的工具,侵犯犯罪人的尊严。所以,必须用报

---

① 我国刑法分则有几个条文对故意犯罪与对应的过失犯罪规定了相同的法定刑。在这种场合,司法解释一般对过失犯罪规定了更高的立案标准。与此相适应,在量刑时,法官应注意故意犯罪与过失犯罪的相对均衡性。
② Wessels/Beulke,Strafrecht Allgemeiner Teil,30 Aufl.,C. F. Müller 2000,S. 3.
③ 〔日〕内藤谦:《刑法讲义总论(上)》,有斐阁1983年版,第127页。
④ 〔日〕山中敬一:《刑法总论》,成文堂2008年第2版,第578页。
⑤ 〔日〕城下裕二:《量刑理论の现代的课题》,成文堂2007年版,第4—5页。

应刑的优势克服预防刑的缺陷,同时必须用预防刑的优势克服报应刑的缺陷。只有这样,才能避免并合主义出现弊害相加的局面。

首先,量刑时不能出于一般预防的考虑而使刑罚超出报应刑或者责任刑的程度。即只能在责任刑的范围内考虑一般预防的需要。其一,在量刑时不要将一般预防与特殊预防同等看待,更不要有一般预防优于特殊预防的观念与做法。如果特殊预防的必要性小但一般预防的必要性大,因而对行为人科处重刑,就意味着将行为人当作预防犯罪的工具,因而不可取。所以,本书不赞成在量刑阶段一般预防优于特殊预防的观点。其二,如果一般预防的必要性较小,则可能成为对行为人从轻处罚的理由。例如,行为人实施的犯罪不具有蔓延可能性时,是对其从轻处罚的理由。此时,一般预防必要性小,是量刑的正当化根据。其三,量刑时一般预防居于次要地位,并不等于量刑没有一般预防的效果。刑法所指向的是一般人与一般事件,因而刑罚的制定所重视的是一般预防。由于量刑以法定刑为依据,当然也就具有了一般预防的效果。换言之,正当的量刑自然会产生威慑效果与增强国民规范意识的作用。

其次,只能在报应刑的限度内考虑特殊预防的目的。其一,量刑必须以法定刑为根据,而法定刑的确定考虑了报应的正义性,所以,量刑过程也是实现报应正义的过程,但是,量刑并不只是为了实现报应,更重要的是为了特殊预防。其二,在对个案量刑时,对特殊预防的考虑不仅不能超出法定最高刑裁量刑罚,而且不能超出法定刑内的具体报应刑的程度,在此意义上说,报应刑优于特殊预防。但是,在具体报应刑的范围内,或者说在不超出报应刑的限度内,特殊预防优于报应刑。亦即,如果没有特殊预防的必要性,则应当免予刑罚处罚或者宣告缓刑。倘若为了实现报应,就会导致在没有特殊预防必要性时,也必须科处刑罚,进而陷入绝对报应刑,与并合主义立场相背离。

例如,《刑法》第 72 条第 1 款规定:"对于被判处拘役、三年以下有期徒刑的犯罪分子,同时符合下列条件的,可以宣告缓刑,对其中不满十八周岁的人、怀孕的妇女和已满七十五周岁的人,应当宣告缓刑:(一)犯罪情节较轻;(二)有悔罪表现;(三)没有再犯罪的危险;(四)宣告缓刑对所居住社区没有重大不良影响。"其一,对被告人判处拘役、三年以下有期徒刑,是基于报应刑或责任刑。其二,虽然报应刑为拘役或者三年以下有期徒刑,但是,如果犯罪人没有再犯罪的危险,就不应当执行拘役或者徒刑,而应宣告缓刑。

再如,最高人民法院、最高人民检察院2013年4月2日《关于办理盗窃刑事案件适用法律若干问题的解释》第1条规定:盗窃公私财物价值1000元至3000元以上、3万元至10万元以上、30万元至50万元以上的,应当分别认定为《刑法》第264条规定的"数额较大"、"数额巨大"、"数额特别巨大"。倘若某省确定的数额巨大的起点为5万元、数额特别巨大的起点为40万元,甲盗窃了他人价值10万元的财产,所适用的法定刑是"三年以上十年以下有期徒刑"。此时,倘若主张责任刑是一个点,假定甲的责任刑为5年有期徒刑,那么,就只能在3年以上5年以下徒刑的范围内考虑特殊预防目的。如果特殊预防必要性小,完全可以在3年以上5年以下徒刑的范围内从轻处罚;反之,即使特殊预防的必要性大,如行为人是累犯,也只能在3年以上5年以下徒刑的范围内从重处罚。倘若因为特殊预防的必要而判处超过5年的徒刑,即使处于法定刑幅度内,仍然突破了报应刑,缺乏正当化根据。反之,倘若主张责任刑是一个幅度,假定甲的责任刑为4年至6年有期徒刑,那么,就只能在该幅度内考虑特殊预防目的。如果特殊预防必要性小,完全可以在该幅度内从轻处罚;反之,即使特殊预防的必要性大,如行为人是累犯,也只能在该幅度内从重处罚。倘若因为特殊预防的必要而判处超过6年的徒刑,即使处于法定刑幅度内,仍然突破了责任刑,缺乏正当化根据。

总之,在量刑时,对特殊预防与一般预防的追求不能超出责任刑的限度。问题是,责任刑是一个确定的点,还是一个幅度?是在责任刑的点周围或者点之下考虑预防犯罪的目的,还是在责任刑的幅度之内考虑预防犯罪的目的?这便是下一章要讨论的量刑基准问题。

第三章　量刑基准

一、概　　述

在我国,由于不同的学者在不同的意义上使用"量刑基准"一词,导致量刑基准在我国刑法理论与司法实践中成为一个相当混乱的概念。

陈兴良教授曾经指出:"量刑原则,又称为量刑的基准,它主要是解决量刑的时候,什么样的事项应作为考虑的对象,应根据何种原则来进行刑罚的量定等问题。""无论是西方国家还是前苏东国家,尽管在刑法典中对量刑的原则表述不尽相同,但内容上大同小异,即在量刑的时候,既要依据犯罪的社会危害性程度,又要考虑犯罪人的人身危险性的大小,由此确定应当判处的刑罚。"[①]但是,这种广义的量刑基准概念,并没有以处理刑罚正当化根据的二律背反为宗旨,仍然停留在一般性说明的层面。

我国当下刑法理论所讨论的量刑基准,是指暂时不考虑(排除)各种法定与酌定情节时,对某个犯罪所应确定的刑罚。一种观点认为,量刑基准,是指"对已确定适用一定幅度法定刑的抽象个罪,在不考虑任何量刑情节的情况下,仅依其构成事实所应当判处的刑罚量"[②]。根据这种观点,任何盗窃数额较大财物的犯罪的量刑基准是相同的。另一种观点则

[①] 陈兴良:《刑法适用总论》(下卷),法律出版社1999年版,第282、284页。
[②] 周光权:《刑法诸问题的新表述》,中国法制出版社1999年版,第348页。

认为,量刑基准,是指"对已确定适用法定刑幅度的个罪,对应于既遂状态下反映该罪特点或者犯罪实害程度的事实所预定的刑量。特殊情况下,量刑基准是指个罪法定刑等级间上一幅度的下限"①。根据这种观点,只能针对特定的盗窃罪确定量刑基准。

本书认为,上述抽象个罪的量刑基准论与具体个罪的量刑基准论,只是责任刑的起点刑理论。二者的区别恐怕仅在于,前者侧重于相对的均衡,后者侧重于绝对的均衡。②

但应注意的是,上述两种观点以及类似的说法,都没有联系刑罚的正当化根据考虑责任刑与预防刑的关系,都不是处理刑罚正当化根据的二律背反的量刑基准论,只是提出了处理量刑情节的方法。无非是说,量刑时,先不考虑法定与酌定的量刑情节,按裸的犯罪事实确定应当判处何种刑罚,然后通过法定与酌定的量刑情节,对先前确定的刑罚进行上下浮动。但是,从这种量刑基准论中,看不出责任主义对量刑的任何制约,相反可以看出为了预防犯罪的需要可以突破责任刑的局面。

"解明量刑基准时,首先要从刑法理论特别是刑罚理论中围绕刑罚的'正当化根据'的议论出发,这是不可缺少的前提。"③本书所称的量刑基准,是指处理刑罚正当化根据的二律背反的理论,亦即,在肯定了只能在责任刑的限度内考虑预防目的的前提下,是在责任刑的"点"周围或"点"之下考虑预防目的,还是在责任刑的"幅度"内考虑预防目的。这个意义上的量刑基准,源于德国、日本的刑法理论。④

---

① 王利荣:《对常见犯罪量刑基准的经验分析》,载《法学研究》2009 年第 2 期,第 100 页。
② 绝对的均衡(也称基数的均衡性,cardinal proportionality)所考虑的问题是,对甲罪所判处的刑罚,是否与甲罪的罪行相均衡;相对的均衡(也称序数的均衡性,ordinal proportionality)所考虑的问题是,对甲罪所判处的刑罚,是否与对乙罪所判处的刑罚相均衡(See Von Hirsch, Sensure and Sanctions, Oxford University Press, 1993, pp.18—19)。
③ 〔日〕城下裕二:《量刑基准の研究》,成文堂 1995 年版,第 39 页。
④ 国内有学者指出:"量刑基准一词来源于国外。德国学者认为,往往在很宽的刑罚幅度中都存在着一个'切入点'(Einstiegestelie),法官只有从该点出发才能有一个正确的平台进行加减刑。日本学者指出,量刑基准是法院在刑罚裁量过程中针对每一个抽象个罪所预设的刑罚种类与幅度,之所以在广泛裁判实践中能够使同样案件受到类似宣判,法学家们也能在某种程度上预测出量刑结果,就是因为量刑过程中量刑基准对量刑活动存在着事实上的制约和指导。"(周长军、徐嘎:《量刑基准论》,载《中国刑事法杂志》2007 年第 2 期,第 3—4 页)在本书看来,对德国、日本的量刑基准作如此归纳,恐怕并不妥当。

幅的理论(Spielraumtheorie)与点的理论(Punktstrafetheorie),是有关量刑基准的两种基本观点,是处理责任刑与预防刑关系的理论,因而也是与刑罚的正当化根据密切相关的理论。① 幅的理论认为,与责任相适应的刑罚是一个幅度;在确定了责任刑的幅度之后,在此幅度内考虑预防犯罪的需要(如后所述,其中存在不同观点)。点的理论认为,与责任相适应的刑罚只能是正确确定的某个特定的刑罚(点),而不是幅度;在确定了与责任相适应的具体刑罚(点)之后,只能在这个点周围或者点之下考虑预防犯罪的需要。

只要在刑罚正当化根据问题上采取并合主义,或者虽然不采取并合主义,仅将预防犯罪的目的作为刑罚的正当化根据,但同时主张以责任限制对预防犯罪目的的追求(如 Roxin 教授),就必然面对是采取幅的理论还是采取点的理论的问题。反过来说,只有单纯采取绝对报应刑论,或者仅将预防犯罪的目的作为刑罚的正当化根据,同时反对以责任限定预防犯罪目的的观点,才不需要在幅的理论与点的理论之间做选择。从前两章的论述可以看出,我国刑法理论都赞成量刑既要考虑行为的社会危害性,也要考虑行为人的人身危险性,这实际上采取的是并合主义。所以,我国刑法理论与司法实践究竟是应当采取幅的理论还是点的理论,同样是不可避免的问题。在此问题上,千万不要以为,幅的理论与点的理论是德国、日本的理论,与我国的刑法理论和司法实践没有关系。

二、幅 的 理 论

(一) 幅的理论的基本观点

幅的理论认为,与责任相适应的刑罚(或以责任为基础的刑罚)具有

---

① 参见〔日〕城下裕二:《量刑基准の研究》,成文堂1995年版,第83页以下。还有一种由 Horn 提倡的理论称为位置价值说(Stellenwerttheorie)或阶段论(Stufentheorie),即将量刑分为两个阶段,一是德国《刑法》第46条所规定的狭义的量刑阶段,二是德国《刑法》第47条以下所规定的广义的量刑阶段(包括短期自由刑的回避、缓刑、刑罚的免除等)。前一阶段以责任的清算(Schuldausgleich)为目的,后一阶段以预防犯罪为目的。但这一学说由于不能适用于所有情形,因而被大多数学者拒绝。

一定的幅度,法官应当在此幅度的范围内考虑预防犯罪的目的,最终决定刑罚。这是报应刑论与目的刑论相结合的一种形式,它立足于责任刑,可谓报应型相对报应刑论的一种表现。

　　幅的理论的提倡者是德国黑格尔学派的 Berner 教授。Berner 教授在刑罚的正当化根据问题上,采取了以报应为基础,同时考虑威慑与改善目的的综合说。由于基于报应观点所要求的刑罚与基于威慑、改善目的所要求的刑罚之间存在矛盾,于是,Berner 教授提倡用幅的理论来消解这一矛盾。Berner 教授指出:"量(Mass)的概念的前提是,某种量(Quantität)在不丧失其质的概念时具有可以增减的一定的幅度(Spielraum)。例如,冰至零度为止仍然是冰,水到 80 度为止仍然是水,超过了 80 度时才成为蒸汽。再如,从 100 头家畜中除去 1 头,又除去 1 头,再除去 1 头,原来的一群家畜仍然是一群家畜。但是,不管在什么样的场合,都会有只要不使质产生变化就不能改变量的界限点。""刑罚具有感觉的痛苦,虽然能够进行量的程度增减,但止于真正的报应即正当的刑罚,此为民众意识所熟知。没有谁会主张,对于犯罪人科处的刑罚,既不能增加一点点,也不得减少一点点,否则必然认定为不正当。当然,在实定法规定了绝对确定的法定刑时,则另当别论;在此外的一切场合,对某个犯罪人是科处 1002 天的重惩役还是科处 1003 天的重惩役,对于正义的概念与国家的报应意识恐怕并不那么重要。但是,报应的量确实存在于国民意识中。在此也存在一个界限点,国民感情能够意识到乃至犯罪人本人能够确定地说'这个刑罚过重因而不当'、'这个刑罚过轻因而不当'。大部分的各种立法,都认可最高与最低之间存在一定幅度的相对确定的刑罚规范,在此,能够考虑不同观点的上述意义上的量(Mass)就在起作用。这样,我们便证明了,在不损害刑罚的思辨性概念的前提下,各种相对说具有在正当的报应限度内可以适用的幅度。"①

　　Berner 教授的观点得到了 Spendel 等教授的支持。Spendel 教授认为,量刑时,通常不可能形成绝对正当的唯一的刑罚。针对具体的犯罪而

---

① 转引自〔日〕城下裕二:《量刑基准の研究》,成文堂 1995 年版,第 84—85 页。

言,存在作为"正当的报应"而与一系列恶害的量相应的幅度。但是,这样的不明确性,不仅基于实际确定刑罚内容的困难程度,而且源自内含于事物本质中的原理的性质。因为法官通常对应当作宽大处理的犯人从轻处理、在维护法秩序所必需时对犯人进行从重处理,是在行为与行为人的密不可分的相互关系所允许的范围内考虑的。自由刑的特点在于,可以在报应原理所认可的幅度内考虑威慑、教育、保安等刑罚目的。①

德国联邦法院1954年11月10日的判决表述了幅的理论的基本含义:"什么样的刑罚与责任相当,不可能正确地决定。在此存在一个有界限的幅度,即下限的刑罚已经与责任相当,上限的刑罚也与责任相当。事实审的法官(Tatrichter),不得超过上限。因此,就刑罚的程度与种类而言,他不得科处他自己也认为与责任不相当的严厉刑罚。但是,在此幅度内应当判处什么样的刑罚,他是可以自由裁量来决定的。"②此后,德国联邦法院1965年8月4日的判决、1970年10月27日的判决也进一步确定了幅的理论。③ 按照Dreher教授对德国联邦法院所确立的幅的理论的归纳整理,幅的理论的具体内容如下:(1)量刑不得超过与责任相适应的刑罚;(2)但是,与责任相适应的刑罚并不是作为明确、确定的东西而存在的,亦即,客观上并不存在与责任相适应的确定的刑罚(点),因此主观上也不可能认识到这种确定的刑罚;(3)取而代之的是,在各种具体的场合,存在由上限与下限所划定的幅度范围,在此幅度范围内,存在与责任相适应的几种或几个刑罚;(4)只有在与责任相适应的幅度范围内选择具体的刑罚才能发挥特殊预防、一般预防的机能,即只能在与责任相适应的幅度范围内考虑预防犯罪的目的,可以接近甚至达到幅度的上限与下限。④ 不过,如后所述,幅的理论主张者,对于客观上是否存在与责任相适应的确定的刑罚(点),以及能否超过幅的上限和下限量刑,还存在不同看法。

---

① 参见〔日〕城下裕二:《量刑基准の研究》,成文堂1995年版,第85页。
② BGHSt 7,32. 转引自〔德〕Claus Roxin:《刑法における责任と予防》,〔日〕宫泽浩一监译,成文堂1984年版,第119页。
③ 参见〔日〕城下裕二:《量刑基准の研究》,成文堂1995年版,第87—89页。
④ 同上书,第89页。

美国部分学者所主张的"有限报复"理论,实际上也是一种幅的理论。"其观点是,根据报应思想,刑罚应与罪行和罪犯的可责难性相适应。但是,报应主义在任何特定情形下实际上都不能确定精确的刑罚量。他们只能提供一个适当刑罚的'严重性范围':刑罚低于一定量可能太少,而高于一定量又可能太多。在这个范围内,'有限报复'的倡导者建议,可以根据功利因素进行调整。其他人更进一步地说,尽管刑罚不能超过在报应上正当的量(即使超过的量出于功利主义),但是如果从功利角度没有进行惩罚的充足理由,允许施加少于应得刑罚的做法。"①

总体上看,关于责任刑的幅的性质,理论上存在认识困难说与事物本质说。认识困难说认为,真正的责任刑在客观上存在于某一点,但由于人们难以认识这个点,故不得不承认责任刑是一个幅。事物本质说认为,按事物的本质,责任刑只能以幅的形式存在。因为刑罚针对犯罪人而言是一种感觉的痛苦,即使刑罚的量有所增减,也仍然是报应、是正当的刑罚。换言之,不会有人认为,如果对犯罪人所科处的刑罚稍微有所增减,其刑罚便不具有正当性。前述 Berner 教授的观点便是如此。②

尽管幅的理论是德国判例的基本观点和刑法理论的通说③,但本书认为,幅的理论存在诸多缺陷,不宜被我国审判实践采纳。

(二) 认识困难说的缺陷

在本书看来,以认识困难为由采取幅的理论,并不合适。

其一,责任刑有没有点,与法官能否认识这个点,是两回事。我们不能混淆存在论的问题与认识论的问题。正如阿图尔·考夫曼教授所言:"形而上学的认识的不明确性,并不意味着形而上学的对象的不明确性。因此,不允许因为不能明确确定责任的程度,就一般不确定责任刑的轻

---

① 〔美〕约书亚·德雷斯勒:《美国刑法精解》,王秀梅译,北京大学出版社 2009 年版,第 22—23 页。
② 参见〔日〕小池信太郎:《量刑における犯行均衡原理と予防の考虑(1)》,载《庆应法学》2006 年第 6 号,第 20—21 页。
③ 参见〔德〕Franz Streng:《ドイツ量刑における量刑》,〔日〕井田良、小池信太郎译,载《庆应法学》2007 年第 8 号,第 130 页。

重,而只是确定或多或少的'幅'——'这是下限,它已经与责任相适应,而且上限也与责任相适应'……这种'幅的理论(Spielraumtheorie)'混淆了问题的认识论侧面与存在论的侧面。"①换言之,因为主观上不能认识到那个点,就否认那个点的客观存在,这是不可取的。②

其二,诚然,如果责任刑客观上存在一个点,但法官无论如何不可能认识这个点,那就只能采取幅的理论。但事实并非如此。采取幅的理论也需要确定上限与下限,而确定上限与下限实际上是确定两个点。既然能够确定作为上限与下限的两个点,那么,就可以进一步考虑上限能否往下移动,下限能否往上移动,从而形成一个点。况且,最终的宣告刑都是点,而不是幅。既然如此,就说明法官能够确定刑罚的点。

其三,与上一点相联系,倘若认为法官不能确定责任刑的点,同样也就不能确定预防刑的点。因为责任刑是基于已经查明的过去的事实所作的裁量,而预防刑则是基于现有的事实对将来所作的预测;预防刑的判断资料并不少于责任刑的判断资料,预防刑的裁量比责任刑的裁量更复杂(参见本书第六章)。按照幅的理论的逻辑,预防刑也应当是一个幅度,于是,法官也不能确定宣告刑的点,但事实上并非如此。

其四,以法官和一般人不可能确定判处1002天徒刑合适,还是判处1003天徒刑合适为根据采取幅的理论,难以被人接受。既然在现实的量刑实践中,几乎不可能以天为单位量刑,那么,以法官和一般人不能按天确定刑罚的理由就是不成立的。换言之,在法官通常以年或者月为单位量刑时,就能够按年或者月确定点。倘若将来的刑罚特别轻微,以天为单位量刑,相信法官也能确定对特定的犯罪人是科处5天徒刑合适,还是科处6天徒刑合适。③

---

① 〔德〕Arthur Kaufmann:《责任原理》,〔日〕甲斐克则译,九州大学出版会2000年版,第76页。
② E. Dreher, Zur Spielraumtheorie als der Grurdlage der Strafzumessungslehre des Bundesgerichtshofes, JZ 1967, S. 45.
③ 在我国的治安管理处罚中,执法人员则能够以天为单位确定拘留时间。

(三) 事物本质说的缺陷

在本书看来,认为责任刑原本就是一个幅度的事物本质说,同样存在疑问。

主张幅的理论的 Roxin 教授指出:"刑量的稍微增减,对于理当能够通过'适当的反作用'唤起的一般预防效果,并没有重要意义。即使是具有丰富实践经验与学识的法官,就某些案件而言,即使询问他与责任的量相应的是十个月至两周的自由刑,还是十个月至三周的自由刑,他也不能回答。因为如果要合理地发现责任刑,其结局只能是以正义感觉(Gerechtigkeitsempfinden)为线索而予以量定,但是,正义感觉在刑量仅存在一点点差别时不成其为问题。法官充其量可能说的是,九个月至十二个月的自由刑是相当的,在这个范围外的较轻的制裁与较重的制裁,才危及科刑时的统一基准,才损害正义。"①

上述观点的核心内容是,由于正义感觉不可能精确到点,只能感觉到一种幅度,故责任刑原本就是一个幅度。但是,责任本身不是一个幅度,而是一个确定的内容。不管是盗窃他人价值 3000 元的财物,还是故意造成他人轻伤,抑或非法侵入他人住宅,不法具有特定的、确定的内容,行为责任也具有特定的、确定的内容,而不可能是一个幅度。既然要求刑罚与责任相适应,那么,与特定的、确定的责任相适应的刑罚,就不可能是一个幅度。换言之,责任的程度本来就是一个点,与之相应的责任刑当然就是一个点。一般人的正义感觉的确难以精确地认识到这个点,但是,法官必须按照一般人的正义感觉找到责任刑这个点。而且,Roxin 教授表面上采取的是事物本质说,但实际上采取的是认识困难说。

Roxin 教授还指出,幅的理论有利于实现社会政策目的,亦即,责任刑是对一般预防起作用的刑罚,要通过责任刑使社会认为判决是正当的,从

---

① 〔德〕Claus Roxin:《刑法における责任と予防》,〔日〕宫泽浩一监译,成文堂 1984 年版,第 120—121 页。

而对安定一般人的法意识起作用。换言之,幅的理论有利于实现一般预防。①

在本书看来,Roxin 教授之所以采取这样的观点,是因为他并没采取并合主义,而是主张预防刑论,并且主张一般预防优于特殊预防,于是要求责任刑必须有利于实现一般预防。为了实现一般预防,责任刑就必须有一个幅度。如果责任刑是一个点,就难以为一般预防服务。然而,责任刑是对一般预防起限制作用的,而不是为了实现一般预防。换言之,责任刑所考虑的是行为人的利益,一般预防所考虑的社会利益,不能通过损害行为人的利益来实现社会利益。即使认为责任刑对于实现一般预防是没有利益的,但对于行为人的利益也是具有意义的。② 另一方面,倘若认为责任刑就是一般预防刑,实际上就会陷入绝对报应刑论。更为重要的是,Roxin 教授虽然否认报应刑论,但同时主张以责任限定刑罚的。既然如此,采取后述点的理论,亦即在责任刑的点之下追求预防犯罪的目的,恐怕更为合适。

德国学者 Streng 指出:"责任和刑罚之间并不存在明确的'换算率',这种转换必须参考社会规范和价值观……因此,量刑是根据社会规范和价值观在社会意义上施加刑罚,与行为和行为人的特点都相关。法律将社会规范转化为法律规范,因而刑事司法应该体现公众的价值观。但是,公众由许多小群体组成,不同的群体有不同的文化,只是不会与整体文化相冲突。因此,每个案件的责任等级在不同群体看来也不同。考虑到整体文化的抽象性,甚至于寻找某一种分级也是徒劳无功的。我们只能就基本的法律要素(例如正当事由)和基本的分级步骤(例如严重犯罪或非常严重犯罪)达成共识,而不会对精确刑罚的微调达成共识。只有将刑罚看成是一个设置了上限和下限的幅度而不是一个点,作为整合许多群体文化的整体文化才能达成共识。因此,我们认为幅的理论具有牢固的理

---

① 〔德〕Claus Roxin:《刑法における責任と予防》,〔日〕宫泽浩一监译,成文堂 1984 年版,第 121 页。
② 参见〔日〕野村健太郎:《責任相当刑と特別予防考慮の限界》,载《早稻田大学大学院法研究集》第 142 号(2012 年),第 199—200 页。

论基础,而不是用来掩盖认识论困难。"①

上述观点的核心内容是,只有当责任刑是一个幅度时,才能让不同文化群体的人们满意。如果认为责任刑只是一个点,那么,责任刑就只能使部分文化群体的人满意。但是,这样的观点存在疑问。

第一,要想让责任刑使所有的小群体满意,是绝对不可能的。一方面,在价值多元化的时代,要让定罪使所有的小群体满意就不可能,要使责任刑被所有的小群体满意,更不可能。例如,在我国,将成年间非公开实施的群奸群宿行为认定为聚众淫乱罪,就遭到了许多人的反对,对其责任刑的确定无论如何都不可能使反对者满意。再如,对众所周知的许霆案以盗窃罪论处②,也遭到了许多人的反对。同样,对其责任刑的确定无论幅度大小,都不可能使反对者满意。另一方面,即使定罪能让所有人满意,责任刑也不可能使所有小群体都满意。最明显的是,处于被害人立场的一方面满意时,处于被告人立场的一方就不可能满意。反之亦然。例如,对许霆案起初判处无期徒刑时,许多人不满意;后来改为5年有期徒刑时,还是有许多人不满意(虽然最终的宣告刑不等于责任刑,但宣告刑是以责任刑为基础的)。

第二,虽然法官应当以一般国民的价值观确定责任刑,但是,一般国民并没有判断责任刑是否公正的路径。即使一般国民具有这一路径,也不能说明幅的理论能够满足不同文化群体的意愿。例如,倘若甲奸淫4名幼女,法官确定的责任刑幅度是10年至15年有期徒刑,那么,一部分群体会认为10年合适、15年过重,另一部分群体会认为15年合适、10年

---

① 〔德〕弗兰茨·施特伦:《德国量刑理论的基本问题与最新进展》,陈学勇、罗灿编译,载《人民法院报》2014年6月6日第8版。
② 2006年4月21日晚21时许,被告人许霆到广州市天河区黄埔大道西平云路163号的广州市商业银行自动柜员机(ATM)取款,同行的郭某在附近等候。许霆持自己不具备透支功能、余额为176.97元的银行卡准备取款100元。当晚21时56分,许霆在自动柜员机上无意中输入取款1000元的指令,柜员机随即出钞1000元。许霆经查询,发现其银行卡中仍有170余元,意识到银行自动柜员机出现异常,能够超出账户余额取款且不能如实扣账。于是,许霆在21时57分至22时19分、23时13分至19分、次日零时26分至1时06分三个时间段内,持银行卡在该自动柜员机指令取款170次,共计取款17.4万元。许霆告知郭某该台自动柜员机出现异常后,郭某亦采用同样手段取款1.9万元。同月24日下午,许霆携款逃匿。

过轻,而不是所有的人都认为 10 年至 15 年有期徒刑是合适的。所以,认为责任刑的幅度能让所有小群体都满意,恐怕只是一种假象。

第三,在媒体发达的时代,更不应当利用责任刑的幅度产生使不同文化群体的人满意的效果,法官只能以本地一般人的价值观念为根据确定责任刑。我国人口众多、各地发展明显不平衡。正因为如此,各地对财产犯罪、经济犯罪所规定的定罪起点标准与法定刑升格的标准并不相同。同样是盗窃价值 3000 元财物的行为,在以 3000 元为盗窃罪起点的经济发达地区,与在以 1000 元为盗窃罪起点的不发达地区,其责任刑明显不同,不管如何确定责任刑的幅度,都不可能真实体现不同文化群体的价值观。换言之,由于法官对责任刑的确定,不可能满足不同文化群体的意愿,也不可能满足外地一般人的意愿,所以,法官只能根据罪行程度与本地一般人的价值观点确定责任刑。诚然,即使是本地的一般人,也不可能有完全一致的价值观。在这种情况下,法官只能根据多数人的价值观确定责任刑的点,而不是根据所有人的价值观确定一个幅度。

第四,所谓根据所有人的价值观确定一个责任刑的幅度,也只是表面的现象,因为事后宣告的刑罚都是确定的点。实质是,责任刑的幅度并没有真正起到满足所有人价值观的作用。例如,倘若法官对某犯罪确定的责任刑幅度是 3 年到 4 年徒刑,如果法官在此幅度内考虑预防犯罪的需要,宣告 3 年 3 个月的有期徒刑,也只是满足了部分人的价值观,而没有满足所有人的价值观。

第五,上述观点只是意味着在各种不同文化群体都可以接受的幅度内考虑预防犯罪的需要。可是,倘若果真如此,对预防犯罪需要的考虑就极为有限。

幅的理论主张者还习惯于以日常生活的一般价值判断为理由说明责任刑只能是一个幅度。如日本学者井田良指出:"例如,在一定的状况下,为了判断是'浪费'还是'吝啬',要从数量上确定支出多少金钱是必要的,原理上是不可能的。同样,与责任相应的'相当的'、'正当的'刑罚,也必须认为有一个量的'容许域'。"①前述 Berner 教授的观点也是如此。

然而,"量刑问题不同于日常生活中的价值判断,而是要求正确认定的刑事裁判领域的话题。就被变换为刑罚实态的责任而言,不应当使用与日常生活相同水准的不安定的概念,因为这与被告人争取量刑判断的权利相关。而且,如果说总体上的责任,是各个可以明确化的要素的集合体,那么,不仅是可以认识的,而且在存在论上就是作为特定的程度而存在的……故难以支持责任只能作为幅度而存在的主张。"②

如果说责任刑是一个幅度,那么,在采取绝对报应刑的古典学派那里,宣告刑也只能是一个幅度。但事实上并非如此。不仅如此,根据古典学派理论所制定的刑法,甚至会采取绝对确定的法定刑。即使采取并合主义,倘若说责任刑是一个幅度,但当案件在特殊预防与一般预防方面不存在需要特别考虑的情形,或许导致宣告刑也只是一个幅度。这显然难以被人接受。

如果说责任本来就是一个幅度,就意味着这个幅度的上限与下限都是与特定的行为责任相适应的,但这多少令人不可思议。例如,当法官所确定的责任刑幅度是 3 年到 4 年徒刑时,既然 3 年徒刑是与责任相适应的,就难以同时认为 4 年徒刑也与责任相适应。换言之,既然 3 年徒刑就已经是对责任的清算,那么,第 4 年的徒刑就不再是对责任的清算,只能是一种侵犯被告人人权的额外制裁。或许有人认为,笔者在此设定的幅度过大,因而不当,应当设定较小幅度的责任刑。其实,设定较小幅度必然存在另一重大问题。例如,法官对一起寻衅滋事罪所确定的责任刑幅度是 3 年到 3 年 6 个月,即使认为由于正义感觉没有那么精确,3 年或者 3 年 6 个月的徒刑都是与责任相适应的刑罚,但在此幅度内几乎没有考虑预防目的的余地。概言之,过大的责任刑幅度,不能证明幅度的上限与下限都是与责任相适应的;过小的责任刑幅度,则不利于刑罚目的的实现,因而接近于绝对报应刑论。

---

① 〔日〕井田良:《现代刑事法学の视点》,载《法律时报》1992 年第 64 卷第 9 号,第 84 页。
② 〔日〕本庄武:《刑罚论からみた量刑基准(1)》,载《一桥法学》2002 年第 1 卷第 1 号,第 193 页。

如果说责任刑是一个有幅度的刑罚,那么,宣告刑就难以成为确定刑,也只能是不定期刑。(1)在责任刑的幅度内,考虑特殊预防的需要的结局,只能是不定期刑。如所周知,特殊预防的考虑,只能是一个预测。但是,法官难以预测对被告人的教育、感化所需的具体时间。换言之,就特殊预防而言,不定期刑是最合适的,而不定期刑是一个幅度,不是一个点。按照幅的理论的逻辑,在责任刑的幅度内考虑特殊预防刑,仍然是在幅度内考虑一个幅度,只能得出不定期刑的结论。(2)在责任刑的幅度内,考虑消极的一般预防的需要,更难以确定一个点。一方面,从消极的一般预防的角度来说,法官难以预测判处何种刑罚会对社会一般人产生威慑力。即使法官形成了一种大体上的预测,也不一定经得起推敲。因为对犯罪意欲强烈的人,可能需要很重的刑罚才能产生威慑力;对没有犯罪意欲较弱的人,只需要较轻的刑罚就能产生威慑力。所以,在责任刑的幅度内考虑消极的一般预防的需要,并不能形成点,也依然是一个幅度。(3)在责任刑的幅度内,考虑积极的一般预防的需要,同样难以确定一个点。因为法官难以预测出判处哪个确定的刑罚,可以使国民的规范意识得到强化,可以训练国民对法的忠诚。概言之,与责任刑相比,法官更难认识到预防刑的点。结局,幅的理论的逻辑结论只能是不定期刑。然而,没有争议的是,不定期刑侵犯了国民的预测可能性,违反了罪刑法定原则。诚然,幅的理论主张者并不一定主张不定期刑,但是,幅的理论存在方法论上的严重缺陷,亦即,将原本有确定的点的责任刑变成幅度,然后由原本没有确定的点的预防刑来决定点。

如果说责任刑是一个幅度,法官就必须确定这个幅度。但是,幅的理论"并不要求事实审法官指明处于整个理论核心的刑罚范围之上限与下限,如此一来,这个理论自身不但荒谬,而且沦为事实审法官恣意的大宪章。"① 至少在一般的场合,幅的理论必然导致幅度过于宽泛,结局,最终的宣告刑完全由法官综合决定,没有做到并合主义所要求的以报应刑限

---

① 〔德〕许逎曼:《从德国观点看事实上的量刑、法定刑及正义与预防期待》,林钰雄译,载许玉秀、陈志辉编:《不移不惑献身法与正义——许逎曼教授刑事法论文选辑》,台湾春风煦日学术基金2006年版,第691页。

制预防目的,没有发挥并合主义的优势。例如,德国判例采取幅的理论,但是,"判例一般并不要求法官实现量刑的第一步,也就是确定具体责任的幅度,整个量刑过程取决于法官最后做出与犯罪人责任相适应的,且适当考虑预防目的的刑罚结果。这种模式并不采取步骤量刑,而是复杂的整体量刑。"①可是,量刑基准理论本身就是要法官有步骤地量刑,即先确定责任刑,然后在责任刑的范围内考虑预防目的的需要,从而既有利于量刑的公正与合目的性,也有利于实现法官的自我控制,但幅的理论事实上难以做到这一点。概言之,"幅的理论缺乏确定幅的宽度的根据,对于在幅中考虑预防目的的方法也没有基准(或者甚至基本上没有考虑),这正是导致量刑不平等的原因。"②

"幅的理论意味着责任理论的基础是法官在法定刑之内对具体罪责确定具体刑罚幅度,在此幅度之内,法官基于功利主义或者德国人更常说的预防主义,避免刑罚高于或低于被告人的责任。我们可以称之为'责任范围内的预防',也就是说,责任为预防设置了上限和下限。这里的'责任'是指具体的'量刑责任',即将责任程度量化为刑罚幅度,同时在一定范围内考虑罪前情节和罪后情节。"③

然而,如果是在责任范围内考虑预防目的,就意味着即使没有预防的必要性,也必须在责任刑的范围内选择最轻的刑罚,而不可能免除处罚。因为犯罪的成立以行为具备构成要件性、违法性与有责性为前提,没有责任就没有犯罪与刑罚,所以,责任不可能是零,既然如此,责任刑范围的起点也不可能以零。于是,幅的理论就导致的这样的结论,即使完全没有预防的必要,也必须科处一定的刑罚。一方面,这种理论接近于绝对报应刑论的立场,采取了积极的责任主义,为当今刑法理论所不取。另一方面,这种理论不符合各国刑法关于免予刑罚处罚的规定。例如,我国刑法规

---

① 〔德〕弗兰茨·施特伦:《德国量刑理论的基本问题与最新进展》,陈学勇、罗灿编译,载《人民法院报》2014年6月6日,第8版。
② 〔日〕冈上雅美:《いわゆる罪刑均衡原则について》,载〔日〕川端博等编:《理论刑法学の探究2》,成文堂2009年版,第20页。
③ 〔德〕弗兰茨·施特伦:《德国量刑理论的基本问题与最新进展》,陈学勇、罗灿编译,载《人民法院报》2014年6月6日第8版。

定了多种免予刑罚处罚的情节,但免予刑罚处罚以行为人具有责任为前提,即使在免予刑罚处罚时,被告人的责任也不可能为零。既然如此,幅的理论就不能为免予刑罚处罚提供根据。

(四) 幅的理论的内部争论

1. 可否基于预防的考虑而突破幅的下限?

在确定了责任刑的幅度后,如果预防的必要性小或者没有预防的必要性时,是否可以低于幅的下限裁量刑罚?对此,德国存在明显分歧。德国的判例否认可以突破下限,换言之,即使被告人的特殊预防必要性极小,也不得科处低于幅的下限的刑罚。① 理论上有不少学者持这种主张。如有学者指出:如果突破幅的下限,"刑罚就会与正义感相矛盾,同时丧失社会目的"②;有的学者指出,如果突破幅的下限,"就与作为正当的责任清算的刑罚的意义不相容"③。

根据消极的责任主义的原理,责任只是刑罚的前提,并不要求判处刑罚。但是,根据幅的理论的上述观点,即使完全没有预防的必要时,至少也必须科处幅的下限这一刑罚,这显然已经陷入了绝对报应刑论,使预防必要性很小乃至没有预防必要性的被告人,也必须承受作为报应的刑罚。例如,甲的母亲生病住院,急需8000元医疗费。甲情急之下,使用暴力抢劫了他人8000元现金,并且致人轻伤,但甲事后投案自首,认罪、悔罪。倘若将幅的理论的上述观点运用到我国司法实践中,其责任刑的幅度可能是6年至7年徒刑;即使对甲完全没有特殊预防的必要,也必须判处6年徒刑。于是,刑罚仅仅服务于报应,预防必要性小的事实就被忽略了。难怪德国学者许迺曼(Schünemann)教授认为,幅的理论是绝对报应刑的残余,落后于时代。④

---

① BGH1970年10月27日的判决,BGH 24,132[134].
② H. Jescheck/T. Weigend, Lehrbuch des Strafrechts. Allgemeiner Teil, 5. Aufl., Duncker & Humblot 1996,S. 880.
③ H. J. Bruns, Das Recht der Strafzumessung,Heymann,2. Aufl.,1985,S. 96.
④ 参见〔日〕冈上雅美:《いわゆる罪刑均衡原則について》,载〔日〕川端博等编:《理论刑法学の探究2》,成文堂2009年版,第20页。

近来，德国刑法学者一般认为，量刑时可以不受幅的下限的约束。因为德国《刑法》第 46 条要求量刑时考虑刑罚对犯罪人将来社会生活所应当发生的作用，故在某些场合必然要求低于幅的下限判处刑罚；综合《德国刑法》第 47 条关于原则上避免短期自由刑的规定、第 56 条关于缓刑的规定，可以得出如下结论：为了有利于行为人的社会化，立法者要求或者允许以特殊预防为由，判处低于与责任相当的刑罚。①

但是，如果认为可以低于幅的下限判处刑罚，就意味着幅的下限是没有制约作用的。换言之，就幅的上限与下限而言，只有幅的上限起作用，下限便没有意义。这一方面意味着幅的理论本身就不妥当，另一方面说明后述点的理论是合适的。换言之，如果说可以低于下限科处更轻的刑罚，不仅表明幅的理论没有意义，而且表明幅的理论本身自相矛盾。

2. 可否基于预防的考虑突破幅的上限？

德国主张幅的理论的多数学者都认为，即使预防必要性再大，也不能突破幅的上限裁量刑罚，但 Dreher 教授指出："根据德国《刑法》第 46 条第 1 款前段，责任只不过是量刑的基础，只要刑罚的中核仍然处于责任刑，就必须允许以对行为人的效果为理由，摆脱上限与下限。""诚然，突破上限时要慎重，……但不可能从《基本法》第 1 条第 1 款推导出宪法的不允许性。"②日本学者井田良教授也认为，由于日本不存在刑事治疗处分制度，故不得不在某种程度上缓和责任主义的约束，使刑罚发挥一定的改善、治疗、保安的机能。亦即，在特殊预防的必要性极为明显的例外场合（如因为酒精或者药物导致在心神耗弱状态下实施犯罪的中毒者、常习累犯等），在比例原则的制约下，应当承认可以突破责任的上限裁量刑罚。③ 日本也有法官认为，责任刑是一个幅度，但考虑到一般预防与特殊预防的需要，会移动幅的上限与下限。例如，在被告人具有前科因而具有再犯罪可能性时，就可以超出幅的上限科处较重的刑罚。但此时并不是

---

① 〔德〕Claus Roxin：《刑法における責任と予防》，〔日〕宫泽浩一监译，成文堂 1984 年版，第 129 页以下。
② 转引自〔日〕小池信太郎：《量刑における犯行均衡原理と予防の考虑(1)》，载《庆应法学》2006 年第 6 号，第 33—34 页。
③ 〔日〕井田良：《量刑理论と量刑事情》，载《现代刑事法》2001 年第 21 号，第 37—38 页。

行为责任加重,而是基于刑事政策的理由加重。①

然而,超出责任刑的上限考虑特殊预防需要的观点与做法,明显违反了责任主义;超出责任刑的上限考虑一般预防需要的观点与做法,不仅违反责任主义,而且明显将被告人作为预防他人犯罪的工具对待,侵犯了被告人的尊严。要求在比例原则的制约下突破责任的上限的说法,也有自相矛盾之嫌。因为责任刑就是根据比例原则确定的,或者说,责任刑以符合比例原则为前提,不可能存在突破了责任的上限却符合比例原则的情形。质言之,如果要受比例原则的制约,就不应当突破责任的上限。

显然,倘若既可以突破幅的上限,也可以突破幅的下限,那么,事先确定幅的上限与下限就丧失了实际意义。如果不能突破幅的下限,那么,对预防犯罪的考虑不仅是有限的,而且陷入绝对报应刑的立场。所以,幅的理论充其量只能排除极端不均衡的刑罚,因而实际意义并不大。②

3. 可否仅以幅中尽可能低的刑罚为基准?

德国学者 Streng 教授意识到了幅的理论存在的缺陷,主张非对称性幅的理论,即以责任刑的幅度中尽可能低的刑罚作为基准,然后考虑预防犯罪的需要。

Streng 教授认为,如果在责任刑幅度的中线量刑或者偏上线量刑,在许多情况下都不符合宪法要求的比例原则,同时也可能陷入绝对报应刑。但是,从 20 世纪 90 年代以来,公众强烈要求加大刑罚量。另一方面,犯罪学的实证研究表明,较轻的刑罚如果能够反映犯罪行为的严重程度,就优于符合比例的重刑。这就意味着法官不能盲目地判处重刑。"但是,公民刑法的概念促使法官去迎合大众的价值观和需求。为了在各种观点之间达成和谐,就必须做出妥协:一方面,法官也是公民,受到大众价值观的约束,根据具体的罪责对犯罪人做出量刑;另一方面,法官判处与犯罪人罪责相适应的尽可能低的刑罚,避免非理性的严厉却无益的刑罚。""量

---

① 〔日〕小林充等:《座谈会:"量刑判断の实际"と量刑理论》(小林充发言),载《法律时报》2004 年第 76 卷第 4 号,第 71、74 页。

② 参见〔日〕本庄武:《刑罚论からみた量刑基准(1)》,载《一桥法学》2002 年第 1 卷第 1 号,第 194 页。

刑过程应该包括以下步骤:首先,法官找准法定刑幅度,并确定具体案件中与责任相适应的最低刑。其次,法官明确是否需要基于预防判处高于最低刑的刑罚。因此,'非对称的幅的理论'是针对最低刑而言的。只有大部分公众认为量刑结果公平公正才能达到规范认同的效果,而规范认同是刑法的主要目标,也是刑法区别于警察权等其他公权力的特征。这种量刑过程并不必然存在问题,高水平的法官能够做出让公众乍一看起来较低或很低却最终能接受的刑罚。"①

可是,其一,非对称幅的理论似乎不再是幅的理论,而是点的理论。因为该理论虽然承认责任刑存在一个幅度,但同时主张将幅度内的最低刑作为基准,再考虑预防必要性的大小,而且认为对预防必要性大的犯罪,可以高于最低刑宣告刑罚。这实际上是后述在点的周围考虑预防必要性大小的观点。

其二,倘若民众经过一段时间后要求减轻刑罚量,那么,非对称幅的理论能否再以最低刑作为基准便不无疑问。其实,在裁量责任刑时,原本就应当考虑一般国民的价值观。如果完全背离一般国民的价值观,那么,责任刑就不可能体现报应的正义性。然而,非对称幅的理论实际上旨在避免责任刑受大众价值观的约束,难以被人接受。另一方面,倘若实证研究表明,较轻的刑罚就足以抑止犯罪,则可以基于预防必要性小的理由从轻处罚。

其三,Streng 教授本人也承认,"非对称幅的理论的局限性也是明显的。量刑的核心问题,即主审法官进行责任分级,以及对应责任分级的刑罚差异,都没有能够得到解决。责任分级的不确定性仍然存在,体现在确定幅度下限上。同时,幅度的范围由于法官的不同而不同。"②

总之,幅的理论并不具有充分的根据,按照幅的理论处理责任刑与预防刑的关系时,要么会陷入绝对报应刑论,要么不利于预防刑的考量。

---

① 〔德〕弗兰茨·施特伦:《德国量刑理论的基本问题与最新进展》,陈学勇、罗灿编译,载《人民法院报》2014 年 6 月 6 日第 8 版。

② 同上。

三、点 的 理 论

点的理论认为,不法以及对不法的责任都有特定的、确定的内容,与责任相适应的刑罚只能是正确确定的某个特定的刑罚(点),而不是幅度;不能认为在某种幅度内的刑罚都是等价的制裁、正当的报应;与责任相适应的刑罚常常是一种唯一的存在,即使人们不能确定地把握这个点,但也不能否认这个点的存在。根据点的理论,在确定了与责任相适应的具体刑罚(点)之后,只能在这个点周围或者点以下考虑预防犯罪的需要。① 点的理论有两个基本内容:(1)客观上存在与责任相适应的确定的刑罚(点),法官主观上也能够认识到这种确定的刑罚;(2)法官只能在点周围或者点之下考虑预防犯罪的需要;当然在具有减轻处罚情节的场合,法官能够在点之下低于法定刑考虑预防犯罪的需要。

不难看出,点的理论存在两种类型:一种类型可谓"点周围论",亦即,在确定了责任刑的点之后,只能在点周围考虑预防刑,对预防刑的考虑不能明显偏离点。例如,甲故意重伤乙,倘若责任刑为5年有期徒刑,那么,不管甲的预防必要性如何,都不能明显偏离5年有期徒刑,如在5年周围或者附近(如4年徒刑或者6年徒刑)宣告刑罚均可。倘若宣告刑低于4年徒刑,则明显偏离了点。本书不赞成这种"点周围论",理由如下:

其一,"点周围论"与上述幅的理论,只有形式上的差异,没有实质上的区别。亦即,幅的理论是先确定责任刑的幅度,然后在幅度内考虑预防犯罪的需要。"点周围论"则是先确定一个点,然后在点的周围考虑预防犯罪的需要。显然,所谓"点的周围"就相当于一个幅度,与幅的理论没有区别。不仅如此,幅的理论在理论上有确定幅的上限与下限的要求,而"点周围论"没有提出如何确定"周围"的标准,因而更不可取。

其二,"点周围论"违反责任主义。这是因为,根据比例原则确定了责任刑的点之后,只有该点是与责任相应的刑罚。因此,即使是在点的周

---

① 参见〔日〕城下裕二:《量刑基准の研究》,成文堂1995年版,第83页以下。

围考虑预防刑,但如果是在点之上考虑预防刑,则意味着超出了责任刑,因而违反责任主义。

其三,"点周围论"没有发挥并合主义的优势,接近于绝对报应刑论。这是因为,"点周围论"要求在点的周围考虑预防刑,因而也只能在点的周围确定宣告刑。因此,即使没有特殊预防的必要,也必须在点的周围宣告刑罚,免予刑罚处罚就没有存在余地。

另一种类型可谓"点之下论",亦即,在确定了责任刑的点之后,只能在点之下考虑预防刑。例如,甲故意重伤乙,倘若责任刑为5年有期徒刑,那么,不管甲的预防必要性如何,都只能在3年以上5年之下确定宣告刑。如果甲具有减轻处罚的情节,当然还可以低于法定最低刑(3年有期徒刑)确定宣告刑。本书赞成的是这种"点之下论"(若无特殊说明,本书以下所称点的理论,均指"点之下论")。

并合主义为点的理论提供了充分根据。如前所述,报应刑论与目的刑论都可以从一个角度说明刑罚的正当化根据,但并合主义并不是二者的简单相加,而是辩证的结合。[①] 因为报应刑论与目的刑论各有利弊,并合主义要求二者优势互补、弊害互克。目的刑论往往为了追求预防犯罪的目的而过度适用刑罚,报应刑论正好给刑罚划定了上限;但报应刑论导致从预防角度而言不需要判处刑罚时也必须科处刑罚、特殊预防必要性小时也可能判处严厉刑罚,目的刑论正好解决了这一问题:如果没有预防犯罪的效果或者从预防犯罪的角度而言不需要判处刑罚,就不应当判处刑罚,这为免除刑罚处罚找到了根据;如果预防的必要性小,就可以判处较轻的刑罚。显然,在责任刑(点)之下考虑预防犯罪的需要,正是并合主义在量刑上的具体表现。

点的理论充分体现并且正好对应了刑法的人权(自由)保障机能与法益保护机能的协调关系。如所周知,由于犯罪的本质是侵害法益,所以,刑法的一个重要机能是保护法益。但是,刑法实行罪刑法定原则,并

---

① Vgl.,H. Jescheck/T. Weigend, Lehrbuch des Strafrechts. Allgemeiner Teil, 5. Aufl., Duncker & Humblot 1996, S. 85.

不是处罚一切法益侵害行为,只能处罚刑法有明文规定的法益侵害行为,否则就侵害了国民的预测可能性,因而侵害了国民的自由。所以,"'法益保护'概念,如果不被严格解释,就有被滥用的危险。"①换言之,刑法只能在罪刑法定原则的框架内发挥法益保护的机能,而罪刑法定主义发挥的是刑罚的人权保障机能。同样,处罚犯罪人是为了预防犯罪,保护法益,但是,如果对预防犯罪目的追求不受到责任刑的限制,就会侵害犯罪人的人权乃至将无辜者作为预防犯罪的工具。所以,刑法只能在责任刑的范围内发挥预防犯罪的机能,或者说只能在人权保障的框架内实现刑罚目的。这种点的理论充分展示了刑法的人权保障机能与法益保护机能的协调关系。

点的理论是消极的责任主义在量刑中的具体表现。在我国,不能违反责任主义,不得将被告人作为工具这样的观念,显得尤为重要。"由责任确定上限,是最重要的规制原理。从如何规制法官在量刑中的裁量的观点来看,支持有可能暗中摆脱这一规制的理论,是不理想的。围绕责任的实体的争论,虽然是观念性的,但重要的是必须从实际上的观点决定以哪一种立场为前提更能够实现合理的量刑这一问题。"②责任主义的核心是保障行为人的自由与权利。采取点的理论,意味着法官在考虑预防必要性大小之前,必须确定责任刑这个点。即使确定这个点比较困难,所确定的点也可能并不十分精确,但这个点的确定,可以限制法官对预防刑的考虑,防止法官量刑的恣意性,从而保障被告人的权利。

点的理论可以防止不必要的重刑。如所周知,目的刑论(一般预防论与特殊预防论中的威慑刑论)常常过分强调刑罚的威吓功能,造成在刑事立法与刑事司法上,有超越责任程度的刑罚主张。③ 积极的一般预防论同样导致重刑。④ 点的确定,划定了与责任相适应的刑罚上限,使得法官不能超出上限裁量刑罚,从而避免了不必要的重刑。

---

① 〔日〕甲斐克则:《责任原理と过失犯论》,成文堂2005年版,第85页。
② 〔日〕本庄武:《刑罚论からみた量刑基准(1)》,载《一桥法学》2002年第1卷第1号,第195—196页。
③ 参见林山田:《刑罚学》,台湾商务印书馆1983年第2版,第70页。
④ 参见〔日〕城下裕二:《量刑基准の研究》,成文堂1995年版,第132页。

Shaffstein等人指出,如果采取点的理论,将行为人的责任作为裁量刑罚的基础,就没有考虑预防刑的余地。换言之,点的理论是绝对的报应刑论的产物。① 显然,这种批判是以宣告刑不能偏离点为前提的,或者说是针对"点周围论"的。其实,根据消极的责任主义的原理与"点之下论",点的理论只是意味着宣告刑不能超过作为责任刑的点,但完全可以在点之下裁量刑罚。换言之,即使在没有减轻处罚情节的情况下,责任刑的点至法定最低刑之间的空间,就是考虑预防必要性大小的空间。例如,甲强奸一名妇女,并且致妇女轻伤。倘若认为其责任刑是6年有期徒刑,甲也没有减轻处罚的情节,那么,3年以上6年以下就是考虑预防必要性大小的空间。②

　　日本有法官指出,现实的量刑判断,是一个极为复杂的综合判断,在对以犯罪事实为中心的量刑情节进行评价后,会受到案件印象、被告人印象、被害人印象的影响,而且各种量刑情节的重要程度不同,常常不能一概地决定。而且,三名法官在合议的开始阶段,对量刑总会出现半年到1年乃至2年的差异。因此,法官难以确定责任的量。③ 诚然,责任的量是难以一义地确定的,但不能据此认为责任刑原本就没有确定的量。如前

---

①　参见〔日〕冈上雅美:《责任刑の的意义と量刑事实をめぐる的问题点(一)》,载《早稻田法学》1993年第68卷第3、4号,第92—93页。

②　不可否认,在少数情况下,点的理论也可能导致预防刑的裁量空间很小。例如,甲强奸三名妇女,没有责任加重与减轻情节,倘若将其责任刑确定为11年徒刑,而且在预防刑方面没有减轻处罚的情节,那么,只能在10年至11年之间考虑预防刑;倘若将其责任刑确定为10年徒刑,则意味着没有考虑预防刑的空间。尽管如此,本书依然认为,这比特意确定较大幅度的责任刑,然后在幅度内考虑预防刑的做法更可取。因为根据罪行轻重将责任刑确定在最低刑或者最低刑的附近时,正好可以将预防刑的追求限制在责任刑的范围内,从而避免侵害被告人的权利。这也正是点的理论优势所在。而且,既然责任刑的点之下考虑预防刑的空间较小或者没有考虑预防刑的空间,就只能期待通过责任刑实现预防犯罪的目的。就此而言,点的理论比幅的理论更合理。例如,倘若根据幅的理论,为了使预防刑的考虑具有一定的空间,将甲的责任刑确定为10年至13年这一幅度,于是,考虑到预防必要性的大小后,对甲既可能判处13年徒刑,也可能判处10年徒刑。显然,幅的理论完全可能为了考虑预防刑而特意设定一定的空间,但这种空间的设定只是为了预防犯罪,这便与并合主义立场相违背,完全可能违反责任主义,导致刑罚过重。点的理论则始终将预防目的的追求限制在责任刑的点之下,更有利于保障被告人的权利。此外,点的理论形成的预防刑裁量空间小,与幅的理论中某些情形下的预防刑裁量空间小,具有本质的区别。前者是责任刑与法定最低刑之间的空间,后者是法官在法定刑内确定的空间。

③　参见〔日〕远藤邦彦:《量刑判断过程的总论的检讨》,载大阪刑事实务研究会编著:《量刑实务大系第1卷量刑总论》,判例タイムズ社2011年版,第31页。

所述,法官完全可以先确定一个大致的幅度,再进行精密的判断,进而确定一个特定的点。同样,在三名法官起初对责任刑存在不同判断时,虽然可以认为此时存在一个幅度(即三名法官关于责任刑确定的不同观点会形成一个幅度,如甲、乙、丙三位法官所主张责任刑分别为1年半徒刑、2年徒刑与2年半徒刑,于是形成了1年半至2年半的幅度),但完全可以经过合议达成共识,形成责任刑的点(如2年徒刑)。在此意义上说,幅的确定只是可以成为点的确定的预备步骤。

陈兴良教授指出:"报应所确定的责任限度到底是点还是幅,应当根据各国刑法规定来考察。在法定刑规定较为细密的情况下,这个限度可能就是点;而在法定刑规定较为粗疏的情况下,这个限度可能就是一个幅度。"[1]言下之意似乎旨在说明,由于我国的法定刑幅度较宽,而不应当采取点的理论。然而,所谓"报应所确定的责任限度"应当是指报应所确定的责任刑,亦即根据报应原理所确定的与责任相应的刑罚。不管法定刑幅度多宽多窄,法官都必须确定与责任相对应的刑罚,而且都是在法定刑或者处断刑内确定与责任相对应的刑罚。例如,同样是故意非法拘禁他人24小时,不可能认为,在法定刑幅度宽的国家,与责任对应的刑罚就必须是一个幅度,而只有在法定刑幅度窄的国家,与责任相对应的刑罚才是一个点。既然如此,就不能认为量刑基准与法定刑的细密、粗疏具有关联性。此外,法定刑的精密与粗疏完全可能同时存在于一部刑法典中,亦即,一部刑法典可能对部分犯罪规定了精密的法定刑(如我国《刑法》第264条),对另一部分犯罪规定了粗疏的法定刑(如我国《刑法》第232条)。根据陈兴良教授的观点,对此应分别采取点的理论与幅的理论,但这难以被人接受。

四、本书立场

前一部分已经表明,本书赞成将责任刑作为刑罚上限的点的理论

---

[1] 陈兴良:《本体刑法学》,商务印书馆2001年版,第759页。

("点之下论")。"根据单纯将责任刑作为上限的理论,犯罪行为的重大性(责任的重大性)本身并不是'要求'判处重刑的要素,只是针对预防目的的过度追求,负担划定刑罚'上限'的任务。"①立足于这一立场,本书对以下几个问题再作说明。

(一) 量刑基准中的责任

作为量刑基准的责任,究竟是什么含义？对此,国外刑法理论上存在两种不同观点:第一种观点即"德国的通说认为,量刑责任是'有责的不法',不同于犯罪论中与不法相分离而使用的责任概念。例如,布鲁斯(Bruns)将犯罪论中的责任称为'为刑罚奠定基础的责任',认为其应与'量刑责任'相区别。犯罪论的责任,是判断犯罪的成立与否(Ob)的要素,'量刑责任'是判断程度(Wie)的要素"。② 日本也有学者认为,责任主义可以分为归责中的责任主义(没有责任就没有犯罪)与量刑中的责任主义(刑罚与责任相适应),后者的"责任",与作为犯罪成立条件之一的责任(有责性)不是完全等同的含义,而是指违法性与狭义的有责性相乘。"因为刑法上的责任意味着从事了违法行为(不法)的行为者所应承受的规范性非难或谴责,最终决定责任大小的就是违法性的大小和有责性的大小(狭义的责任)相乘而得到的后果——即犯罪本身的轻重(广义的责任)。"③第二种观点认为,作为量刑基础的责任与归责中的责任并无区别。因为根据消极的责任主义与点的理论,责任是刑罚的上限,其中的责任就是规范的非难可能性。换言之,作为犯罪成立条件的非难可能性,划定了刑罚的上限。④

上述第一种观点,一般以幅的理论的为前提;第二种观点,则以点的

---

① 参见〔日〕小池信太郎:《量刑における犯行均衡原理と予防的考虑(1)》,载《庆应法学》2006年第6号,第39页。
② 〔日〕冈上雅美:《责任刑の的意义と量刑事实をめぐる的问题点(一)》,载《早稻田法学》1993年第68卷第3、4号,第112页。
③ 〔日〕曾根威彦:《量刑基准》,载〔日〕西原春夫主编:《日本刑事法的形成与特色》,中国法律出版社、日本成文堂1997年版,第147页。
④ 〔日〕城下裕二:《消极的责任主义的归趋》,载〔日〕川端博等编:《理论刑法学の探究2》,成文堂2009年版,第36页。

理论为前提。在通常情况下,是将量刑责任解释为"有责的不法",还是解释为犯罪成立条件之一的责任,对责任刑不会产生影响。例如,甲盗窃了乙的一辆价值 1500 元的自行车,但始终不知道自行车的车把中藏有 3000 元人民币。按照第一种观点,甲对客观上盗窃 3000 元人民币的事实虽然是不法的,但不是有责的,所以,只能按照甲盗窃价值 1500 元自行车这一有责的不法事实确定责任刑。按照第二种观点,甲对盗窃 3000 元人民币的事实没有责任,所以,甲对盗窃价值 1500 元自行车的责任,就划定了责任刑的上限。

但是,一旦行为人具有责任减轻事由,上述两种观点得出的结论就不一定相同。① 第一种观点往往难以积极承认减轻责任对责任刑的影响。后述德国联邦法院刑事判例集第 7 卷第 28 页以下的指导性判决的观点,就凸显了上述第一种观点的缺陷,导致责任减轻事由对于量刑几乎不起作用。因为幅的理论将作为量刑基础的责任理解为可归责的不法,当行为人的责任能力减轻时,其不法也是可归责的,于是责任能力减轻时,责任刑的幅并没有减轻,责任减轻的事实在幅的理论中基本上丧失了意义。上述第二种观点则承认责任不仅存在有无问题,而且承认减轻责任对责任刑产生影响。在此意义上说,本书赞成第二种观点,亦即责任虽然是对不法行为的非难可能性,但责任仍然有轻重之分。事实上,即使否认责任具有轻重之分的学者,在某些场合也不得不承认责任的减少。如前所述,虽然采取幅的理论的井田良教授认为"责任自身并不具有独立的分量",但他不得不承认的是,"期待可能性的理论,是以存在难以或者不可能基于规范意识制御动机的行为事情为由,承认责任的减少或者阻却的学说。例如……对防卫过当(第 36 条第 2 项)与避险过当(第 37 条但书),预定了减免刑罚的可能性,对此可以理解为,在紧急状态下难以正确遵守正当防卫、紧急避险的要件的意义上说,考虑到适法行为的期待可能性减少(同时考虑违法性的减少)"。② 既然认为期待可能性是责任要素,期待可

---

① 在不法没有加重,但责任本身加重时(当然,这种情形比较少见),也是如此。
② 〔日〕井田良:《讲义刑法学·总论》,有斐阁 2008 年版,第 387—388 页。

能性减少就意味着责任减少;既然责任减少,就要求责任刑减少。

问题是,如何理解归责中的责任?如果认为,归责中的责任,仅指成立犯罪所必须具备的责任,那么,归责中的责任与作为量刑基准的责任,仍然存在区别。如若认为归责中的责任,是指所有责任要素所表明的责任程度,则归责中的责任与作为量刑基准的责任是等同的。例如,故意杀人罪的成立不需要特定的动机,在甲基于义愤杀害一人、乙基于报复杀害一人的情况下,都不缺少成立故意杀人罪所要求的不法与责任要素。倘若归责中的责任,仅考虑成立犯罪所必需的责任要素,即不考虑杀人的动机,那么,甲、乙的归责中的责任似乎是相同的;但作为量刑基准的责任,甲、乙显然是不同的,因为二者的不同动机,使得其非难可能性明显不同。但是,如若认为归责中的责任,也需要考虑必要的责任要素之外的表明非难可能性的因素,即在上例中也需要考虑动机,那么,甲、乙的归责中的责任就是不同的,作为量刑基准的责任也因此不同。

总之,不管如何理解归责中的责任,作为量刑基准的责任,一方面是对不法的责任,另一方面也包含由各种表明非难可能性的因素(不管其是否属于成立犯罪所必需的责任要素)所形成的责任程度。

(二)责任刑对预防目的的制约

1. 责任刑与特殊预防

责任刑就是报应刑,所谓罪刑均衡,就是要求刑罚与责任相均衡。责任刑与特殊预防的关系,也可谓罪刑均衡与特殊预防(刑罚个别化)的关系。

我国《刑法》第5条规定了罪刑相适应原则:"刑罚的轻重,应当与犯罪分子所犯罪行和承担的刑事责任相适应。"由于"罪行"、"刑事责任"具有不同含义,故对《刑法》第5条可能出现不同理解。

首先,可能将"罪行"解释为犯罪的法益侵害程度(不法),将"刑事责任"解释为非难可能性程度(有责性)。据此,刑罚的轻重应当与犯罪分子所造成的客观不法性和主观有责性相适应。单纯从字面上考虑,这一解释并无不当。但是,其一,这种解释只是反映了报应刑的要求,不能适应目的刑的需要。亦即,没有考虑刑罚对行为人将来社会生活的影响,因而不利于预防犯罪人再次犯罪。其二,这种解释导致没有责任的不法事实也可能成为量刑根据,这便违反了责任主义。而且,当一个案件既存在有责的不法,也存在没有责任的不法事实时,这种解释导致量刑会无所适从。因为刑罚不可能既与全部不法事实相适应,又与部分责任相适应。所以,本书不采取这种解释。

其次,可以将"与犯罪分子所犯罪行……相适应"解释为罪刑相适应(罪刑均衡);将"与犯罪分子……承担的刑事责任相适应",理解为与犯罪分子的预防必要性大小相适应。亦即,将"刑事责任"理解为犯罪人所应承担的广义的法律后果。一般来说,罪行重则刑事责任重,罪行轻则刑事责任轻。但是,由于罪行本身的轻重是由犯罪的主客观事实本身决定的,而刑事责任的轻重虽然主要由犯罪的主客观事实决定,可是许多案件外的表明犯罪人的再犯可能性大小的事实或情节,能够说明刑事责任的轻重,却不能说明罪行的轻重。例如,自首与立功可以说明行为人的再犯可能性减小,但不表明其所犯罪行也减轻,而这是量刑时必须考虑的因素。因此,可以认为,《刑法》第5条的规定,实际上是要求刑罚的轻重必须与罪行的轻重以及犯罪人的再犯可能性相适应。与罪行的轻重相适应,是报应刑的要求;与犯罪人的再犯可能性相适应,是特殊预防目的的要求。① 概言之,《刑法》第5条的实质在于,既要罪刑均衡(罪刑相适应),又要刑罚个别化。

但是,到此为止,并没有处理好罪刑均衡与刑罚个别化之间的关系问题,或者说没有真正解决报应与特殊预防的二律背反关系问题。根据点的理论,罪刑均衡只是意味着确定刑罚的上限,即确定责任刑的点,在此点之下考虑预防犯罪的目的。换言之,对罪刑均衡的要求只是意味着刑罚不得超出责任的上限,只要特殊预防的必要性小或者没有特殊预防的必要,就可以在责任刑之下从宽处罚。只有这样,才能解决报应与特殊预防的二律背反关系。这正是并合主义的要义所在。

---

① 参见张明楷:《新刑法与并合主义》,载《中国社会科学》2000年第1期,第103页以下。

2. 责任刑与一般预防

责任刑与一般预防的关系,也可谓罪刑均衡与一般预防的关系。对此,需要根据一般预防必要性大小的判断标准展开讨论。可以想象的是,一般预防必要性大小的判断,存在三个标准。

第一个标准是,严重的犯罪就是一般预防必要性大的犯罪,反之,轻微的犯罪则是一般预防必要性小的犯罪。本书不赞成这种观点。犯罪严重与否,是决定报应刑或者责任刑轻重的标准,而不是一般预防性大小的标准。如果采取这种标准,那么,报应刑与一般预防必要性就是完全重合的,二者既无冲突,更不存在二律背反问题。换言之,只要罪刑均衡,就可以实现一般预防的目的。那么,能否得出这样的结论呢?

德国学者许迺曼主张一般预防论,否认特殊预防论,同时既否认幅的理论,也否认点的理论,而是提倡一种新的罪刑均衡论。他指出:"行为相当性对于规范与制裁可接受性的意义可表述如下:社会侵害性程度,也就是不法程度;以及犯罪能量的强度,也就是严格行为责任意义下的典型罪责,形成一个依据行为相当准则决定刑罚范围的核心比较事项。这对一般大众是可以理解的,也是潜在行为人事前可以预测的,因此不论对一般大众或对行为人都具有高度接受性。因为当事人一定会说,他所能接受的刑罚原则上必须是在行为前就可自行估计的。而一般大众则是从量刑的一致性看出刑事司法的公正性。同时也因而符合积极预防的期待,并且与规范的可接受性相一致应,因为从刑罚的刑度可以获知犯罪行为的非价,以及相对的被破坏利益的价值。"[1]"换言之,一个取决于犯行均衡原则的量刑,会被关系人以及一般公众所高度接纳"[2],因而能够实现一般预防的目的。

诚然,与罪行相均衡的刑罚,在通常场合,可以让一般民众满意,基本上能够满足一般预防的要求。但必须明确以下几点:其一,与罪行均衡的

---

[1] 〔德〕许迺曼:《由行为相当性原则的观点看规范与制裁之可接受性》,单丽玟译,载许玉秀、陈志辉编:《不移不惑献身法与正义——许迺曼教授刑事法论文选辑》,台湾春风煦日学术基金2006年版,第678页。

[2] 〔德〕许迺曼:《从德国观点看事实上的量刑、法定刑及正义与预防期待》,林钰雄译,载同上书,第689页。

刑罚,虽然以理想的形式考虑了一般预防的目的,但并没有得到证明,常常只是推定。① 其二,仅从一般预防目的角度考虑,将罪行的轻重作为量刑的唯一根据的观点,其结局与绝对报应刑论完全相同。况且,不考虑特殊预防的刑罚,是完全不现实的。其三,罪行相同并不等于一般预防的必要性相同。例如,甲拾得他人的信用卡,因知道密码,从 ATM 取出 2 万元;乙拾得他人的信用卡,不知道密码,但由于 ATM 的故障,从 ATM 取出 2 万元。二者的罪行相同,但一般预防的必要性并不相同。倘若对甲与乙判处相同的刑罚,便明显不当。所以,与罪行相均衡的刑罚并不完全等同于一般预防所需要的刑罚。

第二个标准是,行为人是否实施了容易引起他人效仿的犯罪? 如果是则一般预防必要性大,否则,一般预防必要性便小。

可以肯定的是,他人容易效仿的犯罪属于一般预防必要性较大的犯罪。问题是,在这种场合,是应当认为行为人的责任重还是一般预防的必要性大? 本书的基本看法是,如果一种犯罪原本很少发生,但行为人特意以特定方式实施该种犯罪,使得这种犯罪容易被他人效仿,则应当认定为行为人的责任重,从而导致责任刑重,而不应以一般预防必要性大为由加重刑罚,否则仍然有将行为人作为工具预防他人实施犯罪之嫌。

与此相联系的是,能否一概认为,由于行为人实施了一般预防必要性大的犯罪(如盗窃罪、诈骗罪、故意伤害罪等),就认定行为人的责任严重? 例如,当酒后驾驶导致交通事故的犯罪在一段时间急剧增加时,行为人在此背景下仍然酒后驾驶造成交通事故的,能否认为行为人的责任加重,进而提高责任刑? 日本的井田良教授指出:"一旦某种类型的犯罪增加,当然引起社会对它的严厉目光。其结果是,对该犯罪的责任评价也更为严厉,因此刑罚理当更重。"②但是,某种类型犯罪的增加,并不意味着

---

① H. Jescheck/T. Weigend, Lehrbuch des Strafrechts. Allgemeiner Teil, 5. Aufl. , Duncker & Humblot 1996,S. 877.
② 〔日〕小林充等:《座谈会:"量刑判断の实际"と量刑理论》(井田良发言),载《法律时报》2004 年第 76 卷第 4 号,第 70 页。

行为人的责任加重,因为犯罪的增加这种现象本身,并不能归责于行为人。① 以一般预防的必要性大为根据,得出行为人的责任加重的结论,必然导致责任不是由对不法行为的非难可能性决定,而是完全由一般预防的必要性大小决定,从而使责任刑不能对预防刑起限制、制约作用,不可避免地违反责任主义原则。

第三个标准是,发生率高的犯罪如盗窃罪、伤害罪,就是一般预防必要性大的犯罪;反之,则是一般预防必要性小的犯罪。这个标准能够被人接受,也是本书的观点。在此标准下,需要讨论两个问题。

首先要讨论的问题是,能否因为一般预防的必要性大,而在责任刑(点)之下从重处罚?例如,甲所犯之罪的法定刑为3年以上10年以下有期徒刑,法官根据其罪行确定的责任刑(点)为7年徒刑。但是,甲所犯之罪具有蔓延的可能性,极容易被其他人效仿。能否在3年以上7年以下的范围内,对甲从重处罚(如判处7年徒刑)?本书对此持否定回答。

诚然,在点之下因为一般预防的必要性大而从重处罚,因为没有突破责任刑的点,并没有违反责任主义。但是,"除了人们自身的要求外,不得为了某种目的而将人工具化,即不得将人用来作为实现超越他自身要求或强加于他的某种'目标'的工具,是尊重人的最基本要求。"②所以,量刑时不能以一般预防必要性大为由,在点之下从重处罚。得出这一结论,并不等于量刑没有一般预防的效果。刑法所指向的是一般人与一般事件,因而刑罚的制定就考虑了一般预防③,量刑以法定刑为依据,当然也就具有一般预防的效果。况且,特殊预防本来就是在一定背景下考虑的,其中的一定背景,自然包含了一般预防的背景。此外,在责任刑的点之下科处的足以预防行为人再犯罪的刑罚,就能够被一般国民接受,从而增强国民对法秩序的存在力与贯彻力的信赖。所以,对特殊预防的考虑本身也会

---

① 参见〔日〕小林充等:《座谈会:"量刑判断の实际"と量刑理论》(冈上雅美发言),载《法律时报》2004年第76卷第4号,第70页。

② 〔意〕杜里奥·帕多瓦尼:《意大利刑法学原理》,陈忠林译,法律出版社1998年版,第181页。

③ 如前所述,盗窃罪的法定刑重于故意毁坏财物罪的原因之一是,前者的一般预防必要性大于后者。

具有一般预防的效果。

其次要讨论的是,能否因为一般预防的必要性小,而在责任刑(点)之下从轻处罚?例如,甲所犯之罪的法定刑为3年以上10年以下有期徒刑,法官根据其罪行确定的责任刑(点)为7年徒刑。但是,甲所犯之罪没有蔓延的可能性,难以被其他人效仿。能否在3年以上7年以下的范围内,对甲从轻处罚(如判处3年徒刑)?本书对此持肯定回答。

并合主义原本就是为了避免不必要的刑罚而产生的。既然一般预防的必要性小,就没有必要科处较重的刑罚。基于并合主义所形成的点的理论,正是为了能够在点之下判处较轻的刑罚,甚至免除刑罚。所以,只要采取点的理论,就必然对上述问题持肯定回答。以许霆案为例,之所以对许霆减轻处罚,除了期待可能性减少导致责任减少的根据之外,另一个很重要的根据是,对许霆利用ATM的故障实施的盗窃行为,几乎不存在模仿的可能性;就路人皆知的邓玉娇案而言①,之所以对邓玉娇免除刑罚处罚,一个很重要的根据是其行为缺乏蔓延的可能性。

3. 责任刑与双面预防

确定了责任刑(点)之后,如果认为一般预防与特殊预防的必要性都小,法官当然应在点之下从轻处罚;如果被告人具备减轻或者免除处罚的情节,还应当减轻或者免除处罚。但是,在具体案件中,一般预防与特殊预防必要性大小,也不完全一致。如何处理这类案件,或者说,是一般预防优先还是特殊预防优先,便需要研究。

---

① 2009年5月10日晚上8时许,时任巴东县野三关镇招商办主任的邓某和副主任黄某等人酗酒后到巴东县野三关镇"雄风宾馆梦幻城"玩乐。黄某进入"梦幻城"5号包房,要求正在该房内洗衣的宾馆服务员邓玉娇为其提供异性洗浴服务。邓向黄解释自己不是从事异性洗浴服务的服务员,拒绝了黄的要求。并摆脱黄的拉扯,走出该包房,与服务员唐某一同进入服务员休息室。黄某对此极为不满,紧随邓玉娇进入休息室,辱骂邓玉娇。闻声赶到休息室的邓某,与黄某一起纠缠、辱骂邓玉娇,拿出一叠人民币向邓玉娇炫耀并掮击其面部和肩部。在"梦幻城"服务员罗某、阮某等人的先后劝解下,邓玉娇两次欲离开休息室,均被邓某拦住并被推倒在身后的单人沙发上。倒在沙发上的邓玉娇朝邓某乱蹬,将邓某蹬开。当邓某再次逼近邓玉娇时,邓玉娇起身用随身携带的水果刀朝邓某刺击,致邓某左颈、左小臂、右胸、右肩受伤。一直在现场的黄某见状上前阻拦,被刺伤右肘关节内侧。邓某因伤势严重,在送往医院抢救途中死亡(殁年45岁)。经法医鉴定:邓某系他人用锐器致颈部大血管断裂、右肺破裂致急性失血休克死亡。黄某的损伤程度为轻伤。案发后,邓玉娇主动向公安机关投案,如实供述罪行,构成自首。经司法精神病医学鉴定,邓玉娇为心境障碍(双相),具有部分(限定)刑事责任能力。

其一,在点的理论之下,如果特殊预防的必要性小,应当科处轻刑,但一般预防的必要性大,应当科处较重刑罚时,能否科处较重刑罚?

德国联邦法院的基本观点是,"在责任的幅度范围内,即使从特殊预防来考虑,科处较重的刑罚并不适当,也当然允许为了一般预防而科处较重的刑罚。因此,当责任刑的幅是二年到三年自由刑时,即使从特殊预防的见地来看二年自由刑是很适当的,也允许法官为了一般威慑的目的而科处三年自由刑。联邦法院刑事判例集第 7 卷第 28 页以下的指导性判决,展开了幅的理论,并且已经使上述观点成为重要的实际的结论。亦即,就责任能力明显减轻的行为人而言,虽然责任的幅是 15 年自由刑至无期自由刑,但联邦法院认为,仅以一般威慑为由便允许科处无期自由刑。"①

但是,如前所述,这种做法虽然没有违反责任主义,却明显将被告人作为预防他人犯罪的工具予以利用,因而不可取。换言之,即使采取幅的理论,当行为人的特殊预防必要性较小时,也不能在幅的范围内科处较重刑罚。这从另一方面说明了幅的理论缺陷。

其二,在点的理论之下,如果一般预防的必要性小,应当科处较轻刑罚时,能否因为特殊预防的必要性大,而科处较重刑罚?

本书对此持肯定回答。刑法规定的法定刑,已经考虑了一般预防的需要,而特殊预防只能由法官在量刑时、执行机关在行刑时考虑。如果法官在量刑时不考虑特殊预防必要性的事实,就不可能发挥刑罚的特殊预防机能。所以,当法官根据量刑资料,确信特殊预防的必要性大时,就可以在责任刑(点)之下从重处罚。

(三) 罪刑均衡的基本含义

由上可见,只要考虑预防犯罪的需要,所宣告的刑罚就几乎不可能是与罪行相均衡的刑罚。对于罪刑均衡原则与刑罚个别化原则的关系,以

---

① 〔德〕Claus Roxin:《刑法における責任と予防》,〔日〕宫泽浩一监译,成文堂 1984 年版,第 161 页。

及罪刑均衡与预防犯罪的关系,都只能按照点的理论来处理。基于上述关于责任刑与预防目的的关系,可以对罪刑均衡原则的基本含义作如下归纳:

第一,罪刑均衡中的罪,是指责任,即刑罚必须与行为人的责任相均衡。据此,在责任减轻的场合,责任刑也相应减轻。这是责任主义原理决定的。将罪刑均衡中的罪界定为责任,并不意味着量刑时不考虑不法事实。因为责任是对不法的责任,所以,只是将没有责任的不法排除在外。日本学者小暮得雄教授认为,应当以法益侵害为核心理解罪刑均衡中的罪;其中的罪,是指法益侵害以及包含了与法益侵害相关的行为样态的"违法性"。① 可是,虽然不存在"没有违法的责任",但的确存在"没有责任的违法"。如果罪刑均衡中的罪是指违法,那么,就意味着行为人必然对自己没有责任的违法也承担刑事责任,这明显违反责任主义。例如,甲对乙实施故意伤害行为,虽然造成了死亡结果,但甲对乙的死亡没有预见可能性。按照小暮得雄教授的观点,要根据死亡结果确定报应刑。但这种报应刑只是早已被淘汰的"被害报应",而不是"责任报应",因而违反责任主义原则。按照本书的观点,由于甲仅有伤害的故意且对死亡没有过失,所以仅承担故意伤害(重伤)罪的责任。

第二,不能采取积极的均衡原则。积极的均衡,是指积极追求与犯行的重大性相均衡的刑罚的决定原理(bestimmendes Prinzip),这种理论要求积极地寻找尽可能与犯行的重大性相适应的刑罚。② 但是,在一般预防与特殊预防的必要性较小时,不应当追求刑罚与罪行的重大性相均衡。如前所述,所谓罪刑均衡实际上是报应刑的要求,报应是指责任报应,报应刑就是责任刑。责任刑所考虑的是犯罪人的利益,旨在使对预防目的的追求受到责任刑的限制,所以,如果最终宣告的刑罚没有超过责任刑的点,即便低于责任刑的点,也完全符合犯罪人的利益,并不违反罪刑均衡

---

① 〔日〕小暮得雄:《刑の权衡论について》,载《北大法学论集》第14卷(1963年)第1号,第52页。
② 参见〔日〕小池信太郎:《量刑における犯行均衡原理と予防的考虑(1)》,载《庆应法学》2006年第6号,第80页。

原则。

第三,只能采取非对称性的罪刑均衡原则。亦即,罪刑均衡中的均衡,虽然可能表现为轻罪轻判,但并不意味着重罪必须重判,而是指刑罚不得超出责任的上限。所以,即使罪行重大,也可能因为预防的必要性小,而科处较轻的刑罚。同样,所谓"刑罚与责任相适应"、"刑罚以责任为基础",都只能是非对称性的,亦即,刑罚可以达到责任刑的点,但不能以任何理由超过这个点;反之,刑罚可以基于预防必要性小以及其他刑事政策的理由,低于责任刑的点。换言之,所谓"刑罚与责任相适应"、"刑罚以责任为基础",并不意味着在任何场合刑罚的程度必须与责任程度相应,只是要求刑罚在任何场合都不得超过责任程度。

第四,受法定刑的制约,在没有减轻处罚的情况下,不得低于法定最低刑判处刑罚;在没有免除处罚情况下,不得免除处罚。

通过上述分析,可以得出以下结论:其一,重罪重判、轻罪轻判意义上的罪刑均衡,只是就责任刑而言,而不是就宣告刑而言。因为宣告刑是在责任刑之下考虑预防目的而形成的刑罚。由于责任刑与预防刑并不成正比例关系,所以,宣告刑不可能、也不应当完全与罪行相均衡。其二,从宣告刑上来说,重罪也可能轻判。因为即使责任刑重,但如果一般预防或特殊预防的必要性小,就可以从轻判处刑罚。其三,从宣告刑上来讲,轻罪能否重判,便取决于如何理解"重判"。倘若认为重判是指为了一般预防或者特殊预防的需要,突破轻罪的责任刑重判,那么,对轻罪就不可能重判。倘若认为重判是指为了实现特殊预防的需要,而在责任刑之下从重处罚,那么,对轻罪就可以重判。但需要重申的是,不能为了一般预防的需要而在责任刑之下从重处罚。

(四)责任刑情节与预防刑情节

不管是采取点的理论还是采取幅的理论,都要求区分责任刑与预防刑。甲与乙均犯盗窃罪,法官对甲判处2年徒刑的实刑,而对乙判处3年徒刑、缓期4年执行时,孰轻孰重?如果不区分责任刑与预防刑,就无法回答这样的问题。显然,甲的责任刑轻,但特殊预防的必要性大,故预防刑重;反之,乙的责任刑重,但特殊预防的必要小,故预防刑轻。于是,形成了上述局面。所以,在理解了量刑基准以及罪刑均衡的含义后,就需要明确哪些情节是决定责任刑的情节(参见本书第五章),哪些情节是决定预防刑的情节(参见本书第六章)。① 这是因为,责任刑与预防刑的地位不同,即只能在责任刑之下考虑预防刑。

责任刑情节与预防刑情节的不同地位,决定了法官既不能将二者等量齐观,也不能将二者总合考虑。

责任刑情节是确定责任刑的根据。在确定责任刑时,不得考虑预防的必要性大小。一旦确定了责任刑(点),那么,预防刑情节就只能在责任刑的点之下起作用。所以,预防刑情节的作用受责任刑的制约。例如,就法定刑为5年以下有期徒刑的犯罪而言,倘若根据影响责任刑的情节,对责任刑确定的点是3年有期徒刑,那么,各种影响预防刑的从重与从轻情节就只能在3年至6个月的区间内发生作用。即使具有两个从重处罚的预防刑情节,最多也只能判处3年徒刑;超出3年的徒刑,就违反了责任主义。

以累犯从重处罚为例。在日本,刑罚的加减方法,使累犯加重的规定违反责任主义。例如,《日本刑法》第235条规定:"窃取他人财物的,是盗窃罪,处十年以下惩役或者五十万元以下罚金。"根据《日本刑法》第57条的规定,当行为人属于累犯时,其法定刑便修正为"二十年以下惩役或者罚金"。可是,"即使符合累犯加重的要件,就后罪而言,也难以认为其行为的违法性与有责性严重到超出通常的法定刑范围的程度。即使肯定类型性地责任加重,也不能说明现行法所认可的这种大幅度的刑罚加重。所以,应当将从刑事政策的见地将累犯规定理解为责任主义的例外的一

---

① 日本学者井田良将量刑情节为分六类:一是作为犯罪要素的量刑情节(即有关违法性的事实与有关有责性的事实);二是作为具体认定行为的违法性、有责性程度的资料的情节;三是影响犯罪的当罚性程度的情节;四是考虑特殊预防效果时应当参考的情节;五是犯罪后的情节中从刑事政策的合目的性角度应当考虑的情节;六是有关刑罚的必要性或者对刑罚的感应性的情节(〔日〕井田良:《量刑理论と量刑事情》,载《现代刑事法》2001年第1号,第39页以下)。可以认为,前三类是确定责任刑的情节;后三类是确定预防刑的情节。

种制度。"①

我国的刑罚从重、减轻制度,则能避免日本的问题。由于对累犯从重并不意味着法定刑的修正,所以,对累犯依然只能在责任刑的点以下裁量刑罚。例如,普通抢劫罪的法定刑为 3 年以上 10 年以下有期徒刑。甲以胁迫方法抢劫他人价值 1000 元的财物,假定责任刑为 4 年有期徒刑,在没有减轻处罚情节的情况下,便形成了 3 年以上 4 年以下的选择空间。在这种情况下,即使考虑到累犯应当从重处罚,也只能在此空间选择刑罚,即所选择的刑罚不得超过 4 年有期徒刑。显然,这种做法完全符合责任主义,是点的理论的当然结论。

按照点的理论,对各种从重、从轻、减轻情节的运用,就不是一个简单的所谓先考虑从轻、减轻情节,后考虑从重情节的问题,而是先根据责任刑情节确定点,然后在点之下考虑预防刑情节。② 所以,责任刑的从重情节与预防刑的从轻情节,责任刑的从轻情节与预防刑的从重情节,是绝对不可以相互抵消的。例如,具有限制责任能力的甲因犯盗窃罪被判处有期徒刑 6 个月,刑满释放后 6 个月,又盗窃他人价值 5 万元的财物。其中的限制责任能力是责任刑情节,累犯是预防刑情节。倘若盗窃他人 5 万元财物通常会判处 9 年徒刑,由于甲仅具有限制责任能力,法院决定减少 3 年徒刑,那么,其责任刑(点)便是 6 年徒刑,即使其为累犯、特殊预防的必要性很大,也不得在 6 年之上判处刑罚。反之,如果认为责任刑的从轻情节与预防刑的从重情节可以抵消,则意味着对甲仍然可以判处 9 年徒刑。但这种做法明显违反责任主义。

(五) 量刑基准与量刑方法

近年来,刑法理论上提出的各种量刑方法,虽然存在一些差异,但核心观点都是将各种量刑情节进行定量分析,然后根据量的总和确定宣告

---

① 〔日〕井田良:《讲义刑法学·总论》,有斐阁 2008 年版,第 558—559 页。
② 当然,在责任刑情节与预防刑情节之内,分别存在先考虑从轻、减轻情节,还是先考虑从重情节的问题。

刑。① 这些量刑方法论,都没有考虑责主义对量刑的制约关系,没有在量刑基准的前提下讨论量刑方法。

例如,主张积分量化法的赵廷光教授提出:"将每种法定刑都平均划分为 200 个刻度。其中第 101 至 200 个刻度为'从重处罚空间',第 1 个至第 100 个为'从轻处罚空间'。"在此基础上,"首先,通过外部比较,评价特定情节在量刑中的重要性程度……为实现量刑的公正性,应当将特定量刑情节与其他不同属性的量刑情节进行比较之后,对其做出如下五个等级的选择评价……其次,通过内部比较,评价特定情节影响处罚轻重的程度……为了实现量刑的准确性,应当将特定量刑情节与同种情节的不同表现进行比较之后,分别对从重从轻处罚情节进行如下五个等级的选择评价……最后,通过两次等级评价,从整体上把握特定情节在量刑中所起的作用。""例如,案件只有'累犯'这个法定从重处罚情节,第一次评价为'重要情节'(积 40 分),第二次评价为'危害危险较重'(积 30 分),两者相加共积 70 分,将其用'水银柱'方式表示在法定刑的从重处罚空间内,从'中间线'(第 101 个刻度)开始向上读数,第 170 个刻度便是量刑最佳适度。"②

显而易见,这种观点完全没有考虑责任刑情节与预防刑情节的关系,没有将预防刑限定在责任刑之内。倘若行为人所具有的从重处罚情节,都是预防刑情节,那么,预防刑就必然突破责任刑,一方面导致行为人成为预防其他人犯罪的工具,另一方面明显违反了责任主义。

不能不对电脑量刑提出一点异议。量刑的客观公正,所要求的是活生生的正义,而不是机械化的正义。"电脑会缺乏法律的个人的及历史的面向,它的语言不是活着的。"③由电脑做出判决时,"所产生的法律是另外一种'法律',与法官透过判决所说出来的法律是不同的:一种'法律'在其中平等原则被机械性的操纵,绝对没有考虑到具体及历史的情境,及

---

① 参见陈兴良:《刑法的价值构造》,中国人民大学出版社 2006 年第 2 版,第 557—562 页。
② 赵廷光:《实现量刑公正性和透明性的基本理论与方法》,载《中国刑事法杂志》2004 年第 4 期,第 5、11—12、13 页。
③ 〔德〕亚图·考夫曼:《法律哲学》,刘幸义等译,台湾五南图书出版有限公司 2000 年版,第 123 页。

个别性,一个瞎眼的漫画图像,一个没有看到'个别个人'的正义女神,一个没有历史及非个人的法律。"①人们习惯于认为,对于相同的案件必须做出相同的判决。其实,"'相同'是从来没有真正有的……在真实里,永远只有或多或少,较大的相似性及不相似性。"②不管设计者如何周到,电脑量刑必然抹杀个案的差异性。当法官的人都知道,被告人在法庭上的一个独特的眼神,都可能影响法官的量刑。至于这个独特的眼神是否真的应当影响量刑,就需要法官有良好的观念。在量刑时,观念比方法重要得多。在各种观念中,责任主义观念更为重要。如果法官始终以责任刑制约预防刑,量刑状况会有明显改善。

按照本书的观点,量刑有三个最重要的步骤:第一是法定刑的选择,即确定罪名后根据案件的不法与责任事实确定法定刑。第二是责任刑的裁量,即根据影响责任刑的情节,确定责任刑(点)。要确定责任刑的点,就必须明确哪些情节影响责任刑。例如,不能将累犯作为影响责任刑的情节,也不能将故意、过失作为影响预防刑的情节。第三是预防刑的裁量,即在责任刑的点之下根据预防必要性的大小,进而确定宣告刑。不管预防必要性多大,都只能在责任刑的点之下从重处罚。所以,任何将各种影响责任刑的情节与影响预防刑的情节相加或者相抵的做法,都违反了并合主义理念,也都可能违反责任主义。

---

① 〔德〕亚图·考夫曼:《法律哲学》,刘幸义等译,台湾五南图书出版有限公司2000年版,第121—122页。

② 同上书,第122页。

第四章 法定刑的选择

一、概 述

与国外刑法相比,我国刑法分则关于法定刑的规定有两个明显的特点:第一是法定刑较重,第二是法定刑档次多。

法定刑较重既表现为死刑数量多,也表现为无期徒刑与长期徒刑多。如盗窃罪与诈骗罪,德国、日本、韩国刑法规定的最高刑均为10年徒刑,而我国刑法规定的最高刑为无期徒刑(《刑法修正案(八)》之前对盗窃罪规定的最高刑为死刑)。再如故意伤害致死,德国、日本与韩国刑法规定的最高刑均为有期徒刑,而我国刑法规定的最高刑为死刑。

如前所述,法定刑较重的主要原因是,立法者重视报应观念与一般预防的必要性,在责任刑与预防刑之间总是选择最重的一方。例如,有的罪(如危害国家安全罪)由于责任刑重,即使一般预防的必要性小,立法者也会按责任刑确定法定刑。反之,有的罪(如盗窃罪、诈骗罪)由于一般预防的必要性大,即使责任刑相对较轻,立法者也会按预防刑确定法定刑。此外,立法者在设计法定刑时,过于注重特殊情形,导致法定刑过重。例如,故意伤害致死的案件,虽然责任较重,一般预防的必要性也不小,但通常不至于判处死刑。但立法者过于重视特殊的个案,于是将最高刑规定为死刑。刑法是普遍适用的规范,如果过于重视罕见案情,法定刑的幅度就会过大,因而导致法定刑过重。

第四章 法定刑的选择

法定刑的档次多,是我国刑法分则的另一重大特点。例如,日本刑法对盗窃罪仅规定了"处十年以下惩役或者五十万元以下罚金"一个法定刑,我国刑法则规定了三个档次的法定刑。再如,日本、韩国刑法对诈骗罪仅规定了"处十年以下惩役"一个法定刑,我国刑法则规定了三个档次的法定刑。鉴于我国司法人员的法律适用能力相对低下,刑法对常见犯罪、罪行轻重幅度较大的犯罪(同一犯罪类型中,有的可能责任很大,有的可能责任很小)规定多个档次的法定刑也是可以接受的。

法定刑重与法定刑档次多的特点,决定了司法人员必须慎重选择法定刑,尤其要慎重选择加重法定刑或者升格法定刑①。如果法定刑选择错误,无论坚持什么量刑原则、不管秉持何种量刑理论、不论采取什么量刑方法,量刑结论都不可能具有正当化根据。例如,如果行为人故意杀人的情节较轻,但司法人员却没有选择与之对应的"三年以上十年以下有期徒刑"的法定刑,而是在"死刑、无期徒刑或者十年以上有期徒刑"的法定刑裁量刑罚,那么,无论如何都会导致刑罚过重,宣告刑必然缺陷正当化根据。

法定刑的选择,首先存在一个观念问题。因为除了数额与致人重伤、死亡的结果加重犯之外,刑法分则大多以情节严重、情节恶劣、情节特别严重、情节特别恶劣作为法定刑升格的条件。在司法解释没有量化严重情节的情况下,下级司法人员如何判断情节是否严重或者恶劣,首先是一个观念问题。如果司法人员存在重刑主义观念,或者认为量刑必须注重发挥刑罚的一般威慑功能,那么,就会尽可能选择较重档次的法定刑。然而,重刑主义观念并不可取(参见本书第五章);量刑时不能因为一般预防必要性大,就选择较重的刑罚(参见本书第三章、第六章)。

例如,法定刑升格的情形中包括致人重伤、死亡的结果加重犯,而且行为人通常对重伤、死亡只具有过失,但是,结果加重犯的法定刑却远远重于故意的基本犯与过失的结果犯的总和。如强奸罪基本犯的法定刑为3年以上10年以下有期徒刑,过失致人死亡罪的最高法定刑为7年有期

---

① 本书在等同意义上使用这两个概念。

徒刑;而强奸(过失)致人死亡的法定刑为10年以上有期徒刑、无期徒刑或者死刑。抢劫、破坏交通工具罪等诸多犯罪都是如此。外国刑法也不例外。如《德国刑法》第176条规定的对儿童的性滥用罪基本犯的最高法定刑为10年自由刑,第222条规定的过失杀人罪的法定最高刑为5年自由刑,但第176b条规定的致儿童死亡的性滥用的法定刑为终身自由刑或10年以上自由刑。再如,《日本刑法》第177条规定的强奸罪基本犯的法定刑为2年以上15年以下有期惩役,第209条规定的过失伤害的法定刑仅为罚金;但其第181条规定的强奸致伤罪的法定刑为无期或者3年以上惩役。为什么结果加重犯的法定刑如此之重？如果结果加重犯的加重法定刑缺乏合理根据,那么,就只能认为它是结果责任的残余,必须限制其成立范围与刑罚程度。况且,即使认为结果加重犯的加重法定刑存在合理根据,考虑到重刑的消极作用,对结果加重犯的成立范围也必须予以严格限制。司法人员只有具备了"应当严格限制结果加重犯的成立范围"的观念,才可能正确选择结果加重犯的法定刑。

从规则与技术层面而言,法定刑的选择有四个需要注重的问题:第一,法定刑升格的根据是什么？例如,特殊预防必要性大能否成为法定刑升格的根据？没有责任的不法事实能否成为法定刑升格的根据？第二,升格法定刑的性质是什么？亦即,具体法条中的法定刑升格条件是量刑规则还是加重构成？例如,行为人意图盗窃数额特别巨大的财物,但仅窃取了数额较大的财物。对此,是适用数额特别巨大的法定刑,同时适用未遂犯的规定,还是仅适用数额较大的法定刑？第三,由于刑法分则存在援引法定刑,在援引法定刑的表述不全面、不明确时,司法人员应当如何选择升格法定刑？第四,减轻法定刑的根据是什么？如何选择减轻法定刑？

二、升格法定刑的根据

只有明确了法定刑升格的根据,才能从实质上理解刑法分则条文关于法定刑升格条件的表述,才能合理确定法定刑升格的范围,正确地判断案件事实是否符合法定刑升格的条件。

（一）责任加重是法定刑升格的根据

如上所述，我国刑法分则对多数犯罪都规定了两个以上的法定刑。在这种情况下，法定刑升格根据只能是责任的加重，而不是预防的必要性增大（刑法条文有特别规定的除外）。换言之，只有责任刑加重或者升格，才能适用升格的法定刑，预防情节不可能成为法定刑升格的根据。这是不言自明的道理。当一个法定刑有几个幅度时，法官只能根据所选定的法定刑，考虑预防犯罪的需要。倘若影响责任刑的情节与影响预防刑的情节都成为法定刑升格情节，就不可避免出现这样的现象：按照责任轻重，只能适用最低档法定刑，但按照预防需要却应适用较高档法定刑，于是，预防刑突破了责任刑；或者，按照责任轻重，应当适用较高档法定刑，但按照预防需要，只能适用最低档法定刑。于是，即使没有减轻处罚情节，也会减轻处罚。这明显违反了刑法的规定。

责任不仅是成立犯罪的条件，而且是刑罚的基础，基本法定刑的首要根据就是责任。背叛国家罪的法定刑重，就是因为责任重。侵犯通信自由罪的法定刑轻，就是因为责任轻。如前所述，突破责任程度，单纯因为一般预防的必要性大就规定较重法定刑的做法，并不可取。因为这样的法定刑没有以责任限定刑罚，缺乏正当化根据。既然基本法定刑的根据是责任，那么，升格法定刑的根据也只能是责任加重，而不可能是预防的必要性增大。

法定刑升格的根据虽然是责任加重，但并不意味着将不法排除在加重根据之外。一方面，责任是对不法的责任，而不是单纯的心理状态或者主观恶性。没有不法就没有责任，所以，责任加重以存在不法为前提。另一方面，在行为人具备法定责任要素且责任形式相同的前提下，责任的轻重主要取决于不法的轻重。例如，故意致人轻伤与故意杀人时，行为人都是出于故意，但由于二者的不法程度不同，行为人对不法的认识内容不同，所以责任不同。反之，在不法事实相同的情况下，如果责任形式不同，则责任程度也不同。例如，同样是致人死亡，故意致死与过失致死就导致责任程度不同。所以，认为法定刑升格的根据是责任加重，没有不当之处。

刑法关于对累犯只能从重处罚而不得加重处罚的规定,直接、充分说明了法定刑升格的根据只能是责任加重。累犯是表明行为人特殊预防必要性大的最重要情节,因为行为人无视以往刑罚的体验而再次犯罪,根据社会生活经验,如果对其再宣告缓刑或者从轻判处刑罚,行为人很可能再次犯罪。尽管如此,刑法也没有规定对累犯加重处罚,只是在其责任刑的范围内从重处罚。换言之,累犯并没有成为法定刑升格的根据。既然如此,其他表明特殊预防必要性大的情节,就更不可能成为法定刑升格的根据。

但是,我国的司法实践,却习惯于将影响预防刑的情节也作为法定刑升格的条件,这显然不符合责任主义原理。

例如,最高人民法院1997年11月4日《关于审理盗窃案件具体应用法律若干问题的解释》第6条第3项规定:"盗窃数额达到'数额较大'或者'数额巨大'的起点,并具有下列情形之一的,可以分别认定为'其他严重情节'或者'其他特别严重情节':……4.累犯。"可是,累犯虽然是法定刑的从重处罚情节,但它只是影响预防刑的情节,亦即,只能在责任刑的点之下影响量刑。可是,上述解释却直接使累犯成为法定刑升格的条件。这便明显违反了责任主义。不仅如此,这种解释还明显违反了《刑法》第65条关于累犯"从重"处罚的规定,导致对盗窃罪的累犯提高法定刑,比加重处罚有过之而无不及。

再如,最高人民法院2000年5月12日《关于审理扰乱电信市场管理秩序案件具体应用法律若干问题的解释》第3条将"两年内因非法经营国际电信业务或者涉港澳台电信业务行为受过行政处罚两次以上的"作为法定刑升格情节。显然,该规定也是影响特殊预防的情节,将其作为法定刑升格情节,明显不当。

由于法定刑升格的根据是责任加重,而责任是对不法的责任,所以,当刑法分则将自然犯与法定犯规定在一个法条中,并且以相同的表述规定了法定刑升格的条件时,法官必须从实质上理解法定刑升格的根据。详言之,一般来说,特别是针对同一行为对象而言,自然犯的责任重于法定犯的责任,所以,对自然犯的处罚会重于对法定犯的处罚。但是,当刑法分则条文对较重的自然犯与较轻的法定犯规定了相同的法定刑与相同的法定刑升格条件时,法官必须正确判断法定犯实质上是否具备法定刑升格的根据。

例如,《刑法》第125条第1款规定:"非法制造、买卖、运输、邮寄、储存枪支、弹药、爆炸物的,处三年以上十年以下有期徒刑;情节严重的,处十年以上有期徒刑、无期徒刑或者死刑。"以买卖为例。依法生产爆炸物的企业,超过批准数量或者限额,将爆炸物出卖给合法使用爆炸物的单位或者个人的行为(以下简称为"合法企业违规出售爆炸物的行为"),与明知他人可能实施爆炸犯罪而出卖爆炸物的行为,存在重大区别。前者为违反行政管理的法定犯,后者是危害公共安全的自然犯。但是,二者在我国司法实践中均被认定为非法买卖爆炸物罪。即便如此,在选择情节严重的升格法定刑时,必须严格区分两种不同性质的犯罪。质言之,对于其中的法定犯,不得轻易选择升格的法定刑,只宜选择基本犯的法定刑。因为非法买卖爆炸物罪的法定刑与爆炸罪的法定刑相同,第一档均为"三年以上十年以下有期徒刑",第二档均为"十年以上有期徒刑、无期徒刑或者死刑"。但是,合法企业违规出售爆炸物的行为,与爆炸罪的法益侵害性、有责性相差悬殊。如果给予相同的处罚,明显违反刑法的正义性。①

再如,《刑法》第341条第1款规定:"非法猎捕、杀害国家重点保护的珍贵、濒危野生动物的,或者非法收购、运输、出售国家重点保护的珍贵、濒危野生动物及其制品的,处五年以下有期徒刑或者拘役,并处罚金;情节严重的,处五年以上十年以下有期徒刑,并处罚金;情节特别严重的,处十年以上有期徒刑,并处罚金或者没收财产。"其中,非法猎捕、杀害珍贵、濒危野生动物的行为,可谓自然犯,而非法收购、运输、出售国家重点保护的珍贵、濒危野生动物及其制品的行为,可谓法定犯。从对野生动物资源的侵害来看,前者是直接侵害,后者是间接侵害。从行为人的非难可能性程度来说,前者明显重于后者。所以,对后者的处罚必须明显轻于前

---

① 参见张明楷:《自然犯与法定刑犯一体化立法体例下的实质解释》,载《法商研究》2013年第4期,第46页以下。

者。例如,倘若将非法猎捕、杀害2只藏羚的行为认定为情节严重,那么,对于与非法猎捕、杀害没有共犯关系的非法收购、运输、出售2只藏羚的行为,就不得认定为情节严重。同样,倘若将非法猎捕、杀害3只野牦牛的行为认定为情节特别严重,那么,对于与非法猎捕、杀害没有共犯关系的非法收购、运输、出售3只野牦牛的行为,就不得认定为情节特别严重。

可是,我国的司法解释却没有注意到这一点,导致了量刑的不公正。例如,最高人民法院2000年11月27日《关于审理破坏野生动物资源刑事案件具体应用法律若干问题的解释》,对非法猎捕、杀害珍贵、濒危野生动物与非法收购、运输、出售珍贵、濒危野生动物规定了完全相同的法定刑升格标准,并且对非法收购、运输、出售珍贵、濒危野生动物制品的行为,规定了相当低的法定刑升格标准。于是,导致法定刑升格适用的不均衡、不公正。例如,杀害4只大象与非法收购、运输、出售4根象牙(价值在20万元以上或者非法获利10万元以上)的行为,都适用情节特别严重的升格法定刑,这显然不合适。

成文刑法是正义的文字表述,正义的结论是解释刑法条文、选择法定刑的向导。具体的解释规则既不是天生的,也不是铁定的,而是人们为了追求公正合理的结论归纳出来的;解释方法也不是固定的,为了追求公正合理的结论,应当针对不同法条采取不同的解释方法。在自然犯与法定犯一体化的立法例之下,既不能仅遵守罪刑法定原则,而忽略罪刑相适应原则,也不能仅遵守罪刑相适应原则,而违反罪刑法定原则。对刑法分则条文必须进行实质解释,充分考虑法条的法益保护目的与法条适用的后果。一个行为虽然形式上符合了升格法定刑的条件,但实际上并不具备升格法定刑的根据时,不得选择升格的法定刑。

(二) 与加重结果不相当的情节不能成为法定刑升格的根据

法定刑升格的情形中,最典型的是结果加重犯。但是,刑法分则条文常常为了避免疏漏,而在加重结果之后,另规定了其他严重情节。加重结果直接表明行为对法益的侵害程度,行为人对加重结果具有故意或者过失时,便使得其责任加重,因而具备法定刑升格的根据。但是,不能随意扩大与加重结果并列的其他情节,相反,只有与加重结果相当的情节,才能成为法定刑升格的根据。

例如,《刑法》第141条第1款规定:"生产、销售假药的,处三年以下有期徒刑或者拘役,并处罚金;对人体健康造成严重危害或者有其他严重情节的,处三年以上十年以下有期徒刑,并处罚金;致人死亡或者有其他特别严重情节的,处十年以上有期徒刑、无期徒刑或者死刑,并处罚金或者没收财产。"问题是,对"其他严重情节"与"其他特别严重情节"应当如何理解?质言之,是只能根据行为人所生产、销售的假药对被害人造成的伤亡情况来判断,还是可以单纯根据行为人生产、销售的假药的数量进行判断?本书的回答是,只能根据前者判断。

《刑法》第141条第2款规定,按照《药品管理法》规定的假药范围认定刑法上的假药范围。根据《药品管理法》第48条的规定,有下列情形之一的为假药:第一,药品所含成分与国家药品标准规定的成分不符的;第二,以非药品冒充药品或者以他种药品冒充此种药品的。有下列情形之一的药品,按假药论处:第一,国务院药品监督管理部门规定禁止使用的;第二,依照《药品管理法》必须经过批准而未经批准生产、进口,或者依照《药品管理法》必须经过检验而未经检验即销售的;第三,变质的;第四,被污染的;第五,使用依照《药品管理法》必须取得批准文号而未取得批准文号的原料药生产的;第六,所标明的适应症或者功能主治超出规定范围的。其中,没有进口批文的药品,也属于假药。然而,危害患者生命、健康的假药与没有取得批准文号或者进口批文但有疗效的药品(也被认定为假药)是无法相提并论的,销售前一种假药是典型的自然犯(侵害他人的身体与生命),销售后一种假药则是法定犯(单纯违反药品管理秩序)。但由于自然犯与法定犯的一体化规定①,导致将二者规定在同一个法条中。尽管形式规定如此,但从实质上看,《刑法》第141条第1款前段旨在保护药品管理秩序,中段与后段则是在此基础上保护公民身体与生

---

① 参见张明楷:《自然犯与法定犯一体化立法体例下的实质解释》,载《法商研究》2013年第4期,第46页以下。

命。因此,只有危害公民身体与生命方面的事实或者结果,才能认定为"其他严重情节"与"其他特别严重情节"。例如,生产、销售假药,导致多人身体重伤、严重残疾的,可能认定为"其他特别严重情节",进而选择升格的法定刑。反过来说,与侵害公民身体与生命没有直接关系的情节,不能认定为"其他严重情节"与"其他特别严重情节"。例如,当行为人贩卖未获批准的进口药,没有对患者造成任何危害的,即使贩卖数量再大,也不得认定为"其他严重情节"与"其他特别严重情节",不得选择升格的法定刑。

然而,我国的司法解释并没有意识到这一点,必然导致量刑的不公正。例如,最高人民法院、最高人民检察院2014年11月3日公布了《关于办理危害药品安全刑事案件适用法律若干问题的解释》,其中的第3条将"生产、销售金额二十万元以上不满五十万元"与"造成较大突发公共卫生事件"等同规定为"其他严重情节";第4条将"生产、销售金额五十万元以上"与"致人重度残疾"、"造成三人以上重伤、中度残疾或者器官组织损伤导致严重功能障碍"等同规定为"其他特别严重情节"。根据这样的规定,对于销售典型的假药造成三人以上重伤的甲,与销售没有进口批文的药品价值50万元却使三名以上患者痊愈的乙,均应适用相同的升格法定刑("十年以上有期徒刑、无期徒刑或者死刑")。恐怕没有人会认为这样适用升格法定刑具有合理性。

(三)不能归责于不法行为的结果不能成为法定刑升格的根据

就基本犯而言,如果某个结果不能归责于行为人的不法行为,那么,行为人就不能对该结果负责,只能成立基本犯的未遂。基于同样的理由,如果某个加重结果不能归责于行为人的基本行为,那么,行为人就不能对该加重结果负责,只能成立基本犯的既遂或者未遂。

不仅如此,根据刑法理论的通说,结果加重犯的客观归责条件,比一般基本犯的客观归责条件更为严格。这是因为,结果加重犯的法定刑过重,并且是结果责任的残余,所以,必须严格限制结果加重犯的成立范围。除了按照一般的客观归责条件能够将加重结果归责于行为的基本行为外,还要求基本行为具有发生结果的高度危险,基本行为与加重结果之间具备直接性要件。但是,我国司法实践中,对于结果加重犯的认定较为宽泛,甚至将不能归责于不法行为的加重结果,也作为法定刑升格的根据。这种现象相当普遍,值得深入探讨。

例如,被告人王某因犯盗窃罪于1998年12月被判处有期徒刑7年,2004年7月3日刑满释放。2005年5月13日凌晨3时许,王某钻窗潜入北京市某区某胡同某号楼被害人李某(女,时年39岁)家中,从客厅窃走李某的人民币100余元及手机1部。后王某又进入大卧室,见到熟睡的李某,遂起意奸淫。王某对李某进行威胁、捆绑,强行将其奸淫,后即钻窗逃离现场。李某到阳台呼救时因双手被捆,坠楼身亡(以下简称王某案)。

北京市第一中级人民法院经审理认为,被告人王某违背妇女意志,使用暴力、胁迫手段强行与妇女发生性关系,其行为已构成强奸罪,且造成被害人呼救时坠楼身亡的严重后果,依法应予处罚;王某刑满释放后5年内又重新犯罪,系累犯,依法应从重处罚,其所犯强奸罪性质恶劣,情节、后果严重,依法应当判处死刑,但鉴于王某案的具体情况,可不必立即执行。据此,北京市第一中级人民法院于2006年5月23日做出判决:被告人王某犯强奸罪,判处死刑,缓期二年执行,剥夺政治权利终身。

一审宣判后,王某不服,上诉至北京市高级人民法院。上诉人提出:被害人坠楼身亡,与自己的强奸行为无关,请求从轻处罚;上诉人的辩护人认为,被害人的死亡与王某的行为不存在直接、必然的因果关系,王某不应对被害人的死亡承担刑事责任。

北京市高级人民法院经审理认为,王某的行为符合强奸致死这一结果加重犯的构成要件。

(1)王某案中被害人死亡的严重后果,客观上由被告人的强奸行为所致,二者之间存在事实上的因果关系。因为被告人为实施强奸捆绑被害人双手,正是这一行为直接导致被害人在阳台呼救时因难以控制身体平衡而坠楼身亡。捆绑被害人的行为,属于强奸实行行为的一部分,被害人到阳台呼救时虽然被告人已完成强奸的实行行为,但此时被害人意识上不能确定对方是否已结束侵害,被害人双手仍被捆绑意味着被告人的犯罪暴力尚在持续地对被害人发生作用,捆绑被害人双手实际上是被告人犯罪暴力的延续。在此情况下,被害人到阳台呼救的行为应是其反抗被告人侵害行为的表现,并最终导致了被害人在呼救反抗时坠楼身亡的加重结果。

(2)成立结果加重犯,要求行为人对加重结果"至少有过失"。但实践中,如果行为人故意实施了某种具有高度内在危险性的行为,则意味着其在一定程度上往往具有对该行为造成重结果的危险的认识与意志。据此可以推定行为人对加重结果具备了归责的主观基础。王某案中,被告人在被害人反抗的情况下,采取捆绑等暴力手段,在高层建筑内故意对被害人实施强奸这一特殊的危险行为。在被告人强烈反抗的情况下,可以认为其在一定程度上具有对发生被害人死亡后果的"危险"的认识和意志,即主观上对加重结果具有过错。从现场勘查情况看,案发卧室阳台的窗前靠外墙摆放一组台面与窗户基本平行的矮柜,据此可以推断被害人系呼救反抗时紧急中越过矮柜从窗口处坠下,但现有在案证据难以证明被害人的坠楼系被告人推搡或杀死后抛弃等行为导致。换言之,只能认定被告人主观上具有对发生被害人死亡后果的"危险"的认识和意志,而无法认定其对被害人死亡这一加重后果具有实害故意。所以,王某案只能判定被告人对被害人死亡应依法承担强奸罪结果加重犯的刑事责任,而非故意杀人罪的刑事责任。

(3)对构成强奸罪结果加重犯的量刑应考虑被告人对犯罪所致严重后果所起的作用及具体情节,酌予裁量。在司法实践中,对故意伤害致人死亡的刑罚处罚一般相对轻于故意杀人。所以,对构成强奸罪结果加重犯的王某案被告人,在具体裁量刑罚时,要符合罪刑相适应的刑法原则,与故意杀人罪有所区别。同时,法院还要充分考虑王某案的一些具体情节,例如,案发现场的客观环境、被告人选择的危险反抗方式等,这些因素对导致和促使被害人死亡结果的发生客观上起到一定作用,可以说是促成被害人死亡严重后果发生的条件之一。北京市高级人民法院认为,王某案原审判决定罪正确,但考虑到王某案的具体情节及王某对其强奸所致严重后果应负的罪责,原审判决对王某所犯强奸罪量刑不当,应予改判。据此,北京市高级人民法院于2006年9月20日依法判决:王某犯强奸罪,判处无期徒刑,剥夺政治权利终身。①

显然,在王某案中,能否认定上诉人的行为成立强奸致人死亡的结果加重犯,在客观方面涉及以下两个关键问题:首先,导致死亡结果发生的行为,是否必须限于具有造成死亡的高度危险行为?王某案中的捆绑双手的行为,是否属于具有造成死亡的高度危险的行为?其次,在强奸致死的结果加重犯中,加重结果与行为之间必须具备何种因果关系?是仅有条件关系即可,还是需要有直接的因果关系?王某案是否具备成立结果加重犯所要求的因果关系?而这些疑问的背后的基本问题在于,对于结果加重犯的成立范围应否做出严格限制?严格限制与否的问题又与结果加重犯的刑罚加重根据相关。

如前所述,结果加重犯的法定刑过重,是世界范围内的普遍现象。司法人员必须追问:为什么结果加重犯的法定刑如此之重?如果结果加重犯的加重法定刑缺乏合理根据,那么,就只能认为它是结果责任的残余,必须限制其成立范围与刑罚程度。况且,即使认为结果加重犯的加重法定刑存在合理根据,考虑到重刑的消极作用,对结果加重犯的成立范围也必须予以限制。

迄今为止的各种学说,几乎都不能圆满说明结果加重犯的刑罚加重根据。

单一形态论认为,加重结果的发生只是客观的(加重)处罚条件,不需要行为人具有认识和认识可能性;结果加重犯与基本犯一样,都是单纯一罪;刑法之所以对结果加重犯加重刑罚,就是因为客观上发生了加重结果。② 单一形态论将加重结果作为客观处罚条件,不要求行为人具有过失。这意味着行为人必须对没有过失的结果承担加重责任,显然违反了责任主义。基于相同理由,单一形态论也不可能说明结果加重犯的加重

---

① 参见于同志:《结果加重犯的认定与处罚——北京高院判决王某强奸案》,载《人民法院报》2007年3月6日第6版。

② 参见〔日〕香川达夫:《結果の加重犯の本質》,庆应通讯1978年版,第63页以下。

根据。因为根据责任主义原理,行为人不能对其没有过失的任何结果承担责任,既然如此,行为人更不能对其没有过失的任何结果承担加重责任。

复合形态论认为,结果加重犯是基本犯的故意犯与加重结果的过失犯的复合形态;由于过失犯一般不处罚未遂,所以没有发生加重结果时,也不成立结果加重犯。① 显然,复合形态论虽然实现了责任主义的要求,但仍然不能说明结果加重犯的加重根据。换言之,复合形态论只能说明结果加重犯的加重刑是故意犯与过失犯的法定刑之和,而不能解释为什么结果加重犯的加重刑远远超出故意犯与过失犯的法定刑之和。

危险性说在德国与日本是最有力的学说。该说认为,具有一定倾向(在经验上内含着发生加重结果的类型的、高度的危险性)的故意犯,作为其倾向的现实化而造成了加重结果,就是结果加重犯的加重根据;结果加重犯,是立法者就类型性地发生加重结果的频率极高的一定的故意犯,事前挑选出来作为特别形态的犯罪类型而加以规定的。因此,结果加重犯不是基本犯与加重结果之间的单纯外形上存在关联的犯罪类型,而是由于固有的不法内容(危险关联)使基本犯与加重结果具有内在的密切关联和特定构造的犯罪类型。②

应当承认,危险性说比单一形态论与复合形态论具有优势,也符合责任主义原则。③ 但是,此学说也存在问题:其一,仍然不能说明为什么结果加重犯的法定刑如此之重。以伤害致死为例,致人重伤而没有致人死亡的情况大量存在,但仍应认为,致人重伤的基本行为存在致人死亡的类型的危险。但是,在发生了死亡结果的情况下,法定刑却异常加重,这显

---

① 当然,也有学者持不同观点,认为过失犯在观念上存在未遂,所以,也存在过失的结果加重犯的未遂(参见〔日〕福田平:《刑法总论》,有斐阁2001年全订第3版增补版,第226页)。
② 参见〔日〕丸山雅夫:《结果的加重犯的构造》,载《现代刑事法》2003年第4号,第45页。
③ 危险性说与复合形态论都要求行为人对加重结果至少有过失。在德国,其《刑法》第18条明文规定行为人对加重结果至少有过失时,才能适用加重的法定刑;在日本,其刑法理论几乎没有争议地主张行为人对加重结果必须存在过失(当然,日本的审判实践基本上采取了单一形态论)。所以,不能认为危险性说违反责任主义。换言之,危险性说实际上是在复合形态论的基础上,加入了基本行为高度危险性的根据。

然只是因为发生了加重结果。而行为人对加重结果仅有过失,结局仍然是仅因发生了加重结果而加重法定刑。其二,基本犯的最高刑实际上已经考虑了基本行为的特别危险性,例如,强奸罪基本犯的法定刑,实际上已经考虑了其致人伤亡的特别危险性,只是当该危险性变为实害时,才出现结果加重犯。倘若基本行为的特别危险性没有变为实害,则并非结果加重犯。显然,由于特别危险性本身已经在加重结果中实现,而不可能成为独立的法益侵害要素,所以它不能说明结果加重犯的加重根据。而且,如果说基本犯的法定刑没有考虑基本行为的特别危险性,则意味着法定刑之间存在空档,但事实上并非如此。其三,主观上是否需要行为人认识到基本犯有发生加重结果的危险,存在难题。如果要求认识到该危险[①],就难以与更重类型的结果犯相区别。以故意伤害致死为例。如果要求行为人认识到其伤害行为具有致人死亡的特别危险,就难以与故意杀人罪相区别;如果不要求认识到致人死亡的危险,则既不能说明结果加重犯的加重根据,也不符合责任主义原则。

或许以后还会出现其他学说。但在本书看来,恐怕任何学说都难以圆满说明结果加重犯的加重处罚根据。所以,不能不承认,结果加重犯的加重法定刑,是结果责任在各国刑法中的残余。"不法者对不法行为产生的一切结果承担责任"(Versanti in illicito imputantur omnia, quae sequuntur ex delicto)的 Versanti 原则,表达了结果责任、间接处罚的意思,虽然遭到了当今刑法理论的强烈批判,但是,其对各国刑事立法与刑事司法的影响仍然深远,结果加重犯便是 Versanti 原则的产物。

[①] 例如,日本学者林阳一赞成危险性说的基本内容,他指出:"基本犯的实行行为,不仅具有使该基本犯得以成立的法益侵害的危险性,而且一般还具有导致加重结果发生的抽象的危险。基本犯达到既遂时的处罚,是以基本犯本来的对保护法益的侵害这一违法性与故意引起该违法性的责任非难为根据的。在此情形下,可以说有关加重结果的抽象的危险,被吸收评价在上述违法性、责任的评价中。与此相对,在加重结果现实发生的场合,如果进行事后观察,可以说,基本犯的实行行为除了具有基本犯本来的违法性、责任之外,还具有发生加重结果的高度危险(由加重结果的发生所证实)。由于这种高度的危险性本身,已经在加重结果这种法益侵害中实现,所以不是独立的违法要素。但是,在故意实行具有高度危险性的行为这一点上,与单纯过失犯相比,可以说能够对行为人给予更强的非难。"([日]林阳一:《结果的加重犯と因果关系》,载《现代刑事法》2003 年第 4 号,第 51 页)。

由于结果加重犯的刑罚加重缺乏合理根据,故应根据刑法目的、刑法原则与规范内容,全方位地对结果加重犯的成立范围进行严格限制。

(1)结果加重犯中的加重结果必须是基本犯结果的加重,而且是具体罪刑规范阻止的结果,并非任何基本结果之外的结果都是加重结果。在这一点上,王某案不存在问题。因为被害妇女的死亡既是强奸犯结果的加重,也是刑法规范所阻止的结果。

(2)结果加重犯是因实施基本犯造成了加重结果,因此,只有对基本犯的行为对象造成了加重结果时,才能认定为结果加重犯。例如,既然是强奸致人死亡,当然必须是致使被强奸的妇女死亡;如果死亡者并非强奸的行为客体,则不成立强奸致死罪。就此而言,王某案也不存在问题。

(3)结果加重犯的加重结果必须由基本行为造成,所以,并非只要发生了所谓加重结果就必然成立结果加重犯。

其一,加重结果必须由基本行为造成。一种情形是,单一的基本行为导致加重结果。例如,绑架致人死亡,常常表现为绑架行为本身致人死亡。另一种情形是,在复合行为中,由手段行为或者目的行为导致加重结果。如强奸罪的加重结果,既可能由暴力、胁迫等手段行为造成,也可能由奸淫的目的行为造成。基本行为以外的行为造成所谓严重结果的,不成立结果加重犯。例如,行为人夜间入户强奸,在强奸既遂后仓皇出逃时,过失将被害人家中睡在地上的婴儿踩死。由于婴儿死亡不是由强奸罪的基本行为造成,所以,不应认定为强奸致人死亡,只能认定为强奸罪与过失致人死亡罪。日本有学者认为,在抢劫致人伤亡的结果加重犯中,作为伤亡原因的行为不限于基本行为,还包括在抢劫的机会中实施的行为。如团藤重光博士指出:"死伤的结果不要求由作为抢劫手段的暴力、胁迫行为造成,但导致死伤的原因行为必须是在抢劫的机会中实施的,而且仅此就够了。"①按照这种观点,抢劫犯人在逃走的过程中偶然遇见以前的仇人而将其杀害的,或者抢劫的同伙在抢劫过程中因为意见分歧而

---

① 〔日〕团藤重光:《刑法纲要各论》,创文社1990年第3版,第594页。

相互杀伤的,也成立抢劫罪的结果加重犯,这显然不合适。① 所以,只有强奸行为、抢劫行为本身(包含手段行为与目的行为)造成了伤亡结果的,才能评价为结果加重犯。

其二,造成加重结果的基本行为本身必须具有发生加重结果的特别危险性。如果基本行为没有发生加重结果的特别危险,只是由于偶然原因导致所谓加重结果时,不应认定为结果加重犯。前述危险性说虽然存在缺陷与疑问,但是,有利于限制结果加重犯的成立范围。易言之,为了限制结果加重犯的范围,有必要采纳危险性说的合理内容。根据危险性说,只有当内在于基本犯中的潜在的、类型的、高度的危险性现实化为加重结果时,才成立结果加重犯。所以,基本行为偶然导致所谓加重结果发生时,不宜认定为结果加重犯。王某案判旨认为,"成立结果加重犯的行为往往是'对加重结果的发生具有高度内在危险性的行为',实践中多数表现为足以严重侵害他人身体、健康的行为,例如重伤、强奸行为等。"由此可见,王某案判决接受了"造成加重结果的基本行为本身必须具有发生加重结果的特别危险性"的理论观点。但王某案判决对特殊危险性的判断,则存在疑问。诚然,重伤行为本身大体上都是对死亡具有高度内在危险性行为。但是,强奸行为是否均属对于死亡具有高度内在危险性的行为,还值得研究。不可否认,行为人为了压制被害人的反抗,勒紧被害人脖子或者反复对被害人进行强度殴打等行为,一般属于对于死亡具有高度内在危险性的行为。然而,仅仅是对被害妇女进行威胁,将被害人的双手予以捆绑并奸淫的行为,在一般情况下还难以认定为对于死亡具有高度内在危险性的行为。下面关于因果关系的限制也能说明这一点。

(4)对基本行为与加重结果之间的因果关系必须采取直接性理论,即行为与加重结果之间必须符合"直接性"(Unmittelbarkeit)要件。具体而言,只有当具有造成加重结果高度危险的基本行为直接造成了加重结果时,或者说,只有当基本犯与加重结果之间具有"直接性关联"时,才能认定为结果加重犯。就致死类型的结果加重犯而言,要以致命性的实现

---

① 参见〔日〕西田典之:《刑法各论》,日本弘文堂2012年第6版,第186页。

(Letalität)的有无为标准进行判断。① 即使发生了死亡结果,但如果死亡结果不是行为本身的致命性的实现,也不能成立结果加重犯。因此,如果是后行为或者其他因素导致基本行为与加重结果之间缺乏直接性因果关系的,不能认定为结果加重犯。换言之,在因果关系的发展进程中,如果介入了第三者的行为、被害人的行为或特殊自然事实,则应通过考察基本行为导致加重结果发生的危险性大小、介入情况对加重结果发生的作用大小、介入情况的异常性大小等,判断基本行为与加重结果之间是否存在直接性因果关系。例如,在介入了医生的重大过失引起被害人死亡的案件中,如果基本(伤害)行为只是导致被害人轻伤,则应认定基本行为与死亡结果的因果关系中断;如果基本行为导致被害人濒临死亡的重伤,则宜认定基本行为与被害人死亡之间存在因果关系。但是,在被害人受伤数小时后,他人故意开枪杀死被害人的,则应否认基本行为与死亡结果之间存在因果关系。再如,如果 A 的行为已经导致 B 濒临死亡的重伤,C 后来对 B 实施殴打,只是导致 B 的死亡时期略微提前的,应肯定 A 的行为与 B 的死亡之间具有因果关系。但是,如果 C 开枪射杀已经受伤的 B,则应认定 A 的行为与 B 的死亡之间的因果关系已经中断。介入情况的异常与否,对判断是否中断也具有意义。基本行为必然导致介入情况、基本行为通常导致介入情况、基本行为很少导致介入情况、基本行为与介入情况无关这四种情形,对认定因果关系的中断所起的作用依次递增。②

根据上述分析,在与王某案的关联上,可以得出以下具体结论:行为人在实施基本行为之后或之时,被害人因自杀自残、自身过失等造成严重结果的,因缺乏直接性要件,不宜认定为结果加重犯。例如,行为人实施强奸行为后,被害人自杀身亡的,不应认定为强奸致人死亡。基于同样的理由,行为人在实施基本行为之后或之时,被害人采取不当行为造成严重结果的,因缺乏直接性要件,也不宜认定为结果加重犯。

---

① 参见〔日〕丸山雅夫:《结果的加重犯の构造》,载《现代刑事法》2003 年第 4 号,第 46 页。
② 参见〔日〕前田雅英:《刑法总论讲义》,东京大学出版会 2011 年第 5 版,第 965 页以下。

王某案判决肯定了上诉人的行为与被害人的死亡结果之间的因果关系。但是,并没有以直接性要件进行限制。

其一,判决认为,"被害人到阳台呼救时虽然被告人已完成强奸的实行行为,但此时被害人意识上不能确定对方是否已结束侵害,被害人双手仍被捆绑意味着被告人的犯罪暴力尚在持续地对被害人发生作用,捆绑被害人双手实际上是被告人犯罪暴力的延续。在此情况下,被害人到阳台呼救行为应是其反抗被告人侵害行为的表现,并最终导致了被害人在呼救反抗时坠楼身亡的加重结果"。然而,一方面,被害人不能确定上诉人是否结束了不法侵害,并不意味着上诉人客观上仍在进行不法侵害。事实上,被害人是在上诉人钻窗逃离现场后,才到阳台呼救而坠楼身亡的。因果关系具有客观性,以被害人的认识错误为根据肯定捆绑行为与死亡之间的因果关系并不妥当。况且,虽然被害人的判断失误起因于上诉人的强奸行为,但是,介入被害人的过错行为引起的结果,不能归责于上诉人。另一方面,被害人双手被捆,只是上诉人的不法行为所造成的状态的继续,而不是所谓"暴力的延续"。所以,从"暴力的延续"角度肯定捆绑行为与死亡之间的因果关系,也存在疑问。强奸致人死亡、抢劫致人死亡的案件,不同于放火致人死亡的案件。在后一种情况下,放火行为导致火灾仍在延续时,被害人或消防人员为了抢救他人或者出于其他正常动机进入火灾现场,进而死亡的,应当将死亡结果归责于放火行为。但是,在强奸、抢劫等场合,只有当暴力、胁迫行为或者奸淫、强取财物的行为本身致人死亡时,才能评价为强奸致人死亡、抢劫致人死亡。

其二,判决认为,"被告人为实施强奸捆绑被害人双手,正是这一行为直接导致被害人在阳台呼救时因难以控制身体平衡而坠楼身亡"。这里虽然使用了"直接"二字,但并不表明王某案判决对因果关系的认定采取了直接性理论。因为坠楼身亡并不是捆绑行为的致命性实现。换言之,如果被害人因为双手被捆,无法打电话求救,也无法开门求救,进而导致无人救助,最后冻死、饿死、渴死,或者因为捆绑行为导致被害人血液停止流动而死亡等,都可以认定为捆绑行为的致命性实现,因而符合直接性要件。但王某案并非如此。①

其三,即使不采取直接性理论,而采取相当因果关系说乃至条件说,也难以认定王某案的上诉人的捆绑行为与被害人的坠楼死亡之间存在因果关系。首先,根据相当因果关系说,"行为时稀有的危险实现了结果的场合,以及行为时的危险通过稀有的因果经过实现了结果的场合,因为没有相当性,而应否定因果关系"。② 捆绑行为的确存在危险,但这种危险并没有经过通常的因果发展过程而实现结果,相反,是通过介入被害人的行为,通过稀有的因果发展过程实现了结果,故应当否认相当因果关系。简言之,上诉人的捆绑行为与被害人的坠楼死亡之间不存在相当因果关系。其次,不可否认,上诉人的捆绑行为与被害人的坠楼死亡之间,存在条件关系。因为如果没有上诉人的强奸行为,就没有被害人的呼救行为,进而没有坠楼死亡的现象。但是,条件说的主张者都会同时主张中断论或者禁止溯及的理论,即如果被害人或者第三者的行为造成了结果时,不能将结果归责于前行为。在王某案中,由于捆绑行为本身不会导致被害人坠楼身亡,只是在因果关系的发展过程中,介入了被害人的坠楼事实,才导致死亡结果发生,而且,被害人的坠楼十分异常,故应认为上诉人的捆绑行为与被害人的死亡之间的条件关系已经中断。

综上所述,上诉人王某捆绑被害人双手的行为,虽然是强奸罪的暴力行为,也是一种危险行为,但是捆绑行为本身的致命性危险并没有实现。

---

① 与国外采取直接性理论的判决相比较,也能说明王某案判决没有采取直接性理论。例如,被告人 X 在二楼的一个房间对女佣人 A 实施暴行,造成 A 鼻骨骨折和上腕部裂伤。A 担心 X 继续实施暴行,便试图从房间逃至阳台时,坠楼死亡。德国联邦最高法院 1970 年 9 月 30 日的判决指出,伤害致死罪的成立,要求伤害行为与死亡结果之间具备超出条件关系的密切关系;在介入第三者或者被害人的行为而导致死亡结果的场合,没有实现立法者所预定的伤害行为的固有的危险,故 X 的行为不成立伤害致死罪。按理说,A 为了逃避 X 的暴行而从房间逃向阳台,是非常正常、十分自然的行为,因而 X 的暴行与 A 的死亡之间具有明显的因果关系。但是,A 的死亡并不是 X 的暴行本身所致,暴行所具有的导致死亡的危险并没有实现,所以,不具备直接性要件。在王某案中,倘若说被害人为了逃避被害人的强奸行为而被迫逃至阳台坠楼身亡,尚有肯定符合直接性要件的可能性,那么,被害人在王某逃走之后到阳台进行呼救进而坠楼死亡,就与王某的行为没有直接因果关系了。诚然,王某的捆绑行为虽然导致被害人的呼救行为较为困难,但是捆绑行为并不具有导致被害人坠楼死亡的危险。所以,不能认定王某案中的捆绑行为与被害人坠楼死亡之间具有直接因果关系。

② 〔日〕西田典之:《刑法总论》,弘文堂 2010 年第 2 版,第 106 页。

被害人因呼救而坠楼死亡的结果,与上诉人的捆绑行为之间缺乏相当的因果关系,更不符合直接性要件。因此,不宜认定上诉人的行为成立强奸致人死亡罪。换言之,上诉人只能对普通强奸罪承担责任。①

在我国司法实践中,与王某案类似的判决并不少见。司法人员应当充分意识到,结果加重犯是结果责任的残余,应当严格限制结果加重犯的成立范围,减少升格法定刑的适用。

(四) 没有责任的不法加重事实不应成为法定刑升格的根据

如果说责任加重才是法定刑升格的根据,而责任是对不法的责任,那么,选择升格的法定刑时,不仅要求有加重的不法事实,而且要求行为人对加重的不法事实具有责任。所以,没有责任的加重不法事实,不应成为法定刑升格的根据。但是,由于我国刑法分则既存在不同规定,也存在特殊规定,加上司法实践中对各种加重犯没有坚持贯彻责任主义原则,所以需要进一步研究。

1. 问题所在

我国刑法分则有许多条文规定了具体的法定刑升格条件。例如,《刑法》第263条对抢劫罪规定了8种法定刑升格条件:"(一)入户抢劫的;(二)在公共交通工具上抢劫的;(三)抢劫银行或者其他金融机构的;(四)多次抢劫或者抢劫数额巨大的;(五)抢劫致人重伤、死亡的;(六)冒充军警人员抢劫的;(七)持枪抢劫的;(八)抢劫军用物资或者抢险、救灾、救济物资的。"再如,《刑法》第318条第1款对组织他人偷越国(边)境罪规定了7种法定刑升格条件:"(一)组织他人偷越国(边)境集团的首要分子;(二)多次组织他人偷越国(边)境或者组织他人偷越国(边)境人数众多的;(三)造成被组织人重伤、死亡的;(四)剥夺或者限制被组织人人身自由的;(五)以暴力、威胁方法抗拒检查的;(六)违

---

① 应当认,王某案判决大体合理地阐述了结果加重犯的构成要件(直接性要件除外),但是,在对案件事实的归纳、王某案事实与结果加重犯的构成要件的符合性判断上,王某案判决存在缺陷。由此看来,要做出妥当的判决结论,仅有对构成要件的妥当理解并不够,还需要对案件事实有妥当的归纳、整理,对构成要件符合性进行妥当的判断。

法所得数额巨大的;(七)有其他特别严重情节的。"此外,很多条文仅将犯罪数额巨大、数额特别巨大作为法定刑升格条件;不少条文仅将情节严重、情节特别严重作为法定刑升格条件。

上述条文所规定的致人重伤、死亡的情形,明显属于结果加重犯。就结果加重犯而言,刑法理论已经没有争议地认为,行为人对加重结果至少必须具有过失,否则不成立结果加重犯,这已成为各国刑法理论的通说①,并已被一些国家立法化。②

问题是,行为人对加重结果至少必须具有过失的这一理论,是否适用于所有的法定刑升格条件?详言之,在我国刑事立法与司法实践中,关于行为人法定刑升格条件的认识,有以下情形值得特别研究:(1)哪些条件是适用升格法定刑时不需要认识的内容?例如,适用《刑法》第 318 条第 1 款第 1 项时,是否要求行为人认识到自己是首要分子?如果不需要认识,是否违反责任主义?(2)在刑法条文将人身伤亡、公共危害以外的数额巨大或者特别巨大的财产损失(也可谓加重结果,以下简称为加重财产损失)作为法定刑升格条件时,是套用结果加重犯的原理,认为只要行为人对此加重财产损失具有过失即可,还是要求行为人具有故意?例如,行

---

① 参见〔日〕西田典之:《刑法总论》,弘文堂 2010 年第 2 版,第 216 页;Claus Roxin, Strafrecht Allgemeiner Teil, Band I, 4. Aufl., C. H. Beck 2006, S. 331f. 当然,要在司法实践中贯彻"对加重结果至少有过失"的原则,还存在障碍。例如,刑法分则所规定的结果加重犯,都限于基本行为通常可能导致加重结果的情形。这表明,实施基本行为的人通常都能预见加重结果,理当具有过失。这似乎表明,要求行为人对加重结果具有过失,就实属多余。前述王某案判决认为,"如果行为人故意实施了某种具有高度内在危险性的行为,则意味着其在一定程度上往往具有对该行为造成加重结果的危险的认识与意志。据此可以推定行为人对加重结果具备了归责的主观基础。王某案中,被告人在被害人反抗的情况下,采取捆绑等暴力手段,在高层建筑内故意对被害人实施强奸这一特殊的危险行为。在被告人强烈反抗的情况下,可以认为其在一定程度上具有对发生被害人死亡后果的'危险'的认识和意志,即主观上对加重结果具有过错。"判决的观点,看似要求行为人对加重结果至少有过失,但实际上是以行为的客观危险推定行为人的主观责任。诚然,刑法分则所规定的结果加重犯,都限于基本行为通常可能导致加重结果的情形,但是,不排除行为人在特殊情况下不能预见加重结果的发生。所以,司法机关仍需具体判断行为人是否对加重结果有过失。

② 如德国 1953 年第 3 次刑法改正法增设的第 56 条规定:"法律对行为的特别结果规定了较重刑罚时,行为人至少由过失引起了该结果时,才能科处较重刑罚。"德国现行《刑法》第 18 条规定:"法律就犯罪的特别结果加重刑罚的,只有当正犯与共犯者对该结果至少有过失时,才能适用。"这一规定也被其他一些国家的刑法效仿。

为人误将价值百万元的财物当作价值几千元的财物而窃取时,如何选择法定刑(是适用数额较大的规定,还是适用数额特别巨大的规定)?(3)对加重结果以外的具体的法定刑升格条件(以下简称为具体升格条件),是否需要认识?例如,行为人客观上抢劫了抢险物资,但主观上没有认识到自己抢劫的对象为抢险物资时,能否适用《刑法》第263条第8项的规定?换言之,行为人误将抢险物资当作普通财物予以抢劫的,能否适用抢劫抢险物资的升格法定刑?(4)对抽象的法定刑升格条件(以下简称为抽象升格条件),是否需要认识?亦即,当刑法条文对"情节严重"、"情节特别严重"规定了升格法定刑时,是否仅当行为人认识到情节严重、情节特别严重时,才能适用升格法定刑?(5)行为人在一个法条所列举或规定的不同的法定刑升格条件之间发生认识错误时,应当如何处理?例如,行为人误将抢险物资当作军用物资抢劫的,或者误将军用物资当作金融机构资金抢劫的,应当如何处理?

在进入下文之前,先作如下交代:(1)本节仅以故意犯的法定刑升格条件的认识为例展开讨论。一般来说,如果对故意犯的法定刑条件需要有认识,那么,对过失犯的法定刑升格条件则需要有认识可能性。(2)法定刑升格条件为重伤、死亡的典型的结果加重犯,需要行为人有认识可能性,这已是刑法理论的通说,故不再重复。(3)为了避免混淆与表述方便,下文在论述严重财产损失时,一般使用"数额(特别)巨大"的表述,在抽象的法定刑升格条件时,一般采用"情节(特别)严重"的表述。

2. 不需要认识的内容

根据责任主义原理,故意犯的成立,要求行为人对客观构成要件的事实具有认识。国外刑法理论公认,就致人伤亡的结果加重犯而言,行为人对加重结果不必认识,但需要具有认识可能性。但是,我国刑法规定的法定刑升格条件不等于结果加重犯。所以,除了致人伤亡的结果加重犯外,哪些法定刑升格条件是不需要认识的内容,就成为需要讨论的问题。

笔者通过对我国刑法分则的法定刑升格条件的归纳,认为以下几种法定刑升格条件属于不需要认识的内容:

(1) 首要分子

当分则条文将某种犯罪的首要分子作为法定刑升格条件时,不要求行为人对自己是首要分子具有认识,只要行为人事实上属于首要分子即可。例如,行为人甲原本在伪造货币犯罪集团中起组织、策划、指挥作用,但他误以为自己还不是首要分子,只是一般成员。甲的这种认识错误,不是事实认识错误,而是对自己行为作用的评价错误。这种错误也不是违法性的认识错误(因为甲并非误以为自己的行为不违法),所以,不影响甲的责任。概言之,对于甲依然应按照"伪造货币集团的首要分子"适用升格法定刑。倘若认为只有当行为人认识到自己是犯罪集团的首要分子时,才能适用升格的法定刑,便意味着刑罚的轻重仅仅取决于行为人对自己行为的主观评价,甚至仅仅取决于行为人对自己行为不合理的主观评价,这便违背了法的客观性。

不要求行为人认识到自己是首要分子,并不违反责任主义。因为首要分子只是刑法与法官对行为人所实施的犯罪行为进行综合评价所使用的一个规范概念。与这一规范概念相对应的是客观事实。所以,只要行为人对与首要分子相对应的客观事实具有认识时,就能认定行为人是首要分子。例如,对行为人适用"伪造货币集团的首要分子"的法定刑时,要求行为人在组织、策划、指挥伪造货币的犯罪行为时,认识到基本构成要件的事实(明知自己在实施伪造货币的行为),认识到构成首要分子的事实(组织、策划、指挥行为)。在司法实践中,对此,一般不会产生疑问。换言之,只要行为人在犯罪集团中实施了组织、策划、指挥犯罪的行为,基本上会无一例外地按照"伪造货币集团的首要分子"选择升格的法定刑。

(2) 多次

刑法将多次抢劫,多次聚众斗殴,多次盗掘古文化遗址、古墓葬,多次组织、运送他人偷越国(边)境,多次强迫他人卖淫作为法定刑升格条件。根据刑法理论的通说与司法实践,多次是指三次以上。于是产生了这样的问题,行为人在第三次犯罪(如抢劫)时,误以为自己只是第二次犯罪(如抢劫)的,对其是否适用多次抢劫的升格法定刑?

如果说,只有当行为人对"多次"本身具有认识时,才能适用升格的法定刑,就必然出现以下局面:倘若甲清楚地记得自己曾经实施过两次抢劫行为,进而认识到自己现在已经是第三次抢劫行为,那么,他便具备相应的主观要素,进而适用升格的法定刑;倘若乙不记得(忘记)自己已经实施过两次抢劫行为,进而误认为自己现在是第二次实施抢劫行为,那么,他便不具备相应的主观要素,所以不适用升格法定刑。大概没有人会赞成这一结论。因为这一结论意味着记忆力的强弱可以直接决定升格法定刑的适用与否:记忆力强的,可能适用加重刑;记忆力弱的,可能不适用升格法定刑。如果要得出甲、乙都成立多次抢劫因而都适用升格法定刑的结论,就只能认为,虽然要求行为人每次抢劫时都必须具有"抢劫"的故意,认识到抢劫罪构成要件的事实,但不要求行为人认识到"多次"抢劫。

适用多次的法定刑时,不需要行为人认识到多次,并不违反责任主义原则。因为多次是对各次犯罪行为的累加,只要求行为人三次以上实施相同犯罪行为即可,而且不以符合连续犯的条件为前提。与认定同种数罪时,只需要行为人对每次犯罪具有故意一样,认定多次犯罪时,也只需要行为人对每次犯罪具有故意,而不要求行为人后一次犯罪时都必须认识到自己前一次、前几次实施过相同的犯罪。所以,只要行为人对每次行为都有故意,客观上实施了三次以上的行为,就可以适用相应的升格法定刑。

(3) 作为犯罪行为孳生之物或者报酬的违法所得数额(特别)巨大

广义的违法所得数额,包括以下两种情形:一种违法所得数额,是指取得型财产罪(包括部分经济犯罪,如金融诈骗罪)中,将他人的财物转移给自己或第三者占有、所有的数额。这种违法所得数额与被害人的财产损失完全一致。此时的违法所得数额(特别)巨大,直接意味着被害人财产损失数额(特别)巨大(加重财产损失)。换言之,这种违法所得是对行为对象的取得。如后所述,这是需要认识的内容。例如,只有当行为人明知所盗窃财物肯定或者可能数额(特别)巨大时,才能适用数额(特别)巨大的升格法定刑。不过,严格地说,此时不是对违法所得数额的认识,而是对行为对象与行为结果的认识。

另一种违法所得数额是指犯罪行为孳生之物、犯罪行为的报酬等数额。《刑法》第170条第1款规定的"伪造货币数额特别巨大",第318条第1款所规定的组织他人偷越国(边)境"违法所得数额巨大",便属于这种情形。在这种场合,只要行为人客观上伪造的货币数额特别巨大,或者组织他人偷越国(边)境违法所得数额巨大,就应适用升格的法定刑。因为与行为对象不同,犯罪行为孳生之物与犯罪行为的报酬,都不是构成要件要素。即使刑法分则条文将这种违法所得数额(特别)巨大作为基本法定刑的适用条件(参见《刑法》第218条),那也只是为了限制处罚范围,因而不要求行为人对违法所得数额(特别)巨大本身具有认识。在刑法分则条文将这种违法所得数额(特别)巨大作为法定刑升格条件时,更不需要行为人认识。换言之,在这种场合,只要行为人认识到自己实施了使其违法所得数额(特别)巨大的行为即可。例如,当行为人认识到自己在实施伪造货币的行为时,只要数额特别巨大的假币是其行为造成的,就应对行为人适用伪造货币数额特别巨大的升格法定刑。

不难看出,三类不需要认识的情形,行为人都是具有责任的,因而没有违反责任主义。

3. 对加重财产损失的认识

在取得型财产罪以及部分取得型经济犯罪中,行为人取得的财物数额(特别)巨大(即加重财产损失),是法定刑升格条件。适用升格法定刑时,是否要求行为人认识到数额(特别)巨大,就成为需要研究的问题。例如,甲侵入普通家庭实施盗窃行为时,没有发现贵重物品,估计被害人床头柜上的手表价值1000元左右,便将其盗走。其实,该手表价值26万元。能否认定甲盗窃了数额特别巨大的财物,进而适用"三年以上十年以下有期徒刑"的升格法定刑?

结果加重犯的成立要求行为人对加重结果至少有过失。倘若套用结果加重犯的模式,认为数额(特别)巨大是一种加重结果,行为人对加重结果具有过失即可成立结果加重犯,进而认为只要行为人有盗窃数额较大财物的故意,对数额(特别)巨大不需要有认识,只要有认识的可能性即可,就会认为上例中的甲具备法定刑升格的条件,进而适用"十年以上有期徒刑或者无期徒刑"的升格法定刑。但本书持相反态度。

诚然,可以认为,盗窃数额(特别)巨大财物,也是一种结果加重犯。但是,这种结果加重犯不同于只要求对加重结果有过失的结果加重犯。如所周知,在国外的刑事立法中,结果加重犯中的加重结果,仅限于致人伤亡。因而可以说,在国外刑法理论与刑事立法中,对加重结果至少有过失的原则,是就致人伤亡的加重结果犯而言的。由于过失致人伤亡本身是犯罪,所以,在加重结果表现为人身伤亡的场合,仅要求行为人对该结果具有过失,不会违反责任主义。然而,当加重结果是加重财产损失时,就不能简单套用以伤亡结果为内容的结果加重犯的模式。

首先,刑法的目的是保护法益,刑法分则条文都是为了保护特定的法益,其中有的只保护单一的法益,有的保护两三种法益。犯罪结果是对法益的具体侵害事实。如果某种事实并不表现为对刑法所保护的法益的侵害,就不能说明不法的程度,不能作为犯罪结果。但是,某种事实是否属于罪刑规范所阻止的犯罪结果,还必须结合有责性进行具体判断。例如,罪刑规范阻止故意造成的财产损害结果(设立了故意毁坏财物罪);但并不阻止过失造成的财产损害(没有设立过失毁坏财物罪;具有公共危险与职务过失的除外,下同)。既然如此,就不能将过失造成的财产损失作为刑法上的加重结果。

其次,将罪刑规范并不阻止的结果作为法定刑升格的加重结果,违反了罪刑法定原则。罪刑法定原则不仅支配定罪,而且支配量刑。根据罪刑法定原则,过失造成财产损失的行为,属于法无明文规定不处罚的行为;不管是对过失造成财产损失的行为单独定罪处罚,还是在处罚其他犯罪时附带对过失造成财产损失的行为科处刑罚,都违反了罪刑法定原则。

最后,如果将过失造成财产损失作为加重结果或者法定刑加重的情节,则形成了间接处罚。即某种行为及结果原本不是刑罚处罚的对象,但由于该行为及其结果存在于某一犯罪中,导致对该行为及结果实施刑罚处罚。详言之,过失盗窃财物的行为,原本并不成立犯罪,不受刑罚处罚。如果因为甲在故意盗窃数额较大财物时,过失盗窃了数额(特别)巨大财物进而选择升格的法定刑,便间接地处罚了过失盗窃财物的行为。假定上述甲的盗窃行为，原本只应判处1年有期徒刑，但法官以其客观上盗窃了数额巨大财物为根据，选择升格的法定刑，判处甲9年有期徒刑。这意味着过失盗窃的行为受到了8年有期徒刑的处罚。然而，过失盗窃行为原本在刑法上不受刑罚处罚。这便形成了间接处罚。显然，间接处罚违反罪刑法定原则，应予禁止。

在本书看来，当刑法将严重财产损失作为法定刑升格条件时，如果基本犯是故意，那么，行为人对该犯罪的加重结果也应限于故意。上例中的甲虽然客观上盗窃了数额巨大的财物，但不能适用盗窃数额巨大的法定刑。因为甲由于认识错误导致没有认识到所盗财物数额巨大时，即使其应当预见到数额巨大，也不能认定为故意盗窃了数额巨大的财物，充其量认为行为人对加重结果有过失。但是，由于刑法并不处罚过失盗窃行为，所以，不能令行为人对数额巨大承担责任。因为过失造成的财产损害并不具有可罚性，如果将过失造成财产重大损失的情形也认定为结果加重犯，让行为人对没有预见的数额（特别）巨大的结果承担刑事责任，就属于间接处罚，违反了罪刑法定原则与责任主义。

与基本犯相比较，也能说明这一点。当行为人没有认识到所盗财物数额较大时，不成立盗窃罪。例如，当行为人合理地以为行为对象是一床破棉絮而盗走，因不知道也未发现棉絮中藏有3000元现金，进而将棉絮以5元钱卖给他人时，不能认定行为人构成盗窃罪。在这种场合，虽然其行为符合盗窃罪的客观构成要件，但其主观上不存在"盗窃罪"的故意，只有违反治安管理的故意，因而不具备盗窃罪的非难可能性。① 基于同样的理由，当行为人没有认识到所盗财物数额（特别）巨大时，就不能适用数额（特别）巨大的升格法定刑。因为责任主义的机能不仅体现在定罪中，而且体现在量刑中。亦即，刑罚的程度必须控制在责任的范围内，刑罚的程度不能超过责任的上限；作为量刑根据的事实必须是可以归责

---

① 参见张明楷：《论盗窃故意的认识内容》，载《法学》2004年第11期，第62页以下。

于行为人的事实。①

4. 对具体升格条件的认识

除了致人重伤、死亡与造成重大财产损失之外,刑法分则条文对某些犯罪还规定了法定刑升格的其他具体条件。于是,在适用相应的升格法定刑时,是否以行为人对具体升格条件的认识为前提,就成为重要问题。例如,适用入户抢劫的规定时,是否要求行为人认识到自己所进入的是"户"? 再如,行为人误将抢险物资当作普通财物进行抢劫时,是否适用升格的法定刑?

本书认为,当刑法把致人重伤、死亡以外的事实作为法定刑的具体升格条件时,明显不能套用结果加重犯的模式,即不能认为,只要行为人具有实施基本犯罪的故意,对具体升格条件缺乏认识时,也可以适用升格的法定刑。例如,当行为人将抢险物资当作普通财物实施抢劫行为时,即使行为人应当预见到是抢险物资,但只要事实上没有认识到是抢劫物资,就不能适用抢劫抢险物资的规定。理由如下:

第一,如上所述,在我国刑法中,具体升格条件实际上是加重的客观构成要件,而不是量刑规则的通例。故意犯中的加重的客观构成要件,也是行为人必须认识到的内容;否则,行为人对该加重事实就没有故意。即使认为具体升格条件是量刑规则的通例,在适用其法定刑时,也必须以行为人认识到量刑规则的通例为前提。

第二,具体升格条件基本上都是客观要素,即所描述的是行为的客观内容(我国刑法所规定的升格条件也可能存在主观要素,但此时不涉及故意的认识内容问题,故不在讨论之例)。这些要素为加重的不法提供根据。根据责任主义原理,只有当行为人对不法事实具有非难可能性时,才能承担责任。基于同样的理由,只有当行为人对加重的不法事实具有非难可能性时,才能承担加重的责任,适用升格的法定刑。就故意犯而言,只有当行为人对不法事实或者加重的不法事实具有认识时,才具有故意

---

① 当然,行为人对数额较大或者数额(特别)巨大的认识,不必是绝对肯定的认识,只要具有未必的认识即可;不必是精确的认识,只要有大概的认识即可。此外,行为人抱着"能偷多少就偷多少,偷到多少算多少"的心态盗窃财物时,完全可以按照其窃取的财物数额定罪量刑。

犯或故意的加重犯的非难可能性。所以,即便将具体升格条件视为量刑规则的通例,行为人也必须对此有认识(在过失的场合,需要有认识的可能性)。例如,就德国《刑法》第243条第1款所列举的情节特别严重的情形以及升格的法定刑而言,倘若行为人客观上盗窃了具有艺术意义的物品,但其主观上对该特定对象并无认识,仅仅认识到是普通财物时,就不能适用该款所规定的升格的法定刑,否则便违反了责任主义原理。同样,在我国《刑法修正案(八)》颁布之前,行为人误将珍贵文物当作普通财物实施盗窃行为时,即使客观上情节严重,也不能适用"盗窃珍贵文物,情节严重"的升格法定刑。

第三,对客观上触犯重罪,但行为人仅有犯轻罪的故意时,以轻罪论处,不仅是责任主义的要求,也是我国的历史传统。《唐律·名例律》规定:"其本应重而犯时不知者依凡论,本应轻者听从本。"这里的"本"实际上是指犯罪客观事实。据此,犯罪的客观事实构成重罪,但行为人没有认识到重罪的客观事实时,以一般犯罪即轻罪论处;如果犯罪的客观事实是轻罪,则不问行为人认识到的是轻罪事实还是重罪事实,都依轻罪论处。这一符合责任主义的规定,出现在当今许多国家的刑法中。例如,日本《刑法》第38条第2项规定:"实施了本应属于重罪的行为,但行为时不知属于重罪的事实的,不得以重罪处断。"德国《刑法》第16条第1款与第2款分别规定:"行为人在实施行为时没有认识属于法律的构成要件的情况的,不是故意地行动。因为过失的实施的可罚性,不受影响。""行为人在实施行为时错误地以为是较轻的法律的构成要件,可以因为故意的实施只受到该较轻的法律的处罚。"即使认为上述规定属于对构成要件的事实认识错误的处理规定,但由于这种规定是有利于被告人的规定,当然也可以类推适用于对量刑规则的通例产生认识错误的情形。我国现行刑法虽然没有这样的规定,但是,根据《刑法》第14条、第15条与第16条所反映的责任主义原理,对行为人不知重罪的情形,不能依重罪论处,不得适用升格的法定刑。

第四,之所以不能套用结果加重犯的模式,还因为结果加重犯本身就是结果责任的残余,而且结果加重犯只要求对加重结果有过失,是因为过失造成伤亡结果的行为本身就是犯罪行为。但是,具体升格条件是伤亡结果之外的事实特征,有的是决定行为本身是否具有加重性质的要素。所以,不能套用结果加重犯的模式处理具体升格条件的认识。

总之,只有当行为人对具体升格条件具有认识时,才能适用与具体升格条件相应的升格法定刑。虽然客观上符合具体升格条件,但行为人对此没有认识的,只能适用基本犯罪的法定刑。所以,当行为人误以为自己是进入商店抢劫,但实际上是进入住宅抢劫的,不能适用入户抢劫的规定,只能认定为普通抢劫;当行为人误将军用物资、抢险、救灾、救济物资当作普通财物实施抢劫时,不应适用抢劫军用物资或者抢险、救灾、救济物资的规定,只能适用普通抢劫的法定刑,而不能选择升格的法定刑。

5. 对抽象升格条件的认识

我国刑法所规定的抽象升格条件,似乎处于加重构成要件与量刑规则之间,但事实上作为构成要件处理更为合适。因为根据我国刑法的规定,只要能够认定某种行为属于情节(特别)严重,就必须适用相应的升格法定刑;不允许认定某种行为情节(特别)严重,却不适用相应的升格法定刑。这与德国刑法中的量刑规则的通例存在明显区别。另一方面,我国的司法解释就某种犯罪的抽象升格条件所列举之例,与德国刑法中的量刑规则的通例更相似。

关于情节(特别)严重这一抽象升格条件的认识,存在两个方面的问题:首先,对被评价为严重(特别)情节的事实即"情节",行为人是否必须具有认识? 其次,行为人是否必须认识到情节"(特别)严重"? 换言之,原本属于情节(特别)严重,但行为人误以为情节一般或者情节较轻时,能否适用情节(特别)严重的升格法定刑?

首先,由于抽象升格条件可能包含性质不同的各种具体内容,故不可一概而论,需要根据具体案件的事实分清不同情形:

第一,当具体案件中属于(特别)严重情节的事实,是首要分子、多次、犯罪行为孳生之物或者犯罪行为的报酬数额(特别)巨大时,应适用升格的法定刑。例如,《刑法》第 213 条规定:"未经注册商标所有人许可,在同一种商品上使用与其注册商标相同的商标,情节严重的,处三年以下有期徒刑,并处或者单处罚金;情节特别严重的,处三年以上七年以下有期徒刑,并处罚金。"最高人民法院、最高人民检察院2004年12月8日《关于办理侵犯知识产权刑事案件具体应用法律若干问题的解释》规定:"违法所得数额在10万元以上的",属于"情节特别严重"。据此,当行为人实施本罪行为客观上非法获利10万元以上时,即使其误以为自己仅获利2万元,也应适用情节特别严重的升格法定刑。

第二,当具体案件中属于(特别)严重情节的事实,是致人重伤或者死亡时,完全应当按结果加重犯的原理处理,即只要行为人对致人重伤、死亡的事实具有过失即可。例如,《刑法》第267条第1款规定:"抢夺公私财物,数额较大的,处三年以下有期徒刑、拘役或者管制,并处或者单处罚金;数额巨大或者有其他严重情节的,处三年以上十年以下有期徒刑,并处罚金;数额特别巨大或者有其他特别严重情节的,处十年以上有期徒刑或者无期徒刑,并处罚金或者没收财产。"根据本书的观点,抢夺致人死亡的,应属于抢夺情节特别严重。在这种场合,只要行为人对死亡结果具有预见可能性即可。①

第三,当具体案件中属于(特别)严重情节的事实,是对财产造成的严重损失时,只有当行为人对加重财产损失具有认识时,才能适用升格的法定刑。

第四,当具体案件中属于(特别)严重情节的事实,是加重结果以外其他客观事实时,只有当行为人对该客观事实具有认识时,才能适用升格的法定刑。

其次,当行为人认识到了属于(特别)严重情节的客观事实,但同时认为该情节并不(特别)严重时,应当如何处理?这便要讨论这种"认识错误"是构成要件的认识错误还是违法性的认识错误,抑或是没有任何意

---

① 最高人民法院2002年7月16日《关于审理抢夺刑事案件具体应用法律若干问题的解释》第5条规定:"实施抢夺公私财物行为,构成抢夺罪,同时造成被害人重伤、死亡等后果,构成过失致人重伤罪、过失致人死亡罪等犯罪的,依照处罚较重的规定定罪处罚。"但这一解释导致处罚不均衡,明显不妥当(参见张明楷:《盗窃与抢夺的界限》,载《法学家》2006年第2期,第119页以下)。最高人民法院、最高人民检察院2013年11月11日公布的《关于办理抢夺刑事案件适用法律若干问题的解释》第4条将抢夺"导致他人死亡"规定为"其他特别严重情节"。

义的错误。

　　刑法理论一般认为,认识错误包括事实的错误与违法性的错误,前者影响故意的成立;后者只有在不可避免时,才影响责任。从事实的错误到违法性的错误之间,大致存在五种情形:(1)自然的物理的事实的错误,如将人误认为狗而杀害的情形。这是最明显的事实的错误,不成立杀人故意。(2)社会意义的错误,如行为人本来在贩卖淫秽物品,但误以为其贩卖的不是淫秽物品。这种错误也属于事实的错误。由于对事项的社会意义的认识,只要有行为人所属的外行人领域的平行评价就足够了,所以,只有在对这样的平行评价存在错误时(以为其他人都认为该物品不属于淫秽物品时),才是社会意义的错误。(3)规范的事实的错误,是指对由民法、行政法等提供意义的事实的错误(大体上是社会意义的错误的一种)。例如,对盗窃罪的构成要件中的"公私"财物这一要素,如果不进行法的性质的理解就不可能得出正确结论。行为人的所有物在国家机关管理之下时,根据法律规定属于公共财物,行为人误以为是自己的财物而取回的,究竟是事实的错误还是违法性的错误,还存在争议。(4)规范的评价的错误,即行为人对其行为的违法评价存在错误的情形,是典型的违法性的错误。(5)法的概念的错误(涵摄的错误)。例如,行为人将他人的笼中小鸟放出,但误以为其行为不属于"毁坏财物"。这种情形不影响毁坏财物罪的故意。再如,误以为共同占有的物不是"他人的财物"而出卖的,也不影响盗窃罪的成立。①

　　第一,行为人的犯罪行为本身情节(特别)严重,但行为人误以为情节并不(特别)严重的情形,显然既不是自然的物理的事实的错误,也不是社会意义的错误,同样也不是规范的事实的错误。概言之,不能认为上述错误属于事实的认识错误。倘若将这种错误认定为构成要件的错误,那么,对于这种情形的处罚轻重,就完全取决于行为人主观上的(不合理)评价,这会严重损害刑法的正义性与安定性。第二,行为人误以为情节并不(特别)严重的错误,是在具有违法性认识(可能性)的前提下产生

---

① 参见〔日〕山中敬一:《刑法总论》,成文堂2008年第2版,第665页以下。

的认识错误。既然如此,这种错误就不再是违法性的认识错误,而是一种单纯的评价错误。但这种评价错误,并非上述第(4)种规范的评价错误,而是对事实的评价错误,充其量属于涵摄的错误,甚至是没有任何意义的认识错误,因而不影响升格法定刑的适用。

6. 对事实认识错误的处理

行为人没有认识到作为法定刑升格条件的加重事实时,是一种事实认识错误。根据前述分析,这种事实认识错误,对适用升格的法定刑产生影响,即不得适用升格法定刑。

在此所要讨论的是,行为人在一个法条所列举或规定的不同的法定刑升格条件之间发生认识错误时,应当如何处理?这种错误既可能发生在具体升格条件的情形,也可能发生在抽象升格条件的情形。前者如,我国《刑法》第263条规定的8种具体升格条件。行为人误将抢险物资当作军用物资抢劫的,或者误将军用物资当作金融机构资金抢劫的,应当如何处理?后者如,我国《刑法》第264条将情节特别严重规定为法定刑升格条件,最高人民法院、最高人民检察院2013年4月2日《关于办理盗窃刑事案件适用法律若干问题的解释》第6条规定:"盗窃公私财物,具有本解释第二条第三项至第八项规定情形之一,或者入户盗窃、携带凶器盗窃,数额达到本解释第一条规定的'数额巨大'、'数额特别巨大'百分之五十的,可以分别认定为《刑法》第二百六十四条规定的'其他严重情节'或者'其他特别严重情节'。"该解释第2条第3项至第8项规定的情形是:组织、控制未成年人盗窃的;自然灾害、事故灾害、社会安全事件等突发事件期间,在事件发生地盗窃的;盗窃残疾人、孤寡老人、丧失劳动能力人的财物的;在医院盗窃病人或者其亲友财物的;盗窃救灾、抢险、防汛、优抚、扶贫、移民、救济款物的;因盗窃造成严重后果的。行为人误将孤寡老人的财物当作救灾抢险物资而窃取,数额达到"数额特别巨大"50%的,能否适用"情节特别严重"的法定刑?

笔者通过对刑法分则所规定的法定刑升格条件的归纳,发现这类认识错误主要是对象认识错误,难以发生打击错误与因果关系的错误。例如,很难想象行为人原本打算抢劫金融机构,但因为方法错误而抢劫了军用物资。所以,下面仅以对象错误为中心展开讨论。

刑法理论将事实错误分为具体的事实认识错误与抽象的事实认识错误。显而易见的是,如果本来是不同的罪名,但我们将其确定为一个罪名,换言之,倘若原本是不同的构成要件,而我们将其确定为一个构成要件,就会导致将原本属于抽象的事实认识错误的情形,当作具体的事实认识错误处理,这会导致对被告人不利的处罚,违反责任主义原理。反之,如果本来属于同一犯罪,但我们将其确定为两个不同罪名,就会导致将原本属于具体的事实认识错误的情形,当作抽象的事实认识错误处理,这会形成处罚空隙,损害刑法的法益保护机能。但在刑法理论的通说与司法解释没有将加重构成要件确定为独立罪名,实际上又可以将加重构成要件确定为独立罪名的情况下,只好既从同一构成要件内的错误,又从不同构成要件间的错误来考虑。

首先,如果对象错误属于同一构成要件内的错误,不管是根据法定符合说,还是根据具体符合说,这种错误都不影响犯罪既遂的成立。

倘若将《刑法》第263条所规定的8种加重情形概括为一个罪名即加重抢劫罪,则可以认为,抢险物资、军用物资、金融机构等均属于一个加重犯罪的可供选择的对象。在此意义上说,行为人误将抢险物资当作军用物资抢劫的,或者误将军用物资当作金融机构资金抢劫的,就属于同一构成要件内的对象错误。但是,这种认识错误并不等同于典型的同一构成要件内的对象,而是属于选择性构成要件要素之间的认识错误。例如,行为人甲误将A当作B杀害时,是典型的同一构成要件内的对象错误。因为A与B都是故意杀人罪中的"人",就此而言没有任何区别。但是,抢险物资与军用物资毕竟不是相同的对象,而是只要抢劫其中一种物资即可适用升格法定刑。所以,行为人误将抢险物资当作军用物资抢劫的,或者误将军用物资当作金融机构资金抢劫的,属于选择性构成要件要素之间的认识错误。

为了解决这一问题,有必要讨论的是,在基本犯中,行为人就同一条文所列举的可供选择的对象要素发生认识错误时,是否影响定罪?例如,《刑法》第127条第1款规定:"盗窃、抢夺枪支、弹药、爆炸物的","处三年以上十年以下有期徒刑"。本条所规定的枪支、弹药、爆炸物三种对象明显属于选择要素,即只要盗窃或者抢夺其中之一便成立犯罪,同时盗窃、抢夺三种对象物的,也只成立一罪。假如行为人本欲盗窃枪支,但实际上盗窃了弹药的,是否影响犯罪成立?

本书持否定回答。亦即,在上述情况下,行为人的行为成立盗窃弹药罪(既遂);既不能认定为盗窃枪支未遂,也不应宣告无罪。理由是:其一,枪支、弹药、爆炸物是第127条并列规定的三种可以选择的对象,而不是根据不同对象规定为不同犯罪,说明针对不同对象所实施的行为都是同一犯罪行为;既然是同一犯罪行为,没有超出同一构成要件的范围,根据法定符合说,这种错误便不影响犯罪的成立。其二,盗窃、抢夺枪支、弹药、爆炸物罪属于抽象的危险犯(但同条规定的盗窃、抢夺危险物质罪属于具体的危险犯),当行为人以盗窃弹药的故意实施了盗窃弹药的行为时,当然具有抽象的公共危险;但当行为人以盗窃枪支的具体故意,实施了盗窃弹药的行为时,其行为所具有的抽象的公共危险性质没有任何变化。因为行为是否具有公共危险并不取决于行为人的主观认识,而是取决于客观事实。既然如此,行为人的上述错误便并不影响其行为的性质。当行为是具体危险犯与实害犯时,也应得出相同的结论。例如,《刑法》第127条规定的盗窃、抢夺危险物质罪,其对象包含毒害性、放射性、传染病病原体等物质,但必须"危害公共安全"。当行为人出于抢夺毒害性物质的故意,实际上抢夺了放射性物质,并且危害公共安全时,也应认定为抢夺危险物质罪。因为所谓抢夺毒害性物质的故意,在刑法上属于抢夺危险物质的故意;客观上抢夺放射性物质的行为,在刑法上属于抢夺危险物质的行为。有责性与既遂的不法相对应时,没有理由认定为犯罪未遂,更没有理由宣告无罪。其三,如果认为上述认识错识影响犯罪的成立,便会给司法实践造成极大的困惑:那些盗窃了枪支、弹药、爆炸物的行为人,都可以声称只是为了盗窃另一种对象,从而导致其行为只成立犯罪未遂甚至被宣告无罪,而司法机关对行为人主观上究竟为了盗窃哪一种对象确实难以证明,这便会不合理地放纵犯罪。

基于同样的理由,在同一犯罪的法定刑升格条件中包含了选择性要素时,行为人在选择性要素之间发生的认识错误,与典型的同一构成要件内的错误没有区别,不影响升格法定刑的适用。其一,在将《刑法》第263条所规定的8种情形视为一个加重抢劫罪的前提下,抢险物资、军用物资、金融机构等,实际上是《刑法》第263条规定的可以选择的对象,说明针对不同对象所实施的行为都是同一加重抢劫行为,故没有超过同一构成要件的范围。根据法定符合说,这种错误不对犯罪的认定与法定刑的适用产生影响。其二,从规范意义上说,行为人认识到是抢险物资而抢劫该物资,与行为人误以为是军用物资而实际上抢劫了抢险物资,在客观不法与主观责任方面,没有任何差别。既然如此,对这两种情形,就应当作相同处理。换言之,在行为人误将抢险物资当作为军用物资抢劫的情况下,倘若认定为抢劫军用物资未遂,违反了对相同的情形应作相同处理的正义原则。其三,基于刑事政策的理由,为了防止处罚空隙,也不应承认上述认识错误具有意义。

再如,《刑法》第328条第1款规定了如下法定刑升格条件:"(一)盗掘确定为全国重点文物保护单位和省级文物保护单位的古文化遗址、古墓葬的;(二)盗掘古文化遗址、古墓葬集团的首要分子;(三)多次盗掘古文化遗址、古墓葬的;(四)盗掘古文化遗址、古墓葬,并盗窃珍贵文物或者造成珍贵文物严重破坏的。"当行为人误将全国重点文物单位的古文化遗址当作省级文物保护单位的古文化遗址实施盗掘行为时,这种认识错误不具有任何意义。

其次,如果将《刑法》第263条所规定的8种加重情形,视为8种以上不同的加重构成要件,分别成立8种以上不同的加重抢劫罪,则可以认为,行为人误将抢险物资当作军用物资抢劫的,或者误将军用物资当作金融机构资金抢劫的,就属于不同构成要件间的对象错误,即属于抽象的事实认识错误。

根据法定符合说,只要行为人所认识的事实与现实的事实处于同一构成要件内,就可以认定故意,因此,抽象的事实错误原则上阻却故意。但是,抽象的事实错误并不都阻却故意,而是在一定范围内承认抽象的事实错误并不重要。围绕这一范围,国外刑法理论上存在分歧。[①] 本书不可能分析各种学说的利弊,只是提出以下看法:应当在具有归责可能性的范围内认定犯罪和适用法定刑。亦即,不能仅根据行为人的故意内容或仅根据行为的客观事实认定犯罪和适用法定刑,而应在故意内容与客观事实相符合的范围内认定犯罪和适用法定刑。所谓"故意内容与客观事实相符合"是归责意义上的相符合,因而是实质意义上的相符合。换言之,只要行为人主观上所认识的犯罪与客观上所实现的犯罪,在保护法益、构成要件的行为方面是相同的,就应认为其"故意内容与客观事实相符合"。其一,有责性是为了解决主观归责的问题,即在客观地决定了行为性质及其结果后,判断能否将行为及结果归咎于行为人。基于同样的理由,适用升格法定刑时,要求行为人对符合升格条件的事实具有认识,是为了将加重的不法事实归责于行为人,所以,并不是所谓主观与客观的简单与机械的对应。质言之,抢劫军用物资的故意,能够成为客观上抢劫抢险物资的主观归责理由,故应认定行为人对抢劫抢险物资承担责任。其二,抢劫军用物资与抢劫抢险物资,所侵害的法益相同,而且构成要件的行为相同,所以,二者具有实质的重合。既然如此,行为人主观上的认识错误,就不再具有实质意义。

总之,在行为人误将抢险物资当作为军用物资,或者误将军用物资当作金融机构资金抢劫时,不管是将其作为同一构成要件内的具体的对象错误,还是作为不同构成要件间的抽象的对象错误,都不影响升格法定刑的适用。同样,行为人误将孤寡老人的财物当作救灾抢险物资而窃取,数额达到"数额特别巨大"50%的,也应适用"情节特别严重"的升格法定刑。

三、升格法定刑的性质

所谓升格法定刑的性质,是指法定刑升格的条件究竟是加重构成要

[①] 参见张明楷:《外国刑法纲要》,清华大学出版社2007年第2版,第228页以下。

件,还是单纯的量刑规则。明确区分二者,对于在什么样的条件下选择升格法定刑具有重要意义。

(一) 通说的缺陷

我国刑法理论长期以来将犯罪构成分为普通的犯罪构成与派生的犯罪构成。"普通的犯罪构成,又称独立的犯罪构成,是指刑法条文对具有通常法益侵害程度的行为所规定的犯罪构成。派生的犯罪构成,是指以普通的犯罪构成为基础,因为具有较轻或较重法益侵害程度而从普通的犯罪构成中衍生出来的犯罪构成。它包括加重的犯罪构成和减轻的犯罪构成两种情况。"①根据这种观点,情节严重、情节特别严重这类抽象的升格条件与数额巨大、入户抢劫等具体的升格条件,都属于加重的犯罪构成(或加重的构成要件);情节较轻则属于减轻的犯罪构成(或减轻的构成要件)。②但是,这种通说至少存在以下三个问题:

其一,刑法理论将犯罪构成分为普通的犯罪构成与加重、减轻的犯罪构成,同时认为犯罪构成是区分罪数的基本标准。既然如此,就意味着加重、减轻的犯罪构成不同于普通的犯罪构成,一个行为人以 A 行为实现了普通的犯罪构成,又以 B 行为实现了加重的犯罪构成时,理应认为行为触犯了两个不同的犯罪构成,成立两个不同的犯罪。既然是两个不同的犯罪,就表明触犯的是两个不同的罪名。例如,甲一次拦路抢劫,一次入户抢劫,两个行为分别符合了一个普通(抢劫罪)的犯罪构成与一个加重(抢劫罪)的犯罪构成,应当认定为两个犯罪。可事实上,刑法理论与司法解释又没有根据加重、减轻的犯罪构成确定罪名,只是根据普通的犯罪构成确定了罪名。例如,刑法理论认为《刑法》第 263 条规定的 8 种法定刑升格的情形属于加重的犯罪构成,但又不认为《刑法》第 263 条在普通抢劫罪之外,另规定了 8 种加重的抢劫罪名。这是很矛盾的现象。要解

---

① 陈兴良:《规范刑法学》(上册),中国人民大学出版社 2008 年第 2 版,第 109 页。另参见马克昌主编:《刑法学》,高等教育出版社 2003 年版,第 43 页。
② 本节在等同意义上使用加重的犯罪构成与加重的构成要件概念。虽然我国的犯罪构成与德国、日本的构成要件不是等同概念,但由于加重的犯罪构成实际上也只是违法性的加重,故在这一点上一般不会产生歧义。

决这个问题,必须重新确定分则条文的罪名。例如,将《刑法》第 263 条规定的犯罪确定为两个罪名:抢劫罪与加重抢劫罪;将《刑法》第 234 条规定的犯罪确定为故意伤害罪、重伤罪、伤害致死罪与残忍伤害罪;将《刑法》第 239 条规定的犯罪确定为绑架罪、绑架致死罪与绑架杀人罪。显然,这是一个牵一发动全身的问题,本书不可能在有限的篇幅内对此展开全面论述。况且,有关权力机关会以重新确定罪名过于复杂、不利于司法实践认定犯罪为由予以拒绝,因而不会推翻以前确定的罪名来解决这一自相矛盾的问题。理论界的一些人也会以各种理由(如成本过高、不能照搬国外)和心态予以拒绝。

其二,如所周知,《刑法》第 232 条所规定的"情节较轻",也被刑法理论称为减轻的犯罪构成。其实,这种归类并不妥当。罪刑法定原则决定了刑法必须将各种犯罪进行分类,即使是侵害相同法益的行为,为了避免构成要件过于抽象与概括,也必须尽可能进行分类,否则罪刑法定原则就不可能在任何程度上得以实现。① 所以,通过设定某些要素对犯罪进行分类,既是为了明确处罚范围,也是为了标明此罪与彼罪的关系(界限)。从立法技术上说,"所谓不法,是对于行为的一个负面(因此该入罪)的评价。因此构成不法之要件,必然也是能够符合此一基本性质。逻辑上不可能的是,一个概念被列为某一犯罪类型的不法要件的同时,此一要件的负面概念也被列为同一犯罪类型的不法要件。""用一个比喻的说法:如果'凶狠'被列为杀人罪的不法要件,那么'仁慈'就不可能也是杀人罪的不法要件。如果在杀人罪的犯罪条文体系中,在'凶狠'作为不法要件的同时,又出现'仁慈'的文字,那么后者并不是在表达一个构成犯罪的要件,而是在强调其与凶狠杀人的不法(因此影响法定刑)程度上的区别而已。"②基于同样的理由,在我国刑法分则中,当法条已经规定了基本罪状时,"情节较轻"不可能同时成为一个犯罪的构成要件要素。所以,《刑法》第 232 条规定"情节较轻",只是为了区分不法、责任程度不同的故意

---

① 如果不对犯罪进行分类,刑法分则就只需要一个条文:"犯罪的,处刑。"但这显然违反罪刑法定原则。
② 黄荣坚:《基础刑法学》(上),台湾元照出版有限公司 2006 年第 3 版,第 485 页。

杀人(进而分别规定不同的法定刑),而不是所谓减轻的犯罪构成。

其三,刑法理论在使用加重犯罪构成概念的同时,也使用法定刑升格条件的概念,而且二者的外延相同。亦即,所有法定刑升格的条件,也都是加重的犯罪构成要件;反之亦然。然而,加重的犯罪构成与法定刑升格的条件,不应当是外延相同的概念。因为前者侧重的是构成要件,后者侧重的是法定刑,法定刑加重并不一定意味着构成要件发生变化。换言之,刑法理论所确定的加重、减轻的犯罪构成过于宽泛,没有区分真正的加重、减轻的犯罪构成与单纯的量刑规则(单纯的法定刑升格或者减轻条件),而是将单纯的量刑规则也纳入加重、减轻的犯罪构成。

(二)区分量刑规则与加重构成的标准

关于加重、减轻的犯罪构成(或构成要件)与单纯的量刑规则的关系,有必要先考察德国刑法规定及其刑法理论的观点。

在德国,基本构成要件所规定的犯罪与构成要件的变异所形成的犯罪,当然属于不同的犯罪。例如,德国《刑法》第212条规定了普通的故意杀人罪(基本犯罪),德国《刑法》第216条第1款规定:"受被害人明确且认真的要求而杀人的,处六个月以上五年以下自由刑。"该款规定的基于要求的杀人罪可谓减轻的构成要件,但它依然以符合普通的故意杀人罪的构成要件为前提。例如,行为人必须实施了杀人行为并致人死亡,必须具有杀人故意等。再如,德国《刑法》第249条规定了普通抢劫罪,第250条规定的则是加重抢劫罪(加重的构成要件)。只有当行为实现了普通抢劫罪的构成要件,并且具备了加重的构成要件要素,才能适用加重的构成要件的法律后果。概言之,加重、减轻构成要件的实现,都以符合基本犯罪构成要件为前提,所以,加重、减轻构成要件并没有修改基本构成要件,只是增加或者减少了不法内容。由于基本构成要件与加重构成要件所规定的是不同的犯罪,因此,在原本存在加重构成要件事实,但行为人误认为仅存在基本构成要件事实时,就属于构成要件的事实认识错误,只能按基本犯罪处理。所以,德国《刑法》第16条第2款规定:"行为人在实施行为时错误地以为是较轻的法律的构成要件,可以因为故意的实施只受到该较轻的法律的处罚。"据此,当行为客观上符合《德国刑法》第250条规定的加重抢劫罪的构成要件,但行为人仅认识到了普通抢劫罪的事实时,就只能认定为普通抢劫罪。以我国《刑法》第263条的规定为例。当行为人误将军用物资当作普通财物抢劫时,不能适用抢劫军用物资的升格法定刑,只能认定为普通的抢劫罪。①

德国刑法与刑法理论明确区分构成要件的变异与单纯量刑规则的通例。例如,德国《刑法》第242条规定了普通盗窃罪的构成要件与法定刑,第243条第1款规定:"犯盗窃罪情节特别严重的,处三个月以上十年以下自由刑。具有下列情形之一的,通常属于情节特别严重:(1)在实施行为时侵入、翻越、用假钥匙或者其他不属于正当开启的工具进入建筑物、办公或者商业空间或者其他封闭的空间或者隐藏在该空间中;(2)从封闭的容器或者其他有防盗设备的场所盗窃物品的;(3)职业盗窃的;(4)从教堂或者其他服务于宗教活动的建筑物或者空间中盗窃被献于神职或者服务于宗教崇敬的物品;(5)盗窃处于一般可进入的收集场所中的或者被公开展览的具有科学、艺术或者历史或者用于技术发展意义的物品……"这种规定的特点是,虽然法条所列举的事例"通常"属于情节特别严重,但在具体案件中,即使存在法条所列举的通例,法官依然可能不认定为情节特别严重;反之,即使不存在法条所列举的通例,法官也可能认定为情节特别严重。由于存在法条列举的通例也不一定加重刑罚,不存在法条列举的通例也可能加重刑罚,所以,法条所列举的通例就不具有构成要件的特点,因而仅属于单纯的量刑规则的通例。②

本书的基本观点是,我国刑法分则条文单纯以情节(特别)严重、情节(特别)恶劣以及数额或数量(特别)巨大、首要分子、多次、违法所得数额巨大、犯罪行为孳生之物数量(数额)巨大作为升格条件时,只能视为量刑规则(当然,与德国刑法中的量刑规则存在区别);我国刑法分则条文因为行为、对象等构成要件要素的特殊性使行为类型发生变化,进而导致不

---

① 如果数额巨大,则适用我国《刑法》第263条第4项的规定。
② 以上参见〔德〕约翰内斯·韦塞尔斯:《德国刑法总论》,李昌珂译,法律出版社2008年版,第64页;Claus Roxin, Strafrecht Allgemeiner Teil, Band I, 4. Aufl., C. H. Beck 2006, S.341f.

法程度提升,并升格法定刑时,才属于加重的犯罪构成(或构成要件)。①

"构成要件是刑罚法规规定的行为类型,其具体内容是通过刑罚法规的解释决定的。因此,构成要件并不一定等同于刑罚法规的文言。"换言之,"并不是使行为成为犯罪的当罚的、可罚的要素,都属于构成要件要素;只有某犯罪中所固有的、类型的可罚的要素,才是构成要件要素。"②根据违法类型说的观点,只有表明违法行为类型的特征才属于构成要件要素。而情节严重、数额巨大、首要分子、多次(或者对多人实施)、违法所得数额巨大、犯罪行为孳生之物数量(数额)巨大,虽然有可能表明不法程度的加重,但并不属于表明不法行为类型的特征。

第一,数额巨大(数额特别巨大;数量巨大与数量特别巨大)。例如,盗窃他人 2000 元人民币、盗窃他人 2 万元人民币、盗窃他人 20 万元人民币的行为类型或特征是完全相同的,所不同的只是不法程度。同样,盗伐林木 5 立方米(数量较大)、盗伐林木 50 立方米(数量巨大)、盗伐林木 500 立方米(数量特别巨大)③三种情形的行为类型完全相同,只是不法程度存在差异。④ 联系我国刑法分则的相关规定,也能得出数额(特别)巨大仅属于量刑规则的结论。例如,《刑法》第 382 条规定了贪污罪的罪状(构成要件),第 383 条规定了贪污罪的处罚标准。显然,第 383 条中关于具体数额的规定,完全可能转换成数额较小、较大、巨大、特别巨大之类的规定。然而,不可能认为《刑法》第 383 条第 1 款第 1 项至第 3 项的内容属于加重的犯罪构成,相反只能认为其是关于量刑规则的规定。除了数额不影响行为类型之外,还有其他理由。例如,对受贿罪的处罚也适用《刑法》第 383 条的规定,倘若认为《刑法》第 383 条第 1 款第 1 项至第 3 项的内容是贪污罪的加重构成,那就意味着受贿罪的加重构成与贪污罪的加重构成是完全相同的。可是,这种结论是不成立。但我们可以说,受

---

① 相应地,当刑法分则条文因为行为、对象等构成要件要素的特殊性使行为类型发生变化,进而导致违法性减少,并减轻法定刑时,才属于减轻的犯罪构成。
② 〔日〕町野朔:《犯罪论の展开 I》,有斐阁 1989 年版,第 52、59 页。
③ 参见最高人民法院 2000 年 11 月 22 日《关于审理破坏森林资源刑事案件具体应用法律若干问题的解释》第 4 条。
④ 其中的数额较大与数量较大仍然是构成要件要素。

贿罪与贪污罪的量刑规则是相同的。既然刑法分则中对数额(特别)巨大的具体规定属于量刑规则,那么,盗窃、诈骗等罪中的数额(特别)巨大,当然也是量刑规则。不同的仅仅是,刑法对贪污罪明确规定了数额(特别)巨大的具体标准,导致法官的自由裁量权减少;而盗窃、诈骗等罪中的数额(特别)巨大的具体标准,由司法解释或者法官决定。换言之,在贪污罪中,是由立法确定数额(特别)巨大的标准,而在盗窃、诈骗等罪中,是由司法确定数额(特别)巨大的标准。在这种情形下,不可能认为前者属于量刑规则,后者属于加重构成。妥当的结论是,均属于量刑规则,只不过一个是较为具体的量刑规则,一个是较为抽象的量刑规则。

第二,情节严重(情节特别严重;情节恶劣与情节特别恶劣)。例如,《刑法》第152条规定:"以牟利或者传播为目的,走私淫秽的影片、录像带、录音带、图片、书刊或者其他淫秽物品的,处三年以上十年以下有期徒刑,并处罚金;情节严重的,处十年以上有期徒刑或者无期徒刑,并处罚金或者没收财产;情节较轻的,处三年以下有期徒刑、拘役或者管制,并处罚金。"最高人民法院、最高人民检察院2014年8月12日《关于办理走私刑事案件适用法律若干问题的解释》第13条第1至3款分别规定:"以牟利或者传播为目的,走私淫秽物品,达到下列数量之一的,可以认定为刑法第一百五十二条第一款规定的'情节较轻':(一)走私淫秽录像带、影碟五十盘(张)以上不满一百盘(张)的;(二)走私淫秽录音带、音碟一百盘(张)以上不满二百盘(张)的;(三)走私淫秽扑克、书刊、画册一百副(册)以上不满二百副(册)的;(四)走私淫秽照片、画片五百张以上不满一千张的;(五)走私其他淫秽物品相当于上述数量的。""走私淫秽物品在前款规定的最高数量以上不满最高数量五倍的,依照刑法第一百五十二条第一款的规定处三年以上十年以下有期徒刑,并处罚金。""走私淫秽物品在第一款规定的最高数量五倍以上,或者在第一款规定的最高数量以上不满五倍,但属于犯罪集团的首要分子,使用特种车辆从事走私活动等情形的,应当认定为刑法第一百五十二条第一款规定的'情节严重'。"这一司法解释表明,情节较轻、情节一般与情节严重,也只是量的变化(不法程度的变化),而不是不法行为类型的改变。所以,情节严重这类要素,并不会使不法行为类型发生变化,故不应属于加重的犯罪构成,只能视为量刑规则。①

第三,首要分子。首要分子并不是特殊主体,而是在犯罪过程中起组织、策划、指挥作用的人,其行为的不法程度大于其他参与行为。换言之,在犯罪过程中,首要分子所组织、策划、指挥的犯罪与参加者具体实施的犯罪,是行为类型与性质完全相同的犯罪。所以,当刑法分则将首要分子作为法定刑升格条件时,并不意味着其不法行为类型发生了变化。

第四,多次。多次只是对行为次数的要求,而不是不法行为类型的变化。例如,多次抢劫时,每次抢劫都必须符合抢劫罪的构成要件。换言之,多次抢劫只是三次以上抢劫的集合,并没有使抢劫罪的构成要件发生变化,故不属于加重的犯罪构成。同样,对多人实施犯罪(如强奸妇女多人)时,也只是使法益侵害范围增加(也可谓"多次"的另一种表述),而不会使强奸罪的构成要件发生变化。

第五,违法所得数额巨大(特别巨大)。例如,《刑法》第175条第1款规定:"以转贷牟利为目的,套取金融机构信贷资金高利转贷他人,违法所得数额较大的,处三年以下有期徒刑或者拘役,并处违法所得一倍以上五倍以下罚金;数额巨大的,处三年以上七年以下有期徒刑,并处违法所得一倍以上五倍以下罚金。"假定违法所得数额较大的起点为5万元,违法所得数额巨大的起点为25万元,不管行为人高利转贷违法所得是5万元,还是25万元,其不法行为的类型没有丝毫变化。

第六,犯罪行为孳生之物数量(数额)巨大(特别巨大)。《刑法》第170条第1款将"伪造货币数额特别巨大"规定为法定刑升格的条件。不可否认,伪造的货币数额越大,不法就越严重。但这种仅表明不法程度的要素,不会使伪造货币罪的不法行为类型发生变化。

诚然,从表面上看,"某人盗窃数额巨大未遂"的说法,似乎没有不合理之处。但是,"某人盗窃情节严重未遂"(或"某人的盗窃行为有达到情

---

① 当然,作为构成要件要素的"情节严重",则是一种整体的评价要素,而不是量刑规则(参见张明楷:《犯罪构成体系与构成要件要素》,北京大学出版社2010年版,第238页以下)。

节严重的可能性,故认定为情节严重的未遂")的说法,是不成立的。当情节严重是法定刑升格条件时,只有当案件已经现实地属于情节严重时,才能适用升格的法定刑。将"具有情节严重的可能性"或者"具有情节严重的危险"情形,认定为情节严重的未遂犯,是不可能被人接受的。① 换言之,即使"具有情节严重的可能"的说法是成立的,也不可能适用情节严重的法定刑,再适用刑法总则关于未遂犯的规定予以处罚。所以,情节严重作为法定刑升格条件,只是量刑规则,而不可能成为加重的犯罪构成。数额(特别)巨大实际上也只是情节严重的一种表现形式。众所周知,司法解释针对情节(特别)严重所规定的情形,首先就是数额较大或者巨大。② 既然如此,说"某人盗窃数额巨大未遂"就是难以成立的。否则,就会出现如下令人难以思议的现象:不存在情节严重未遂,但当司法解释将情节(特别)严重量化为数额(特别)巨大时,则存在数额巨大未遂;根据刑法条文的规定,原本不存在情节严重未遂,但经由司法解释便存在情节严重未遂。显然,只有将数额(特别)巨大作为量刑规则看待,才可以避免上述不当现象。基于同样的理由,"某人成为首要分子未遂"的说法,并不成立。亦即,即使在聚众犯罪或者集团犯罪中,某人具有成为首要分子的可能性,但只要他还不是首要分子,就不能适用首要分子的法定刑再适用未遂犯的规定。"某人实施了两次抢劫,属于多次抢劫的未遂"的说法,也不成立。亦即,即便行为人已经实施了两次行为,并且意欲第三次实施抢劫行为,也不可能认定多次抢劫的未遂(不能适用多次抢劫的法定刑)。显然,在行为"有违法所得数额巨大的可能"时,同样不可能适用升格的法定刑。

我国刑法分则之所以存在大量的以情节严重、数额巨大、首要分子、多次、违法所得数额较大、犯罪行为孳生之物数量(数额)巨大作为法定刑升格条件的规定,只是为了限制法官的自由裁量权。一方面,我国人口多、面积大、各地各方面的差异很大,相同的行为在不同地方所受到的否

---

① 如后所述,行为达到了情节严重的标准,但只是由于意志以外的原因而未得逞的,可谓另一种意义上的"情节严重的未遂犯",但明显与此不同。
② 参见最高人民法院、最高人民检察院2009年12月3日《关于办理妨害信用卡管理刑事案件具体应用法律若干问题的解释》第7条;最高人民法院、最高人民检察院2010年3月2日《关于办理非法生产、销售烟草专卖品等刑事案件具体应用法律若干问题的解释》第3条;等等。

定评价程度并不相同,所以,一个犯罪的法定刑幅度不能太小。否则,一部刑法典就难以在全国普遍适用。另一方面,重刑观念不仅影响着我国的刑事司法,也影响了我国的刑事立法,导致犯罪的法定最高刑普通较重。以上两点决定了我国刑法分则对常见犯罪、较为严重犯罪所规定的法定刑幅度必须较大(最低刑至最高刑之间的幅度较大)。为了防止法官恣意裁量刑罚,刑事立法便将一个犯罪的法定刑细分为二到三个档次,于是出现了许多将情节(特别)严重、数额(特别)巨大、首要分子、多次、违法所得数额(特别)巨大、犯罪行为孳生之物数量(数额)(特别)巨大分别作为第二档次、第三档次的法定刑的适用标准。

与各地发展平衡、没有重刑观念的一些国家的刑法相比,就可以明确这一点。例如,日本《刑法》第235条规定:"窃取他人财物的,是盗窃罪,处十年以下惩役或者五十万元以下罚金。"第246条第1项规定:"欺骗他人使之交付财物的,处十年以下惩役。"显然,这两个罪的法定刑,分别相当于我国《刑法》第264条与第266条所规定的前两档法定刑。日本《刑法》没有将"十年以下惩役"细分为两个档次,大体是因为立法者相信法官会做出公正的裁量;没有规定更重的法定刑,是因为日本没有重刑观念,或者说在日本的立法者看来,对任何严重的盗窃罪与诈骗罪,判处10年惩役就足够了。这反过来说明,我国刑法就盗窃罪、诈骗罪所规定的数额巨大、特别巨大、情节严重、情节特别严重,就是为了规范量刑,而没有其他特别意义,或者说并不意味着盗窃罪、诈骗罪有三个犯罪构成。再如,经过2004年修改后的日本《刑法》第199条规定:"杀人的,处死刑、无期或者五年以上惩役。"在2004年之前,该条的规定是:"杀人的,处死刑、无期或者三年以上惩役。"不难看出,该法定刑与我国《刑法》第232条规定的法定刑完全相同。但日本的立法者并没有将这一法定刑细分为两个档次的法定刑,而是完全由法官公正裁量。① 这反过来说明,我国《刑法》

---

① 从立法论上而言,我国《刑法》第232条区分了普通杀人与情节较轻的杀人,似乎可以限制法官的自由裁量权。但事实上不一定如此。因为何谓情节较轻,也是需要法官自由裁量的。只有当最高人民法院规定了情节较轻的具体情形时,才对下级法官有限制作用。可是,即使我国《刑法》第232条的规定是"故意杀人的,处三年以上有期徒刑、无期徒刑或者死刑",最高人民法院同样可以规定对何种情形的杀人处10年以下徒刑,对何种情形的杀人处10年以上徒刑。

第 232 条对故意杀人罪规定两个档次的法定刑(单独规定情节较轻的法定刑),也只是为了规范量刑,而不是意味着故意杀人罪有两个犯罪构成。

(三) 区分量刑规则与加重构成的意义

区分量刑规则与加重的犯罪构成、减轻的犯罪构成具有重要意义,突出地表现在如何处理犯罪形态以及如何适用法定刑(能否适用升格法定刑)的问题上。①

我国刑法总则规定对未遂犯原则上予以处罚,虽然事实上对情节较轻的故意犯罪的未遂不会追究刑事责任,但对严重犯罪的未遂一般以犯罪论处。未遂是相对于既遂而言的,按照刑法理论的通说,刑法分则所规定的基本的犯罪构成与加重的犯罪构成,都以既遂为模式。所以,故意的基本犯存在未遂犯,故意的加重犯(如故意的结果加重犯)也存在未遂犯。概言之,当行为人的行为符合加重的犯罪构成的行为类型,行为人对加重的构成要件具有故意,由于意志以外的原因未得逞时,就成立加重犯的未遂,适用升格法定刑,同时适用未遂犯的规定。② 例如,入户抢劫未遂的,适用入户抢劫的法定刑,同样适用刑法总则关于未遂犯的规定。再如,在公众场所当众强奸妇女未遂的,适用《刑法》第 236 条第 3 款规定的升格法定刑,同时适用刑法总则关于未遂犯的规定。③

但是,量刑规则是不可能存在所谓未遂的。换言之,只有当案件事实完全符合某个量刑规定时,才能按照该规定量刑。例如,假定盗窃罪的数额较大、巨大与特别巨大的起点分别为 1000 元、3 万元与 30 万元(本节以下均以该假定为标准),甲潜入某博物馆,意图窃取价值 40 万元的一幅

---

① 实际上还涉及一罪与数罪的区分、同种数罪与不同种数罪的区分问题。
② 当然,由于法条表述等原因,不排除个别情形存在例外或者存在争议。例如,按照本书的观点,《刑法》第 236 条第 3 款第 4 项所规定的"二人以上轮奸的"属于加重的犯罪构成,但是否存在轮奸未遂,则存在争议。再如,根据本书的观点,《刑法》第 239 条第 2 款规定的"杀害被绑架人"属于加重的犯罪构成,但对杀人未遂的是否适用本规定(同时适用刑法总则关于未遂犯的规定),则存在争议(参见张明楷:《绑架罪中"杀害被绑架人"研究》,载《法学评论》2006 年第 3 期,第 17 页以下)。
③ 如果加重的犯罪构成中,行为人对加重结果仅限于过失,则不存在未遂犯。例如,不可能存在故意伤害致死的未遂犯。

画,虽然已经着手,但由于意志以外的原因未得逞。如果认为,《刑法》第264条对数额特别巨大及其法定刑的规定内容,属于加重的犯罪构成,那么,对甲理所当然地要适用数额特别巨大的法定刑,并适用刑法总则关于未遂犯的处罚规定。如若认为,《刑法》第264条对数额特别巨大及其法定刑的规定内容,只是量刑规则,亦即,只有盗窃数额客观上达到了巨大或者特别巨大,才能适用相应的法定刑,那么,对甲就不能适用数额特别巨大的法定刑,而只能适用基本犯的法定刑(数额较大的法定刑),同时适用刑法总则关于未遂犯的处罚规定。

如前所述,本书认为刑法关于情节严重、数额巨大的规定只是量刑规则,因而主张后一种做法。事实上,后一种做法才符合罪刑相适应原则。例如,A盗窃29万元既遂,B意图盗窃31万元未遂。按照上述第一种做法,对A可能判处的最低刑为3年徒刑,可能判处的最高刑为10年徒刑,而对B可能判处的最低刑为10年徒刑,可能判处的最高刑为无期徒刑。诚然,对B可以适用刑法总则关于未遂犯的处罚规定,尽管如此,对B的处罚仍然会重于对A的处罚。然而,A的盗窃行为已经给他人财产造成了实害,B的盗窃行为只是有造成他人财产损失31万元的危险,所以,B的盗窃行为的不法程度肯定轻于A的盗窃行为的不法程度。① 不难看出,上述第一种做法有悖罪刑相适应原则。这又说明,对于刑法分则所规定的情节严重、数额巨大,只能视为量刑规则,而不能理解为加重的犯罪构成。

再如,《刑法》第217条规定:"以营利为目的,有下列侵犯著作权情形之一,违法所得数额较大或者有其他严重情节的,处三年以下有期徒刑或者拘役,并处或者单处罚金;违法所得数额巨大或者有其他特别严重情

---

① 也许有人认为,B的主观恶性(或人身危险性)大于A。但本书不赞成这种说法。主观责任是对客观不法事实的责任,不存在独立于不法事实之外的主观责任。所以,不能认为B的主观责任重于A的主观责任。换言之,A是对29万元财产实害的主观责任,B只是对31万元财产危险的主观责任。另一方面,不能将影响特殊预防必要性大小的因素,与主观责任要素混为一谈。在上述假定的A与B的案件中,并没有假定特殊预防必要性大小的因素。此外,B的主观恶性大的说法也不可能得到贯彻。例如,甲仅以盗窃数额较大财物的故意,盗窃了价值8000元的财物,乙以盗窃得越多越好的故意,盗窃了价值8000元的财物。没有人会认为对乙应当适用数额巨大或者特别巨大的法定刑。

节的,处三年以上七年以下有期徒刑,并处罚金。"根据最高人民法院、最高人民检察院 2004 年 12 月 8 日《关于办理侵犯知识产权刑事案件具体应用法律若干问题的解释》第 5 条的规定,违法所得数额在 3 万元以上的,属于违法所得数额较大,非法经营数额在 5 万元以上的,属于有其他严重情节;违法所得数额在 15 万元以上的,属于违法所得数额巨大,非法经营数额在 25 万元以上的,属于有其他特别严重情节。按照本书的观点,上述违法所得数额巨大与有其他特别严重情节,并不是所谓加重的犯罪构成,只是量刑规则。所以,既不存在违法所得数额巨大情形的未遂犯,也不存在情节特别严重情形的未遂犯。换言之,只要行为的违法所得数额客观上没有达到 15 万元以上,不管行为人主观上意欲获得的违法数额是多少,都不可能适用违法所得数额巨大的升格法定刑。同样,只要非法经营数额客观上没有达到 25 万元以上(也没有司法解释规定的其他特别严重情节),就不可能适用有其他特别严重情节的规定,不得选择升格的法定刑。

反过来,也不能将加重的犯罪构成理解为量刑规则。如果将加重的犯罪构成理解为量刑规则,就会导致"一旦符合加重的犯罪构成,就没有未遂"的不当结论。例如,关于抢劫罪的法定刑升格情形,一种观点认为:"对于具有第 263 条规定的 8 种情节之一的抢劫罪,属于结果加重犯和情节加重犯,只要抢劫行为具有其中任何一情节,无论财物是否抢劫到手,都应视为抢劫既遂。"[①]另一种观点则认为:"《刑法》第 263 条基本情节规定的一般抢劫罪,应以是否劫得财物为既遂与未遂的界限。加重情节规定的情节加重犯和结果加重犯,应该具体情况具体分析,抢劫致人重伤、死亡的,不存在未遂问题,情节加重犯则仍然存在以是否抢得财物作为区分既遂与未遂界限的标准。"[②]除了结果加重犯是否存在未遂的具体争议之外,上述两种不同观点实质区别在于,是将《刑法》第 263 条规定的 8 种加重情形理解为量刑规则,还是理解为加重的犯罪构成。显然,前一种观

[①] 高铭暄主编:《新编中国刑法学》(下册),中国人民大学出版社 1999 年版,第 769 页。
[②] 高铭暄、马克昌主编:《刑法学》(下编),中国法制出版社 1999 年版,第 896 页。

点,基本上理解为量刑规则,后一种观点则基本上理解为加重的犯罪构成。

本书的基本观点是,我国《刑法》第263条所规定的8种情形中,第4项规定的"多次抢劫或者得抢劫数额巨大"属于量刑规则,其他规定内容都属于加重的犯罪构成。所以,第1项至第3项、第6项至第8项,都存在犯罪未遂。例如,对于入户抢劫未遂的,既要适用入户抢劫的法定刑,又要适用刑法总则关于未遂犯的处罚规定。在公共交通工具上抢劫未遂,冒充军警人员抢劫未遂或者持枪抢劫未遂的,也是如此。但是,对于行为人原本打算抢劫三次以上,实际上却只抢劫了一次或者二次的,以及行为人原本想抢劫数额巨大财物,实际上仅抢劫数额较大财物或者分文未取的,只能适用普通抢劫的法定刑("三年以上十年以下有期徒刑,并处罚金")。至于抢劫致人重伤、死亡的结果加重犯问题,本书的基本看法是,一方面,行为人原本打算故意造成被害人重伤、死亡后强取财物,但由于意志以外的原因而未能致人重伤、死亡的,即使强取了数额较大的财物,也应适用升格法定刑,并适用总则关于未遂犯的处罚规定。另一方面,行为人致人重伤、死亡后未能强取财物的,严格地说,属于基本犯未遂,结果加重犯未遂。剩下的问题只是是否适用刑法总则关于未遂犯的处罚规定的问题。本书的看法是,由于我国的法定刑较重,法官量刑也偏重,故倾向适用未遂犯的规定。

根据以上分析,我国刑法分则条文关于法定刑升格条件的规定,可以分为以下三类:(1)有的分则条文所规定的法定刑升格条件,仅属于量刑规则。如当刑法分则条文将情节严重、情节恶劣、罪行严重或者数额巨大等规定为法定刑升格条件时,它们属于量刑规则,而不属于加重的犯罪构成。(2)有的分则条文所规定的法定刑升格条件,属于加重的犯罪构成。例如,《刑法》第121条规定:"以暴力、胁迫或者其他方法劫持航空器的,处十年以上有期徒刑或者无期徒刑;致人重伤、死亡或者使航空器遭受严重破坏的,处死刑。"本条后段规定的是加重的犯罪构成,而不只是量刑规则。再如,《刑法》第234条第2款规定:"犯前款罪,致人重伤的,处三年以上十年以下有期徒刑;致人死亡或者以特别残忍手段致人重伤造成严重残疾的,处十年以上有期徒刑、无期徒刑或者死刑。"本款规定的法定刑升格条件均为加重的犯罪构成,而不是单纯的量刑规则。① (3)有的分则条文所规定的法定刑升格条件中,既包括了加重的犯罪构成,也包括了单纯的量刑规则。例如,《刑法》第236条第3款规定了5种法定刑升格条件:"(一)强奸妇女、奸淫幼女情节恶劣的;(二)强奸妇女、奸淫幼女多人的;(三)在公共场所当众强奸妇女的;(四)二人以上轮奸的;(五)致使被害人重伤、死亡或者造成其他严重后果的。"按照本书的观点,第1项与第2项属于量刑规则,剩余三项属于加重的犯罪构成。再如,《刑法》第318条第1款对组织他人偷越国(边)境罪规定了7种法定刑升格条件:"(一)组织他人偷越国(边)境集团的首要分子;(二)多次组织他人偷越国(边)境或者组织他人偷越国(边)境人数众多的;(三)造成被组织人重伤、死亡的;(四)剥夺或者限制被组织人人身自由的;(五)以暴力、威胁方法抗拒检查的;(六)违法所得数额巨大的;(七)有其他特别严重情节的。"按照本书的观点,第3项至第5项的规定内容属于加重的犯罪构成,其他各项属于量刑规则。

综上所述,我国刑法分则条文所规定的抽象升格条件(情节严重、情节特别严重等),都是量刑规则;刑法分则条文所规定的具体升格条件中,一部分是量刑规则(数额巨大、数量巨大、违法所得数额巨大、首要分子、多次等),一部分是加重的犯罪构成(如入户抢劫、持枪抢劫、在公共场所当众强奸妇女等)。所以,抽象的升格条件与量刑规则不是等同概念,具体的升格条件与加重的犯罪构成也不是等同概念。②

但是,有的司法解释没有区分加重构成与量刑规则,主要表现为将"数额巨大"或者"数额特别巨大"这种量刑规则,视为加重构成。例如,最高人民法院、最高人民检察院2011年3月1日《关于办理诈骗刑事案件具体应用法律若干问题的解释》第6条规定:"诈骗既有既遂,又有未

---

① 如前所述,并不是任何加重的犯罪构成均有犯罪未遂,如果对加重结果仅限于过失,则不可能有加重犯的未遂;只有对加重结果具有故意时,才可能成立加重犯的未遂。
② 参见张明楷:《加重构成与量刑规则的区分》,载《清华法学》2011年第1期,第7页以下。

遂,分别达到不同量刑幅度的,依照处罚较重的规定处罚;达到同一量刑幅度的,以诈骗罪既遂处罚。"最高人民法院、最高人民检察院2013年4月2日《关于办理盗窃刑事案件适用法律若干问题的解释》第12条第2款规定:"盗窃既有既遂,又有未遂,分别达到不同量刑幅度的,依照处罚较重的规定处罚;达到同一量刑幅度的,以盗窃罪既遂处罚。"这样的解释不符合常理,也会导致罪刑不均衡。

例如,甲一次盗窃他人价值2万元的财物,另一次盗窃价值31万元的财物未遂。按照上述司法解释的规定,对甲应当适用数额特别巨大的法定刑,既要适用刑法总则关于未遂犯的处罚规定,又将盗窃2万元财物作为从重处罚的情节。但是,这种做法明显不当。其一,明明存在盗窃2万元财物既遂的情形,却要认定为盗窃未遂,违背了事实与常理。其二,一方面认为盗窃数额特别巨大是加重的犯罪构成,另一方面又不将甲的行为认定为两个盗窃罪(前者盗窃既遂,后者盗窃未遂),这与罪数原理相冲突。其三,在适用刑法总则关于未遂犯的处罚规定的同时,又将盗窃2万元财物作为从重处罚情节的结局是,对甲判处的刑罚明显过重,因而不符合罪刑相适应原则。如若按照本书的观点,将《刑法》第264条对数额特别巨大及其法定刑的规定内容,作为量刑规则,那么,对甲就应当适用数额较大的法定刑,不适用未遂犯的规定,同时将盗窃31万元未遂的事实,作为在数额较大法定刑内量刑的从重情节。从这里也可以看出将情节严重、数额(特别)巨大作为量刑规则的合理性。基于同样的理由,同一行为人诈骗数额较大既遂,诈骗数额巨大未遂的,或者同一行为人抢夺数额较大既遂,抢夺数额巨大未遂的,也应分别认定为诈骗既遂、抢夺既遂,并且只能适用数额较大的法定刑。

再如,甲潜入某博物馆,意图窃取价值30万元的一幅画,虽然已经着手,但由于意志以外的原因未得逞。乙入户盗窃他人价值2.8万元的财物,而且既遂。按照司法解释的观点,对甲要适用数额特别巨大的升格法定刑,并适用刑法总则关于未遂犯的处罚规定。如果仅从轻处罚,则最低处10年有期徒刑;如果减轻处罚,则必须适用"三年以上十年以下有期徒刑"的法定刑。对乙则必须适用"三年以下有期徒刑、拘役或者管制"的法定刑。这显然不均衡、不公正。① 按照本书的观点,对甲、乙均适用"三年以下有期徒刑、拘役或者管制"的法定刑,并对甲适用未遂犯的规定,则有利于实现量刑的均衡与公正。

阮齐林教授认为,笔者关于量刑规则的观点不利于做到均衡。"甲在博物院窃取国宝级文物价值连城,且在窃取时不小心触碰掉地摔毁(刚刚接触到还未拿起),乙盗窃一个富豪家闲置不用的3万元金表。按数额加重犯有未遂说,甲在十年以上有期徒刑至无期徒刑之间适用未遂处罚(最低可判三年徒刑),乙在三年有期徒刑至十年有期徒刑之间判处,合情合理,且法官可以很方便地裁量适当刑罚。相反,若按照'量刑规则',对甲只能在三年有期徒刑以下(未遂从轻减轻)判罚,很窘吧! 甲案比乙案危害性要大很多吧,乙案却必须在三年有期徒刑以上判罚。"② 其实,按照笔者的观点,也不会出现阮齐林教授所说的现象。因为盗窃罪的量刑规则除了数额之外还有情节。在不适合以数额选择法定刑时,完全可以按照情节选择法定刑。对于上述甲案,完全可以选择"情节特别严重"的法定刑,再适用未遂犯的规定,因而与阮齐林教授所提出的合情合理的量刑没有任何区别。

总之,法官必须正确区分加重的犯罪构成与量刑规则,就量刑规则而言,只有当案件事实完全符合量刑规则时,才能适用该量刑规则;案件事实有符合量刑规则的可能,但实际上没有达到量刑规则的要求时,不能适用该量刑规则。所以,对盗窃、诈骗数额巨大或者数额特别巨大但未得逞的,不得适用升格的法定刑。

---

① 阮齐林教授指出:"这真不是什么大不了的不公,不值得担心,完全可以缓解。依照数额加重犯有未遂说,法官对甲认定未遂减轻处罚最低可判至三年有期徒刑,对乙也可以判至三年有期徒刑,没有什么明显的不公"(阮齐林:《论盗窃罪数额犯的既遂标准》,载《人民检察》2014年第19期,第16页)。可是,其一,法定刑的选择不同本身就意味着对罪行的评价不同。既然对甲选择了重法定刑,对乙选择了轻法定刑,就意味着甲的罪行重于乙的罪行。但事实上却并非如此。其二,根据什么要求法官对甲判处最低刑,而对乙判处最高刑呢? 事实上,在司法实践中,对未遂犯通常不会选择下一档法定刑的最低刑。如果由不同的法官分别审理甲与乙,不可能出现阮齐林教授所提出的量刑结果。
② 阮齐林:《论盗窃罪数额犯的既遂标准》,载《人民检察》2014年第19期,第16页。

四、升格法定刑的援引

我国刑法分则有不少条文采用了援引法定刑的规定方式,其中,有些援引比较明确,司法人员容易识别是否以及在何种情形下适用缓引的升格法定刑。

例如,《刑法》第 269 条规定:"犯盗窃、诈骗、抢夺罪,为窝藏赃物、抗拒抓捕或者毁灭罪证而当场使用暴力或者以暴力相威胁的,依照本法第二百六十三条的规定定罪处罚。"《刑法》第 263 条规定了两档法定刑,其中升格的法定刑适用于 8 种情形。倘若行为人犯盗窃罪,为窝藏赃物而当场使用枪支,那么,司法人员会适用《刑法》第 263 条关于"持枪抢劫"的规定,从而选择升格的法定刑。如若行为人入户盗窃了数额较大的财物,为了抗拒抓捕而在户内使用暴力或者以暴力相威胁,司法人员会适用《刑法》第 263 条关于"入户抢劫"的规定,从而适用升格的法定刑。

再如,《刑法》第 144 条规定:"在生产、销售的食品中掺入有毒、有害的非食品原料的,或者销售明知掺有有毒、有害的非食品原料的食品的,处五年以下有期徒刑,并处罚金;对人体健康造成严重危害或者有其他严重情节的,处五年以上十年以下有期徒刑,并处罚金;致人死亡或者有其他特别严重情节的,依照本法第一百四十一条的规定处罚。"当行为人犯生产、销售有毒有害食品罪并且致人死亡时,司法人员会适用《刑法》第 141 条"处十年以上有期徒刑、无期徒刑或者死刑,并处罚金或者没收财产"的法定刑(与之对应的法定刑升格条件为"致人死亡或者有其他特别严重情节"),而不会适用"三年以上十年以下有期徒刑,并处罚金"的法定刑(与之对应的法定刑升格条件为"对人体健康造成严重危害或者有其他严重情节")。

但是,有的法条在规定援引法定刑时表述不明确,在适用援引的升格法定刑时会存在争议。

例如,《刑法》第 180 条第 1 款规定:"证券、期货交易内幕信息的知情人员或者非法获取证券、期货交易内幕信息的人员,在涉及证券的发行、证券、期货交易或者其他对证券、期货交易价格有重大影响的信息尚未公开前,买入或者卖出该证券,或者从事与该内幕信息有关的期货交易,或者泄露该信息,或者明示、暗示他人从事上述交易活动,情节严重的,处五年以下有期徒刑或者拘役,并处或者单处违法所得一倍以上五倍以下罚金;情节特别严重的,处五年以上十年以下有期徒刑,并处违法所得一倍以上五倍以下罚金。"同条第 4 款规定:"证券交易所、期货交易所、证券公司、期货经纪公司、基金管理公司、商业银行、保险公司等金融机构的从业人员以及有关监管部门或者行业协会的工作人员,利用因职务便利获取的内幕信息以外的其他未公开的信息,违反规定,从事与该信息相关的证券、期货交易活动,或者明示、暗示他人从事相关交易活动,情节严重的,依照第一款的规定处罚。"问题是,如果行为人利用未公开信息交易,情节特别严重的,是只能按本条第 1 款的情节严重的法定刑量刑,还是应当选择本条第 1 款情节特别严重的升格法定刑?

例如,2011 年 3 月 9 日至 2013 年 5 月 30 日期间,马某担任某基金管理有限公司旗下的某精选股票证券投资基金经理,全权负责投资基金投资股票市场,掌握了某精选股票证券投资基金交易的标的股票、交易时点和交易数量等内幕信息以外的其他未公开信息。马某在任职期间利用其掌控的上述内幕信息以外的其他未公开信息,从事与该信息相关的证券交易活动,操作自己控制的"金某"、"严某进"、"严某雯"三个股票账户,通过临时购买的不记名神州行电话卡下单,先于、同期或稍晚于其管理的某精选基金账户买入相同股票 76 只,累计成交金额人民币 10.5 亿余元,从中非法获利人民币 1883 万余元。2013 年 7 月 17 日,马某主动向公安局经济犯罪侦查支队投案。

法院经审理认为,被告人马某无视国家法律,作为基金管理公司从业人员,因利用职务便利获取的内幕信息以外的其他未公开信息,违反规定,从事与该信息相关的证券交易活动,情节严重,其行为已构成利用未公开信息交易罪。被告人马某具有自动投案的情节,且到案之后能如实供述其所犯罪行,符合自首的法律规定,依法可以从轻处罚。被告人马某认罪态度良好,其违法所得能从扣押冻结的财产中全额返还,判处的罚金亦能全额缴纳,确有悔罪表现,另经社区矫正和安置帮教科调查评估,对被告人马某宣告缓刑对其所居住的社区没有重大不良影响,符合适用缓刑的条件,决定对其适用缓刑。最终以马某犯利用未公开信息交易罪判处马某有期徒刑 3 年,缓刑 5 年,并处罚金人民币 1884 万元;违法所得人民币 1883 万余元依法予以追缴。

一审判决后,某市人民检察院提起抗诉,认为马某利用未公开信息交易的时间跨度长、社会影响恶劣,应依照"情节特别严重"的量刑档次来处罚。但是,某高级人民法院的终审裁定认为,《刑法》第 180 条第 4 款只规定了利用未公开信息交易罪"情节严重"的量刑情节,并未规定本罪有"情节特别严重"情形。因此,裁定驳回抗诉,维持原判。①

如果暂时撇开对《刑法》第 180 条第 4 款的理解,将马某的行为与该条第 1 款规定的情形相比,能否认定马某的行为仅仅属于"情节严重",而没有达到"情节特别严重"的程度呢?回答显然是否定的。最高人民法院、最高人民检察院 2012 年 3 月 29 日《关于办理内幕交易、泄露内幕信息刑事案件具体应用法律若干问题的解释》第 7 条规定:"在内幕信息敏感期内从事或者明示、暗示他人从事或者泄露内幕信息导致他人从事与该内幕信息有关的证券、期货交易,具有下列情形之一的,应当认定为《刑法》第一百八十条第一款规定的'情节特别严重':(一)证券交易成交额在 250 万元以上的;(二)期货交易占用保证金数额在 150 万元以上的;(三)获利或者避免损失数额在 75 万元以上的;(四)具有其他特别严重情节的。"从本案事实来看,马某利用未公开信息的时间跨度比较长。从 2011 年 3 月 9 日至 2013 年 5 月 30 日,作为基金经理,操纵 76 只股票,买卖非常频繁,交易额达到 10.5 亿余元,非法获利人民币 1883 万余元,明显应当认定为犯罪情节特别严重。

那么,法院判决为什么仅认定为"情节严重"呢?在本书看来,法院可能对《刑法》第 180 条第 4 款的援引法定刑做出了如下理解:该款仅规

---

① 郑赫南:《"最大老鼠仓案"被抗诉的焦点问题》,载《检察日报》2014 年 12 月 13 日第 2 版。

定了"情节严重",而没有规定"情节特别严重",换言之,利用未公开信息交易罪只存在"情节严重"的情形,而不存在"情节特别严重"的情形。所以,倘若认定马某的行为"情节特别严重",便违反了罪刑法定原则。

其实,上述理解并不妥当。在刑法分则条文采用援引法定刑时,只要就基本构成要件做出表述即可,没有必要同时表述基本构成要件与加重构成要件(或加重情节),否则不能达到减少法条表述的目的。既然刑法条文对利用未公开信息交易罪援引了内幕交易、泄露内幕信息罪的法定刑,就表明这两个罪的不法与责任程度是相当的。详言之,虽然利用未公开信息交易罪的成立以情节严重为前提,但内幕交易、泄露内幕信息罪也是以情节严重为前提。既然基本犯均以情节严重为前提,而立法者又认为二者的不法与责任程度相当,并且采用援引法定刑,就表明二者在情节特别严重时,不法与责任的程度也是相当的。除非有充分的根据表明,利用未公开信息交易罪不可能达到司法解释对内幕交易、泄露内幕信息罪所规定的情节特别严重的程度。可是,马某的行为就已经充分说明了利用未公开信息交易罪的不法与责任也能达到内幕交易、泄露内幕信息罪中情节特别严重的程度。总之,应当认为,利用未公开信息交易的行为一共存在三种情形:一是情节不严重,二是情节严重,三是情节特别严重。对第一种情形当然不得以犯罪论处;对第二、三种情形应当分别选择内幕交易、泄露内幕信息罪的基本法定刑与升格法定刑。

或许有人认为,如果立法者认为对利用未公开信息交易罪应当全部援引内幕交易、泄露内幕信息罪的两档法定刑,就不会在第4款中使用"情节严重"的表述。然而,如果不使用"情节严重"的表述,必然带来另一难以解决的问题,亦即,利用未公开信息交易罪的成立不以情节严重为前提。可是,这样的结论又是不妥当的。既然内幕交易、泄露内幕信息罪的成立以情节严重为前提,利用未公开信息交易罪同样应当以情节严重为前提。这便是《刑法》第180条第4款中使用"情节严重"表述的原因。

其实,凡是前一款规定了两个以上法定刑,而后一款采用援引法定刑时,后一款都只是表述了基本犯的构成要件,而没有表述法定刑升格的条件。

例如,《刑法》第 104 条第 1 款与第 2 款分别规定:"组织、策划、实施武装叛乱或者武装暴乱的,对首要分子或者罪行重大的,处无期徒刑或者十年以上有期徒刑;对积极参加的,处三年以上十年以下有期徒刑;对其他参加的,处三年以下有期徒刑、拘役、管制或者剥夺政治权利。""策动、胁迫、勾引、收买国家机关工作人员、武装部队人员、人民警察、民兵进行武装叛乱或者武装暴乱的,依照前款的规定从重处罚。"毫无疑问,当行为人实施第 2 款的行为时,要根据第 1 款的三种情形分别选择不同的法定刑。

也许有人提出,第 104 条第 2 款规定的罪名与第 1 款相同,因而全部援引第 1 款的三种法定刑。其实,援引法定刑与罪名没有关系,罪名相同与罪名不同都可能援引法定刑。况且,要对第 104 条第 2 款规定的行为确立独立的罪名,也是完全可能的。事实上,即使是不同的罪名,法条在规定援引法定刑时,都只是表述至基本犯的构成要件,则没有表述法定刑升格的条件。

例如,《刑法》第 285 条第 2 款规定:"违反国家规定,侵入前款规定以外的计算机信息系统或者采用其他技术手段,获取该计算机信息系统中存储、处理或者传输的数据,或者对该计算机信息系统实施非法控制,情节严重的,处三年以下有期徒刑或者拘役,并处或者单处罚金;情节特别严重的,处三年以上七年以下有期徒刑,并处罚金。"同条第 3 款规定:"提供专门用于侵入、非法控制计算机信息系统的程序、工具,或者明知他人实施侵入、非法控制计算机信息系统的违法犯罪行为而为其提供程序、工具,情节严重的,依照前款的规定处罚。"第 3 款规定的罪名并不同于第 2 款,由于第 2 款以情节严重为前提,故第 3 款也仅表述了"情节严重"。但是,如果提供侵入、非法控制计算机信息系统的程序、工具的行为情节特别严重,当然就必须选择第 2 款所规定的升格法定刑,而不能仅选择第 2 款的基本法定刑。《刑法》第 286 条的规定也是如此。

再如,《刑法》第 328 条第 1 款规定:"盗掘具有历史、艺术、科学价值的古文化遗址、古墓葬的,处三年以上十年以下有期徒刑,并处罚金;情节较轻的,处三年以下有期徒刑、拘役或者管制,并处罚金;有下列情形之一的,处十年以上有期徒刑或者无期徒刑,并处罚金或者没收财产:(一)盗掘确定为全国重点文物保护单位和省级文物保护单位的古文化遗址、古墓葬的;(二)盗掘古文化遗址、古墓葬集团的首要分子;(三)多次盗掘古文化遗址、古墓葬的;(四)盗掘古文化遗址、古墓葬,并盗窃珍贵文物或者造成珍贵文物严重破坏的。"同条第2款规定:"盗掘国家保护的具有科学价值的古人类化石和古脊椎动物化石的,依照前款的规定处罚。"第2款规定的罪名也不同于第1款,第1款规定了三种情形,显然不能认为,当行为人实施第2款规定的犯罪时,仅存在第1款规定的基本情形,而不存在第1款规定的情节较轻的情形与情节加重的情形。换言之,如果行为人盗掘国家保护的具有科学价值的古人类化石和古脊椎动物化石,情节较轻或者具有第1款规定的四种加重情节之一的,就要分别选择第1款降格的法定刑或者升格的法定刑。

当前款规定的犯罪以情节严重为前提,而采用援引法定刑的后一款没有规定情节严重时,必然会产生争议。对此,需要根据法益保护目的与罪刑法定原则,有充分根据地论证后一款的行为是否以情节严重为前提。

《刑法》第248条第1款规定:"监狱、拘留所、看守所等监管机构的监管人员对被监管人进行殴打或者体罚虐待,情节严重的,处三年以下有期徒刑或者拘役;情节特别严重的,处三年以上十年以下有期徒刑。致人伤残、死亡的,依照本法第二百三十四条、第二百三十二条的规定定罪从重处罚。"第2款规定:"监管人员指使被监管人殴打或者体罚虐待其他被监管人的,依照前款的规定处罚。"本书认为,第2款的规定属于注意规定。[①] 因为根据刑法总则关于共同犯罪的规定以及共同犯罪的原理,监管人员指使被监管人殴打或者体罚虐待其他被监管人的,宜认定为虐待被监管人罪的间接正犯[②];即使没有本条第2款的规定,对该行为也应认定为虐待被监管人罪。因为本款属于注意规定,同时采用了援引法定刑

[①] 参见张明楷:《刑法分则的解释原理》(下),中国人民大学出版社2011年版,第622页以下。

[②] 因为考虑到监管场所的特殊性以及监管人员与被监管人员之间的支配关系,应当认定监管人员的指使行为支配了犯罪事实,故不能仅认定为教唆犯。此外,如果司法工作人员不仅指使被监管人殴打或者体罚其他被监管人,而且直接殴打或者体罚被监管人,则成立直接正犯。

的表述,所以应当得出以下三点结论:第一,由于本条第 1 款将"情节严重"作为整体评价要素,因此,监管人员指使被监管人殴打或者体罚虐待其他被监管人,情节严重的,才成立本罪。第二,如果情节特别严重,则应选择"三年以上十年以下有期徒刑"的升格法定刑。第三,由于第 1 款规定"致人伤残、死亡的,依照本法第二百三十四条、第二百三十二条的规定定罪从重处罚",因此,监管人员指使被监管人殴打或者体罚虐待其他被监管人,因而致人伤残、死亡的,对监管人员也应以故意伤害罪、故意杀人罪定罪并从重处罚。

总之,当刑法分则条文规定援引法定刑时,不管法条如何表述,所援引的都是被援引条款的全部法定刑(包括升格法定刑),而不是仅援引基本法定刑。所以,在前述王某案中,法院应当选择《刑法》第 180 条第 1 款规定的升格法定刑。

五、减轻法定刑的选择

我国刑法虽然大量地规定了升格的法定刑,但也存在不少减轻法定刑。例如,《刑法》第 232 条规定:"故意杀人的,处死刑、无期徒刑或者十年以上有期徒刑;情节较轻的,处三年以上十年以下有期徒刑。"再如,《刑法》第 239 条第 1 款规定:"以勒索财物为目的绑架他人的,或者绑架他人作为人质的,处十年以上有期徒刑或者无期徒刑,并处罚金或者没收财产;情节较轻的,处五年以上十年以下有期徒刑,并处罚金。"如何理解上述"情节较轻"中的"情节",同样是值得研究的问题。

责任主义决定了升格法定刑的根据与减轻法定刑的根据不完全相同。如前所述,升格法定刑的根据是责任加重,因此,如果行为人对加重的不法没有责任,就不能选择升格的法定刑,否则就违反了责任主义。但是,减轻法定刑是有利于被告人的规定,选择减轻的法定刑不会违反责任主义。但是,减轻法定刑的适用受罪刑均衡的制约。例如,如果说故意杀人罪的"死刑、无期徒刑或者十年以上有期徒刑"所对应的是一般情节以上的杀人罪行,那么,"三年以上十年以下有期徒刑"所对应的只能是轻于一般情节的杀人罪行。所以,只要罪行较轻,就可以评价为情节较轻。单纯客观不法的减轻以及责任的减轻,都足以使罪行减轻,因而成为适用减轻法定刑的根据。

例如,部分故意杀人的未遂,被司法实践认定为情节较轻的故意杀人。① 杀人未遂是由于被告人意志以外的原因而未得逞,因而属于客观不法的减轻。由于责任是对不法的责任,所以,客观不法的减轻,意味着罪行减轻,当然导致被告人所承担的责任相应减轻。再如,被告人基于值得宽恕的动机杀害他人的,虽然客观不法没有减轻,但非难可能性明显减轻,完全可能认定为情节较轻的故意杀人(参见本书第七章韩群凤故意杀人案)。

因此,法官需要根据犯罪的行为、结果等不法要素,以及故意、动机、目的、责任能力、违法性认识的可能性、期待可能性等责任要素,判断被告人所犯之罪是否属于情节较轻,进而选择减轻的法定刑。

至于表明特殊预防必要性大小的因素,则是在选择了减轻法定刑之后所要考虑的因素,而不是选择减轻法定刑的根据。因为法定刑是以罪行轻重和一般预防必要性大小为根据确定的,而不可能考虑特殊预防必要性的大小。一方面,只要不法或者责任减轻,即使被告人具有累犯等表明特殊预防必要性大的情节,也应当适用减轻的法定刑,然后在基于减轻的法定刑所确定的责任刑之内从重处罚。另一方面,由于不法或者责任减轻,法官在选择了减轻的法定刑后,如果认为被告人特殊预防的必要性较小,则应当在减轻的法定刑内从宽处罚。

有学者指出:"为了贯彻罪刑均衡原则,需要在故意杀人罪中设定轻重不同的处罚情节。犯罪情节是体现行为人的主观恶性和人身危险性以及由此引发的社会危害性等主客观的事实。行为人的主观恶性主要体现在犯罪的动机和犯罪目的中,而行为人的人身危险性主要体现为行为人在实施犯罪前的道德品性和实施犯罪后认罪以及悔罪的态度等客观事

---

① 这个问题还值得进一步研究。如果没有其他表明罪行较轻的情节,杀人未遂不一定能评价为情节较轻的故意杀人。

实。在相同的犯罪中,可能会因为案件的不同而出现犯罪情节的不一致的情形,而这些不尽相同的犯罪情节导致了不一样的社会危害性。因而在故意杀人罪中,即使同样定性为故意杀人,但是情节的不同也会导致量刑上的差别。为了符合罪刑相适应的原则,为了法律效果和社会效果的统一,在故意杀人罪中规定较重的处罚情节,也规定较轻的处罚情节,是必不可少的。"进而提出:"认定故意杀人罪'情节较轻'的情形应该确立如下标准:(1)行为人必须具有法定减轻的情节;(2)行为人实施杀人的手段不是特别残忍;(3)行为人是基于可宽恕的动机实施杀人行为;(4)从行为人的认罪以及悔罪态度上分析可以得出再犯可能性较小;(5)从法律效果的角度考量,从轻处罚可以达到法律效果与社会效果的统一。"①

不难看出,上述观点所称的罪刑均衡,是包括了刑罚个别化的广义的罪刑均衡,于是导致故意杀人罪中"情节较轻"的"情节",包括了影响特殊预防必要性大小的情节。本书难以赞成这样的观点。

首先,情节较轻的法定刑主要是根据报应原理确定的,即使一般预防必要性大,也不排除立法者就情节较轻的犯罪规定减轻的法定刑。所以,只能在狭义的罪刑均衡的意义上理解情节较轻与减轻的法定刑之间的关系。亦即,减轻的法定刑所对应的只是罪行较轻的情形,与被告人的再犯罪可能性大小没有关系。例如,一般认为,基于故意的防卫过当杀人,应当认定为情节较轻的杀人,即使被告人以前曾因盗窃罪受过刑罚处罚并且成立累犯,也不能据此否认其故意杀人情节较轻。再如,大义灭亲的杀人,如果没有其他严重情节,就应当认定为情节较轻的杀人,即使被告人并不认罪、悔罪,也应当选择减轻的法定刑。

其次,减轻的法定刑所对应的是罪行较轻的犯罪,但罪行轻重是由行为的不法程度与责任程度决定的,而不是被告人的事前或者事后表现所能改变的。事前或者事后的表现虽能说明特殊预防必要性大小,却不可

---

① 孙万怀、李春燕:《故意杀人罪"情节较轻"标准规范化的实证考察》,载《政治与法律》2012年第9期,第6—7页。

能加重或者减轻其所犯之罪的不法与责任程度。例如,受嘱托杀人是典型的情节较轻的杀人(国外刑法与旧中国刑法对之规定了较轻的法定刑),既不能因为被告人是累犯或者再犯,也不能因为被告人事后没有认罪、悔罪就改变其所犯之罪的罪行轻重。上述观点导致被告人事后的态度也影响其所犯之罪是否情节较轻,显然不合适。

最后,表面上看,上述观点确立的是故意杀人罪情节较轻的标准,但实际却包括了故意杀人罪的全部量刑情节,其具体标准也过于严格,难以被人接受。例如,将"从法律效果的角度考量,从轻处罚可以达到法律效果与社会效果的统一"作为选择减轻法定刑的标准,不无疑问。再如,将"行为人必须具有法定减轻的情节"作为认定情节较轻的故意杀人罪的标准之一,也不妥当。根据这种观点,受嘱托的杀人、当场基于义愤的杀人,因受被害人长期迫害的杀人,就不可能认定为情节较轻的故意杀人。这就明显不当缩小了故意杀人情节较轻的范围,与妥当的司法实践不相符合。例如,被告人高志元,男,1955年1月7日出生,小学文化,农民。被告人张安琼,女,1958年12月2日出生,文盲,农民。二被告人系夫妻关系,其女儿高平(被害死者,女,殁年23岁)智力低下,生活不能自理。高志元因担心自己年老后无人照顾高平,遂向张安琼提出将高平杀死,张安琼表示同意。2009年12月8日,高志元、张安琼将高平从打工地带回重庆市合川区隆兴镇花墙村1组92号家中。当日18时许,当高平再次吵闹要外出时,高志元将高平拉到卧室床边,先殴打高平头部,后用手掐高平颈部,张安琼见状也上前帮忙,按住高平,致高平窒息死亡。后二人将尸体抛入隆兴镇花墙村1组高志友家的水井中,高志元用石块盖住井口,用稀泥将井口糊住。重庆市第一中级人民法院认为,被告人高志元、张安琼的行为均构成故意杀人罪。被害人高平属智力低下,生活不能自理,二十余年来,二被告人对高平不离不弃,照顾有加,但鉴于高平无自控能力,常四处乱走,被告人高志元、张安琼因担心自己年老以后高平无人照看及被人欺负,产生杀人动机。从二被告人犯罪动机产生的背景及二被告人的主观恶性看,犯罪情节较轻,应判处3年以上10年以下有期徒刑。在共同犯罪中,被告人高志元提起犯意,直接实施杀人行为,起主要作用,是主犯;被告人张安琼仅起帮助作用,是从犯,可予从轻处罚;同时被告人张安琼能认罪悔罪,对其适用缓刑不致再危害社会,可以对其宣告缓刑。于是以故意杀人罪判处被告人高志元有期徒刑5年;以故意杀人罪判处被告人张安琼有期徒刑3年,缓刑5年。① 二被告人并不具备法定减轻处罚情节,但法院对减轻法定刑的选择以及宣告刑的确定,并无不当。

总之,对应于情节较轻的减轻法定刑的选择根据是罪行较轻,包括单纯不法程度的减轻与责任的减轻。特殊预防必要性大小不是影响罪行轻重的要素,故不能成为选择减轻法定刑的根据,只能是选择了法定刑并且裁量了责任刑之后所要考虑的因素。

需要指出的是,在以法定减轻处罚情节为根据选择了减轻的法定刑之后,必须避免重复评价。例如,倘若将杀人未遂作为情节较轻的根据,选择了减轻的法定刑,那么,就不得再适用刑法总则关于"对于未遂犯,可以比照既遂犯从轻或者减轻处罚"的规定。但是,对此又不能一概而论。例如,对于故意的防卫过当杀人选择了减轻的法定刑后,依然可能再次考虑防卫过当这一情节。因为《刑法》第20条第2款规定:对于防卫过当"应当减轻或者免除处罚"。如果对防卫过当的杀人选择了减轻的法定刑后,不再适用上述规定,就意味着对防卫过当的不能免除处罚。这显然违反刑法关于防卫过当的规定。再如,倘若对杀人预备选择了减轻的法定刑后,不再适用刑法总则关于"对于预备犯,可以比照既遂犯从轻、减轻处罚或者免除处罚"的规定,就意味着对预备犯不能免除处罚。这明显不符合刑法关于犯罪预备的规定。

由此看来,既不能重复评价,也不能做出对被告人不利的选择。在本书看来,可以确立以下原则:在被告人具有法定的从轻或者减轻处罚的情节时,如果以该情节为根据选择了减轻的法定刑,原则上就不能再适用从轻或者减轻处罚的具体规定;在被告人具有法定刑的减轻或者

---

① 张红、陈银珠:《故意杀人罪中情节较轻的认定》,载《人民司法》2010年第22期,第47页。

免除处罚的情节时,既可能在选择了减轻的法定刑后,再适用刑法关于减轻或者免除处罚的具体规定,也可能在选择普通法定刑后,适用刑法关于减轻或者免除处罚的具体规定,这取决于犯罪的其他情节,难以一概而论。

第五章 责任刑的裁量

一、概　　述

在选择了法定刑后,如何裁量责任刑,显得尤为重要。一方面,在通常情况下,法定刑的选择相对容易,一般不会产生偏差,或者产生偏差的情形较少。另一方面,在根据法定刑裁量了责任刑后,预防刑只能在责任刑的点之下予以考虑。如果责任刑的裁量出现偏差,即使预防刑的考虑相当准确,最终的宣告刑也不可能妥当。例如,甲以暴力相威胁抢劫了他人价值300元的财物。倘若将责任刑确定为8年有期徒刑,那么,即使认为甲是初犯且有悔改表现,可以减少20%的刑罚,在8年徒刑之下考虑预防刑的结局,依然会使宣告刑过重。反之,乙以暴力抢劫了他人价值2万元的财物,且造成他人轻伤。如果将责任刑确定为4年有期徒刑,那么,即使乙是再犯,在该责任刑之下从重处罚的结果,依然会使宣告刑过轻。所以,在整个量刑过程中,责任刑的裁量是至关重要的环节。

责任刑是与责任对应或者相当的刑罚。但是,与责任相当的刑罚,是与对不法的非难可能性程度相当的刑罚。由于责任是对不法的责任,所以,在行为人不具有责任减轻的场合,与责任相当的刑罚,也可谓与有责的不法相当的刑罚。正如德国的 Horn 教授所言:"'责任相当'刑,在绝大多数场合,即在责任没有减轻的场合,通常可以理解为'不法相当'刑。

因此，只有行为人实现的不法的重大性，构成了刑罚的量。"① 概言之，在责任没有减轻的场合，"刑罚与责任相当"和"刑罚与有责的不法"相当，是等同的含义，而且所确定的责任刑也是等同的。

但是，在行为人具有责任减轻事实时，则不是仅由有责的不法决定责任刑的量。因为责任划定了刑罚的上限，既然责任减轻，那么，责任刑就必须相应减轻。例如，达到法定年龄的甲与乙均故意杀害一人既遂，杀人手段相同，被害人的情形相同。就此而言，有责的不法是相同的。但是，倘若甲是具有完全责任能力的人，而乙是限制刑事责任能力的人，虽然二者有责的不法相同，但二者的责任程度不同。由于乙具有责任减轻的事由，所以，乙的责任刑必须轻于甲的责任刑。再如，A 与 B 走私的文物种类、数量等相同，均具备故意和其他责任要素。就此而言，二人有责的不法相同。但是，如若 A 已满 18 周岁，B 未满 18 周岁，那么，虽然二人有责的不法相同，但二人的责任程度不同。亦即，B 因为具有减轻事由，所以，B 的责任刑轻于 A 的责任刑。

责任刑与预防必要性大小无关，只是与责任报应相关。所以，在责任刑的裁量层面，要求罪刑均衡是妥当的。如前所述，重罪重判、轻罪轻判意义上的罪刑均衡，正是也只是就责任刑而言，既不是就预防刑而言，也不是就宣告刑而言。所以，责任刑或者与责任相当的刑罚，绝对不是与所谓人身危险性或者主观恶性相当的刑罚。

有一种观点认为，在犯罪论中，基于一般预防目的的刑罚必要性，属于违法性评价，基于人权保障目的的刑罚必要性属于责任评价，与此相应，量刑时也应当采取相同的构造。② 换言之，"刑法为了实现刑罚目的（法益保护），对一定的行为进行违法评价，在对违法行为进行禁止的同时，出于保障国民的人权、自由的（与刑罚目的不同的）刑事政策的目的，要通过责任主义对处罚进行制约（打折）。从刑罚目的来看体现禁止必

---

① 转引自〔日〕小池信太郎：《量刑における消极的责任主义の再构成》，载《庆应法学》2004 年第 1 号，第 291 页。
② 参见〔日〕井田良：《刑法总论の理论构造》，成文堂 2005 年版，第 1 页以下、第 225 页以下。

要性的是违法性;从自由保障观点来看体现制约处罚必要性的是责任。"①根据这种观点,违法性程度②,是可能决定刑罚程度的实体,也只有违法性可以为量刑责任积极地提供根据;责任程度则不是可以决定刑罚程度的实体,责任判断只是对违法性进行"打折"的判断,亦即,将不具有非难可能性的违法事实排除在外。③

就行为人对全部或者部分违法事实具有完全责任或者完全没有责任的情形而言,上述观点与本书的结论没有任何差异,只是表述不同。例如,A客观上分别运输了1公斤鸦片和2公斤冰毒,但A仅对运输1公斤鸦片具备责任要素,对运输2公斤冰毒不具备责任要素。按照上述观点,给责任刑或者报应刑提供根据的是有责的违法事实,即运输1公斤鸦片的违法事实。A运输2公斤冰毒的违法事实,因为缺乏责任要素,而不能为刑罚提供根据。按照本书的观点,由于A对运输1公斤鸦片具有责任,对运输2公斤冰毒的违法事实缺乏责任,所以,与责任相当的刑罚只能是与运输1公斤鸦片的责任相当的刑罚。显然,就此而言,两种观点在结论上没有差异。

但是,其一,上述观点的侧重点,在于使违法性积极地为刑罚提供根据,而本书的观点在于使责任成为限制刑罚的根据。所以,本书的观点更符合消极的责任主义原则。其二,上述观点的做法是,在对某个犯罪行为量刑时,首先根据不法程度确定刑罚的量(如从犯罪预防的必要性角度来,应当判处10年徒刑),然后再根据责任减少刑罚的量(如行为人仅对大部分不法事实具有责任,对30%的不法事实没有责任,于是减少30%因而减少3年徒刑),7年便是责任刑。可是,第一步根据不法程度确定的刑量,就完全是多余的。换言之,直接根据责任确定责任刑即可。因为不具有责任的违法事实原本就不受刑罚处罚。

---

① 〔日〕小池信太郎:《量刑における消极的责任主义の再构成》,载《庆应法学》2004年第1号,第312页。

② 由于引用等各方面的原因,本书未能完全区分"不法"与"违法"两个概念,或者说基本在等同意义上使用这两个概念。

③ 〔日〕小池信太郎:《量刑における消极的责任主义の再构成》,载《庆应法学》2004年第1号,第311页。

上述观点背后的基本立场是,"与不法不同,责任并不为处罚提供根据,只是单纯地限制处罚,其自身并不具有独立的分量;具有分量的,仅仅是违法性的程度。当在违法性阶段存在 10 个不法的基础时,在责任阶段的问题是,对其中的哪个不法可以进行主观的归责(例如,可能得出归责被限定为二分之一或者三分之一的结论)。"①"违法性的判断,是在确定处罚的对象(明确为什么处罚某行为)。与此相对,责任是指就该违法行为对行为人的意思决定(因此,动机的制御)的非难可能性。在此意义上说,责任判断并不是与不法相分离而独立存在的。这可以称为'责任的不法关联性'。与不法不同,责任不是为处罚提供根据的要素,只是单纯限定处罚的要素。违法判断,只能是确定处罚对象的判断(因此而明确为什么处罚某行为)。打个比喻,违法是犯罪论的发动机部分。责任,因为只是单纯限定处罚的要素,所以它只是刹车。打算购买车的人,会注重发动机的性能,没有人将刹车的功能状况作为选择的基准。犯罪论也完全如此。"②由于仅凭违法性确定处罚对象,不仅要将故意、过失作为违法要素,而且处罚根据完全由违法性决定,而不是由违法性与有责性共同决定。但是,这种观点值得商榷。

为犯罪提供根据的要素与限制犯罪成立的要素不是对立的。凡是为刑罚提供根据的要素,都是限制刑罚的要素;反之亦然。③ 如同构成要件既为违法性提供根据,也限制了处罚范围一样,责任并不只是限制犯罪的成立,同样为犯罪的成立提供非难可能性的根据。违法是客观归责问题,责任是主观归责问题。事实上,否认责任有轻重之分并不妥当,持上述观点的井田良教授也认为,中止犯之所以减免处罚,就是因为违法性与责任减少④,并且承认存在不容易产生违法性意识、期待可能性减少因而减轻责任的情形。⑤ 既然如此,就不能认为责任没有分量。

由此可见,责任不仅存在有无的问题,而且存在轻重的问题。责任的

---

① 〔日〕井田良:《讲义刑法学·总论》,有斐阁 2008 年版,第 156 页。
② 〔日〕井田良:《刑法総论の理論構造》,成文堂 2005 年版,第 1—2 页。
③ Arthur Kaufmann, Das Schuldprinzip, 2. Aufl., Carl Winter Universitätsverlag 1976, S. 268.
④ 〔日〕井田良:《讲义刑法学·总论》,有斐阁 2008 年版,第 424 页。
⑤ 同上书,第 373、389 页。

分量不仅源于不法,而且源于责任要素本身,所以,将责任刑理解为与责任相当的刑罚,没有不当之处。

还有一种观点认为,故意、过失这种心理的责任要素是与特殊预防的必要性相联系的,故意杀人犯的责任内容,要从杀人犯的再社会化的必要性中去寻找。与责任相当的刑罚的最大限度,是由故意(或者过失)与其对应的不法范围、程度的"积"决定的。换言之,对行为人的特殊预防的必要性,划定了刑罚的上限。但是,由于责任是一种法的非难,所以,当行为人的违法性认识的可能性、期待可能性、责任能力等规范的责任要素减少时,就必须减轻量刑;如果缺乏规范的责任要素,则不得处罚。于是,责任刑也分为两个阶段来确定:一是根据再社会化(特殊预防)的目的决定刑罚的最大值(心理的责任评价阶段);二是根据自由主义的目的(人权保障目的)降低刑罚的量(规范的责任评价阶段)。①

但是,首先,将特殊预防的判断作为行为责任的出发点存在疑问。因为根据这一观点,只要是故意或者过失犯罪,就必然存在特殊预防必要性,只是存在程度差别而已。但这样的观点可能导致积极的责任主义,使免予刑罚处罚丧失了根据。其次,与上一点相联系,这种观点可能导致责任刑与预防刑的混淆,不符合并合主义原理。换言之,这种观点实际上导致刑罚的正当化根据只有特殊预防,为本书所不取。再次,就故意、过失所作的特殊预防必要性大小的判断,也只是一般性的判断(即只是意味着故意犯的特殊预防必要性大,过失犯的特殊预防必要性小),而不可能是具体判断。因为所有故意杀害一人的犯罪人,其故意内容是相同的,过失致人死亡的犯罪人也是如此。此外,故意、过失之外的其他许多因素(如事后态度等)都能表明行为人特殊预防必要性的大小,这些因素应当在哪一阶段考虑也不无疑问。最后,两阶段的责任刑判断,似乎缺乏实际意义。

总之,责任刑就是与责任相当的刑罚,是刑罚的上限。只有正当地裁

---

① 参见〔日〕高山佳奈子:《故意と違法性の意識》,有斐阁1999年版,第122页、第267页以下、第385页以下。

量了责任刑,才能在责任刑的点之下合理地考虑预防犯罪的目的。但是,责任刑的裁量,不只是技术问题,更重要的是观念问题。

二、裁量责任刑的观念

现实表明,要想以某种有效的数学公式或者以数学计算方式裁量刑罚,根本不可能。量刑方法固然重要,但在本书看来,"在量刑时,观念比方法重要得多。在各种观念中,责任主义观念更为重要。如果法官始终以责任刑制约预防刑,量刑状况会有明显改善"。① 我国的司法实践虽然一直将罪刑相适应作为刑法的基本原则,将以犯罪事实为根据、以刑事法律为准绳作为量刑原则,但一些没有法律根据的、隐形的量刑观念,事实上不当地起着重大作用。在本书看来,在责任刑的裁量中,不仅要秉持前述消极的责任主义观念,而且还应当摒弃重刑主义观念。

我国刑法的法定刑较重,整体上看量刑也过重。量刑过重的背后,显然有重刑观念的支撑。即使人们有时得出量刑不公正的结论,也是以重刑判决为比照对象的,因而基本上是以重刑观念作为判断标准的。例如,近年来职务犯罪的缓刑率很高,占60%左右;而其他普通刑事犯罪的缓刑率却低得多,这说明量刑不公正。表面上看,这的确是量刑不公正。问题是,面对这种局面时,是要求普通刑事犯罪的缓刑率也达到60%左右,还是要求职务犯的缓刑率降低到与普通犯罪的缓刑率一样低。现在,人们主张的都是后者。② 这显然是以重刑观念作为判断标准的。道理很简单,为什么人们在面对这种不公正的量刑时,不是要求普通刑事犯罪的缓刑率也达到60%左右呢?

重刑观念可能源于一个朴素的想法,既然轻刑都难以实现一般预防,就只能依靠重刑。或者说,只有判处重刑,才有利于预防犯罪。其实,这

---

① 张明楷:《刑法学》,法律出版社2011年第4版,第502页。
② 参见赵冷暖:《官员的缓刑该缓了》,http://www.chinanews.com/gn/news/2010/02-16/2124687.shtml(访问日期:2014年10月21日);叶成国:《职务犯罪缓免判决率偏高的原因与对策》,载《中国刑事法杂志》2011年第4期,第84页以下;最高人民法院、最高人民检察院2012年8月8日《关于办理职务犯罪案件严格适用缓刑、免予刑事处罚若干问题的意见》。

样的观念没有任何实证根据,只是人们的一种感觉。法官应当意识到,重刑不一定具有报应的正义性,也不是预防犯罪的有效手段。

一方面,如前所述,当今的报应观念,已不再是以眼还眼、以牙还牙的"等同报应法",而是强调由社会关系的应有状态决定刑罚与犯罪的等价性。所以,在当今世界,对于砍掉他人一只胳膊的犯罪人,国家并没有砍掉犯罪人的一只胳膊,而是判处有期徒刑;同样,极为严重的刑罚(死刑)已经不是与盗窃罪等价的刑罚。在此,国家采取了比犯罪轻缓得多的刑罚措施。在所有文明中,对罪犯的身体刑都被取消(只有个别例外,如新加坡的鞭刑),取而代之的是剥夺自由,对国家暴力的限制,的确是一种权力上的进步。所以,报应的基准一直在随着时代的变化而变化。

另一方面,预防犯罪也不依赖重刑。对于具有一定规范意识的人而言,轻微的刑罚就足以使其对犯罪产生反对动机;即使是缺乏规范意识的犯罪人,轻微的刑罚也完全可能使他们产生重新做人的动机①;对于冲动犯或者基于侥幸心理犯罪的人而言,再重的刑罚也难以起到抑止作用。即使对故意杀人罪的预防,也不依赖于死刑与其他重刑。正如德国学者阿图尔·考夫曼所言:"谋杀诚然是最严重的犯罪,但不能由此得出谋杀者具有特别危险的结论。事态恰好相反。被释放的谋杀者再犯罪的现象,极为罕见,而且这也是容易说明的。因为大多数的谋杀者,绝对不是倾向犯,也不是职业犯罪者,完全是在特殊的、几乎不能反复的状况下杀人的冲动犯。诚然,谋杀者中,也有对公共具有危险性因而不能释放的人,但是,并没有为此而对人判处终身自由刑(而且也包括有时所要求的不定期刑)的必要。对于公共的正当的安全要求,采取保安拘禁或者收容于精神医疗设施就足够了。但这只是针对重大危险的极端手段。"②

---

① 例如,黄某在公共汽车上意外盗得他人价值 90 余万元的玉石后,颠簸千里退还玉石。法官认为,黄某对盗窃对象产生的价值认识上的错误部分不应计入盗窃数额之内,于是判处其有期徒刑 7 个月,缓刑 1 年。获得轻判的黄某当场痛哭,他说:"以为自己会被判个十多年,没想到法官愿意再给我重新做人的机会。"显然,轻判让黄某没有陷入无望的深渊,而是站在重新做人的新起点(参见林劲标、杨虹:《善良的心是最好的法律》,载《人民法院报》2014 年 1 月 27 日第 3 版;林劲标:《法律不止于惩恶》,载《人民法院报》2014 年 6 月 5 日第 2 版)。

② 〔德〕Arthur Kaufmann:《转换期の刑法哲学》,〔日〕上田健二监译,成文堂 1993 年版,第 265 页。

更为重要的事实是,不管是否保留死刑,各国的故意杀人罪的发案率一直都相当稳定。下图是五个国家每 10 万人每年发生的故意杀人案件数(含故意杀人未遂案件,但美国除外)①:

杀人发生率	法国	德国	英国	美国	日本
2000 年	3.7	3.4	3.0	5.5	1.2
2001 年	3.9	3.2	3.3	5.6	1.1
2002 年	4.1	3.2	3.5	5.6	1.2
2003 年	3.6	3.1	3.3	5.7	1.2
2004 年	3.5	3.0	3.0	5.5	1.2
2005 年	3.5	2.9	3.2	5.6	1.1
2006 年	3.2	3.0	2.6	5.8	1.1
2007 年	3.0	2.9	2.6	5.7	1.0
2008 年	3.1	2.8	2.3	5.4	1.1
2009 年	2.6	2.8	2.2	5.0	0.9
2010 年	3.1	2.7	2.1	4.8	0.9
2011 年	3.1	2.7	1.8	4.7	0.8

美国与日本都保留了死刑,但故意杀人罪的发生率相差很远。法国、德国与英国都废除了死刑,但其故意杀人罪的发生率却介于美国与日本之间。而且,日本的量刑明显轻于美国,总体上也轻于法国、德国与英国。2008 年,日本地方裁判所判决的故意杀人案的被告人数为 590 人,其中,判处死刑的 3 人,判处无期徒刑的 16 人,判处有期徒刑的 561 人(其中,106 人被宣告缓刑,占有期徒刑的 18.9%),宣告无罪的 4 人,作其他处理的 6 人。② 2012 年,日本地方裁判所判决的故意杀人案的被告人数为 355 人,其中,2 人被判处死刑,20 人被处无期徒刑,328 人被判处有期徒刑(其中 80 人被宣告缓刑,占有期徒刑的 24.4%),其余作其他处理。③ 这充分说明,死刑对抑止故意杀人罪并没有明显作用。

再来看看我国故意杀人案件的发生数量。1995 年为 27356 起,1998

---

① 日本法务综合研究所:《平成 18 年版犯罪白书》,日本国立印刷局 2006 年版,第 37 页;日本法务综合研究所:《平成 25 年版犯罪白书》,日本国立印刷局 2013 年版,第 32 页。
② 日本法务综合研究所:《平成 21 年版犯罪白书》,日本国立印刷局 2009 年版,第 51 页。
③ 日本法务综合研究所:《平成 25 年版犯罪白书》,日本国立印刷局 2013 年版,第 43 页。

年为27670起,2000年为28429起,2002年为26276起,2004年为24711起,2006年为17936起,2007年为16119起,2008年为14811起,2009年为14677起,2010年为13410起,2011年为12015起,2012年为11286起。① 显然,故意杀人案件虽然在2000年以前处于上升趋势,但在2000年以后逐年下降。可是,2000年以后对死刑的适用比以前更为严格。尤其是2007年,最高人民法院收回了死刑核准权,死刑案件的不核准率达到15%,死刑缓期执行的人数超过了死刑立即执行的人数。这与2007年后故意杀人案件明显下降形成鲜明对比,也充分说明,死刑与故意杀人案件的发生量没有必然联系。换言之,故意杀人案件的减少并不依赖死刑。

在主要发达国家中,日本的犯罪率是最低的,治安形势是最好的,可是,日本的量刑是最轻的。在日本,有期徒刑的缓刑率长期维持在60%左右,其中,对绝大多故意杀人犯均判处有期徒刑,缓刑率在有期徒刑中占20%左右;机动车驾驶过失致死伤罪以及业务上过失致死伤罪的缓刑率一直占90%以上。或许有人认为,日本没有《治安管理处罚法》,而我国有,在我国没有当犯罪处理的违反治安管理的行为,在日本被判缓刑,说明我国处罚得更轻。但这个推论不成立。这是因为,日本检察机关对所有刑事案件的起诉率不到40%。例如,2008年对一般刑法犯的起诉率只有44.4%②,对所有刑事案件的起诉率只有37.8%。③ 2012年,对一般刑法犯的起诉率只有40.7%,对所有刑事案件的起诉率只有34%。④ 所以,即使将我国的《治安管理处罚法》当作刑法对待,也不能说明我国对犯罪的处罚轻。这种比较不在于说明处罚轻重,而在于说明,重刑对预防犯罪并不起什么作用。相反,较轻的刑罚反而有利于预防犯罪。"因为不仅各种宽大的刑罚本身是较少的弊端,它们也以最符合人的尊严的方式引导着人离开犯罪行为。因为它们在身体上引起的痛苦愈少,愈少一些

---

① 国家统计局官方网址,http://data.stats.gov.cn/workspace/index? m=hgnd(访问日期:2014年8月7日)。
② "一般刑法犯"是指刑法典与特别刑法所规定的犯罪(不包括附属刑法规定的犯罪),但机动车过失致死伤的犯罪除外。
③ 参见日本法务综合研究所:《平成21年版犯罪白书》,日本国立印刷局2009年版,第48页。
④ 参见日本法务综合研究所:《平成25年版犯罪白书》,日本国立印刷局2013年版,第41页。

恐怖,它们就愈是符合道德;与此相反,巨大的身体苦难在受难者本人身上减少耻辱感,在旁观者身上则减少厌恶感。"① 同样,"当杀人者被处决了,他或她反而获得了畸形的道德胜利,因为国家执行的死刑会降低社会大众对蓄意杀人的厌恶感"。②

法官们应当意识到,我国刑法规定的法定刑较重,适当判处较轻的处罚,有利于刑罚朝着合理方向发展。刑罚的完善总是随着刑罚的宽大程度一起并进。"在公民享有巨大自由的地方……公民也将生活在一种更高的富裕水平之中;他的心灵将会更为轻松愉快,他的幻想将会更为动人,而刑罚将能够在严厉方面有所松弛,又不丧失其效果。"③刑罚处罚程度由重到轻,是历史发展的进步表现与必然结果。虽然"轻刑化"是一个渐进的过程,但法官们应当牢记量刑的总体趋势必然朝着轻缓方向发展。在法定刑较重的立法例之下,尤其要意识到这一点。

事实上,重刑尤其是死刑,不仅对一般预防的作用不大,而且会产生诸多的副作用。我们现在已经面临着滥用重刑所导致的恶性循环:因社会治安形势严峻而适用重刑,重刑之后恶性案件上升,于是适用更重的刑罚。不仅如此,重刑特别是死刑还明显具有助长恶性案件发生的消极作用。④ 如果对不具有从宽处罚情节的故意杀人犯一律判处死刑,那么某个人基于特殊原因故意杀人后,他便成为"自由人",因而往往会连续杀人。这或许是连续杀人案件与"灭门案"增加的重要原因之一。因此,"任何有关死刑的判决都要衡量它对社会的有利和不利因素"。⑤ 我国正在努力建设法治国家,依法治国需要有法治观念,而法治的基础观念之一

---

① 〔德〕威廉·冯·洪堡:《论国家的作用》,林荣远、冯兴元译,中国社会科学出版社 1998 年版,第 144 页。
② 〔南非〕奥比·萨克斯:《断臂上的花朵:人生与法律的奇幻炼金术》,陈毓奇、陈礼工译,广西师范大学出版社 2014 年版,第 104 页。
③ 〔德〕威廉·冯·洪堡:《论国家的作用》,林荣远、冯兴元译,中国社会科学出版社 1998 年版,第 145 页。
④ 重刑是导致司法腐败的一个重要原因。被告人及其亲属总是希望从轻处罚,在没有正当途径的情况下,只好贿赂司法人员。如果刑事案件被告人中的 90% 以上只是被判处罚金,被告人及其家属就会将金钱用于缴纳罚金,而不会将金钱用于贿赂司法人员。
⑤ 〔美〕斯金纳:《科学与人类行为》,谭力海等译,华夏出版社 1989 年版,第 320 页。

是尊重人,因为"任何法都是为人设计的"(Hominum causa omne jus constitutum est)。过多地适用死刑,则不利于人们树立尊重人的观念,与法的内在精神不相符合。在历史上,因法律的严厉违反了正义观念,公民阻碍法律实施的现象并不少见。正如孟德斯鸠所言:"法律过于严酷,反阻碍了法律的实施。如果刑罚残酷无度,则往往反而不处刑了。"①当今社会,犯罪人大多数是青少年,如果对他们适用过于严厉的刑罚,将会导致他们长时期内在封闭的监狱内度过,不能接受正常的学校教育、社会教育与家庭教育,导致人格异常,就业机会丧失,从而对他们的未来生活产生极为不利的影响,成为再次犯罪的重大隐患。②

法官们常常以量刑必须反映民意,或者民众要求科处重刑为由,为重刑辩护。事实上,国外法官也面临着民众要求科处重刑的压力。例如,在德国,"从20世纪90年代以来,公众对加大刑罚量的要求大量增加。有人自1989年以来就定期对法学院一年级新生做2305份量刑问卷调查,对于夫妻争吵中一方过失杀人,且实行犯存在减轻责任的,1989年的调查结果是平均量刑为6年2个月监禁,而到2005年则为9年6个月;相似的,对于谋杀,1990年法官只对50%的犯罪人判处终身监禁,而现在则为70%。此外,过失杀人案件量刑标准的变化也可以得知重刑的大量上升"。但是,"在判决时盲目听从民意存在很多问题,尤其是从犯罪学角度来说。研究并未表明重刑能够加大对社会大众和犯罪个人的威慑。相反,研究表明,较轻的刑罚如果能够反映犯罪行为的严重程度,就优于符合比例的重刑。这就意味着法官不能盲目地判处重刑"。③

---

① 〔法〕孟德斯鸠:《论法的精神》上册,张雁深译,商务印书馆1961年版,第84页。他同时举例说:"一个日本天皇耽溺于可耻的逸乐,不娶妻室,因此有绝嗣的危险。大老送给他两个美丽的女子。为着对大老的尊敬,他娶了其中一个,但是不跟她在一起。他的乳母让人为他遍寻帝国美丽的女子,但他都不要。最终有一位兵器工人的女儿中了他的心意,他决定娶她,生了一个儿子。宫廷中的贵妇人看到这样出身卑贱的人反比她们得宠,极为愤慨,便把那个小孩窒死了。这个罪行曾被隐瞒,不让天皇知道,否则便要使很多人流血。"看来,人们不愿意看到残酷的刑罚时,反而会隐瞒罪行。
② 如果对青少年犯适用相对较轻的刑罚,尽量适用缓刑与管制,他们接受正常教育的机会以及就业就会增加,这无论对他们本人还是对社会,都是十分有利的。
③ 〔德〕弗兰茨·施特伦:《德国量刑理论的基本问题与最新进展》,陈学勇、罗灿编译,载《人民法院报》2014年6月6日第8版。

诚然，国外近年来似乎也在实行重刑化。可是，国外近几年的重刑化，是相对于其本国原本较轻的法定刑而言的。例如，总体来说，西方国家刑法对相同犯罪所规定的法定刑远远轻于我国刑法规定的法定刑。即使在加重了刑罚后，其法定刑也轻于我国的法定刑。例如，德国1998年的《第六次刑法改正法》加重了伤害罪、放火罪和对儿童的性犯罪的法定刑，但加重后，特别严重的伤害的最高刑为10年自由刑，故意伤害致人死亡的最高刑为15年自由刑；对儿童的性犯罪的最高刑为10年自由刑，至少轻率地造成儿童死亡的最高刑为无期自由刑；特别严重的放火罪的最高刑为15年自由刑，至少轻率地造成他人死亡的最高刑为无期自由刑。显然，上述加重后的法定刑仍然轻于我国刑法所规定的对应犯罪的法定刑。再如，日本于2004年修改刑法后，故意杀人罪由原来的"死刑、无期或者3年以上惩役"，提高到"死刑、无期或者5年以上惩役"；强制猥亵罪、准强制猥亵罪由原来的"6个月以上7年以下惩役"，提高为"6个月以上10年以下惩役"；强奸罪、准强奸罪由原来的"2年以上有期惩役"，提高为"3年以上有期惩役"；强奸致死伤罪由原来的"无期或者3年以上惩役"，提高到"无期或者5年以上惩役"；伤害罪由原来的"10年以下惩役或者30万元以下罚金或科料"，提高到"15年以下惩役或者50万元以下罚金"；伤害致死罪由原来的"2年以上有期惩役"，提高到"3年以上有期惩役"。这些法定刑从总体上来说，依然轻于我国对相应犯罪规定的法定刑。倘若考虑到日本法官具有酌定减轻刑罚的权力，上述法定刑就更加轻于我国的法定刑了。

国外刑法提高自由刑，是以其较轻的量刑实践为背景的。在德国，"针对法定刑的量定，法院实务渐渐地不再习惯于高斯式的常态分配（Gaußsche Normalverteilung），相反地，绝大多数的宣告刑落在法定刑范围内较低的那三分之一区间。"[①]日本法官的量刑尤其轻。例如，在第二次世界大战前，日本法官对86.23%的故意杀人犯（杀婴的除外）判处5年

---

① 〔德〕许逎曼：《从德国观点看事实上的量刑、法定刑及正义与预防期待》，林钰雄译，载许玉秀、陈志辉编：《不移不惑献身法与正义——许逎曼教授刑事法论文选辑》，台湾春风煦日学术基金2006年版，第684页。

以下自由刑①;第二次世界大战后至 20 世纪 70 年代,日本法官对 40% 以上的故意杀人犯(杀婴的除外)判处 3 年以下自由刑;即使在 80 年代以后,日本法官也对 30% 左右的故意杀人犯(杀婴的除外)判处 3 年以下自由刑。② 即便是在美国,"如果把成文法最高刑和法官判处的实际刑罚相对比,就会发现法官还是相当宽大的。虽然法庭有权判处高达 1 年的监禁,但它很少送人去坐牢,虽然罚金可以超过 1000 美元,但它们很少超过 25 美元"。③ 美国学者在其研究样本的 1648 个被告人中,"有 843 个,或者说刚比一半多一点点,最后被定罪。量刑从很大程度是象征性的无条件免刑到超过 1 年的监禁刑不等。这些刑罚大多数落在量刑范围中偏向宽大的那一端……实际上是只定罪不惩罚,以及附条件免刑,通常与缓刑和警告一起判处,是最理想的刑罚;在所在刑罚中有 14.7% 属于这一种。一个暂停执行的刑罚和缓刑考验一起是法庭判处的另一处刑罚,在所有刑罚中有 13.3% 涉及这种刑罚……超过 45% 都是罚金,其中绝大多数不超过 500 美元。监禁刑在所有刑罚中所占的比例不超过 5%。刑期从 5 天到超过 1 年不等,但大多数(75%)不超过 90 天。在 40 个被判处监禁刑的人中,只有 4 个受到的监禁刑超过 1 年"。④

不仅如此,即使国外刑法延长了刑期,但其量刑依然较轻,并无明显加重。如前所述,日本 2004 年修改刑法时,将有期惩役与有期监禁的期限,由 1 个月以上 15 年以下提高为 1 个月以上 20 年以下;将死刑、无期惩役与无期监禁减为有期惩役与有期监禁的期限,由 15 年提高到 30 年;将加重有期惩役与监禁的期限,由 20 年提高到 30 年。但在 2004 年提高法定刑之后,其量刑并无明显变化。下图是日本 2003 年至 2012 年的刑事判决情况⑤:

---

① 其中,不满 3 年至 5 年以下的占 26.38%;不满 1 年至 3 年以下的占 20.06%;不满 6 个月至 1 年以下的的占 39.74%;6 个月以下的占 0.05%。
② 参见〔日〕原田国男:《量刑判断の実際》,立花书房 2004 年增补版,第 135—136 页。
③ 〔美〕马尔科姆·M. 菲利:《程序即是惩罚》,魏晓娜译,中国政法大学出版社 2014 年版,第 131 页。
④ 同上书,第 129—131 页。
⑤ 日本法务综合研究所:《平成 25 年版犯罪白书》,日本国立印刷局 2013 年版,第 42 页。其中的"其他"是指免诉、撤诉、管辖错误与免予刑罚处罚。

年份	总数	死刑	无期惩役	有期惩役	有罪 缓刑	缓刑率	有期禁锢	缓刑	缓刑率	罚金	拘留	科料	无罪	其他
2003	877,070	2	117	84,900	52,772	62.2	4,017	3,763	93.7	784,515	38	2,774	80	627
2004	837,528	14	115	85,815	52,856	61.6	4,215	4,001	94.9	743,553	51	3,014	94	657
2005	782,471	11	134	85,020	51,446	60.5	3,904	3,655	93.6	689,972	26	2,829	66	509
2006	738,240	21	135	80,802	47,085	58.3	3,696	3,459	93.6	650,141	21	2,868	82	474
2007	615,387	23	91	74,395	43,271	58.2	3,547	3,336	94.1	533,949	13	2,842	117	410
2008	530,293	10	57	70,830	41,213	58.2	3,367	3,179	94.4	453,065	7	2,507	84	366
2009	503,245	17	88	68,543	39,776	58.0	3,362	3,169	94.3	427,600	16	3,086	75	458
2010	473,226	9	49	64,865	37,242	57.4	3,351	3,203	95.6	401,382	6	3,067	86	411
2011	432,051	22	46	59,852	33,845	56.5	3,229	3,111	96.3	365,474	8	2,964	77	379
2012	408,936	10	38	58,215	32,855	56.4	3,227	3,122	96.7	344,121	5	2,868	82	370

其实,国际社会也有另一种趋势,那就是废止无期徒刑与实行非监禁化。(1)在西方国家,无期徒刑仅限于谋杀等几种犯罪。而且,近年来,有的国家开始废止无期徒刑(如西班牙)。倘若我国削减与废止死刑的因素之一是顺应国际社会的潮流,那么,在废止死刑的过程中,也需要同时考虑国际社会将废止无期徒刑的趋势。(2)在西方国家,即使再严重的犯罪,刑事立法也尽量考虑适用缓刑的可能性。例如,2004年日本将强盗致伤罪的法定刑由"无期或者7年以上惩役"改为"无期或者6年以上惩役",就是为了使缓刑适用成为可能。① 即使日本2004年提高了许多犯罪的法定刑(如杀人罪、有组织的杀人罪②、伤害致死罪、强奸致死伤罪等),但法定最低刑都在6年以下(含6年),也是考虑到适用缓刑的可能性。(3)"20世纪中期以后,非监禁刑作为刑事司法改革的成果之一,开始成为欧洲各国刑罚理论与实践的热点问题。经过几十年的发展,非监禁刑作为较人道与文明的刑事制裁方法,已经在欧洲主要国家得到普遍适用。欧洲主要国家已经实现了刑罚适用模式由监禁刑为主向非监禁刑为主的转换。"③本书并不主张当下对于罪行严重的犯罪人,也采用非监禁刑。但是,我国的刑事立法与刑事司法不可能不考虑这种刑罚的发展趋势。

总之,法官应当摒弃重刑主义观念。④ 在当下,要摒弃重刑主义观念,首先应抓住裁量责任刑的几个关键问题。

---

① 参见〔日〕佐藤弘规:《刑法等の一部を改正する法律》,载《ジュリスト》2005年第1285号,第34页以下。根据《日本刑法》第25条的规定,对于被宣告3年以下惩役、监禁或者50万元以下罚金的人,才可能宣告缓刑。当法定最低刑为7年有期惩役时,即使酌量减轻处罚,最低也必须判处3年6个月惩役,因而不能宣告缓刑。

② 该罪规定在《关于有组织犯罪的处罚及犯罪收益规制等的法律》中,法定刑原为"死刑、无期或者5年以上惩役",2004年改为"死刑、无期或者6年以上惩役"。

③ 张旭、宋伟卫:《非监禁刑:文明社会的刑罚选择》,载《北方法学》2007年第3期,第68页。

④ 不可否认的是,在某种情况下,由于法定刑过重或者法定刑过于绝对,导致法官难以选择合适的责任刑。但是,即使在这样的场合,法官也需要有减轻处罚的意识(参见本书第七章)。

三、裁量责任刑的关键

重刑主义之所以能够在司法实践中长久地贯彻,除了司法观念、司法体制等原因外,还有不考虑法定刑分配、过度评价罪行、暗中想定更重法定刑、间接处罚、盲目遵从判例等原因。妥当解决这几个问题,有利于实现责任刑裁量的合理性。

(一) 重视法定刑的分配

所谓不考虑法定刑的分配,是指这样的观念与做法:只要在法定刑内量刑,就不违法,因此,对于入户抢劫的判处死刑,并不违法。同样,只要故意伤害致死,判处死刑也不违法。但是,这样的观念与做法,是没有重视法定刑分配的结果,是导致重刑和量刑不公正的重要原因。

我国刑法分则所规定的法定刑均有幅度,而且幅度较大,一个幅度中可能含有由轻到重的不同刑种。在这种场合,并不意味着法官正确地选择了法定刑之后,可以随意科处其中的任一刑罚,而是要考虑到法定刑的分配。亦即,法定刑由轻到重,其罪状与标明的类型或情节也是由轻到重,必须让轻刑与轻类型相对应、让重刑与重类型相对应。换言之,某个法定刑中有轻重不同的刑罚时,该法定刑的罪状同样包含轻重不同的类型或者情节;对属于较轻类型或者较轻情节的案件,只能适用法定刑中较轻的刑罚,而不得适用较重的刑罚,更不得适用最重的刑罚。

例如,根据《刑法》第263条的规定,抢劫致人重伤、死亡的,"处十年以上有期徒刑、无期徒刑或者死刑"。这个法定刑有一个明确的幅度,与之相应,抢劫致人重伤、死亡的不法与有责性也存在不同的程度,所以,需要进行适当的分配。换言之,撇开其他情节不论,抢劫致人重伤、死亡至少可以分为四种情形:(1) 抢劫过失致人重伤,(2) 抢劫故意致人重伤,(3) 抢劫过失致人死亡,(4) 抢劫故意致人死亡。将法定刑的内容与罪状所包含的情形进行比较和分配,就可以得出如下结论:对第(1)、(2) 两种情形,只能适用有期徒刑;对第(3)种情形通常也只能适用有期徒刑,或者充其量在特殊情况下可能适用无期徒刑;只有第(4)种情形,才有可能(而不是必须)适用死刑。

人们习惯于认为,根据法条的文字表述,对于第(1)种情形也可以判处死刑。其实,这样的观点只是对法条文字的形式化解读,并没有把握法条的真实含义。"律法的字面意义与精神意义之间存在着人人皆知的区别,这种区别使人认识到,不管我们拥有什么样的集成法典的、一致同意的立法定义,都额外存在一种超越字面意义层面的道德和精神阐释。"① 仅仅按照字面含义解释刑法的做法,只不过是一种彻底的文本主义,但一种彻底的文本主义者会导致荒谬的解释结果。换言之,不考虑法定刑的分配的做法,只是没有违反法条的文字含义,实质上违反了刑法。公平正义,是刑法的基本价值,如果对上述第(1)、(2)、(3)种情形也判处死刑,明显违背刑法的公平正义。反之,只有考虑到法定刑的分配,将罪状所包含的轻重类型与法定刑的轻重程度进行对应性考量,才能实现刑法的公平正义。

再如,根据《刑法》第236条的规定,"强奸妇女、奸淫幼女多人的",处"十年以上有期徒刑、无期徒刑或者死刑"。三人才能称为多人。显然,如果没有其他从重处罚的情节,对于强奸三人的,只能判处10—11年有期徒刑,而不能判处更重的刑罚。因为强奸三人刚刚达到适用上述法定刑的起点;对刚达到起点的犯罪,只能适用最低刑。如果判处更重的刑罚,就违背了立法精神,或者说实质上违反了刑法。

不仅如此,法官还应当意识到,即使某个法条所规定的升格法定刑在形式上适用于其所规定的几项罪状,但绝对不意味着对每项罪状都可以适用升格法定刑中的最重刑。例如,《刑法》第263条对8种加重情形规定了"十年以上有期徒刑、无期徒刑或者死刑"的法定刑,其中第一种情形是"入户抢劫"。可是,从责任刑的角度来说,对于单纯的入户抢劫,无论如何都不应当判处无期徒刑或者死刑;对某些案件而言,甚至判处

---

① 〔英〕拉曼·塞尔登编:《文学批评理论》,刘象愚、陈永国译,北京大学出版社2000年版,第306页。

10—15年有期徒刑,也显得过重。

例如,2000年2月11日,被告人呼国友、肖奎伙同齐乃君(在逃)窜至辽源市电机厂舞厅内,由齐乃君将被害人展某骗出,呼国友、肖奎尾随其后,齐乃君进入展某家中,呼国友、肖奎在外等候。齐乃君用呼国友提供的事先准备好的溶有"三唑仑"药物的巧克力糖将展某麻醉后,抢走皮夹克一件、BP机一个、电话子机一个、半导体一个、香烟、身份证及人民币90元。①

从形式上看,如果对呼国友、肖奎判处12年至15年的有期徒刑乃至无期徒刑,也不违反罪刑法定原则。但是,"如果一个法律形式主义法官遵循制定法的平白文义,那么可能会损害制法者的意图,甚至与其背道而驰。这就是所谓'草率的'或者'机械'法学"。② 质言之,如果以《刑法》第5条规定的罪刑相适应原则为根据,不能不认为12年至15年有期徒刑乃至无期徒刑的判决属于量刑畸重。罪刑相适应原则与罪刑法定原则都是刑法规定的基本原则,不能因为某个判决符合罪刑法定原则,就可以不过问其是否符合罪刑相适应原则。换言之,对任何案件的处理,必须同时符合罪刑法定原则与罪刑相适应原则,不能认为,只要符合罪刑法定原则,就可以违反罪刑相适应原则;反之亦然。当对一个案件的定罪看似符合罪刑法定原则,但量刑违反罪刑相适应原则(即量刑畸重)时,一个重要的处理办法,就是对相关法条进行限制解释,使较轻行为排除在重罪之外。正因为如此,我国刑法理论一直试图对"入户抢劫"(尤其是对"户")进行限制解释,旨在使其限制后的"入户抢劫"与"十年以上有期徒刑、无期徒刑或者死刑"相适应。

诚然,对"入户抢劫"进行限制解释可以解决部分问题。③ 然而,应当注意的是,对"户"进行过度的限制解释,可能违反平等保护被害人法益的原则,因而有损刑法的正义性。例如,一位家庭经济条件好的博士生在

---

① (2000)辽刑初字第55号。
② 〔美〕劳伦斯·索伦:《法理词汇》,王凌皞译,中国政法大学出版社2010年版,第223页。
③ 参见张明楷:《论入户抢劫》,载《现代法学》2013年第5期,第97页以下。

某居民楼租用一套两居室,长期学习生活在其中。倘若行为人侵入其中抢劫,一般会认定为"入户抢劫"。但是,另一位家庭经济条件差的博士生长期住在学校宿舍(即使是单身宿舍)时,如果行为人侵入其中抢劫,则不可能构成"入户抢劫"。这样的结论让人产生不公平的感觉:一个人的经济状况不同,受刑法保护的程度就不同。更为重要的是,即使对"户"进行限制解释,也不可能否认上述呼国友等人的行为属于入户抢劫。在这样的场合,法官应当摒弃形式主义的解释,必须以正义的理念解释刑法。成文刑法是正义的文字表述。"正义的理想,并非要法官扑灭心中的法感,也不是要他在那种错误的忠诚观念下,放弃所有对制定法做出评断的机会。过去曾经有一个时期,人们把扑灭法官心中的独立思考与感受、完全无主体性以及将自身主体性完全托付给制定法这些现象,看作正义理念的胜利。诸位先生们,这个时代已经被我们抛诸脑后。因为,我们发觉到,在所有的生活关系里,死板的规则并不能取代人类;世界并不是被抽象的规则统治,而是被人格统治。"① 法官必须以活生生的正义理念适用刑法的每一个条文。

质言之,如果要使"入户抢劫"的量刑合理化,除了限制解释"入户抢劫"外,必须承认法定刑的分配,亦即,《刑法》第263条对"入户抢劫"并没有分配无期徒刑与死刑,或者说,对"入户抢劫"仅仅分配了"十年以上有期徒刑"。唯有如此,才能使对"入户抢劫"的责任刑裁量符合责任主义。

或许有人认为,既然刑法对"入户抢劫"规定了"十年以上有期徒刑、无期徒刑或者死刑"的法定刑,就不能排除在某些情况下会适用无期徒刑或者死刑。② 诚然,这一解释完全符合逻辑。但是,法律的生命不只是在于逻辑,而且在于生活、在于经验。如果从立法论上来说,《刑法》第263条原本可以对抢劫罪规定更多档次的法定刑。例如,对"入户抢劫"、"冒

---

① 〔德〕鲁道夫·冯·耶林:《法学是一门科学吗?》,李君韬译,法律出版社2010年版,第81页。
② 参见张忠斌:《关于几种罪名死刑适用的探讨》,载《人民法院报》2009年11月25日第6版。

充军警人员抢劫"规定"十年以上有期徒刑"的法定刑;对"在公共交通工具上抢劫"、"抢劫银行或者其他金融机构"、"多次抢劫或者抢劫数额巨大"、"持枪抢劫"等规定"十年以上有期徒刑或者无期徒刑"的法定刑;对"抢劫致人重伤、死亡"规定"十年以上有期徒刑、无期徒刑或者死刑"的法定刑。现行《刑法》第263条虽然没有这样规定,但是,法官完全可以按照罪刑相适应的原则理解法定刑的分配。所以,认为刑法仅对"入户抢劫"分配了"十年以上有期徒刑"不存在解释论上的障碍。

再如,《刑法》第115条规定:"放火、决水、爆炸以及投放毒害性、放射性、传染病病原体等物质或者以其他危险方法致人重伤、死亡或者使公私财产遭受重大损失的,处十年以上有期徒刑、无期徒刑或者死刑。"应当认为,对于单纯"使公私财产遭受重大损失",而没有致人重伤、死亡的放火等行为,并没有分配死刑。同样,也应当认为,《刑法》第236条规定的五种加重强奸的情形中,只有第5项即"致使被害人重伤、死亡或者造成其他严重后果"的情形分配了死刑,其他各项都没有分配死刑。

通过上述分析可以看出,注重法定刑的分配,对于责任刑的裁量具有重要意义,是保障刑罚与责任相当的重要一环。

(二) 正确评价案件的罪行

不能正确评价案件的罪行,习惯于认为自己手中的案件是最严重的案件,因而判处最重的刑罚,是导致重刑主义观念得到贯彻的一个重要原因。所以,如何正确评价案件的罪行轻重,是需要引起法官重视的问题。质言之,法官不要动辄认为自己手中的案件罪行严重。

西方国家的法官很少选择最重刑,一般也不会选择法定刑中间线以上的刑罚。如前所述,日本的法官通常在法定刑内选择最轻的刑罚,德国的法官通常在法定刑中最轻的三分之一区间判处刑罚,美国法官对一般犯罪的量刑也相当轻。这是因为,如果动辄判处最重的刑罚,那么,将来发生更严重的犯罪时,也只能判处最重的刑罚,于是前后的判决违反了比例原则与公平原则。反过来说,法官应当意识到,迄今为止,还没有发生过最严重的案件,最严重的案件永远发生在以后。如果意识到这一点,法官就不会动辄对眼前的犯罪判处最重的刑罚。

例如,普通抢劫的法定刑为"三年以上十年以下有期徒刑",那么,什么案件可以判处9年或者10年有期徒刑?一方面,要考虑普通抢劫与加重抢劫的关系,另一方面要意识到(不构成加重抢劫的)普通抢劫中那些最严重情形并没有发生。例如,对以暴力抢劫他人2.8万元财物的行为(假定抢劫罪数额巨大的起点为3万元),就不应当选择9年或者10年徒刑的责任刑,因为可能发生抢劫他人价值2.99万元财物且致人轻伤的案件。进一步说,对于抢劫他人价值2.99万元财物且致一人轻伤的案件,也不应当选择9年或者10年徒刑的责任刑,因为可能发生抢劫他人价值2.99万元财物且致2人或者3人轻伤的案件。

再如,盗窃罪的最高一档法定刑为"十年以上有期徒刑或者无期徒刑"。当一位法官面对被告人盗窃了200万元现金的案件时,不要以为此案最严重,因而不要判处无期徒刑,因为可能发生盗窃500万元现金的案件。下一次果真遇到了盗窃500万元现金的案件时,也不要以为它是最严重的,因为可能发生盗窃800万元现金的案件。

不难看出,只要法官铭记最严重的案件并未发生,就会将最严重的刑罚留在以后,于是对眼前的案件一般就不会判处最重的刑罚。由此也可以看出,规定达到一定标准就必须判处最高刑的做法(如盗窃50万元或者诈骗1000万元就判处无期徒刑),既导致量刑过重,也导致量刑不公,并不可取。

与此同时,法官在评价案件的罪行时,既不能将犯罪的常态视为后果严重或者动机卑鄙,也不能认为,只要罪行不轻微就是罪行严重、必须从重处罚。

首先,任何一个类型的犯罪(如故意杀人)在客观方面与主观方面都存在一种常态,与这种常态的罪行对应的责任刑,大体上是法定刑的中间刑偏下的刑罚(参见本章后述内容)。例如,常态的故意杀人罪(不包含情节较轻的情形)所对应的责任刑是14—15年有期徒刑,而不是无期徒刑与死刑。比常态严重的故意杀人罪所对应的责任刑,则可能是无期徒刑或者死刑;比常态轻微的故意杀人罪所对应的责任刑,则是10—13年有期徒刑。就故意杀人的客观方面来说,杀害一人是常态,或者说致一人死亡是常态。虽然致一人死亡比致一人重伤、致他人财产损失的后果严重,但是,在法定刑相对较重的故意杀人罪中,致一人死亡则不是严重后果,只是常态后果。就故意杀人的主观方面来说,希望他人死亡是常态;基于报复、奸情、贪财等动机杀人,也是常态。甚至可以认为,基于报复动机的杀人,是比常态更轻微的动机。因为基于报复动机杀人,表明被害人曾经对被告人实施过不利行为。无缘无故地杀人、杀害需要报答的人,才可能是更严重的情形。

其次,对罪行轻重的评价,只能通过与行为人所犯之罪的常态进行比较后得出结论。如后所述,常态犯罪的责任刑对应的是法定刑的中间刑偏下的刑罚,所以,只有与常态相比,才能正确判断案件的罪行轻重。反过来说,衡量罪行轻重的标准,不是较轻的案件或者共同犯罪中的从犯与胁从犯。不能因为某人的罪行不是此类案件中较轻的,就认定其罪行严重,进而确定较重的责任刑;也不能由于某人的罪行比从犯、胁从犯的罪行严重,就认定其罪行严重,从而选择较重的责任刑。

但是,我国的司法实践常常未能正确评价罪行的轻重程度,一些习惯的表述(后果严重、动机卑鄙)也影响了法官的评价,导致责任刑的裁量较重。

例如,有的法官指出:"严重的故意杀人罪一般具备下列情形:从犯罪主体而言——犯罪人一贯蔑视国家法纪,不遵守秩序,为恶乡里,横行霸道的;负有法定义务的人,为逃避履行义务,而杀死权利人的;国家工作人员利用职务便利故意杀害他人的;集团或团伙杀人中的主犯,特别是涉黑涉恶案件中的首要分子或者重要主犯等。从犯罪动机而言——为泄愤、报复、嫉妒、消除竞争对手而杀人的;为毁灭罪证而杀人的;为图财害命而杀人的;为嫁祸于人而杀人的;出于奸情而杀人的等。从犯罪的客观方面而言——采用特别残忍的手段或者折磨被害人以增加其痛苦而杀人的,为实施其他严重犯罪而故意杀人或者故意杀人后再次实施其他严重犯罪的,故意杀人后焚尸、肢解尸体的;杀死孕妇,杀死多人的或多次故意杀人,严重危害他人人身安全和社会治安秩序的;由于被害人的死亡而造成其他严重后果的,犯罪后逃跑、抗拒抓捕、作伪证抵赖罪行的;在特殊的时间、地点杀人的等。从犯罪的对象而言——杀死直系血亲尊亲属,杀害儿童、老人的;杀害外国人、港澳台同胞、知名政治活动家或者科学家、特殊弱势群体如残疾人等。从社会治安形势而言——犯罪人罪行极其严重,判决时此类犯罪活动仍然十分猖獗,顶风作案的;民愤极大,如犯罪人恶贯满盈,群众强烈要求处死的等。"①其实,作者列举的大部分情形,都属于故意杀人罪的常态。如为泄愤、报复、毁灭罪证而杀人,或者出于奸情而杀人,故意杀人后焚尸、肢解尸体,犯罪后逃跑、抗拒抓捕、作伪证抵赖罪行等,都是故意杀人罪的常态。生命是平等的,将杀害外国人、港澳台同胞、知名政治活动家或者科学家等作为严重的故意杀人罪,也没有任何根据。此外,上述观点还将罪行本身是否严重与被告人的特殊预防必要性大小混为一谈,使影响预防刑的情节成为影响罪行轻重的情节。如将"犯罪人一贯蔑视国家法纪,不遵守秩序,为恶乡里,横行霸道",以及"判决时此类犯罪活动仍然十分猖獗,顶风作案"、"犯罪人恶贯满盈"等作为罪行严重的标准,就是将报应刑与预防刑相混淆的表现,也明显违反了责任主义。

再如,被告人张某某因家庭琐事对其妻葛某心怀不满,便生了杀妻的恶念,并叫其女友被告人郭某某购买了铁锤、手套、皮鞋等作案工具。2004年7月23日晚上,被告人张某某在家中趁葛某准备睡觉时,持铁锤朝葛某头部猛击,致葛某当场死亡,随后被告人张某某将在外面等候的郭某某叫进家中对现场进行伪造。其中有证人证实,因张某某有外遇,葛某与张某某经常吵架。一审法院认定被告人张某某犯故意杀人罪,判处死刑,剥夺政治权利终身;被告人郭某某犯故意杀人罪,判处有期徒刑12年。宣判后,原审被告人张某某、郭某某不服,以量刑过重为由提出上诉;被告人张某某的辩护人亦提出量刑过重的辩护意见。二审法院的判决指出:"上诉人张某某因有外遇,便生杀死妻子的恶念,在上诉人郭某某的帮

---

① 张忠斌:《关于几种罪名死刑适用的探讨》,载《人民法院报》2009年11月25日第6版。

助下持铁锤将妻子葛某打死,其行为构成故意杀人罪,且后果严重,动机卑鄙,实属罪行极其严重的罪犯,依法应予严惩。上诉人郭某某受上诉人张某某的安排,参与杀人预谋、准备作案工具并协助伪造作案现场,其行为亦构成故意杀人罪,应依法惩处。在共同犯罪中,上诉人张某某起主要作用,系主犯,依法应从重处罚;上诉人郭某某起辅助作用,系从犯,依法应从轻处罚。上诉人张某某、郭某某和辩护人所提量刑过重的上诉理由和辩护意见,无事实和法律依据,不予采纳。原判定罪准确,量刑适当。审判程序合法。据此,依照《中华人民共和国刑事诉讼法》第一百八十九条(一)项之规定,裁定如下:驳回上诉,维持原判。"①

然而,就故意杀人罪而言,致一人死亡的后果只是常态,致二人以上死亡才是故意杀人罪中的后果严重。为了与第三者结婚且因为经常吵架而杀害妻子,这种动机也只是故意杀人罪中的常态,不能认定为动机卑鄙。综合考虑主客观方面的事实,也不能认定本案"罪行极其严重"。倘若本案属于罪行极其严重,那么,对"灭门案"恐怕就没有评价的词汇了。此外,虽然张某某在共同犯罪中起主要作用,系主犯,但主犯不是从重处罚的理由,现行刑法没有规定对主犯从重处罚,故"依法应从重处罚"没有任何法律根据。如果按照主犯从重处罚,从犯从轻、减轻或者免除处罚的做法,在共同犯罪中,就没有处于中间(常态)位置的刑罚。这显然不能被人接受。

对其他犯罪的罪行评价,也要以常态为标准。例如,对被告人适用"携带凶器盗窃"的规定认定为盗窃罪时,不能将携带凶器认定为情节严重或者从重处罚的情节。因为在"携带凶器盗窃"这类犯罪中,携带凶器是常态。再如,在适用《刑法》第269条的规定认定为事后抢劫时,不能将为了抗拒抓捕而使用暴力评价为罪行严重,因为该行为是事后抢劫的常态。又如,被告人使用凶器造成他人重伤时,使用凶器也不是表明罪行严重的情节,因为使用凶器也是故意伤害罪的常态。如果将常态评价为罪行严重,就必须导致无根据地加重责任刑。

---

① (2005)云高刑终字第822号。

由上可见,只有正确评价案件的罪行程度,才能妥当地裁量责任刑。而要正确评价案件的罪行程度,就必须了解和把握各类犯罪的常态,以常态为标准评价罪行的轻重,切莫将常态犯罪认定为罪行严重。

(三) 不得想象更重法定刑

根据笔者的观察,一些法官在量刑时,实际上自觉或者不自觉地想定一种重于法定最高刑的刑罚,这是导致重刑观念得以贯彻的又一原因。

例如,甲实施合同诈骗罪,诈骗数额为4000万元。但是,甲如实坦白罪行,认罪态度很好,具备法定从轻处罚的情节,而且承诺出狱后挣钱还给被害人,事实上甲也具有这种能力(如苏越合同诈骗案)。案件全部事实表明,甲再犯罪的可能性很小。但是,法官依然判处甲无期徒刑,并没有从轻处罚。为什么会有如此判决?一个重要原因是,法官对合同诈骗罪想定一个更重的法定刑:"根据本地以往的量刑实践,合同诈骗1000万元就应当判处无期徒刑,而甲诈骗了4000万元,原本应当判处更重的刑罚,但由于甲坦白,所以,仅判处无期徒刑。"可是,何以存在一个"原本应当判处更重的刑罚"的想法?原因在于法官想象的是,合同诈骗4000万元原本应当判处比无期徒刑更重的刑罚即死刑。然而,我国《刑法》第224条并没有对合同诈骗罪规定死刑,只是地方的量刑实践对合同诈骗1000万元的要判处无期徒刑。其实,即使合同诈骗1000万元的应当判处无期徒刑,可是在没有更高法定刑的情况下,合同诈骗1亿元也只能判处无期徒刑。既然甲合同诈骗4000万元也只应当判处无期徒刑,那么,由于其具备法定的从轻处罚情节,就应选择低于无期徒刑的刑罚,亦即只能判处有期徒刑。

再如,乙故意杀害两人,即使有自首乃至立功表现,法官一般也会判处死刑立即执行。其中的理由是:"故意杀一人就应判处死刑立即执行,杀害二人原本应当判处更重的刑罚,所以,即使有自首乃至立功表现,仍应判处立即执行。"可是,哪里有比死刑立即执行更重的刑罚?既然杀害两人所适用的法定刑也是"死刑、无期徒刑或者十年以上有期徒刑",那么,在杀害两人后自首乃至有立功表现的,就要从轻处罚,而不得判处死刑立即执行(参见本书第六章)。

想定更重法定刑,是缺乏罪刑法定主义观念的表现。由此看来,强化罪刑法定主义观念,有利于量刑的合理化。

(四) 禁止间接处罚

间接处罚,是导致量刑普遍偏重的一个重要原因。间接处罚主要是指,某种行为及结果原本不是刑罚处罚的对象,但由于该行为及其结果存在于某一犯罪中,导致对该行为及结果实施刑罚处罚。在量刑领域主要表现为,将罪刑规范并不阻止的结果或者事实,作为从重量刑的情节。

例如,甲的过失行为导致乙死亡,但乙于死亡之前被送往医院抢救,导致乙的家属花费50万元。50万元的财产损失常常成为法院量刑时从重处罚的根据。再如,A在抢夺B的财物时,导致B身体遭受轻微伤。B的轻微伤也成为对A从重量刑的根据。这便形成了间接处罚。过失导致他人50万元财产损失的行为,原本并不成立犯罪,不会受刑罚处罚。如果过失致人死亡的行为同时导致他人财产损失,进而在量刑时从重处罚,便间接地处罚了过失毁坏财产的行为。假定上述甲的过失致人死亡的行为,原本只应判处3年有期徒刑,但法官考虑到其行为造成了他人50万元的财产损害,便判处有期徒刑5年。这意味着过失毁坏财产的行为受到了2年有期徒刑的处罚。然而,这种行为原本在刑法上并不受刑罚处罚。这便形成了应当禁止的间接处罚。再如,单纯故意或者过失致人轻微伤的行为(具有公共危险性质等行为除外),原本不是刑罚处罚对象,但由于该行为及其结果存在于抢夺犯罪中,导致对该行为及结果实施刑罚处罚。详言之,故意或者过失导致他人轻微伤的行为,原本并不成立犯罪,不会受刑罚处罚。如果抢夺行为同时导致他人轻微伤,进而在量刑时从重处罚,便间接地处罚了轻微伤害行为。假定上述A的抢夺的行为,原本只应判处1年有期徒刑,但法官考虑到其行为造成了B的轻微伤,便判处有期徒刑3年。这意味着轻微伤害行为受到了2年有期徒刑的处罚。然而,这种行为原本在刑法上并不受刑罚处罚。这也形成了应当禁止的间接处罚。

将罪刑规范并不阻止的结果作为量刑的从重处罚情节的间接处罚现象，违反了以保障人权为宗旨的罪刑法定原则。一方面，罪刑法定原则不仅支配定罪，而且支配量刑。根据罪刑法定原则，过失造成财产毁损的行为，属于法无明文规定不处罚的行为；不管是对过失毁损财产的行为单独定罪处罚，还是在处罚其他犯罪时附带对过失毁损财产的行为进行处罚（即间接处罚），都违反了罪刑法定原则。另一方面，为了贯彻罪刑法定原则，必须将犯罪划分为不同的具体犯罪，各种具体犯罪都有自己的构成要件，只有符合具体犯罪构成要件的行为才成立犯罪。所以，犯罪构成具有罪刑法定主义的机能。但是，一个具体的犯罪构成只是保护特定的法益，而不能保护一切法益。将罪刑规范并不阻止的结果作为量刑的从重处罚情节，意味着一个犯罪构成所保护的法益无边无际，这便导致犯罪构成丧失罪刑法定主义的机能。

将罪刑规范并不阻止的结果作为量刑的从重处罚情节的间接处罚现象，不仅导致刑法丧失限制司法权力的机能，而且导致刑罚没有受到限制。例如，过失毁坏财物、故意或者过失造成轻微伤、过失造成名誉毁损等等，原本处于刑法并不介入的"角落"。如果直接或者间接地处罚这种行为，则导致刑法丧失补充性与不完整性的性质，使刑法介入国民生活的各个方面，形成刑法处罚的膨胀化，结果便是过于限制国民的自由，侵犯国民的人权。

为了避免间接处罚现象，必须确立以下原则：当行为人实施 A 罪行为时，只有当 A 罪的非法定刑基础的结果，是有关 A 罪的罪刑规范所欲阻止的结果的强化或者加重，或者属于有关 B 或 C 等罪的罪刑规范所欲阻止的结果时，才能在对 A 罪的量刑时，考虑该结果。如果行为人在实施 A 罪行为时，造成的结果不是任何犯罪的法定刑基础的结果，或者说不是任何罪刑规范所欲阻止的结果，就不是量刑所应考虑的结果。换言之，作为影响量刑的结果，必须是罪刑规范所阻止的结果。而罪刑规范是否阻止该结果，不能仅从客观上进行抽象的判断，而应从不法且有责的角度进行考虑。只有这样，才能使责任刑的裁量具有合理性。

(五) 禁止重复评价

量刑时,虽然对各种有意义的情节必须全面评价,但对各种情节也不能进行重复评价。重复评价导致一罪多罚或者轻罪重罚,既不符合罪刑关系的基本原理,也必然导致处罚过重,严重侵害被告人的权利,违反罪刑法定与罪刑相适应原则。

"情节"有不同的种类:第一类是作为符合犯罪构成事实的情节;第二类是作为选择法定刑依据的情节;第三类是在既定法定刑之下影响具体量刑的情节。前两类情节发挥了各自的作用后,就不能再作为第三类的量刑情节予以考虑。

首先,作为符合犯罪构成的事实,已经在定罪因而在确定相应的法定刑时,起到了应有的作用,不能再作为量刑情节考虑。这是立法与司法的分工协同关系决定的。详言之,为了追求适正的刑罚,立法者与法官承担了不同的任务。如果是立法者承担的任务范围,法官不仅不再承担该任务,而且不得侵入立法者承担的任务范围。立法者根据刑法的目的确定不法要素(构成要件与违法要素)与责任要素,并规定了相应的法定刑。在此,立法者已经就不法要素与责任要素进行了类型性评价。所以,法官在量刑时,不能再评价立法者已经做了类型性评价的要素,已经作为犯罪构成的事实,不能再次成为量刑评价的对象。① 至为明显的是,如果认定为过失致人死亡罪,并且选择了法定刑之后,再将该死亡结果作为增加责任刑的情节,就是应当禁止的重复评价。

其次,我国刑法分则常常根据犯罪的轻重类型,对具体犯罪规定了两个以上档次的法定刑。当某种事实已经作为情节严重或者情节特别严重的根据,因而选择了情节严重或者情节特别严重的法定刑之后,如果再将该事实作为在选择的法定刑内从重处罚的情节,便将同一事实进行了双重评价,明显不当。同样,将某种事实已经作为情节较轻的根据,因而选择了情节较轻的法定刑之后,不应当再将该事实作为在选择的法定刑内

---

① 参见〔日〕川崎一夫:《体系的量刑论》,成文堂1991年版,第145—146页。

从轻处罚的情节。显而易见的是,将根据死亡结果对故意伤害行为选择了"十年以上有期徒刑、无期徒刑或者死刑"的法定刑后,再将该死亡结果作为在该法定刑增加责任刑的情节,就是必须杜绝的重复评价。

例如,《刑法》第275条规定:"故意毁坏公私财物,数额较大或者有其他严重情节的,处三年以下有期徒刑、拘役或者罚金;数额巨大或者有其他特别严重情节的,处三年以上七年以下有期徒刑。"其中的"数额较大或者有其他严重情节"是构成要件,故符合这种构成要件的事实作为认定犯罪的依据起了作用后,不能再作为量刑情节进行重复评价;同样,其中的"数额巨大或者有其他特别严重情节"是作为选择法定刑依据的情节,如果行为人毁坏公私财物的数额巨大,就应选择3年以上7年以下的法定刑,不能将数额巨大再作为既定法定刑之下的量刑情节;只有除此之外的情节,才能在既定法定刑之下影响量刑。

再如,《刑法》第274条规定:"聚众哄抢公私财物,数额较大或者有其他严重情节的,对首要分子和积极参加的,处三年以下有期徒刑、拘役或者管制,并处罚金;数额巨大或者有其他特别严重情节的,处三年以上十年以下有期徒刑,并处罚金。"假如数额较大的起点为1万元,数额巨大的起点为10万元,当行为人聚众哄抢10万元时,该情节便成为法定刑升格的根据;法院根据这一情节选择了3年以上10年以下有期徒刑的法定刑后,不得再将聚众哄抢10万元作为在该法定刑内从重处罚的根据。同样,倘若行为人的聚众哄抢情节特别严重,法院根据这一情节选择了3年以上10年以下有期徒刑的法定刑后,不得再将该特别严重情节作为在该法定刑内从重处罚的根据。否则,就会出现同一情节既是法定刑升格的根据,又是在升格的法定刑内从重处罚的根据的重复评价现象。但是,在行为人具有两个特别严重情节的情况下,则可以将一个特别严重情节作为法定刑升格的根据,将另一个特别严重情节作为在升格的法定刑内从重处罚的根据。例如,行为人聚众哄抢公私财物,数额巨大并且具有其他特别严重情节,在观念上可以将数额巨大作为选择3年以上10年以下有期徒刑的法定刑的根据,再将其他特别严重情节作为在该法定刑内从重处罚的根据,反之亦然。这并不违反禁止重复评价的原则。

问题出在一个特别严重情节的场合。例如,行为人聚众哄抢公私财物,数额特别巨大(如200万元),将这一情节作为选择3年以上10年以下有期徒刑的法定刑根据后,可否因为数额特别巨大而在该法定刑内从重处罚。本书持肯定回答。由于10万元便属于数额巨大,应在3年以上10年以下有期徒刑的法定刑内处罚,可是行为人聚众哄抢200万,远远超出了数额巨大的起点标准,故可以将10万元以外的数额作为从重处罚的根据。但在情节不可能量化与分割的情况下,区分法定刑升格的依据与在升格的法定刑内从重处罚的根据,只能是观念的或者抽象的,但仍然需要牢记禁止重复评价的原则。①

由此可见,构成要件的多余部分,或者法定刑升格条件的多余部分,只要能够说明责任加重,就能作为增加责任刑的情节。周光权教授虽然认为构成要件中多余的部分可以成为量刑情节,同时指出:"交通肇事致2人死亡的,被害人死亡是成立交通肇事罪并应在3年以下有期徒刑这一档处刑的定罪情节。根据最高人民法院的司法解释,显然就不能再以被告人具有导致2人而非1人死亡这一情节为由从重处罚。"②但在本书看来,对此不能一概而论。最高人民法院2000年11月10日《关于审理交通肇事刑事案件具体应用法律若干问题的解释》第2条第1款规定:"交通肇事具有下列情形之一的,处3年以下有期徒刑或者拘役:(一)死亡1人或者重伤3人以上,负事故全部或者主要责任的;(二)死亡3人以上,负事故同等责任的;(三)造成公共财产或者他人财产直接损失,负事故全部或者主要责任,无能力赔偿数额在30万元以上的。"第4条规定:"交通肇事具有下列情形之一的,属于'有其他特别恶劣情节',处3年以上7年以下有期徒刑:(一)死亡2人以上或者重伤5人以上,负事故全部或者主要责任的;(二)死亡6人以上,负事故同等责任的;(三)造成公共财产或者他人财产直接损失,负事故全部或者主要责任,无能力赔偿数额在60万元以上的。"据此,如果被告人对2人死亡负事故

---

① 如果刑法将"情节特别严重"作为法定刑升格的条件,则一个特别严重的情节只能作为法定刑升格的依据,不能再将该特别严重的情节作为在升格的法定刑之内从重处罚的根据。
② 周光权:《论量刑上的禁止不利评价原则》,载《政治与法律》2013年第1期,第110页。

同等责任,那么,其行为的结果就没有构成要件的多余部分,因而不能将其中 1 人的死亡作为量刑情节。但是,如果被告人对 2 人死亡负事故全部或者主要责任,那么,就成为法定刑升格的条件,在选择了"三年以上七年以下有期徒刑"的法定刑后,不能以导致 2 人而非 1 人死亡这一情节为由从重处罚。否则,就是重复评价。但是,如果被告人对 3 人死亡负事故全部或者主要责任,由于 2 人死亡是法定刑升格的条件,所以,第 3 个被害人的死亡,可以成为在升格的法定刑内增加责任刑的情节。就此而言,并不存在重复评价。

司法实践中总是存在重复评价的现象。例如,最高人民法院、最高人民检察院 2013 年 4 月 2 日《关于办理盗窃刑事案件适用法律若干问题的解释》第 1 条规定:"盗窃公私财物价值 1000 元至 3000 元以上、3 万元至 10 万元以上、30 万元至 50 万元以上的,应当分别认定为《刑法》第 264 条规定的'数额较大'、'数额巨大'、'数额特别巨大'。第 2 条规定:"盗窃公私财物,具有下列情形之一的,'数额较大'的标准可以按照前条规定标准的 50% 确定:(一)曾因盗窃受过刑事处罚的;(二)一年内曾因盗窃受过行政处罚的;……"最高人民法院、最高人民检察院 2013 年 4 月 23 日《关于办理敲诈勒索刑事案件适用法律若干问题的解释》,最高人民法院、最高人民检察院 2013 年 11 月 11 日《关于关理抢夺刑事案件适用法律若干问题的解释》,也有类似的规定。这样的解释除了具有将表明预防刑的情节作为定罪根据的缺陷外,还会导致对部分情节的重复评价。最为明显的是,当甲曾因盗窃罪被判处有期徒刑 1 年,刑满释放后在 5 年内再实施盗窃行为,只要达到数额较大标准的 50%,就成立盗窃罪。不仅如此,甲还成立累犯。于是,甲曾因盗窃罪被判处有期徒刑 1 年的事实,既是导致其构成盗窃罪的根据,也是对其以累犯从重处罚的根据。这是典型的重复评价,明显不妥当。因为当一个事实作为构成要件事实评价后,是绝对不应当再作为从重量刑的情节评价的。这一道理显而易见,不必赘言。

在量刑规范化方面,对部分量刑情节也存在重复评价的现象。比较突出的是财产犯罪案件,既要考虑犯罪数额,又要考虑犯罪次数、犯罪对象、犯罪后果。例如,广东省高级人民法院《〈关于常见犯罪的量刑指导意见〉实施细则》规定,对抢夺罪裁量刑罚时,要在量刑起点的基础上,根据抢夺数额等其他影响犯罪构成的犯罪事实增加刑罚量:超过数额较大起点未达到数额巨大起点的,一类地区每增加1万元,二类地区每增加6000元,可以增加3个月至6个月刑期;超过数额巨大起点未达到数额特别巨大起点的,一类地区每增加3.5万元,二类地区每增加2.5万元,可以增加6个月到1年刑期;超过数额特别巨大起点的,超过数额不足40万元,可以增加1年以下刑期,超过数额已满40万元不足200万元,可以增加1年至3年刑期;超过数额200万元以上,可以增加3年以上刑期,但依法应当判处无期徒刑的除外。与此同时,多次抢夺的,可以增加基准刑的30%以下。可是,随着抢夺次数的增多,抢夺数额必然增大,量刑时同时依据这两个情节增加刑罚量,就导致重复评价。[1]

(六) 不得盲目遵从判例

法官习惯于遵从先例、尊重以往的权威,对相同的案件一定相同地处理;同样的案件,如果以前判处重刑而现在不判重刑,对于法官而言是一种巨大的风险;所以,面对的案件与以往判处重刑的案件相同或相似时,法官习惯于甚至必然再次做出重刑判决。我国虽然没有实行判例法制度,但先例的影响无处不在。根据笔者的观察,我国法官对先例的遵从(甚至是盲从)远远超出了普通法国家的法官(当然,性质不同),而且,越是错判的先例越会被法官遵从。

在普通法国家,"'遵从前例'的原则并不等于对单个判例的盲目服从,而是要求法官努力在一系列判例中找出一般性法律规则,以及理解和适用这些规则的正确或最佳途径。普通法固然要求法官忠实于以前的判例,但是这并不等于说法官在审判中必须机械地遵守前面的某一个判例,因为单个判例不一定能代表普通法在处理某个问题上的原则和精神"。[2]

---

[1] 参见惠州市中级人民法院:《关于全市法院全面试行量刑规范化改革的调研报告》,http://www.hzzy.gov.cn/ content.php? nid =166(访问时间:2013年11月15日)。

[2] 何家弘:《论法官造法》,载《法学家》2003年第5期,第138页。

在我国,一位检察官,如果对某个案例以 A 罪起诉后,法院以 B 罪判处刑罚,那么,这位检察官下次遇到类似案件时,即使他认为以 A 罪起诉更合理、合法,他也一定会以 B 罪起诉。一位法官(检察官也是如此),如果面对自己以往没有办过的案件,即使法律条文不难理解、相关事实容易认定,他也会忧心忡忡,甚至不知所措;此时,他可能找一些案例书籍或者上网浏览,看看其他法院是否判过类似案件;一旦发现某法院曾对相同案件作出过判决,他便会照此办理,将其他法院的判决作为法律根据予以适用。同样,在律师提出不同于检察官的案件处理意见以后,法官不是要求律师说理,而是要求律师提供相应的判例。反之,倘若面对自己以往办过的案件,则胸有成竹,放心大胆地依照先例做出判决,既不考虑先例的结论是否妥当,也不斟酌先例的结论是否适应变化了的现实。即使学者们明确指出先例存在缺陷并阐释了充分理由,法官也往往会说:"您说得很有道理,但我们司法实践中一直都是这样做的。"这种固守先例(对单个判决例的盲从服从)的态度,多少显得不负责任,也是导致重刑得以维持的一个重要原因。

然而,"法律文本不是为自己而存在的、在任何时候都为一切法律适用者传达相同命令的客体。法律对法院如同乐谱,它离不开法院不断更新的解释,就像乐谱离不开钢琴家一样。法律文本总是不受时间限制地传达着一种客观的、永恒的规范内容这一命题是法律形而上学的非现实主义(unrealistisch)信条。"①"一部制定法无法'摆脱不断发展的生活,它原本就是为此种生活而设计的'。"②社会生活事实决定法条的真实含义,社会生活事实的变化,也必须导致法条真实含义的变化。对犯罪的处罚也是如此。社会在不断地发展、进步,什么措施具有惩罚作用、什么措施的惩罚严厉,是随着时代的变化而变化的。什么刑种、刑度与犯罪相适应,也是随着社会的发展不断变化的。所以,总是以过去的量刑尺度为标准对当下的被告人裁量刑罚,并不合适。质言之,随着国民生活水平的提

---

① 〔德〕伯恩·魏德士:《法理学》,丁小春、吴越译,法律出版社 2003 年版,第 78 页。
② 〔美〕罗伯特·萨默斯:《大师学述:富勒》,马驰译,法律出版社 2010 年版,第 207 页。

高,即使面对所谓相同的案件,法官也应当比过去判得轻缓才合适。

(七) 不得基于私利裁量刑罚

如果要让被告人本人或者其亲属给被告人量刑,量刑必然很轻甚至免予刑罚处罚;如果要让被害人本人或者其亲属对被告人量刑,量刑必然很重甚至判处死刑。只有中立的第三者量刑,才可能保证量刑公正。"中立的第三者"意味着对被告人裁量刑罚,与自己的利益没有直接关系。法官是被作为中立的第三者审理案件和裁量刑罚的,但是,如果法官基于私利裁量刑罚,就意味着法官不再是中立的第三者,而是会基于自己的利益裁量刑罚,这样的刑罚也不可能公正。

在笔者看来,为了显示自己的廉洁,也是重刑的一个原因。法官要面对同事,要给同事一个廉洁印象,有时不得不判处或者赞成判处重刑。人们普遍认为,当前司法腐败(即司法机关的腐败、司法工作人员的腐败,还可能包括司法体制的腐败)极为严重,而法官腐败的表现形之一是,索取或者收受被告人家属的贿赂后,对被告人宣告无罪、免除处罚或者从轻判处刑罚。于是,量刑轻成为法官腐败的一个征表。换言之,如果一个法官轻判了罪犯,同事乃至知道案件真相的人都会怀疑该法官收受了贿赂。因此,遇到可能判处重刑的案件时,即使法官觉得可以不判处重刑,但为了避免同事的怀疑,为了证明自己的清白,为了维护自己的名声,也判处重刑或者赞成判处重刑。法官还要面对公安与检察机关。"刑事司法程序中的每一个角色都跟维护某个强调处理案件有专业特点和适当程序的法文化利益攸关。斯图尔特·沙因戈德(Stuart Scheingold)认为,刑事司法系统中的专业人员在意识形态上的区分跟其他人是一样的,但他们所受的法律训练和肩负的组织责任往往使他们的价值标准变得很复杂。从自由法律角度思考的刑事专业人员(主要是辩护律师和一些法官)会企图把被告人权利扩充到最大限度,目的是要保护他们免受各种形式的胁迫,而持法定程序观点的自由主义者们则往往选择最不繁复却又最人道的判决,从而放弃死刑。稳健的保守派可能会满足于既强调威慑作用又强调惩罚作用的政策,……赞同严惩的保守派支持判以重刑,以便在可能成为罪犯的人心中造成恐惧感,这一类保守派往往在警察部门可以找到,有些则在法官和检察官当中。"①法官的判决与公安、检察机关的主张过于对立,会导致法官与公安、检察机关的关系过于僵化,结局也会给法官带来麻烦。当公安、检察机关要求对被告人判处重刑时,法官也不能不考虑他们的意见。

按照笔者的观察,还有个别法官,为了掩盖自己的腐败行为,必须使自己的判决在总体上形成有轻有重的局面。可是,这里的有轻有重,不是根据罪行确定,而是根据其他不言自明的因素确定。一个重刑判决,可以掩盖另一个可以给自己带来好处的轻刑判决。

对此,本书只能说,从深层次来说,只有进行司法体制改革、政治体制改革,才能解决问题。从技术层面来说,只有要求判决书充分说明量刑理由,才能克服这样的问题。

四、影响责任刑的情节

(一) 量刑情节的区分

量刑情节,是指在某种行为已经构成犯罪的前提下,法院对犯罪人裁量刑罚时应当考虑的,据以决定量刑轻重或者免除刑罚处罚的各种情况。

量刑情节必须是在某种行为已经构成犯罪的前提下,于量刑时应考虑的各种情况。因此,量刑情节不包括具有犯罪构成事实的意义、说明犯罪基本性质的事实情况。如果情节本身属于犯罪构成的内容,则是区分罪与非罪、此罪与彼罪的事实因素,而不是量刑情节。如我国《刑法》第314条规定:"隐藏、转移、变卖、故意毁损已被司法机关查封、扣押、冻结的财产,情节严重的,处三年以下有期徒刑、拘役或者罚金。"这里的"情节严重"是作为构成要件规定的,因而不是量刑情节。② 有些事实情况,

---

① 〔美〕雷蒙德·塔塔洛维奇、拜伦·W·戴恩斯编:《美国政治中的道德争论》,吴念等译,重庆出版社2001年版,第127—128页。
② 当然,作为构成要件的情节的严重程度依然会对量刑产生影响。

兼有犯罪构成事实与量刑情节两种功能,这就要根据刑法的具体规定予以区分。如死亡结果,相对于过失致人死亡罪而言,是构成要件要素,不是量刑情节;但相对于遗弃罪而言,则是量刑情节。量刑情节虽然不具有犯罪构成事实的意义,但与违法性、有责性具有密切联系。

量刑情节繁多,可以根据不同标准从不同角度对其进行不同分类。我国刑法理论一般将量刑情节分为法定情节与酌定情节、从宽情节与从严情节、案中情节与案外情节、单功能情节与多功能情节。这样的区分虽然具有一定的意义,但存在局限性。

根据刑罚的正当化根据,以情节与责任刑、预防刑的关系为标准,可以将量刑情节分为影响责任刑的情节(责任情节)与影响预防刑的情节(预防情节)。表明责任轻重的情节,是影响责任刑的情节;表明特殊预防必要性大小的情节,是影响预防刑的情节。[①] 例如,行为已经造成的、且行为人认识到或者应当预见到的、构成要件结果之外的法益侵害结果,是影响责任刑的情节;自首、坦白、累犯,是影响预防刑的情节。

法定情节与酌定情节,都既可能是影响责任刑的情节,也可能是影响预防刑的情节。例如,累犯是法定情节,但属于影响预防刑的情节;构成要件外的结果一般是酌定情节,却属于影响责任刑的情节。一般来说,案外情节不可能成为影响责任刑的情节,但案中情节并不都是影响责任的情节。所以,案中情节与影响责任刑的情节不是等同含义,案外情节与影响预防刑的情节也不是等同概念。

裁量责任刑以正确处理影响责任刑的情节与影响预防刑的情节之间的关系为前提。首先,由于责任刑与预防刑的地位不同,所以,必须合理区分为责任刑提供根据的量刑情节与为预防刑提供根据的情节。其次,对影响责任刑的情节与影响预防刑的情节不能等量齐观,也不能将二者总合考虑。影响责任刑的情节是确定责任刑的根据。在确定责任刑时,不得考虑预防的必要性大小。一旦确定了责任刑(点),那么,影响预防

---

① 根据本书观点,一般预防必要性大,不能成为影响预防刑的情节,但一般预防必要性小,则是影响预防刑的情节。

刑的情节就只能在责任刑的点之下起作用。所以,影响预防刑的情节的作用受责任刑的制约。例如,故意致人重伤的法定刑为3年以上10年以下有期徒刑。甲将被害人踢成重伤,假定责任刑为4年有期徒刑,在没有减轻处罚情节的情况下,便形成了3年以上4年以下的选择空间。在这种情况下,即使考虑到累犯应当从重处罚,也只能在此空间内选择刑罚,即所选择的刑罚不得超过4年有期徒刑。这种做法完全符合责任主义,是点的理论的当然结论。

(二)影响责任刑的情节的基本内容

根据责任主义的观点,影响责任刑的量刑情节,包括两个方面的内容,一是不法事实(法益侵害事实),二是表明责任程度的事实(已经作为定罪事实或者法定刑升格的事实进行评价的除外,下同)。由于对责任刑的影响包括从重与从宽两种情形,所以,需要分情形具体讨论。

1. 增加责任刑的情节必须是有责的不法事实

刑法的任务是保护法益,犯罪的本质是侵害法益,不法事实是指法益侵害事实。所以,法益侵害事实说明罪行轻重程度。例如,构成要件外的法益侵害结果,能够说明罪行程度。如绑架罪、非法拘禁罪所造成的轻伤结果,能够说明罪行程度,从而增加责任刑。同样,当5万元至50万元属于盗窃罪的数额巨大时,5万元之外的结果,也会增加责任刑。

法益侵害事实首先是指行为造成的结果(构成要件外的结果,包括行为造成的危险)。从影响量刑的角度来说,构成要件外的结果可以包括三种情形:一是实施A罪行为,但在造成了A罪结果的同时,还造成了B罪的结果。如强奸致人轻伤,行为人故意造成的轻伤结果,必然增加强奸罪的责任刑。二是实施A罪行为,不仅造成了成立A罪所要求的构成要件结果,而且在结果的数量上多于成立A罪所要求的结果。如一个行为造成三人轻伤。其中一人轻伤是构成要件所要求的结果,另外两人轻伤也可谓构成要件外的结果(但从定罪角度而言,不宜称为构成要件外的结果),则是增加责任刑的结果。三是实施A罪行为,不仅造成了成立A罪既遂所要求的结果,而且发生了更严重的结果。例如,一个伤害行为给被害人造成的重伤达到了最高等级。①

如前所述,增加责任刑的结果,必须是罪刑规范所欲阻止的结果。否则,就会形成间接处罚,违反罪刑法定原则。但是,地方法院关于量刑规范化的实施细则通常规定,即使行为造成的结果并不被罪刑规范所禁止,也成为增加刑罚量的情节。例如,在我国,故意造成他人轻微伤的,并不成立任何犯罪。② 但是,江苏省高级人民法院《〈关于常见犯罪的量刑指导意见〉实施细则》却规定,行为造成轻微伤的,可以作为非法拘禁、抢劫等犯罪增加基准刑的依据。如在抢劫过程中造成被害人的轻微伤,可能增加 3 个月至 6 个月的刑期。于是,单独故意造成轻微伤的行为不构成犯罪,但在抢劫中造成轻微伤却增加 3 个月至 6 个月的刑期。这便形成了间接处罚,为本书所不取。

对于行为的手段,应当围绕法益侵害进行判断,而不应当将手段的反伦理性、行为无价值性作为增加责任刑的情节。换言之,在违法性判断过程中,"不是仅考虑现实所产生的结果,而且也必须考虑行为方法、样态。但即使在这种场合,也是为了考虑行为方法、样态所具有的侵害法益的一般危险性,而不是考虑方法、样态本身的反伦理性、行为无价值性"③。例如,就德国的财产罪而言,区分诈骗罪与恐吓罪,显然不只是因为方法不同,而是因为恐吓罪不仅侵犯了财产,而且侵犯了被害人的意思决定自由(其行为同时触犯胁迫罪),故在德国,恐吓罪的法定刑重于诈骗罪。④ 德国《刑法》第 255 条还规定了抢劫性恐吓,其法定刑与恐吓罪相同,这并不是因为行为方式本身不同,而是因为行为对法益的侵害程度不同。我国

---

① 从成立犯罪的角度来说,这种结果并不是构成要件外的结果。但从责任刑的裁量来说,由于该结果多于构成要件所要求的结果,因而成为增加责任刑的情节。
② 当然,故意造成轻微伤的行为,并不成立任何犯罪,并不是刑法规定,而是司法传统与习惯。因为我国《刑法》第 234 条没有要求达到轻伤程度,故意造成任何轻微伤都可能成立故意伤害罪。在此意义上说,造成轻微伤,也可谓罪刑规范阻止的结果。但是,长期以来形成的司法传统是,只有故意造成轻伤,才成立故意伤害罪;故意造成轻微伤的,不成立故意伤害罪。本书是在这种司法传统的前提下展开说明的。
③ 〔日〕平野龙一:《刑法总论Ⅱ》,有斐阁 1975 年版,第 216 页。
④ 德国刑法规定的背信罪的法定刑虽然与诈骗罪相同,但是,背信罪发生在家庭之间或者造成的损失较小时,需要适用告诉才处理的规定,而诈骗罪则不需要适用告诉才处理的规定。

刑法规定的诈骗罪的法定刑之所以高于敲诈勒索罪的法定刑，一方面是因为我国刑法没有规定胁迫罪，没有将被害人的意思决定自由作为刑法上的保护法益，另一方面是因为诈骗罪所骗取的财产数额通常远远高于敲诈勒索所造成的财产损失。再如，我国《刑法》第384条第1款规定："国家工作人员利用职务上的便利，挪用公款归个人使用，进行非法活动的，或者挪用公款数额较大、进行营利活动的，或者挪用公款数额较大、超过三个月未还的，是挪用公款罪……"该条将挪用公款分为三种行为类型，并不是考虑了挪用行为本身的方式、样态，也不意味着三种行为类型对法规范违反的程度不同，而是因为三种行为类型对法益的侵害程度有别。挪用公款进行非法活动的，使公款处于被没收的状态，因而对法益的侵害最严重；挪用公款进行营利活动的，使公款处于风险（甚至高度风险）之中，但对法益的侵害轻于进行非法活动；挪用公款进行其他个人活动的，对法益的侵害会更轻。① 正因为如此，刑法对三种不同类型规定了不同的成立条件。显然，刑法在此所注重的不是行为的反伦理性，而是结果无价值。基于同样的理由，作为增加责任刑的行为方式或者手段，也必须是这种行为方式或者手段对法益的侵害性。

人们习惯于认为，用数十刀捅死一个人与开一枪打死一个人，造成的结果相同，但前者的手段更残忍，所以，手段残忍是增加责任刑的情节。② 诚然，用数十刀捅死一个人，可以成为增加责任刑的情节，但这并不是因为手段残忍或者手段具有重大的反伦理性，或者手段具有行为无价值，而是因为用数十刀捅死一个人时，同时产生了数十个伤害结果。③ 而开一枪打死一人时，没有如此多的伤害结果。不难看出，依然是法益侵害结果增加责任刑，而不是行为方式本身增加责任刑。

同样，在盗窃数额较大财物且数额相同的情况下，入户盗窃的责任刑

---

① 如果挪用的数额小，用于个人消费，行为人完全具有归还的可能性；如果挪用的数额大，用于购买汽车或者不动产等，即使没有归还公款的可能性，也可以通过拍卖行为人所购之物挽回损失。
② 参见彭新林：《酌定量刑情节限制死刑适用研究》，法律出版社2011年版，第277页。
③ 倘若只有一刀致人死亡，此外的数十刀均未接触到被害人身体，则不可能被认定为手段残忍。

应当重于单纯盗窃的责任刑,但这并不是因为前者的手段本身无价值,而是因为入户行为侵害了被害人的住宅安宁。在抢劫相同数额财产的情况下,使用暴力抢劫的责任刑应当重于其他方法抢劫的责任刑,这也是因为后者对人身权利的侵害轻于前者,而不是因为后者的行为无价值低。

对于犯罪的时空及环境条件,也要围绕法益侵害的实质进行判断。一般来说,犯罪的时间、地点、环境条件不同,也能说明法益侵害程度与范围不同,因而罪行的轻重程度不同,成为影响责任刑的因素。例如,在发生地震等严重自然灾害时犯罪,其罪行就重于在平时的犯罪,是增加责任刑的情节。犯罪的对象也是如此。在刑法没有将特定对象规定为构成要件要素的情况下,如果行为对象的具体差别,能够反映罪行的轻重程度,就成为影响责任刑的情节。例如,一般来说,盗窃救灾、抢险款物的罪行就重于盗窃一般公私财物,成为增加责任刑的情节。

行为的次数通常是增加违法性的事实。在一次行为就造成一个构成要件的法益侵害结果的犯罪中,多次行为就意味着造成了多个法益侵害结果。例如,多次非法侵入他人住宅,就意味着多次侵害了他人住宅安宁,因而增加行为的不法程度。再如,在构成犯罪的前提下,多次一般成为增加责任刑的情节。但是,在一次行为不能或者不一定造成一个构成要件的法益侵害结果的情况下,不能将多次行为直接认定为法益侵害结果。例如,《刑法》第 338 条规定:"违反国家规定,排放、倾倒或者处置有放射性的废物、含传染病病原体的废物、有毒物质或者其他有害物质,严重污染环境的,处三年以下有期徒刑或者拘役,并处或者单处罚金;后果特别严重的,处三年以上七年以下有期徒刑,并处罚金。"其中的"严重污染环境"与"后果特别严重"都是指法益侵害结果。"严重污染环境"的结果有一定的具体标准,在一次行为没有达到该标准时,不能认为只要有两次行为就自然达到了该标准。同样,不能认为多次行为就当然符合"后果特别严重"的标准。① 顺便指出的是,按照结果无价值论的观点,如果多次行为并没有造成多个法益侵害与危险,那么,多次行为不应当成为增加责任刑的情节,只是有可能成为增加预防刑的情节。

没有责任的不法事实,既不能成为定罪的根据,也不能成为增加责任刑的情节。道理很简单。当行为人的某个行为意外造成他人死亡时,不可能对其定罪量刑。既然如此,当行为人实施 A 罪时意外造成他人死亡的,也只能就 A 罪定罪量刑,而不可能因为其意外造成他人死亡就对之从重处罚,否则就是典型的间接处罚。所以,增加责任刑的不法事实,以行为人对之具有责任为前提。例如,卡车司机甲从广州开车到北京,X 在广州偷偷将 2 公斤冰毒夹在货物中,并告知甲"途经武汉时,Y 会从卡车上取点东西"。甲并不知道 X 在货物中藏匿了冰毒。到了武汉后,Y 从货车上取东西,甲发现 Y 取出 1 公斤冰毒。甲明知货车上还剩下 1 公斤冰毒,仍然将该冰毒运至北京。作为定罪根据的是,甲将 1 公斤冰毒从武汉运输至北京的事实。甲将 2 公斤冰毒从广州运输至武汉的不法事实,不能成为增加责任刑的情节,因为甲对此没有责任。

至于对不法事实具有何种形式的责任,才能作为增加责任刑的情节,则必须根据法益侵害结果的内容以及刑法的相关规定进行具体分析。概言之,当罪刑规范阻止的结果,以行为人具有故意为前提时,只能将故意造成的结果作为增加责任刑的情节;当罪刑规范阻止的结果,只需要过失

---

① 最高人民法院、最高人民检察院 2013 年 6 月 17 日《关于办理环境污染刑事案件适用法律若干问题的解释》(以下简称"环境污染解释")第 1 条规定:"实施《刑法》第三百三十八条规定的行为,具有下列情形之一的,应当认定为'严重污染环境':……(五)两年内曾因违反国家规定,排放、倾倒、处置有放射性的废物、含传染病病原体的废物、有毒物质受过两次以上行政处罚,又实施前列行为的;……"可是,《刑法》第 338 条所要求的"严重污染环境",并不是对行为本身的规定,而是对结果的要求。换言之,仅有"违反国家规定,排放、倾倒或者处置有放射性的废物、含传染病病原体的废物、有毒物质或者其他有害物质"的行为,并不直接构成污染环境罪,只有当这种行为造成"严重污染环境"的结果时,才能以犯罪论处。然而,上述规定将受过二次行政处罚后再次实施相同行为的情形,直接认定为"严重污染环境"的结果。这不仅没有区分行为与结果,而且直接取消了结果要素,显然不符合罪刑法定原则。因为行为与结果是两个不同的构成要件要素。如果不区分行为与结果,就意味着某些只具备行为要素而不具备结果要素的情形,或者虽然发生了结果但缺乏行为要素的情形,同时具备了行为与结果两个要素。这种减少构成要件要素的做法,属于类推解释,因而违反罪刑法定原则(参见张明楷:《简评近年来的刑事司法解释》,载《清华法学》2014 年第 1 期,第 5 页以下)。

时,可以将过失造成的结果作为增加责任刑的情节。例如,甲故意伤害X,一个行为不仅造成 X 的重伤,而且造成 Y 轻伤,并且对 Y 的轻伤具有故意。由于故意造成的轻伤结果也是罪刑规范阻止的结果,所以,甲对 Y 造成的轻伤成为增加责任刑的情节。倘若甲对 Y 的轻伤没有故意,仅存在过失,那么,由于过失造成的轻伤结果不是罪刑规范阻止的结果(危害公共安全罪、渎职罪除外),所以,甲对 Y 造成的轻伤不能成为增加责任刑的情节(参见本书第四章)。显然,防止间接处罚,是至关重要的问题。

2. 减少责任刑的情节可以是降低不法的纯客观事实

客观事实使不法程度降低或者减少的,即使行为人对此没有认识,或者不是基于自己的意思减少不法程度,也成为减少责任刑的情节。例如,已经着手实行犯罪,由于犯罪分子意志以外的原因没有造成法益侵害结果的,是减少责任刑的情节。同样,已经开始实施预备行为,由于犯罪分子意志以外的原因没有着手实行的,也是减少责任刑的情节。这是因为,责任是对不法的责任,当不法程度减少时,行为人的责任便是对已经减少的不法的责任。诚然,犯罪未遂时,行为人的故意内容与犯罪既遂时的故意没有区别,但是,故意只是责任形式,而不完全等同于责任程度。犯罪既遂时,行为人的责任表现为对犯罪既遂的非难可能性;犯罪未遂或者犯罪预备时,行为人的责任则表现为对犯罪未遂或者犯罪预备的非难可能性。基于同样的理由,被教唆的人没有犯被教唆的罪的,相对于教唆犯而言,是减少责任刑的情节。

当法益侵害结果由被告人与被害人共同引起或者应当部分归责于被害人时,由于结果的发生不是完全由被告人的行为所引起,故被告人所犯之罪的不法程度降低,成为减轻责任刑的情节。例如,在被告人的行为构成交通肇事罪的情况下,如果被害人对自己的伤亡结果应当承担部分责任,就必须减少被告人的责任刑。[①] 同样,"被害人的行为使得行为人实

[①] 这种情形也可谓被害人过错,但这种过错所减少的是被告人的不法程度,因而不同于后述导致被告人主观责任减少的被害人过错。

施犯罪更为容易的情形,通常也起到减轻刑罚的作用。"①

不言而喻,如果行为人基于自己的意志降低不法程度,则是使责任刑更为减少的情节,中止犯便是如此。

3. 增加或者减少责任程度的事实是影响责任刑的情节

如前所述,责任程度不仅是由有责的不法程度决定的,同时也是由责任要素本身决定的。按照本书的观点,责任要素包括故意、过失、目的、动机、责任年龄与责任能力、违法性认识的可能性、期待可能性。由于作为定罪根据评价的事实,不能成为影响责任刑的情节,所以,哪些责任因素的何种内容成为影响责任刑的情节,不可一概而论,需要具体分析。

故意作为定罪的根据,一般不可能再成为影响责任刑的情节。但是,故意也有不同的种类,应当进一步研究。本书认为,故意中的直接故意是常态,所以,直接故意不是增加责任刑的情节。反之,虽然间接故意与直接故意的法律地位相同,但一般来说,间接故意的非难可能性小于直接故意,因此,间接故意可以成为略微减少责任刑的情节。直接故意中的预谋故意也是常态,不能成为增加责任刑的情节,但突发故意有可能成为略微减少责任刑的情节。司法实践将预谋作为从重处罚根据的做法,缺乏合理性。

我国刑法仅规定了疏忽大意的过失与过于自信的过失,二者的相同点都是具有预见可能性,二者均为常态。作为定罪的根据,过失一般不可能再成为影响责任刑的情节。但是,刑法理论通常还对过失进行其他分类,如业务过失与普通过失、重过失、一般过失与轻过失。在业务过失犯(如刑法分则第二章中的过失危害公共安全的犯罪)中,业务过失是常态;在普通过失犯中,普通过失是常态。就此而言,两种过失不可能成为增加责任刑的情节。但是,不管是在业务过失中还是在普通过失中,轻过失是减少责任刑的情节,重过失则是增加责任刑的情节,因为轻过失与重过失的非难可能性程度分别低于和高于常态过失的非难可能性。

---

① H. Jescheck/T. Weigend, Lehrbuch des Strafrechts Allgemeiner Teil, 5. Aufl., Duncker & Humblot 1996, S. 887.

目的与动机作为犯罪的主观构成要件要素或者必备的责任要素起作用后,不能成为影响责任刑的情节。例如,行为人以出卖为目的拐骗儿童,被认定为拐卖儿童罪后,不能再将出卖目的作为影响责任刑的情节。同样,认定被告人的行为构成盗窃罪后,也不能将其非法占有目的作为影响责任刑情节。再如,认定被告人的行为构成故意毁坏财物罪后,不得将泄愤报复(实为动机)或者其他个人目的作为影响责任刑的情节。

问题是,当目的与动机不是主观的构成要件要素或者必备的责任要素时①,这种目的与动机是影响责任刑的情节,还是影响预防刑的情节?笔者曾经指出:"如果将目的与动机确定为责任刑的情节,那么,在目的非法、动机卑鄙的情况下,就会导致责任刑的上限提高,因而导致刑罚较重;反之,如果将目的与动机确定为特殊预防刑的情节,那么,即使目的非法、动机卑鄙,也不会导致责任刑的上限提高,因而导致刑罚较为缓和。从这一点考虑,将主观的构成要件要素之外的目的与动机作为特殊预防刑的情节来考虑,可能是合适的。"②这是仅考虑了增加责任刑的目的与动机所形成的结论,没有考虑减少责任刑的目的与动机,因而不当。例如,当被告人的目的与动机值得宽恕,表明其非难可能性减少时,仅将目的与动机作为影响预防刑的情节,则是对被告人不利的。所以,本书的看法如下:其一,迄今为止,笔者将目的与动机作为责任要素来讨论,我国刑法理论的通说也将目的与动机归入主观方面,与之相应,目的与动机成为影响责任刑的情节,而不宜归入影响预防刑的情节。其二,当被告人的目的与动机值得宽恕时,该目的与动机应当成为减少责任刑的情节。例如,为了给亲属治病筹措资金而盗窃财物的,其非难可能性减少,因而是减少责任刑的情节。再如,为了救济穷人而盗窃贪官财物的,也是减少责任刑的情节。其三,在各种犯罪中,目的非法或者目的不当、动机卑鄙或者动机不良是犯罪的常态,一般不应作为增加责任刑的情节。除非某种目的或者动机,明显超出犯罪的常态,能够充分说明犯罪人的非难可能性增加,才

---

① 作为犯罪成立条件的目的与动机是主观的构成要件要素还是责任要素,或者说是违法要素还是责任要素,存在争议,本书难以展开讨论。
② 张明楷:《责任主义与量刑原理》,载《法学研究》2010 年第 5 期,第 140 页。

可以成为增加责任刑的情节,但这种情形是极为罕见的。①

最高人民法院2010年2月8日《关于贯彻宽严相济刑事政策的若干意见》第22条指出:"对于因恋爱、婚姻、家庭、邻里纠纷等民间矛盾激化引发的犯罪,因劳动纠纷、管理失当等原因引发、犯罪动机不属恶劣的犯罪,因被害方过错或者基于义愤引发的或者具有防卫因素的突发性犯罪,应酌情从宽处罚。"该条规定的内容基本上属于动机值得宽恕的情形。但应当注意的是,并不是任何因恋爱、婚姻、家庭、邻里纠纷等民间矛盾激化引发的犯罪,都属于非难可能性减少的犯罪。对于民间矛盾激化引发的犯罪,也要具体判断被告人的动机是否值得宽恕。例如,因为长期受虐待而对施虐者实施伤害、杀害行为构成犯罪的,当然是减少责任刑的情节。反之,丈夫有外遇因而与妻子产生矛盾,丈夫进而伤害、杀害妻子的,虽然不一定成为增加责任刑的情节,但肯定不能成为减少责任刑的情节。概言之,对于因恋爱、婚姻、家庭、邻里纠纷等民间矛盾激化引发的犯罪,只有当纠纷或者矛盾由被害人引起时,才应成为酌情从宽处罚的情节;如果纠纷或者矛盾由被告人引起,则不应成为酌情从宽处罚的情节。

最高人民法院2008年12月1日《全国部分法院审理毒品犯罪案件工作座谈会纪要》指出:"行为人本没有实施毒品犯罪的主观意图,而是在特情诱惑和促成下形成犯意,进而实施毒品犯罪的,属于'犯意引诱'。对因'犯意引诱'实施毒品犯罪的被告人,根据罪刑相适应原则,应当依法从轻处罚,无论涉案毒品数量多大,都不应判处死刑立即执行。行为人在特情既为其安排上线,又提供下线的双重引诱,即'双套引诱'下实施毒品犯罪的,处刑时可予以更大幅度的从宽处罚或者依法免予刑事处罚。""行为人本来只有实施数量较小的毒品犯罪的故意,在特情引诱下实施了数量较大甚至达到实际掌握的死刑数量标准的毒品犯罪的,属于'数量引诱'。对因'数量引诱'实施毒品犯罪的被告人,应当依法从轻处罚,即使毒品数量超过实际掌握的死刑数量标准,一般也不判处死刑立即

---

① 动机等责任要素,虽然是影响责任刑的要素,但也可能从一个侧面反映被告人特殊预防必要性的大小。例如,基于特殊原因而犯罪的人,不仅说明其责任较轻,而且说明其再犯罪的可能性较小(参见本书第七章)。

执行。"这一解释具有合理性。因为不管是犯意引诱还是数量引诱,被告人的责任都轻于没有引诱的情形。特别是在犯意引诱的场合,"由于行为人之前没有犯意,只是因为被特情引诱犯罪,其责任等级就较低,还可以让法官减轻处罚甚至免除处罚。""法官对这些案件做出很轻的处罚是符合犯罪人责任的,公众的公平感不会受到损害。"①

　　责任年龄与责任能力是影响责任刑的情节,但是,只能成为减少责任刑的情节。亦即,没有达到完全责任年龄(已满14周岁不满18周岁)、已满75周岁,以及仅具有限制责任能力,又聋又哑或者盲人,是减少责任刑的情节。② 具有完全责任能力的成年人这一事实,不能成为增加责任刑的情节,因为这是常态;更不能因为被告人具有充分的辨认控制能力或者高智商等原因,而增加责任刑。

　　成立犯罪不要求行为人认识到行为的违法性,但要求有违法性认识的可能性。违法性认识的可能性既是故意犯的责任要素,也是过失犯的责任要素。在违法性认识方面,大体存在四种情形:第一,行为人没有认识到自己行为的违法性,并且认为自己的行为不违法(存在违法性的错误),也不具有违法性认识的可能性(违法性的错误不可避免);第二,行为人没有认识到自己行为的违法性,并且认为自己行为不违法(存在违法性的错误),但具有违法性认识的可能性(违法性的错误可以避免);第三,行为人没有认识到自己行为的违法性,但具有违法性认识的可能性,也没有误以为自己的行为不违法(行为人没有思考行为的违法性);第四,行为人已经认识到自己行为的违法性。

　　第一种情形不成立犯罪,所以,也不可能成为影响责任刑的情节。第二种情形是减少责任刑的情节,因为行为人误以为自己的行为不违法,所以,非难可能性减少。第三种情形虽然不一定存在违法性的错误,但也可以成为减少责任刑的情节。其中,还需要进一步判断违法性的错误的回

---

　　① 〔德〕弗兰茨·施特伦:《德国量刑理论的基本问题与最新进展》,陈学勇、罗灿编译,载《人民法院报》2014年6月6日,第8版。
　　② 一般来说,已满75周岁的人,其责任能力可能有所降低。另一方面,已满75周岁也会导致特殊预防必要性减少,所以,也是减少预防刑的情节。

避可能性的程度,越是难以避免违法性错误的,非难可能性就越小。正如井田良教授所言:"虽然具有违法性认识的可能性,但欠缺违法性的认识时,与对行为的违法性具有现实的认识的情形相比,一般来说,非难可能性的程度更低。而且,不容易产生违法性的意识时(违法性错误的回避可能性降低时),应当承认刑罚的减轻(向处断刑幅度的下方修正)。"①值得研究的是第四种情形。

第四种情形属于知法犯法或者明知故犯,显然存在于故意犯罪。我国的司法实践,一般将明知故犯、知法犯法作为从重处罚的酌定情节。例如,某判决指出:"被告人李金沙、李木金为谋取不正当利益,向国家工作人员及依法从事公务的人员贿送财物,情节严重,其行为构成行贿罪,应当追究刑事责任;被告人李金沙、李木金以牟利为目的,违反土地管理法规,非法转让、倒卖土地使用权,情节特别严重,其行为构成非法转让、倒卖土地使用权罪,应当追究刑事责任。公诉机关对被告人李金沙、李木金指控的犯罪事实及罪名成立。被告人李金沙、李木金犯行贿罪及非法转让、倒卖土地使用权罪,应当实行数罪并罚。被告人李金沙身为国家公务员,知法犯法,应酌情从重处罚。"②可是,将知法犯法作为增加责任刑的情节存在疑问。首先,就故意的自然犯而言,知法犯法实际上是常态。因为一般人虽然不知道具体的刑法条文,但通常知道哪些行为是刑法所禁止的犯罪。例如,杀人犯、放火犯、强奸犯、抢劫犯、盗窃犯、诈骗犯、贿赂犯等都是明知故犯,都是知法犯法。如果因此而增加责任刑或者从重处罚,就意味着对所有的自然犯都要从重处罚。这显然不妥当。其次,就故意的行政犯或者法定犯而言,如果将明知故犯、知法犯法作为增加责任刑的情节,实际上是因为行为人知法而受到较重处罚,不知法却可以受到较轻的处罚。这显然难以被人接受。所以,本书认为,知法犯法、明知故犯的第四种情形,只能作为故意犯的常态,而不能成为增加责任刑的情节。

具有期待可能性,是成立犯罪的责任要素,不可能成为增加责任刑的

---

① 〔日〕井田良:《讲义刑法学·总论》,有斐阁2008年版,第373页。
② (2013)德刑初字第230号。

情节。在本书看来,也不能以所谓"被告人的期待可能性大"为由增加责任刑。但是,期待可能性减少,是减少责任刑的情节。如所周知,根据责任主义原理,只有当一个人本来能够以其他方式行动时,他才对他所做的事情承担责任。当行为人具有责任能力,认识到或可能认识到自己的行为会发生法益侵害结果,并能够认识到该行为被刑法所禁止时,就能够产生反对动机,不实施该行为。但是,"即使行为人认识到了犯罪事实,而且意识到行为是违法的,但当行为人不能根据这种判断抑制行为,即不能期待其实施其他行为时,就不能非难该行为,因此不能追究行为人的责任。这就是期待可能性的问题。"①缺乏合法行为的期待可能性时,行为人就不对其不法事实承担责任。与此相应,如果在具体情况下,合法行为的期待可能性减少,就表明非难可能性减少,可以成为减轻处罚的根据。期待可能性的有无与大小,与行为人实施犯罪的动因具有密切关系,而犯罪的动因取决于行为时的具体情况。刑法对犯罪规定法定刑,旨在使行为人对犯罪产生反对动机。但是,其一,"在一定的场合,……特别是当行为人内在的根源性的冲动,远远强于对法所预告的苦害的恐怖之念时,反对动机的设定就是没有意义的。例如,在对生命的紧急避险这样的界限状态中,人的脆弱性与自我保存的本能是显著的。"②在这种场合,应认定行为人没有期待可能性,因而宣告无罪。其二,当行为人具有实施犯罪的强大动因,而且能够被一般人"理解"或宽恕时,那么,期待可能性就会明显减少,因而成为减轻处罚的根据。在许霆案中,自动取款机的故障,不仅使许霆可以轻易获得不属于自己的金钱,而且其行为难以被银行与一般人发现,这一事实成为许霆实施盗窃行为的强大动因,使其产生反对动机的可能性有所减少。在此意义上说,许霆的有责性减少,因而可以减轻处罚。

被害人的过错,既可能导致被告人的动机值得宽恕,也可能导致被告人的期待可能性减少,因而成为减少责任刑的情节。例如,为了给住院的

---

① 〔日〕平野龙一:《刑法总论Ⅱ》,有斐阁1975年版,第154页。
② 〔日〕青井秀夫:《法理学讲义》,有斐阁2007年版,第59页。

母亲筹措医疗费而盗窃的,其动机值得宽恕;在同样的情形下,没有其他办法筹措到医疗费进而盗窃的,则是期待可能性减少(当然其动机也值得宽恕)。被害人的过错有不同的类型,其中,被害人的挑拨(或者挑衅)是减少责任刑的重要情节。在英美普通法上,由于被害人(死者)的挑拨导致被告人处于激愤状态而杀害被害人的,不以谋杀罪论处,而减轻为故杀罪(非预谋杀人罪)。① 在我国,被害人的挑拨一般不会导致罪名的变更②,但作为明显减少责任刑的情节,应当没有疑问。

  被害人的过错具有程度差别,所以,对责任刑的影响不可一概而论。一种观点认为,只有当被害人过错达到一定程度或者严重程度时,才能影响量刑,轻微过错不影响对被告人的量刑。例如,被告人李某和被害人张某一起从本村一家婚宴上出来,张某对李某说:"你看人家儿子结婚多热闹,你家都是闺女,将来都得嫁出去……"李某一直因为无子而烦恼,听后不禁大怒,两人发生打斗,李某从地上拿起一块石头将张某砸死。持上述观点的人认为:"被害人张某也只是一句玩笑,未对被告人造成任何实质性的侵害,不足以激发被告人必然采取动手伤人的方式,李某完全可以对此采取克制态度或以相同程度的言辞回应,造成被害人死亡结果完全是由被告人的主观恶性造成的,因此不宜以被害人有过错而对其从轻或者减轻处罚。"③但是,这种观点难以成立。如果认为被害人的过错有程度之分,那么,它对被告人产生犯罪动机的影响因而对说明被告人的责任程度也有程度之分,轻微过错当然应对量刑产生轻微影响。被害人的过错并不以对被告人造成实质性侵害为前提,只要对被告人犯罪动机的形成起到了作用,就必须承认。诚然,在上例中,如果被告人采取克制态度,就不会发生刑事案件。但是,不能因此认为被害人没有过错。在刑事案件已经发生的情况下,必须判断案件的起因。在判断案件的起因时,必须考虑案发地的一般人所持的常情常理。如果考虑到本案发生在农村,考虑

---

  ① 参见〔美〕约书亚·德雷斯勒:《美国刑法精解》,王秀梅译,北京大学出版社2009年版,第492页以下。
  ② 如果被害人的挑拨导致被告人的行为构成正当防卫,则另当别论。
  ③ 杨丽芳:《杀伤案件中被害人过错对定罪量刑的影响》,载《中国检察官》2009年第9期,第37页。

到农民的传宗接代观念,认定被害人有一定过错,进而对被告人从轻处罚,并不无当。

综上所述,可以得出如下结论:(1)不法程度减少时,即使行为人对减少不法的事实缺乏认识,也能成为减少责任刑的情节。(2)不法程度增加时,只有当行为人对增加不法的事实具有认识或者认识可能性时,才可能成为增加责任刑的情节。(3)增加责任或者减少责任的情节,属于影响责任刑的情节。

如所周知,有些情节是减少违法还是减少责任存在争议。例如,关于防卫过当减免刑罚的根据,刑法理论上有三种学说:第一种观点是责任减少说,认为行为人基于恐惧、惊愕、兴奋、狼狈等实施了过当行为,因而导致责任减少。① 第二种观点是违法性减少说,认为行为人的防卫行为产生了对法益侵害的防卫效果,因而是违法性减少。② 第三种观点是违法性与责任减少说,认为单纯的违法减少与单纯的责任减少,都不足以成为免除刑罚的根据。③ 关于避险过当,也存在基本相同的争论。④ 但是,根据前述结论,不管采取哪一种观点,防卫过当与避险过当,都是减少责任刑的情节。

在共同犯罪中,违法(原则上)是连带的,责任是个别的。但是,所谓违法是连带的,主要是就从犯的客观归责范围而言,而不意味着从犯与主犯对法益侵害结果的发生所起的作用完全相同。我国刑法根据共犯人在共同犯罪中所起的作用分为主犯、从犯与胁从犯,所以,虽然从犯、胁从犯与主犯的违法是连带的,但从犯与胁从犯对法益侵害结果的发生所起的作用较小,在此意义上说,从犯与胁从犯的违法性减少。不仅如此,从犯与胁从犯责任程度明显低于主犯。所以,不管从哪一角度来说,从犯与胁从犯都是减少责任刑的情节。教唆不满18周岁的人犯罪的,既使违法增

---

① 参见〔日〕平野龙一:《刑法总论 II》,有斐阁1975年版,第245页;〔日〕浅田和茂:《刑法总论》,成文堂2007年补正版,第237页。
② 参见〔日〕前田雅英:《刑法总论讲义》,东京大学出版会2011年第5版,第395页。
③ 参见〔日〕团藤重光:《刑法纲要总论》,创文社1990年第3版,第241页;〔日〕山口厚:《刑法总论》,有斐阁2007年第2版,第134页。
④ 参见〔日〕西田典之:《刑法总论》,弘文堂2010年第2版,第151—152页。

加,也使责任增加,因而是增加责任刑的情节。

(三) 影响责任刑的情节的争议问题

以上是就影响责任刑的情节所作的一般性说明。但是,有些事实是否属于影响责任刑的情节,需要进一步讨论。

1. 余罪

这里的余罪,是指在刑事审判中没有被起诉但得到证实的犯罪事实。需要讨论的是如下情形:甲的行为原本构成数罪,但公诉机关仅起诉了其中的部分犯罪,剩下的没有被起诉的犯罪事实能否作为增加已被起诉之罪的责任刑的情节?

例如,从2008年8月开始,被告人都某组织韦某、李某、杨某等三名妇女在四川省简阳市某大街招揽嫖客,然后带至都某事先布置好的出租房内从事卖淫嫖娼活动,都某则趁机潜入室内用假币调换嫖客衣服内的现金。都某用此手段组织上述卖淫妇女多次进行卖淫活动,调换嫖客真币5000余元,与上述卖淫妇女将赃款平分。2009年3月24日,公安机关将都某抓获归案,在其驾驶的川AU2763奥拓车内查获假人民币171张共计1.5万元。四川省简阳市人民检察院指控被告人都某组织卖淫罪、持有假币罪,而没有起诉盗窃罪。① 笔者事后了解到,人民法院也仅宣告了组织卖淫罪与持有假币罪的成立。

显然,都某的行为还成立盗窃罪。因为都某的行为明显属于违反被害人意志,将他人占有的现金转移给自己占有的盗窃行为。至于向被害人的衣服口袋装入假币,只是掩盖盗窃事实的行为而已,根本不影响盗窃罪的成立。问题是,倘若法官意识到都某的行为另成立盗窃罪,而检察机关又没有起诉,那么,对于该盗窃犯罪事实,能否作为增加组织卖淫罪与持有假币罪的责任刑的情节?我国刑法理论对此没有展开讨论,日本刑法理论界与实务界对此研究较为深入。

---

① 参见庄志全、胡培俊:《组织卖淫调换假币 自作聪明终究露馅》,载《检察日报》2009年11月8日第2版。

日本最高裁判所1966年7月13日的判决指出："刑事审判中的量刑，是裁判所考虑到被告人的性格、经历与犯罪的动机、目的、方法等情节，在法定刑的范围内，决定适当的刑罚，所以，作为量刑的一种情状，对余罪的考虑并不一定被禁止……作为量刑的一种情状考虑余罪，并不是将犯罪事实作为余罪予以认定，而对之进行处罚，所以，并不是对该罪没有提起公诉的必要。将余罪单纯作为推知被告人的性格、经历与犯罪的动机、目的、方法等的情节的资料而考虑，不同于将其认定为犯罪事实予以处罚而科处较重的刑罚，所以，作为事实审的裁判所，当然必然慎重留意二者的区别，不得混淆二者。"① 简言之，对于未被起诉的犯罪事实即余罪，不得作为独立的犯罪事实予以认定（实质处罚类型），但可以作为推知被告人性格、经历与犯罪的动机、目的、手段等情节的资料，在量刑时予以考虑（情状推知类型）。日本最高裁判所1967年7月5日的判决也有相同的判决结论。②

日本刑法理论界对将余罪作为实质处罚类型考虑的做法，均持反对态度。因为将未被起诉的犯罪事实作为所谓余罪予以认定，实质上是以处罚该罪的目的考虑到量刑资料中，因而对被告人从重处罚。这种做法不仅违反不告不理的原则，而且违反日本《宪法》第38条第1项关于补强证据的规定，还违反了日本《刑事诉讼法》第317条关于证据裁判主义的规定。③ 本书也反对实质处罚类型的做法。这种做法实际上是一种间接处罚，表现为虽然不定罪，但要科处刑罚。例如，在上述都某案中，如果法官认为都某的行为构成盗窃罪，但由于检察机关没有起诉，而将组织卖淫罪的责任刑增加2年，就意味着对没有定罪的盗窃行为判处了2年徒刑。这显然不妥当。

至于能否作为情状推知类型考虑余罪，在日本刑法理论中存在消极说与积极说。消极说认为，在量刑时，不得将所谓余罪作为推知被告人性

---

① 日本《最高裁判所刑事判例集》第20卷（1966年）第6号，第609页。
② 日本《最高裁判所刑事判例集》第21卷（1967年）第6号，第748页。
③ 参见〔日〕增田启祐：《余罪と量刑》，载大阪刑事实务研究会编著：《量刑实务大系第2卷犯情等に关する诸问题》，判例タイムズ社2011年版，第169页。

格、经历与犯罪的动机、目的、手段等情节的资料予以考虑。因为这样的考虑,结局仍然是加重了刑罚,与实质处罚类型没有本质区别;在没有区分事实认定程序与量刑程序的情况下,调查余罪的证据会对所起诉的犯罪事实的认定产生不利影响。① 积极说则认为,余罪是与所起诉的犯罪的情节相关的间接事实,而且可以征表被告人的恶的性格,既然前科、一般不法行为等都是量刑资料,那么,就有理由将余罪作为量刑资料;如果将余罪排除在量刑情节之外,就不能整体地考虑被告人的人格,不利于合理量刑。②

显然,两种观点都有理由。本书采取有限的积极说。首先,所谓的余罪,必须是在审理被起诉犯罪的过程中,已经查明、证实的犯罪事实。其次,余罪的事实如果表现为被起诉事实的手段、结果,因而使被起诉之罪的不法程度增加,或者表现为被起诉事实的动机、目的,因而使被起诉之罪的责任程度增加,则可以成为增加责任刑的事实。例如,在都某案中,都某调换假币的事实虽然是盗窃行为,但同时也是使用假币的行为。这种使用假币的行为,也是使都某持有假币罪的不法程度增加的事实,因而可以成为增加持有假币罪的责任刑的情节。再次,倘若余罪的事实是表明被告人特殊预防必要性大的事实,则不能作为增加责任刑的情节,只能作为影响预防刑的情节。但必须注意的是,并不是任何余罪都表明被告人特殊预防的必要性大,只有当余罪能够说明被告人再犯罪的危险性大时,才能作为影响预防刑的情节。例如,行为人6次盗窃,但检察机关只起诉了4次盗窃时,作为余罪的两次盗窃,可以成为表明被告人特殊预防必要性大的事实(被告人盗窃的常习性严重),因而成为影响特殊刑的情节。最后,余罪的事实对量刑的影响,应当控制在较小的范围内。如果让余罪对责任刑与预防刑产生较大的影响,实际上就会相当于实质处罚类

---

① 参见〔日〕平野龙一:《刑事诉讼法》,有斐阁1958年版,第182页;〔日〕铃木茂嗣:《刑事诉讼法》,青林书院1990年改订版,第193页。
② 参见〔日〕池田修、前田雅英:《刑事诉讼法》,东京大学出版会2009年第3版,第204页;〔日〕田口守一:《刑事诉讼法》,弘文堂2009年第5版,第4164页。

型,因而不当。①

2. 疑罪

这里所称的疑罪,是指认定成立犯罪的证据不足的情形。需要讨论的情形是:被告人成立 A 罪的行为被起诉,该行为有成立更重犯罪的嫌疑,但现有证据不能证明其行为成立更重的犯罪。法官在对 A 罪量刑时,能否将可能触犯的更重的疑罪作为增加责任刑的情节?

例如,甲饮酒后于凌晨驾驶小汽车载朋友乙由 A 市上高速公路到 B 市,途中与一货车相撞,造成乙死亡。经酒精检测,甲每 100ml 血液含乙醇 228mg。经两次退补侦查,货车及车主仍未找到,不能确定甲在交通事故中的责任。② 甲的行为无疑成立危险驾驶罪,不仅如此,如果甲在交通事故中负主要责任,则其行为触犯了更重的交通肇事罪。虽然存在这种可能性,但现在证据不能证明甲的行为成立交通肇事罪。那么,在对甲的危险驾驶罪量刑时,能否将甲可能触犯的交通肇事罪作为增加危险驾驶罪的责任刑的情节?

本书持否定回答。前述余罪是已经被证明的犯罪,只不过检察机关没有提起诉讼。而疑罪是没有得到证明的事实。根据认定犯罪的证据标准以及事实存疑时有利于被告的原则,只能否认疑罪的存在。在上例中,既然不能确定甲在交通事故中的责任,就只能认定甲在交通事故中不负任何责任,因而不能将乙的死亡归属于甲的行为。既然不能将乙的死亡结果归属于甲的行为,对于甲的危险驾驶罪就不能从重处罚。概言之,疑罪不能成为增加责任刑的情节,当然也不能成为增加预防刑的情节。

需要指出的是,上述疑罪不仅包括类型不同的疑罪,而且包括类型相同的疑罪。例如,现有证据证明甲强奸一名妇女,虽然甲供述自己还强奸过另外一名妇女,但得不到其他证据的证实。只有被告人的口供,不能作为定案的根据。所以,只能认定甲强奸一名妇女。即使甲事实上可能强

---

① 如果将余罪作为增加责任刑或者预防刑的情节对已经起诉的犯罪起作用后,后来通过审判监督程序对余罪再行起诉,那么,对余罪量刑时,必须从轻处罚(相当于减少原来增加的部分),从而避免重复评价。

② 陆其俊:《醉驾引发交通肇事如何处理》,载《检察日报》2014 年 8 月 15 日第 3 版。

奸了两名妇女,但在量刑时,不能将甲可能强奸了另一名妇女的疑罪,作为增加责任刑的情节。

3. 社会影响

我国的司法实践在定罪与量刑时普遍考虑犯罪行为造成的社会影响。

根据司法解释的规定,社会影响对定罪的作用主要表现为以下三种情形:

第一种情形是,将造成恶劣社会影响作为法条表述的、作为构成要件要素的"后果严重"的内容。例如,最高人民法院、最高人民检察院2011年8月1日《关于办理危害计算机信息系统安全刑事案件应用法律若干问题的解释》第4条规定,破坏国家机关或者金融、电信、交通、教育、医疗、能源等领域提供公共服务的计算机信息系统的功能、数据或者应用程序,致使生产、生活受到严重影响或者造成恶劣社会影响的,应当认定为《刑法》第286条第1款和第2款规定的"后果特别严重"。

第二种情形是,将造成恶劣社会影响作为法条表述的、作为构成要件要素的具体结果内容。例如,最高人民法院2010年12月13日《关于审理非法集资刑事案件具体应用法律若干问题的解释》第3条规定,非法吸收或者变相吸收公众存款,造成恶劣社会影响或者其他严重后果的,应当依法追究刑事责任。该规定实际上将造成恶劣社会影响作为"扰乱金融秩序"的结果内容。再如,最高人民法院、最高人民检察院2012年12月7日《关于办理渎职刑事案件适用法律若干问题的解释(一)》第1条规定,国家机关工作人员滥用职权或者玩忽职守,造成恶劣社会影响的,应当认定为《刑法》第397条规定的"致使公共财产、国家和人民利益遭受重大损失"。

第三种情形是,将造成恶劣社会影响作为成立犯罪所要求的"情节严重"、"情节恶劣"的内容。例如,最高人民法院、最高人民检察院2013年7月15日《关于办理寻衅滋事刑事案件适用法律若干问题的解释》第2条规定,随意殴打精神病人、残疾人、流浪乞讨人员、老年人、孕妇、未成年人,造成恶劣社会影响的,应当认定为《刑法》第293条第1款第1项规定的"情节恶劣"。最高人民法院 2010 年 12 月 13 日《关于审理非法集资刑事案件具体应用法律若干问题的解释》第 8 条规定,广告经营者、广告发布者违反国家规定,利用广告为非法集资活动相关的商品或者服务作虚假宣传,造成恶劣社会影响的,以虚假广告罪定罪处罚。这一规定显然将造成恶劣社会影响认定为"情节严重"。1998 年 12 月 17 日最高人民法院《关于审理非法出版物刑事案件具体应用法律若干问题的解释》第 10 条规定,向他人传播淫秽的书刊、影片、音像、图片等出版物达 300 至 600 人次以上或者造成恶劣社会影响的,属于"情节严重",依照《刑法》第 364 条第 1 款的规定,以传播淫秽物品罪定罪处罚。

上述三种情形的一个共同点是,将行为造成的恶劣社会影响作为增加行为不法程度的要素来看待。对此应当如何评价,的确是一个难题。在"稳定压倒一切"的观念指导下,司法解释为了防止处罚漏洞,为了维护社会稳定,为了给国民安全感,将行为造成的恶劣社会影响作为"后果严重"、"情节严重"等构成要件要素的内容,似乎无可厚非。但是,也并非没有疑问。

首先,刑法将"后果严重"、"致使公共财产、国家和人民利益遭受重大损失"、"情节严重"、"情节恶劣"规定为构成要件要素,并不是一种理想的立法例。因为这样的规定过于抽象,导致处罚范围不明确。但是,司法解释将"造成恶劣社会影响"作为成立犯罪的要素予以规定后,"恶劣社会影响"的内涵与外延更难确定。使用比刑法用语更不明确的概念解释刑法中并不明确的概念,并不合适。或许因为如此,在司法实践中,直接根据司法解释所规定的造成恶劣的社会影响认定行为构成犯罪的判决,并不多见。

其次,司法解释没有根据具体犯罪的保护法益,确定"造成恶劣社会影响"的内容。因为"造成恶劣社会影响"显然是指行为造成的结果或者后果,即使将其作为"情节严重"或者"情节恶劣"的内容,也是从行为造成的结果或者后果角度而言。犯罪结果或者后果,并不是行为造成的任何现象,而是指行为造成的法益侵害结果。所以,既然是行为造成的结果或者后果,就必须联系具体犯罪的保护法益予以确定。例如,非法吸收公众存款罪的保护法益是金融秩序,刑法所要求的结果也是"扰乱金融秩序"。因此,只能从金融秩序是否被扰乱的角度判断结果,而不是任何恶劣社会影响都"扰乱金融秩序"。再如,虚假广告罪的保护法益是市场竞争秩序,其中的结果也不是任何恶劣社会影响。

最后,即使按照具体犯罪的保护法益理解"造成恶劣社会影响",但什么样的恶劣社会影响才属于对保护法益造成的侵害,同样是一个难题。有的地方的做法是,如果案件事实被省级以上媒体报道,就认定为造成了恶劣社会影响。然而,媒体是否报道以及何种媒体报道、何时报道,都具有相当大的随意性。根据这样的标准认定为恶劣社会影响,必然导致定罪的恣意性。

由此可见,在我国现行立法体例之下,将恶劣社会影响作为增加行为不法程度的要素,使之对定罪起作用,或许一时难以避免,但并不是理想的做法。

本书重点讨论的是社会影响对量刑的作用。根据司法解释的规定,社会影响对量刑的作用主要表现为以下两种情形:

第一种情形是,将行为造成的恶劣社会影响作为法定刑升格的条件之一。例如,最高人民法院1998年12月17日《关于审理非法出版物刑事案件具体应用法律若干问题的解释》第14条规定,违反国家规定,出版、印刷、复制、发行非法出版物,经营数额、违法所得数额或者经营数量接近非法经营行为"情节严重"、"情节特别严重"的数额、数量起点标准,造成恶劣社会影响的,可以认定为非法经营行为"情节严重"、"情节特别严重"。

第二种情形是,将行为造成的恶劣社会影响作为在法定刑内裁量刑罚的情节。这类司法解释内容相当多。例如,最高人民法院2010年12月22日《关于处理自首和立功若干具体问题的意见》第8条规定:"对具有自首、立功情节的被告人是否从宽处罚、从宽处罚的幅度,应当考虑其犯罪事实、犯罪性质、犯罪情节、危害后果、社会影响、被告人的主观恶性和人身危险性等。"又如,最高人民法院2011年5月27日《关于进一步加大力度,依法严惩危害食品安全及相关职务犯罪的通知》指出:"被告人实施危害食品安全的行为同时构成危害食品安全犯罪和生产、销售伪劣产品、侵犯知识产权、非法经营等犯罪的,依照处罚较重的规定定罪处罚。要综合考虑犯罪分子的主观恶性、犯罪手段、犯罪数额、危害后果、恶劣影响等因素,依法准确裁量刑罚。"再如,最高人民法院2011年12月30日《关于进一步加强危害生产安全刑事案件审判工作的意见》第13条规定:"审理危害生产安全刑事案件,应综合考虑生产安全事故所造成的伤亡人数、经济损失、环境污染、社会影响、事故原因与被告人职责的关联程度、被告人主观过错大小、事故发生后被告人的施救表现、履行赔偿责任情况等,正确适用刑罚,确保裁判法律效果和社会效果相统一。"

社会影响应否属于量刑情节?如果是量刑情节,那么它是影响责任刑的情节,还是影响预防刑的情节?抑或具有双重性质?如果说社会影响对定罪的作用并不涉及所有的犯罪,那么,社会影响对量刑的作用则涉及所有的犯罪。所以,这个问题应当引起足够的重视。在发表看法之前,有必要先介绍日本审判实践与刑法理论的观点。

日本现行刑法没有规定量刑时必须考虑行为的社会影响,但尚未通过的日本《改正刑法草案》第48条规定,适用刑罚时,应当考虑犯罪的社会影响。然而,刑法理论并没有一概赞成该草案的规定。关于社会影响是否属于量刑应当考虑的因素,在日本存在三种观点。

第一种观点可谓全面肯定说,主张量刑必须考虑犯罪的社会影响,并且认为,犯罪的社会影响既是决定责任刑的要素,也是决定预防刑的要素。因为犯罪是伴随着法益侵害的社会现象,多多少少会对社会产生影响。如同向社会这个水池投掷石块一样,如果石块越大,波纹就越大,反之则越小;如果石块相同,那么,投掷力量越大,波纹越大,反之则越小。刑事立法时,除了考虑直接的法益保护外,当然会考虑犯罪行为必然产生的社会影响。法官在量刑时,理所当然也要予以考虑。犯罪的社会影响大,具体表现为两种情形:一是对一般市民造成的"社会不安",属于增加责任刑的情节。例如,放火等公共危险罪会引起社会的混乱,伪造、变造货币等罪会对社会产生重大影响,贿赂犯罪会损害国民对公务的信赖,这些都是增加责任刑的情节。二是犯罪样态的"模仿性"强,属于增加一般预防刑的情节。例如,利用他人名义的账户实施诈骗之类的、被捕危险小而获利较多的犯罪,以勒索财物为目的的绑架等采用特殊手段容易被模仿的犯罪,都是一般预防必要性大的犯罪,需要在量刑时予以考虑。①

第二种观点可谓部分肯定说。其中一种观点认为,只有当行为引起的社会不安,属于构成要件外的附随结果(非构成要件的结果)时,才能成为增加责任刑的情节。② 另一种观点认为,犯罪的社会影响与行为责任没关系,与人格责任无关联,只能作为一般预防的要素予以考虑。③

第三种观点可谓否定说,主张量刑时不得考虑犯罪的影响。如浅田和茂教授针对日本《改正刑法草案》第48条的规定指出:"每个犯罪类型所预想的社会影响,已经完全纳入到法定刑中了,应当认为不是量刑的问题。另一方面,具体事件所波及的社会影响的强弱,在很大程度上受媒体报道的影响……不管怎么说,在量刑中,将与行为人的行为没有关系的事情作为加重刑罚的情节,违反了个别行为责任的观念,因而不适当。"④

联系我国的立法体例与重刑主义的司法现状,本书采取第三种观点。

第一,倘若认为社会影响是一种法益侵害结果,那么,这种结果应当包含在构成要件结果中,因而已经被法定刑所考虑,不应当再作为增加责任刑的情节。例如,放火、爆炸等危害公共安全的犯罪,其法定刑当然考虑到了这种行为对公众生活的平稳与安宁所造成的侵害。同样,伪造、变造货币等罪本来侵害的就是货币的公共信用,该犯罪对货币的公共信用所造成的侵害当然包含了该行为造成的社会影响。贿赂犯罪的保护法益是职务行为的不可收买性,其中包含公众对职务行为不可收买性的依赖⑤,所以,贿赂犯罪的社会影响其实就是贿赂犯罪本身的构成要件结果。显然,这种社会影响已经作为定罪的根据被考虑,不能在量刑时重复

---

① 〔日〕水岛和男:《犯罪の社会影响と量刑》,载大阪刑事实务研究会编著:《量刑实务大系第2卷犯情等に关する诸问题》,判例タイムズ社2011年版,第264页以下。
② 参见〔日〕原田国男:《量刑判断の实际》,立花书房2000年增补版,第18页。
③ 参见〔日〕泽登俊雄:《刑の适用》,载〔日〕平场安治、平野龙一编:《改正刑法の研究Ⅰ概说·总则》,东京大学出版会1972年版,第254页。
④ 〔日〕浅田和茂:《刑法总论》,成文堂2007年补正版,第514页。
⑤ 参见张明楷:《刑法学》,法律出版社2011年第4版,第1063页以下。

评价,故不能作为增加责任刑的情节。

第二,当某种犯罪的社会影响不属于构成要件结果时,不应当作为构成要件外的法益侵害结果来考虑。例如,当行为人故意在一定区域杀害不特定他人时,可能引起该区域社会公众心理的恐慌。其中的死亡结果是故意杀人罪的构成要件结果,社会公众的心理恐慌则不可能成为故意杀人的构成要件结果。那么,对此应如何处理?在本书看来,在这种场合,并不是犯罪的社会影响成为增加法定刑的情节,而是行为人杀害不特定人的动机使其责任增大,因而成为增加责任刑的情节。① 换言之,杀害不特定人超出了故意杀人的常态,因而应当加重责任刑。②

第三,常态犯罪所造成的社会影响,更不可能成为增加责任刑的情节。例如,通常的故意杀人行为、故意伤害行为,即使引起了社会公众的心理恐慌,也不能作为增加责任刑的情节。因为常态犯罪所造成的社会影响,已经被法定刑所考虑。

第四,虽然他人容易模仿的犯罪属于一般预防必要性较大的犯罪,但不应以一般预防必要性大为由加重刑罚。一般来说,犯罪样态的"模仿性",立法者已经在规定法定刑时做了考虑,故不应在量刑时再予考虑,否则不仅会重复评价,而且将犯罪人作为一般预防的工具对待,侵犯了犯罪人的尊严。③ 至于行为人特意以特定方式实施某种犯罪,使得这种犯罪容易被他人模仿,则可以认定为行为人的责任重,因而成为增加责任刑的情节。

第五,社会影响的大小受媒体的影响特别大,因而具有偶然性与不确定性。④ 同样的犯罪,经过媒体大量报道后会产生重大社会影响,但没有经过媒体报道的则不会产生社会影响。而且,媒体的报道也可能不真实,夸大或者缩小的现象相当普遍。如果将社会影响作为增加责任刑的情

---

① 也不排除由于行为人的特殊预防必要性大,而增加其预防刑。
② 当然,这并不意味着任何所谓社会影响大的情形,都是增加责任刑或者预防刑的情节。
③ 参见〔日〕城下裕二:《量刑事情的意义与限界》,载《现代刑事法》第 3 卷(2001 年)第 1 号,第 30 页以下。
④ 参见汪明亮:《媒体对定罪量刑活动可能带来负面影响的作用机制》,载《现代法学》2006 年第 6 期,第 172 页以下。

节,不仅导致处罚不公平,而且导致媒体左右量刑。例如,有的媒体不尊重司法,在审判之前乃至起诉之前就报道;有的媒体尊重司法,在判决之后才报道。于是,将恶劣社会影响作为量刑根据,不仅导致量刑的恣意性,而且是否从重处罚,完全取决于媒体的态度。不仅如此,即使是媒体的正常报道,社会影响的形成与否也取决于公众舆论或者民意,但公众舆论常常是情绪化、非理性的发泄,而不一定是冷静的、理性的表达。如果将社会影响作为量刑情节,必然使刑罚丧失理性。此外,由于许多所谓的社会影响并不是犯罪行为本身造成的,而且通常的社会影响并不是罪刑规范所阻止的结果,所以,将行为造成的社会影响作为增加责任刑的情节,也属于间接处罚。

第六,一般意义上的社会影响,是难以甚至不可能评估和测量的。如果要将社会影响作为增加责任刑的情节,必然导致法官量刑的恣意性。例如,某判决认定的事实是,被告人朱某于 2014 年 3 月 6 日 20 时 50 分许,酒后驾驶面包车,行驶至海安县雅周镇雅杭路蒋雅桥东侧地段,海安县公安局交通巡逻警察大队雅周中队执勤民警黄某及辅警周某、朱某示意其停车接受检查。被告人朱某为逃避处罚,不顾站于车前的民警黄某安全,强行开车行驶,导致民警黄某被车前部顶住而后退摔倒,致头皮挫裂伤、左侧顶部头皮血肿。经南通市公安局物证鉴定室鉴定,黄某头部的伤情构成轻微伤。被告人朱某于次日主动至泰州市姜堰区公安局蒋垛交巡警中队投案,并如实供述了上述妨害公务的事实。案发后,被告人朱某与被害人黄某达成了赔偿协议,赔偿了被害人医疗费等各项损失合计人民币 19953.6 元,得到了被害人的谅解。辩护人提出如下辩护意见:(1)对公诉机关指控的犯罪事实和罪名没有异议。(2)被告人犯罪后如实供述了犯罪事实,依法可从轻处罚。(3)被告人没有前科,系初犯,请求法庭从轻处罚。(4)被告人犯罪后积极赔偿被害人的损失,取得了被害人的谅解,社会危害性已大大减轻。综上所述,建议对被告人朱某适用缓刑。辩护人的意见没有不合理之处,但法院却做出了如下评判:"关于辩护人所提对被告人朱某适用缓刑的辩护意见,本院评述如下:一、被告人朱某曾在案发当天饮酒,其阻碍民警执法就是为了逃避酒驾检查,其目的具有一定的违法性。二、被告人采取强行开车的手段抗拒检查,方式具有一定的暴力性,其行为严重损害了执法行为的权威性,破坏了执法人员的职业安全感,造成了不良的社会影响。综上,被告人不符合缓刑的适用条件,故辩护人该点辩护意见,本院不予采纳。"①然而,对国家机关工作人员实施暴力,以及为了逃避警察检查的动机,都是妨害公务罪的常态。如果说这样的案件"造成了不良的社会影响",要么是媒体的大肆渲染,要么是没有根据的臆断。不难看出,对社会影响的判断不可避免具有恣意性,将其作为增加责任刑的情节,必然导致量刑的恣意性。

诚然,除了司法解释之外,《刑法》第292条将"聚众斗殴人数多,规模大,社会影响恶劣的"规定为法定刑升格的条件。但是,本规定中的"社会影响恶劣"基本上是"人数多、规模大"的同位语。亦即,如果聚众斗殴的人数多,规模大,一般就可以认定为社会影响恶劣。换言之,在本规定中,"人数多,规范大,社会影响恶劣"是并列的要素,而不是择一的要素。所以,刑法并没有将社会影响恶劣作为独立的犯罪结果。既然如此,司法解释也不应当将社会影响作为独立的犯罪结果。

综上所述,司法解释大量将社会影响作为量刑情节的做法,并不可取。至于将社会影响作为法定刑升格的条件,则更缺乏根据。

与社会影响相联系甚至有等同含义的是民愤。耳熟能详的"不杀不足以平民愤",表明了量刑时应当考虑民愤,刑法理论上也有学者主张量刑时应当考虑民愤。例如,陈兴良教授认为,量刑时不仅要考虑犯罪行为本身,还要考虑人们对该犯罪的评价与反应,民愤正是这种评价与反应之一,考虑民愤本身是罪刑均衡的题目中应有之义。威慑是刑罚预防目的的应有内容,而民愤正是反映了这种威慑的必然性,所以,量刑时考虑民愤也符合刑罚目的。② 本书不赞成这种观点。

首先,从罪刑均衡的角度来说,刑罚应当与罪行相适应。对罪行轻重必须进行规范评价,即必须以不法和责任为根据,以法律为准绳。如果一

---

① (2014)安刑初字第0174号。
② 陈兴良:《刑法适用总论》(下卷),法律出版社1999年版,第334页以下。

般人的评价与规范评价相一致,结论是罪行严重,那么,此时并不是因为民愤大而导致罪行重。如若一般人的评价与规范评价不一致,那么,就不能由一般人的评价影响规范评价。例如,不法程度取决于法益侵害程度,而不是取决于对伦理的违反程度。某种行为对法益的侵害并不严重甚至没有侵害法益,但是其严重违反伦理,一般人完全可能对该行为表示强烈反感,因而使该行为的民愤极大(如成人间基于合意秘密实施的群奸群宿行为或者其他公然猥亵行为)。反之亦然。在这种情况下,法官只能根据刑法的规定评价不法程度,而不能根据民愤评价不法程度。陈兴良教授虽然主张量刑时要考虑人们对行为本身的评价与反应即民愤,但又认为:"那种认为民愤的大小反映了犯罪对社会危害性程度的大小的观点是不能成立的……考察社会危害性的大小,只能从犯罪事实本身作为基础和出发点。"[1]这似乎有自相矛盾之嫌。既然一般人的评价或者民愤不影响社会危害性的程度,考虑民愤本身就不是罪刑均衡的应有之义。即使认为广义的罪刑均衡还包括刑罚与人身危险性相适应,但民愤大小不可能影响被告人的人身危险性程度,所以,从罪刑均衡的角度出发,不可能将民愤作为量刑情节。退一步而言,即便法官有时难以认识某种行为的罪行程度,而参考一般人的评价或者了解一般人的反应,也只是说明法官对罪行的评价要考虑一般人的价值观念,但不意味着民愤本身就是量刑情节。

其次,为了威慑一般人而将民愤作为从重量刑情节,显然是将被告人作为预防他人犯罪的工具,而且必然导致量刑过重,侵害了被告人的尊严。

最后,"民愤是一个以感情成分表现出来的公众舆论,与理性产物的法律是有区别的";"民愤属于感性认识,容易受到错误导向,尤其是在少数人别有用心去歪曲事实、刻意煽动的情况下";"在现代社会中,'民愤'

---

[1] 陈兴良:《刑法适用总论》(下卷),法律出版社1999年版,第337—338页。

容易受到媒体的影响甚至误导"。① 以药家鑫案为例②,媒体有三个关注点:药家鑫据传为官二代、富二代;被害人为女性、农民工;药家鑫在撞人后又连捅 8 刀。事实上,药家鑫并不是所谓官二代、富二代,但这一点对民愤的产生却起了重大作用。女性与农民工作为故意杀人罪的对象,并无特别之处;就故意杀人罪而言,连捅 8 刀也不是罕见现象,但媒体的喧染使得药家鑫的民愤极大。从药家鑫的罪行与事后态度以及当时的刑事政策来看,对药家鑫原本就不应当执行死刑,但恰恰是民愤导致药家鑫被执行死刑。不难看出,将民愤作为量刑情节,必然导致量刑不公正。

4. 被害感情

被害感情,一般是指被害人及其家属因犯罪所遭受的精神损害以及由此产生的处罚感情或科刑意见。③ 这里的精神损害,不是指侮辱、诽谤等罪造成的名誉毁损,而是指杀人、伤害、交通肇事、强奸等行为给被害人造成的精神痛苦(狭义的被害感情,下同)。精神损害与处罚感情不一定成正比关系。例如,有的被害人可能遭受了重大的精神损害,但由于某种原因而希望对被告人宽大处理;有的被害人没有遭受重大的精神损害,却基于某种理由而要求对被告人严厉处罚。所以,需要分开讨论。

(1) 精神损害

日本的不少学者将犯罪行为给被害人及其家属造成的精神损害归入构成要件外的结果,使之对量刑产生影响。基本理由是,犯罪行为给被害人造成的精神损害,对被害人的生活产生了具体的不利影响,作为一种副次的利益侵害(主要结果是对保护法益的侵害),成为构成要件外的结果。并且认为,这样的观点并不违反罪刑法定原则。因为即使是构成要件的核心保护法益,法条也不一定能够明文表述,而必须通过解释才能得以明确;不能认为分则的每个法条只保护一种法益,副次的保护利益的范

---

① 杜邈:《酌定量刑情节若干问题研究》,载《河南省政法管理干部学院学报》2006 年第 2 期,第 135 页。
② 2010 年 10 月 20 日晚,西安音乐学院大三学生药家鑫开车撞伤 26 岁女子张妙,因担心张妙记住车牌号找其麻烦,持水果刀将张妙连捅 8 刀,致其当场死亡,后投案自首。
③ 参见〔日〕小池信太郎:《コメント》,载大阪刑事实务研究会编著:《量刑实务大系第 2 卷犯情等に关する诸问题》,判例タイムズ社 2011 年版,第 128 页。

围,只能通过解释予以确定。被害人的被害范围,理所当然包括精神方面的被害;这种被害能够成为构成要件外的结果。① 根据这种观点,被害人的精神损害,增加了行为的不法程度,能够成为增加责任刑的情节。

日本学者的这种观点,或许以其法官量刑偏轻为背景。亦即,在法官普遍量刑较轻,而国民要求严厉处罚犯罪的情况下,通过将被害人的精神损害作为构成要件外的结果(所谓新结果主义),说明犯罪的不法程度加重,以便加重责任刑。但是,本书不赞成将精神损害作为增加责任刑的情节。

首先,应当认为,犯罪行为给被害人造成的通常的精神损害,已经被法定刑所考虑。例如,立法者当然预想到故意杀人行为会给被害人家属造成巨大的精神痛苦。再如,强奸罪的法定刑之所以重,一个重要原因也是考虑到了强奸行为会给被害人造成巨大的精神痛苦。所以,在法益侵害结果之外再将精神损害作为构成要件外的结果,实际上有重复评价之嫌。

其次,从罪刑法定原则的保障机能来看,对不法程度的评价,必须以符合构成要件的事实为根据。故意杀人罪的构成要件,决定了其结果限于被害人死亡(未遂时包括伤害)。如果将被害人家属的精神痛苦也作为故意杀人罪的一种结果,必须导致结果漫无边际。事实上,在此问题上,人们无形中扩大了被害人与被害结果的范围——将一般人的"被害感情"也作为犯罪行为的结果。换言之,人们是超出了法益侵害与法益主体而使用被害与被害人概念的。例如,就故意杀人罪而言,人们常常着眼于死者家属的精神痛苦与二次被害。于是,家属也成为故意杀人罪的被害人,而精神痛苦成为判处被告人死刑的重要根据。"但是,这样的'被害'与'被害人'概念的扩散,不仅危害法治国家的保障,而且使刑法私事化,使刑罚与私人的复仇的区别模糊。例如,即使从法益保护的观点来看,杀人罪的处罚根据毕竟应从侵害生命本身去寻找。将遗族包括在'被害人'中使遗族感情成为刑罚的正当化根据的做法,容易导致至少部分杀人罪变成了对感情的犯罪。从遗族感情的见地来看,对于杀害有家族的人、

---

① 参见〔日〕小池信太郎:《量刑における构成要件外结果の客观的范围について》,载《庆应法学》第 7 号(2007 年),第 19 页以下。

被周围爱的人,与杀害没有家庭的人、被周围嫌弃的人,在法的评价上便不同,但这样的结论反而意味着轻视生命。"① 再如,盗窃、非法拘禁、非法侵入住宅等行为都可能给被害人及其家属造成精神痛苦,如果将这种精神痛苦作为增加责任刑的情节,不仅有悖于罪刑法定原则,而且必须导致量刑畸重。此外,如果将被害人的精神损害作为构成要件外的结果,那么,在非法吸收公众存款这类犯罪中,由于被害人多,必然导致其遭受精神损害的人多,因而使不法程度大为提升。这显然不符合报应刑的原理,违反罪刑相适应原则。

再次,被害感情因人而异,不同的被害人对相同的犯罪行为产生的被害感情不可能相同;法官对被害感情也难以进行客观判断,将被害感情作为增加责任刑的情节,必然导致量刑的不公平。此外,就故意杀人罪的被害人而言,有的死者家属多,有的死者没有家属。如果将被害感情作为增加责任刑的情节,那么,对前者从重处罚,对后者不从重处罚或者从轻处罚,必然导致对生命保护的不平等。而且,我国的量刑本身就具有相当的恣意性,如果将被害人及其家属的精神损害作为增加责任刑的情节,必然导致量刑更为恣意。

最后,本书并不一概反对将构成要件外的结果作为增加责任刑的情节。但是,如前所述,作为增加责任刑情节的构成要件外的结果,也必须是罪刑规范所阻止的结果,而且被告人必须对此具备相应的责任要素。换言之,并不是只要被告人对某种结果具有预见可能性,该结果就可以成为增加责任刑的情节。② 相反,当刑法仅处罚故意造成某种结果的行为时,倘若被告人仅对该结果具有预见可能性,就不能将该结果作为增加责

---

① 〔日〕松原芳博:《被害者保护と"严罚化"》,载《法律时报》2003年(第75卷)第2号,第22页。
② "构成要件外的结果"这一概念由来于德国的量刑理论,但从笔者的阅读范围来看,德国刑法理论与量刑实践所称的构成要件外的结果,似乎并不包括抽象的精神损害,主要是指物质性的结果。例如,抢劫犯人使用凶器相威胁时,被害人因为惊愕引发心脏病而死亡。德国通说认为,被告人有责地导致的这种结果应当作为量刑情节予以考虑,但是,被告人对这种结果的发生必须具有预见可能性(也有学者设置更严重的条件)(参见〔德〕Hörnle:《量刑上重要な犯行事情》,〔日〕葛原力三译,载〔德〕Wolfgang Frisch、〔日〕浅田和茂、〔日〕冈上雅美编著:《量刑法の基本问题》,成文堂2011年版,第124页)。

任刑的结果。从我国刑法分则的规定来看,过失造成的精神损害,不可能成为罪刑规范阻止的结果。然而,要认定被告人在实施杀人、伤害、盗窃等行为时,对超出通常情形的精神损害具有故意,则是相当困难甚至是不可能的。所以,将精神损害作为增加责任刑的情节,也有违反责任主义之嫌。

(2) 处罚感情

处罚感情存在两个相反的方向:一是要求严厉处罚,二是希望宽大处罚。

首先,在我国的量刑实践中,被害人及其家属的严厉处罚要求,事实上成为增加责任刑的情节。不仅如此,就故意杀人等案件而言,如果没有取得被害方的谅解,就会判处被告人死刑立即执行。有人甚至提出建立所谓"死刑案件被害人方谅解制度",亦即,在死刑案件中,被害人及其家属与被告人及其家属达成赔偿协议,并谅解被告人,被告人真诚悔罪的,法院根据其情节及悔罪表现对其判处死刑,缓期二年执行,或者根据特殊情况在死刑以下量刑。① 言下之意,如果被害方没有谅解,就应判处死刑立即执行。还有人认为:"被害人家属不予谅解,可以作为一种酌定从重情节,在决定是否限制减刑时予以考虑。"② 但是,将被害方的严厉处罚要求作为增加责任刑的情节,明显不当。

被害人及其家属要求严厉处罚被告人,主要是因为他们是被害人家属,而不是因为犯罪本身的不法程度重或者责任重。因为被害程度与处罚要求并不表现为正比关系,不同的被害人对相同的犯罪会产生不同的处罚要求。有的被害人愿意宽恕他人,有的被害人习惯于怀恨在心;有的被害人对轻微犯罪也要求严厉处罚,有的被害人对严重犯罪也要求宽大处理。例如,在德国,"一个50岁的妇女,她的一个邻居毒死了她的狗,她要求毒死这个人"。③ 我国也会存在类似现象。可是,对罪行的评价,不

---

① 孙牰昌、黄文忠:《死刑案件被害方谅解可否判处死缓》,载《检察日报》2007年7月2日第3版。

② 叶良芳、应玉倩:《死缓限制减刑的司法适用》,载《浙江社会科学》2013年第2期,第95页。

③ 〔德〕海因茨·舍许:《死刑的被害人学视角》,陈兴良主编:《刑事法评论》第21卷,北京大学出版社2007年版,第155—156页。

可能以被害人及其家属的价值观为标准,只是根据刑法与一般人的价值观做出评价。倘若认为,被害人及其家属要求严厉处罚被告人,是因为被告人的罪行严重,那么,对被告人从重处罚的根据就是罪行严重,而不是被害人的处罚感情。

由于犯罪的不法、责任程度与被害人的处罚要求并不一致,由于被害人在被害之后的要求不同(如有的要求报复,有的要求得到安慰,有的要求得到补偿)。所以,如果将被害人及其家属的严厉处罚要求,作为增加责任刑的情节,必然导致对被告人的量刑取决于十分偶然的因素,进而导致量刑的不公正。

将被害人及其家属的严厉处罚要求,作为增加责任刑的情节,只能强化国民的报复感情,使量刑私事化,使量刑与私人的复仇相混淆,陷入绝对的被害报应刑论。这样的量刑显然缺乏刑罚的正当化根据。"历史地看,被害人视角中的'报应'侧面与'恢复'侧面是并存的,但在国家刑罚权的生存过程中,只是延续了'报应'侧面,而忘掉了'恢复'侧面。……各国对被害人实态的调查证实,被害人对挽回损害的希望大于处罚犯人的希望。处罚感情的强化,正是国家轻视被害人'恢复'感情的结果。"① 所以,司法机关对于有强烈的报应感情的被害人,应当从物质与精神两个方面伸出援助之手,从而缓和被害人的报应感情,并且使被害人得到真正的恢复。这才是对被害人的最有效保护。

不可否认,我国的一些个案表明,判处重刑就是基于被害人及其家属的强烈要求(尤其以上访相要挟)。但是,一个完全或主要由被害人及其家属左右的刑事司法,是十分令人担忧的。一方面,"司法是一个非常脆弱的机构。因为,它建立在认可的基础上。我们承认法官有权对我们实行判决。可以说这总是建立在自己成员的信仰之上的民主的一种特殊情况,这种信仰就是社会机构比我们强。"② 而这种信仰的前提,是司法机关能够做出客观公正的判决。所以,我国的司法机关应当通过客观公正的

---

① 〔日〕高桥则夫:《被害人の视点からの死刑废止论》,载《法学セミナー》第466号(1993年),第44页。
② 杜小真编:《利科北大讲演录》,北京大学出版社2000年版,第28页。

司法,树立司法权威,使国民信赖判决的客观公正性。"法庭不是代议机构。……它们的本质特征是建立在独立性基础之上的客观性。历史教育我们,当法庭卷入时代的激情,并承担首要的责任以在相互竞争的政治、经济和社会压力之间进行选择时,司法独立就受到了危害。"①法院越是为了防止被害人上访而科处被告人重刑,越是丧失了其独立性,越难以实现客观公正的司法,而且只能形成恶性循环。另一方面,法律的正义性与安定性必须得以维护,由被害人的报复感情左右司法判决,会损害法的正义性与安定性。"有一个古老的法律格言——棘手的案件制造恶法。"②越是顾及被害人及其家属的不正当报复感情,就越容易为了达到一个特定的结果而歪曲法律、破坏法律。

其次,在我国的量刑实践中,被害人及其家属的谅解(希望宽大处罚),成为从宽处罚的重要理由。最高人民法院 2010 年 2 月 8 日《关于贯彻宽严相济刑事政策的若干意见》第 23 条指出:"因婚姻家庭等民间纠纷激化引发的犯罪,被害人及其家属对被告人表示谅解的,应当作为酌定量刑情节予以考虑。犯罪情节轻微,取得被害人谅解的,可以依法从宽处理,不需判处刑罚的,可以免予刑事处罚。"最高人民法院《关于常见犯罪的量刑指导意见》(以下简称《量刑指导意见》)规定:"对于积极赔偿被害人经济损失并取得谅解的,综合考虑犯罪性质、赔偿数额、赔偿能力以及认罪、悔罪程度等情况,可以减少基准刑的 40% 以下;积极赔偿但没有取得谅解的,可以减少基准刑的 30% 以下;尽管没有赔偿,但取得谅解的,可以减少基准刑的 20% 以下。"德国、日本的刑法理论与审判实践也将被害人的谅解作为量刑时必须考虑的情节。问题是,被害人的谅解使得量刑从宽的根据是什么?

违法性说认为,被害人的谅解使得犯罪的违法性减少。其中,有的从被害人事后的同意、承诺的角度来解释,有的从法益与自己决定权的关系

---

① 〔美〕詹姆斯·P.斯特巴:《实践中的道德》,李曦、蔡蓁等译,北京大学出版社 2006 年版,第 548 页。
② 〔美〕迈克尔·利夫、米切尔·考德威尔:《摇摇欲坠的哭墙》,潘伟杰等译,新星出版社 2007 年版,第 25 页。

来说明,还有的从实质的被害减少的侧面来论述。① 但是,被害人的事后谅解无论如何不可能减少已经实施的犯罪行为的违法性。被害人事后的同意或者承诺,对犯罪的违法性没有任何影响,否则,国家的刑事司法就会完全由被害人左右。法益主体的确对自己的法益享有自主决定权,但是,与被害人的同意或者承诺一样,在犯罪成立后不可能因为法益主体享有自主决定权,就使犯罪的违法性减少。被害是否减少,既要站在结果发生时判断,也要根据刑法的规定判断。"实质的被害减少",其实是没有具体理由的一种表述。

责任说认为,被害人的谅解使得被告人的责任减少。其中,要么认为被害人事后的同意使被告人的责任减少,要么认为被害人的谅解使得被害人与被告人的关系得以修复,因而导致被告人的责任减少。② 可是,责任是行为责任,作为报应根据的责任也是行为责任。被告人的责任不可能因为被害人的谅解而减少。

特殊预防说认为,当被害人的谅解是基于被告人对被害人的赔偿、补偿、赔礼道歉,或者反省态度而形成时,表明被告人特别预防的必要性减少。③ 然而,这一观点似乎混淆了不同的量刑情节。被告人的赔偿、补偿、赔礼道歉或者反省态度等本身就是表明其特殊预防必要性减少的情节,即使被害人并不谅解,被告人的上述行为与态度也是减少预防刑的情节。问题是,当被告人没有上述行为与态度,但被害人愿意谅解的,应当如何处理?

一种观点认为,被害方谅解不能成为量刑情节,理由是,"将被害方谅解作为量刑情节不符合'罪责刑相适应'基本原则";"将被害方谅解作为量刑情节缺乏法律依据";"将被害人谅解作为量刑情节不利于树立司法公正形象"。④ 诚然,如上所述,被害方谅解既不表明被告人所犯之罪的不法程度降低,也不表明被告人的责任与再犯罪可能性减少,在此意义上

---

① 参见〔日〕横田信之:《被害者と量刑》,载大阪刑事实务研究会编著:《量刑实务大系第2卷犯情等に关する诸问题》,判例タイムズ社2011年版,第96—97页。
② 参见同上书,第98页。
③ 参见同上书,第99页。
④ 刘兵:《被害方谅解能否成为量刑情节》,载《检察日报》2008年8月5日第5版。

说,将被害方谅解作为量刑情节不符合罪刑均衡原则。但是,不能据此认为,将被害方谅解作为量刑情节缺乏法律依据。量刑的正当化根据不只是报应,因而不只是罪刑均衡;量刑情节既不限于刑法明文规定的法定量刑情节,也不限于刑法教科书列举的通常的酌定量刑情节;只要对某种情节的考量符合刑罚目的与刑事政策,就不能将这种情节排除在量刑情节之外。考虑被害方的谅解与司法公正并不矛盾,关键只是在于将被害方的谅解作为量刑情节的根据何在。

本书的初步看法是,被害人的谅解是表明一般预防必要性减少的情节。一般预防的对象是犯罪人以外的社会成员。除了具有犯罪危险的人、容易犯罪的人以外,犯罪被害人也是一般预防的对象。被害人因为直接或间接受到犯罪行为的侵犯,往往具有报复性倾向,也容易通过犯罪手段达到报复目的;对犯罪人适用刑罚,有利于消除被害人的报复心理,增强被害人的规范意识。反过来说,被害人的谅解表明其报复性倾向减少,不会通过犯罪手段实现报复目的。根据本书的观点,一般预防必要性大虽然不能成为加重量刑的理由,但一般预防必要性小则是从宽量刑的理由。

五、裁量责任刑的方法

(一) 量刑步骤

德国刑法理论将量刑分为六个步骤:(1) 法定刑的选择;(2) 刑种的选择;(3) 刑量(或刑度)的决定;(4) 刑罚的具体形态(如是判处实刑还是宣告缓刑)的决定;(5) 刑法上的其他法律后果(如没收等)的决定;(6) 终局性的综合评价。① 其中的(2)、(3)既包含了责任刑的裁量,也包括了预防刑的裁量,而(4)则是预防刑的进一步裁量。

日本刑法规定的加重、减轻是指对法定刑的修正,所以,有的学者将

---

① 参见〔德〕Dölling:《量刑决定の构造》,〔日〕小池信太郎译,载〔德〕Wolfgang Frisch、〔日〕浅田和茂、〔日〕冈上雅美编著:《量刑法の基本问题》,成文堂2011年版,第93—94页。

其量刑分为以下三大步骤:(1)根据犯罪事实选择相应的法定刑;(2)根据加重、减轻事由对法定刑进行修正,形成处断刑;(3)在处断刑内确定对被告人所宣告的刑罚。① 由于加重、减轻事由既包括使责任刑加重、减轻的事由,也包括使预防刑减轻的事由,所以,其中的第(2)既包含了责任刑的裁量,也包括了预防刑的裁量。同样,在处断刑内的裁量,也包括责任刑与预防刑的裁量。由于刑法规定不同,我国不存在法定刑的修正问题。日本也有学者将量刑分为以下三个阶段:一是刑罚范围探知阶段(对犯罪的一般的、抽象的评价所形成的可能适用的刑罚范围),二是责任范围认定阶段(根据具体的不法与责任内容所确定的相应的刑罚范围),三是预防判断阶段(在责任刑范围内根据预防观念决定适当的最终的刑量)。② 这种三阶段的分法,符合并合主义原理。

我国近几年实行量刑规范化改革,"在前期试点过程中,有的法院提出了'三步法':首先确定法定刑,再确定基准刑,最后确定宣告刑;有的法院提出了'四步法':先确定法定刑,再确定基准刑,然后确定调节刑,最后确定宣告刑;有的法院确定了'五步法':先确定法定刑,然后确定量刑起点,再确定基准刑,然后再确定调节刑,最后确定宣告刑;有的甚至还提出了'六步法',在确定宣告刑之前,还有一个拟宣告刑。"其实,对上述各种做法都可以"概括为两大步:第一步是根据基本犯罪事实在法定刑幅度内确定基准刑,第二步是根据量刑情节对基准刑的调节结果依法确定宣告刑。"③不难看出,这些做法,都是让影响责任的情节与影响预防的情节,对所谓基准刑起同等的调节作用,根本没有区分责任刑情节与预防刑情节,更没有考虑到责任刑对预防刑的制约。然而,如果不考虑这样的问题,就必然导致通过突破责任刑考虑预防犯罪的需要,从而违反责任主义。

例如,江苏省高级人民法院2004年《量刑指导规则(试行)》第15条

---

① 参见〔日〕大谷实:《刑法讲义总论》,成文堂2012年第4版,第535—536页。
② 参见〔日〕川崎一夫:《体系的量刑论》,成文堂1991年版,第35页以下。
③ 戴长林、陈学勇:《量刑规范化试点中需注意的几个问题》,载《中国审判》2009年第7期,第5页。

规定的量刑步骤是:"(一)根据所犯罪行和情节选择相应的法定刑幅度;(二)确定该法定刑幅度的量刑基准;(三)根据案件事实,提取量刑要素;(四)定量分析每一量刑要素所影响的刑罚量;(五)综合量刑要素所影响的刑罚量,对量刑基准进行调节,确定最终的刑罚。"①假定甲以暴力手段抢劫他人价值8000元的财物,而且是累犯,但不具有其他量刑情节。如果贯彻责任主义,采取点的理论,那么,首先应根据"以暴力手段抢劫他人价值8000元的财物"这一行为责任在法定刑内确定一个特定的刑罚(点),倘若确定为5年(亦即本书所称的基准刑或责任刑),那么,只能在5年以下考虑预防犯罪的需要。即使甲是累犯,也不能对其判处超过5年的徒刑。② 可是,按照江苏省高级人民法院的《量刑指导规则(试行)》,应当高于5年决定宣告刑,有可能判处7年徒刑。③ 于是,责任主义对预防刑根本没有制约。

最高人民法院《量刑指导意见》规定的量刑步骤是:"(1)根据基本犯罪构成事实在相应的法定刑幅度内确定量刑起点;(2)根据其他影响犯罪构成的犯罪数额、犯罪次数、犯罪后果等犯罪事实,在量刑起点的基础上增加刑罚量确定基准刑;(3)根据量刑情节调节基准刑,并综合考虑全案情况,依法确定宣告刑。"其中,调节基准刑的方法是:"(1)具有单个量刑情节的,根据量刑情节的调节比例直接调节基准刑。(2)具有多个量刑情节的,一般根据各个量刑情节的调节比例,采用同向相加、逆向相减的方法调节基准刑;具有未成年人犯罪、老年人犯罪、限制行为能力的精神病人犯罪、又聋又哑的人或者盲人犯罪,防卫过当、避险过当、犯罪

---

① 游伟主编:《华东刑事司法评论》(第八卷),法律出版社2006年版,第335页。
② 按照幅的理论,首先按照"以暴力手段抢劫他人价值5000元的财物"这一行为责任在法定刑内确定一个幅度,倘若确定为4年至6年,那么,原则上应当在此幅度内考虑预防犯罪的需要。由于甲的预防必要性大,所以,最终的宣告刑可能是5年或者6年徒刑。
③ 江苏省高级人民法院《量刑指导规则(试行)》第17条后段规定:"一般情况下,可采取分格刑的方法对量刑要素进行定量分析。"第18条第1款、第2款分别规定:"分格刑是指在较大幅度的法定刑中,围绕量刑基准,对法定刑作二次分格,将法定刑划分为若干幅度较小的刑格。法定刑为有期徒刑三年以上的,以二年左右为一格……""从轻、从重的单个量刑要素所影响的刑罚量,一般情节下为一个刑格。"(游伟主编:《华东刑事司法评论》(第八卷),法律出版社2006年版,第335—336页)。

预备、犯罪未遂、犯罪中止、从犯、胁从犯和教唆犯等量刑情节的,先适用该量刑情节对基准刑进行调节,在此基础上,再适用其他量刑情节进行调节。(3)被告人犯数罪,同时具有适用于各个罪的立功、累犯等量刑情节的,先适用该量刑情节调节个罪的基准刑,确定个罪所应判处的刑罚,再依法实行数罪并罚,决定执行的刑罚。"

由于"影响犯罪构成的犯罪数额、犯罪次数、犯罪后果等犯罪事实"是影响责任刑的情节,所以,基准刑是以责任为基础确定的。同样,由于未成年人犯罪、老年人犯罪、限制行为能力的精神病人犯罪、又聋又哑的人或者盲人犯罪,防卫过当、避险过当、犯罪预备、犯罪未遂、犯罪中止,从犯、胁从犯和教唆犯等量刑情节都是影响责任刑的情节,所以,对基准刑起调节作用的情节,也是影响责任刑的情节。又由于调节基准刑的"其他量刑情节"包括影响预防刑的情节,所以,《量刑指导意见》的基准刑与本书所称的基准刑,不是同一概念。①

再如,《量刑指导意见》规定:"对于累犯,应当综合考虑前后罪的性质、刑罚执行完毕或赦免以后至再犯罪时间的长短以及前后罪罪行轻重等情况,增加基准刑的10%—40%,一般不少于3个月。""对于有前科的,综合考虑前科的性质、时间间隔长短、次数、处罚轻重等情况,可以增加基准刑的10%以下。前科犯罪为过失犯罪和未成年人犯罪的除外。"然而,累犯与前科都是预防刑情节,根据责任主义的观点,它们只能在责任刑的点之下起作用,但上述规定直接表述了可以突破责任刑考虑预防刑的观点,并不符合责任主义原则。例如,假定被告人犯罪后对其确定基准刑为10年,被告人不仅有未遂犯、自首情节,而且是累犯。根据《量刑指导意见》,可以确定未遂犯减少基准刑的50%,自首减少基准刑的20%,累犯增加基准刑的30%。按照点的理论,正确的计算方法应该是首先考虑影响责任刑的情节,即对被告人的最高刑罚应该被限定为10年×(1-50%)=5年,然后再考虑预防的需要,在5年以下确定宣告刑。

---

① 《量刑指导意见》中的"基准刑"没有限制预防刑的实际意义,只是对量刑情节的作用大小(调节比例)提供一个作为基数的概念。

然而,根据《量刑指导意见》的计算法则,宣告刑为 10 年 ×(1 – 50%)× (1 – 20% + 30%) = 5.5 年。这个刑期便超出责任刑的限度,违反了责任主义原则。

按照本书的观点,在选择法定刑之后,必须进行责任刑的裁量。在进行责任刑的裁量时,首先可以确定一个量刑起点,再考虑各种影响责任刑的情节,进而确定责任刑。所确定的责任刑既是预防刑的上限,也是宣告刑的上限。亦即,考虑预防刑之后所宣告的刑罚,不能超过责任刑。

(二)量刑起点

在量刑规范化试点或者改革过程中,一些地方法院所使用的"量刑基准"或者"基准刑"概念,实际上是指量刑起点。例如,江苏省高级人民法院 2004 年《量刑指导规则(试行)》第 8 条规定:"……量刑基准,即对已确定适用一定幅度法定刑的个罪,在排除各种法定和酌定情节的情况下,仅依一般既遂状态的犯罪构成的基本事实而应判处的刑罚。"[1]江苏省姜堰市人民法院 2009 年《规范量刑指导意见》第 13 条后段规定:"个罪基准刑是在犯罪既遂状态下计算出来的,在排除各种从轻从重量刑要素的情况下确定的刑期。"这里的"量刑基准"与"基准刑"实际上相当于《量刑指导意见》所称的量刑起点。

量刑起点的确定相当重要。如果量刑起点过高,就会导致责任刑过高,导致最终的宣告刑过重;反之,如果量刑起点过低,则会导致一些量刑情节(尤其是影响预防刑的情节)无法适用。关于量刑起点,刑法理论上存在林林总总的观点[2],在此有必要作简短分析。

中线论认为,量刑起点在法定刑幅度的 1/2 处,从重在中线之上,从轻在中线之下。根据这种观点,不具有从重从轻情节的一般犯罪,对应的均为中间刑。但如后所述,事实上并非如此。而且,中线论必然导致量刑

---

[1] 游伟主编:《华东刑事司法评论》(第八卷),法律出版社 2006 年版,第 334 页。
[2] 参见苏惠渔等:《量刑方法研究专论》,复旦大学出版社 1991 年版,第 78 页;周光权:《量刑基准研究》,载《中国法学》1999 年第 5 期,第 130 页以下;王恩海:《论量刑基准的确定》,载《法学》2006 年第 11 期,第 64 页以下。

过重,不符合罪刑相适应原则。

分格论认为,在法定刑幅度内再找出几个小格子,然后将具体案件分为轻轻、轻重、重轻、重重等若干等级,实行对号入座。但是,这种观点并不现实,因为如果排除了从轻与从重情节,法官基本上不可能区分出轻轻、轻重、重轻、重重的等级。

形势论认为,应当根据治安形势的好坏确定量刑起点,在治安形势好或较好时,量刑起点可以和法定刑下限重合,也可以将中线作为量刑起点;在治安形势不好时,要依法从重从快,量刑起点就可以和法定刑的上限重合或靠近上限的某一个定点。这种观点的可取之处在于,使量刑起点符合刑事政策的需要,有利于实现一般预防的目的。但是,根据治安形势确定量刑起点,一方面会导致预防刑超出责任刑的限制,因而会违反责任主义;另一方面会使消极的一般预防目的对量刑产生不应有的影响,侵害被告人的尊严。

主要因素论认为,量刑起点应当以对犯罪的社会危害性大小起主要作用的因素为依据,并以调查统计的实例来论证。这种观点强调通过实证分析来确定量刑起点,但事实上不具有可行性。另外,如果在确定量刑起点时,已经考虑影响社会危害性的主要因素,就意味着基本上考虑了从轻与从重情节。但由此确定的刑罚并不是量刑起点,而基本上是责任刑本身。

重心论认为,应当根据表明行为的社会危害性大小的一个主要因素确定量刑起点,这个因素就是抽象个罪的重心,与抽象个罪的重心相对应的刑罚就是量刑起点。可是,犯罪并不是只有一个重心,犯罪的实体是不法与责任,对量刑起决定性作用的也是不法与责任。单纯将不法作为重点,或者单纯将主观责任作为重点,要么导致没有责任的不法也影响量刑,要么陷入主观主义立场。

危害行为论认为,将危害行为作为量刑起点,亦即,在不考虑任何情节的情况下,根据抽象个罪的行为的危害性确定量刑起点。然而,如果不联系结果的性质,就不可能判断行为的危害性。因为刑法上的危害行为并不在于其伦理意义,而在于其导致结果发生的危险性。单纯根据危害行为确定量刑起点,必然导致责任刑不符合报应原理。

个案判决推导论认为,法律没有明确规定量刑起点,量刑起点的确定离不开实证分析的方法,应当通过对法院的个案判决考察去寻找量刑起点。显然,这种观点只不过是要求根据量刑经验确定量刑起点,并不具有实质性的意义。

《量刑指导意见》规定:"根据基本犯罪构成事实在相应的法定刑幅度内确定量刑起点。"这实际上是指,按照被告人所实施的基本犯的既遂形态,确定量刑起点。由于《量刑指导意见》对常见犯罪规定了量刑起点的幅度,所以,《量刑指导意见》所称的确定量刑起点,实际上是指由法官根据具体犯罪的基本犯罪构成事实,比照抽象个罪的基本犯罪构成(既遂形态),在相应的量刑起点幅度内确定。① 显然,确定各种犯罪的量刑起点幅度的根据与在量刑起点幅度内确定具体量刑起点的根据,是完全相同的。问题是,量刑起点幅度应当对应于何种程度的罪行?或者说,应当根据何种罪行程度确定量刑起点幅度?

至为明显的是,要确定量刑起点幅度,就必须考虑犯罪的常态与法定刑的对应关系,亦即,常态犯罪与法定刑中的何种刑罚相对应?与常态犯罪所对应的刑罚就是量刑起点幅度,在此基础上,将具体案件与常态犯罪进行比较,进而确定具体案件的量刑起点与责任刑。

可以肯定的是,法定刑的下限对应的是最轻的犯罪,法定刑的上限对应的是最重的犯罪,于是,由低到高的法定刑,对应的就是由轻到重的犯罪。但是,法定刑的中间刑所对应的是思维或者想象中的中等程度的犯罪,而不是常态犯罪。因为现实生活中频繁发生的常态犯罪,并不是中等程度的犯罪,而是对应于法定刑中间刑偏下的位置。换言之,从经验上看,在大多数犯罪中,并不是常态犯罪占50%,较轻犯罪占25%,较重犯罪占25%(如果是这样,则应认为常态犯罪对应的责任刑是中间刑);相反,常态犯罪一般占绝大多数(如80%左右),而且通常靠近起点犯罪。

---

① 熊选国主编:《量刑规范化办案指南》,法律出版社2011年版,第39—40页。

这一点在德国已经得到了统计资料的充分证明。① 我国的司法现状也能说明这一点。

例如,以普通抢劫罪为例,情节最轻的抢劫罪对应的是 3 年有期徒刑,情节最重的抢劫罪(如抢劫数额接近数额巨大且致二人以上轻伤)对应的是 9 年至 10 年有期徒刑。但在现实生活中,普通抢劫罪的常态则是使用暴力或者胁迫手段,抢劫他人价值几百元至几千元的财物(并且没有致人轻伤)。例如,北京市某区法院 2014 年上半年审理的抢劫案中,抢劫 0 元至 500 元的,占 23%;抢劫 501 元至 1000 元的,占 4%;抢劫 1001 元至 2000 元的,占 23%;抢劫 2001 元至 4000 元的,占 18%;抢劫 4001 元至 1 万元的,占 14%;抢劫 10001 元至 2 万元的,占 9%;抢劫 2 万元以上的,占 9%。由于北京市抢劫数额巨大的起点为 6 万元,所以上述抢劫几百元至几千元的常态普通抢劫罪所对应的刑罚,显然不是 6—7 年有期徒刑,而只能是 3 年多到 4 年多的有期徒刑。再如,上海市某区法院 2013 年上半年至 2014 年下半年审理的抢劫案中,未取得财物的占 7.81%,抢劫 500 元以下的占 18.75%,抢劫 501 元至 1000 元的占 10.94%,抢劫 1001 至 5000 元的占 34.38%,抢劫 5001 元至 1 万元的占 14.06%。与数额巨大的起点相比,普通抢劫罪的常态所对应的刑罚也应当明显低于中间刑。

再如,在判处 3 年以下有期徒刑的盗窃案中,盗窃数额在 1000 元至 4000 元之间的占绝大多数。② 河南省某基层法院 2014 年上半年审理的盗窃案中,数额在 500 元以下的占 7.89%,数额在 501 元至 1000 元的占 2.63%,数额在 1001 元至 5000 元的占 60.53%,数额在 5000 元至 1 万元的 13.16%,数额在 1 万元以上的仅占 15.79%。既然如此,数额较大的盗窃罪的量刑起点,就不是中间刑,而是中间刑偏下的刑罚乃至接受最低刑的刑罚。

又如,北京市某区法院 2014 年上半年审理的贩卖毒品(绝大多数为

---

① 参见〔德〕Dölling:《量刑决定の构造》,〔日〕小池信太郎译,载〔德〕Wolfgang Frisch、〔日〕浅田和茂、〔日〕冈上雅美编著:《量刑法的基本问题》,成文堂 2011 年版,第 98 页。

② 参见唐亚南:《盗窃罪量刑标准有待规范》,载《检察日报》2014 年 10 月 15 日第 3 版。

甲基苯丙胺)案中,毒品数量为0.01克至5克的占78%,毒品数量为5.01克至10克的占5%。上海市某区法院2013下半年至2014年上半年审理的毒品案中,毒品数量为1克以下的占40.07%,1.01克至5克的占43.7%。显然,属于绝大多数的常态的贩卖毒品罪,所对应的不是中间刑,而是中间刑偏下的刑罚。

同样,在故意伤害致人重伤的犯罪中,常态犯罪就是达到重伤程度或者略为严重的重伤,造成特别严重的重伤案件则较少。既然如此,故意伤害致人重伤的常态犯罪所对应的责任刑,也应当是中间刑偏下的刑罚,否则就会造成罪刑不均衡。故意杀人案中,绝大多数是杀害一人,杀害二人以上的是极少数。所以,常态的故意杀人罪(即以报复等动机故意杀害一人)所对应的刑罚,肯定不是死刑,而是14—15年有期徒刑①,充其量是无期徒刑。因此,如果认为常态的故意杀人罪对应的是死刑,那么,就会造成两个方面的消极后果:一是导致对故意杀人罪的量刑过重;二是导致量刑不均衡、不公正。这刚好是我国的量刑实践所面临的两个问题。例如,我国对故意杀人罪没有减轻处罚情节的,一般判处死刑立即执行或者死缓,这样的量刑明显过重。再如,对于故意杀害一人与故意杀人多人(如灭门案)的,都判处相同的死刑,此般量刑并不公平。这是值得引起重视的现象。

从构成要件的形成来看,常态犯罪所对应的也是中间刑偏下乃至接近最低刑的刑罚。因为犯罪构成是对现实发生的绝大多数犯罪的描述与类型化,或者说,犯罪构成是对常态犯罪的类型化。反过来说,符合犯罪构成的行为,主要也是常态犯罪。如上所述,德国的统计资料充分证明了常态犯罪对应的是中间刑偏下的位置。但与德国刑法不同的是,我国刑法对犯罪不仅有质的规定,而且有量的规定。例如,即使非法获得财产的数额较小,在德国也成立财产犯罪,但在我国则不成立财产犯罪。这就决

---

① 或许正因为如此,日本的裁判所对故意杀人罪中的90%左右仅判处有期徒刑。第二次世界大战后至20世纪70年代,日本法官对40%以上故意杀人犯(杀婴的除外)判处3年以下自由刑;即使在20世纪80年代以后,日本法官对30%左右的故意杀人犯(杀婴的除外)判处3年以下自由刑(参见〔日〕原田国男:《量刑判断の実際》,立花书房2004年增补版,第135—136页)。

定了我国的某些常态犯罪所对应的刑罚完全可能是接近法定最低刑的位置。

《量刑指导意见》对常见的 15 种犯罪所确定的量刑起点，多数在中间刑偏下，但少数则从中间刑偏上开始。例如，《量刑指导意见》关于故意伤害罪的量刑起点，做了如下规定："构成故意伤害罪的，可以根据下列不同情形在相应的幅度内确定量刑起点：(1) 故意伤害致一人轻伤的，可以在二年以下有期徒刑、拘役幅度内确定量刑起点。(2) 故意伤害致一人重伤的，可以在三年至五年有期徒刑幅度内确定量刑起点。(3) 以特别残忍手段故意伤害致一人重伤，造成六级严重残疾的，可以在十年至十三年有期徒刑幅度内确定量刑起点。依法应当判处无期徒刑以上刑罚的除外。"第(2)、(3)所规定的加重犯的量刑起点在中间刑偏下，但第(1)所规定的基本犯的量刑起点，则是从中间刑偏上开始至拘役。如果从故意轻伤的常态来考虑，对于故意伤害致一人轻伤的，在一年以下有期徒刑、拘役幅度内确定量刑起点，可能更为合适。

在中间刑偏下确定量刑起点，对多数犯罪都是合适的，但对数额犯而言，则不一定如此。一方面，在刑法针对不同数额规定了不同法定刑，司法解释又明确规定了数额标准的情况下，需要根据被告人的犯罪数额确定责任刑。例如，假定盗窃罪的数额巨大标准是 5—50 万元，那么，盗窃 25—30 万元的行为所对应的是 5—6 年责任刑。另一方面，当数额犯的常态不是处于中间刑偏下的位置，而是处于接近最低刑的位置时，则应当在接近最低刑的位置确定量刑起点。

例如，《量刑指导意见》针对盗窃罪"数额较大"的情形规定，"可以在一年以下有期徒刑、拘役幅度内确定量刑起点"。这一量刑起点虽然在中间刑偏下，但相对于盗窃罪而言，仍显过高。这是因为，在适用"数额较大"法定刑的案件中，绝对多数的盗窃数额都在 4000 元以下（常态），这一数额大体上只是甚至不到"数额巨大"起点的 1/10，而盗窃"数额巨大"的起点刑为 3 年有期徒刑，所以，盗窃"数额较大"的量刑起点应当是 3 个月左右的拘役。否则，就会导致责任刑的不公平。

总之，如果采用以既遂为模式的量刑起点，那么，与量刑起点对应的犯罪只能是该犯罪的常态情形;而常态犯罪并不是罪行程度居于中间程度的犯罪,而是比中间程度更轻的犯罪。所以,应当在法定刑的中间刑偏下的位置乃至接近最低刑的位置确定量刑起点(幅度)。

(三) 影响责任刑情节的适用

确定量刑起点后,需要根据影响责任刑的情节,确定责任刑(点)。对此,有以下几点值得注意。

1. 禁止重复评价

在确定量刑起点时已经考虑过的情节,不能再作为影响责任刑的情节重新考虑,否则,就会形成重复评价。

例如,《量刑指导意见》规定:"强奸妇女一人的,可以在三年至五年有期徒刑幅度内确定量刑起点。奸淫幼女一人的,可以在四年至七年有期徒刑幅度内确定量刑起点。"对奸淫幼女确定的量刑起点明显重于普通强奸妇女的犯罪,这便表明,奸淫幼女的量刑起点已经考虑了从重处罚的情节。既然如此,就不能在确定了较重的量刑起点之后,又将奸淫幼女作为增加责任刑的情节。

再如,《量刑指导意见》在规定了故意伤害罪的量刑起点后指出:"在量刑起点的基础上,可以根据伤害后果、伤残等级、手段残忍程度等其他影响犯罪构成的犯罪事实增加刑罚量,确定基准刑。故意伤害致人轻伤的,伤残程度可在确定量刑起点时考虑,或者作为调节基准刑的量刑情节。"显然,倘若在确定量刑起点时已经考虑了伤残程度,那么,在确定了量刑起点后,就不能再将伤残程度作为增减责任刑的情节。否则,就是典型的重复评价。

又如,《量刑指导意见》对盗窃罪的量刑做了如下规定:"在量刑起点的基础上,可以根据盗窃数额、次数、手段等其他影响犯罪构成的犯罪事实增加刑罚量,确定基准刑。多次盗窃,数额达到较大以上的,以盗窃数额确定量刑起点,盗窃次数可作为调节基准刑的量刑情节;数额未达到较大的,以盗窃次数确定量刑起点,超过三次的次数作为增加刑罚量的事实。"由于《量刑指导意见》并没有明确区分影响责任刑的情节与影响预防刑的情节,又由于盗窃次数的增加一般会导致盗窃数额增加,所以,应当特别注意防止重复评价。本书的初步看法是,当多次盗窃的数额达到较大以上时,以盗窃数额确定量刑起点后,盗窃次数充其量只能作为影响预防刑的情节①,而不应当成为增加责任刑的情节。否则,不仅会导致重复评价,而且会违反责任主义。

2. 正确认识情节的作用

在确定责任刑时,需要正确评价各种影响责任刑情节的地位。有的对确定责任刑起重要作用,有的起次要作用,有的仅起微弱作用。一般来说,法定的应当型情节、可以型情节与酌定情节的地位与作用依次递减:关于应当型情节的规定是一种硬性规定,法官具有遵守义务,没有自由斟酌、任意选择的权利;关于可以型情节的规定是一种授权性规定,法官有权根据案件的具体情况,决定是否实现刑法规定的内容,但该规定同时表明了一种倾向性意见,即在通常情况下,应实现刑法规定的内容;酌定情节是刑法没有做出任何明文规定的,由法官适当考虑、具体斟酌的情节。法官在量刑时,必须正确认识不同情节的不同地位与作用,通常不能将上述不同情节同等看待,而应根据刑法的规定区别对待。

但是,对此不能绝对化。成文法的特点决定了其不可避免存在局限性,刑法完全可能忽略了部分明显影响责任刑的情节,或者由于难以规定的原因而委任于法官。质言之,有些酌定情节对责任刑的影响可能大于法定情节。例如,在故意杀人罪中,杀人的动机虽然不是构成要件要素,但是,被告人为什么杀人则是影响责任大小的一个重要情节。这种杀人动机对责任刑的影响,在某些场合可能比责任年龄对责任刑产生的影响更重大。例如,甲女为了摆脱丈夫的长期虐待而杀害丈夫,17周岁的乙男基于图财动机而杀人。虽然乙具有法定的从宽处罚的情节,但是,甲的责任刑必须轻于乙的责任刑。或许有人会提出这样的问题,既然动机如此重要,为什么刑法没有将动机规定为法定的量刑情节?这是因为,动机

---

① 由于多次盗窃的数额已经计算在责任刑中,能否将多次本身作为影响预防刑的情节,也还值得进一步研究。

多种多样,动机对责任刑的影响不可能用一个具体的标准,只能由法官在量刑时自由裁量。也正因为如此,德国刑法没有将动机规定为法定的量刑情节,但在第46条中将犯罪的动机规定为"特别要考虑"的首要情节。日本《改正刑法草案》第48条也规定法官在量刑时必须考虑犯罪的动机。

又如,关于基于悔罪而返还财物的情形。一种观点认为,"如果犯罪已经既遂,行为人自动恢复原状或者主动赔偿损失,例如盗窃犯把盗得的财物送回原处,贪污犯主动退赔以前贪污的公款,由于其犯罪已经完成,不存在中止犯的时空条件,因而不属于犯罪中止而是犯罪既遂,但对此可作为从宽情节处罚时酌情考虑。"①另一种观点认为,"在非毁灭性的犯罪结果发生以后,暗中自动放弃对犯罪财物的非法占有,并将其返还事主。这种犯罪通常发生在财产性犯罪之中,对这种情形以犯罪中止论处,有利于鼓励犯罪分子弃暗投明,挽回犯罪造成的损失。"②如果从中止犯的成立条件来说,前一种观点当然是正确的。但由于通说认为酌定情节的作用轻于法定情节的作用,所以出现了后一种观点。换言之,在后一种观点看来,将基于悔罪而返还财物的行为仅认定为酌定量刑情节,不利于对被告人的量刑。但是,后一种观点明显不符合中止犯的原理。于是,有学者提出:"将赃款赃物返还事主的行为,属于犯罪既遂后的悔罪行为,但仅作随意性很大的酌定情节处罚,这不能作到罪刑相适应。这种悔罪行为的社会危害性,有的可能比犯罪中止还小。"进而建议,"在刑法总则第四章第三节的自首与立功之后,增加一条规定:即'犯罪分子犯罪后在人民法院判决之前,坦白认罪、积极退赃、返还赃款、挽回犯罪损失或者其他认罪悔罪表现的,可以从轻或者减轻处罚;认罪悔罪特别好的,可以减轻或者免除处罚'。"③其实,刑法不可能将所有影响量刑的情节法定化。在本书看来,解决问题的真正办法,不在于将哪些情节法定化,也不在于将基于悔罪而返还财物的行为以中止犯论处,而是正确评价酌定情节的作用,不

---

① 高铭暄、马克昌主编:《刑法学》(上编),中国法制出版社1999年版,第280页。
② 陈兴良:《刑法适用总论》(上卷),法律出版社1999年版,第448页。
③ 赵长青:《悔罪形态初探》,载《云南大学学报法学版》2006年第1期,第11、13页。

能一概认为酌定情节的作用轻于法定情节的作用;相反应当承认,酌定情节的作用可能大于法定情节的作用。

再如,期待可能性的大小,也明显影响被告人的责任轻重。"犯罪成立的第三个要件是有责性。有责性,可以说是就符合构成要件的违法行为,能够对行为人进行非难。这个要件由来于刑罚目的。亦即,刑法从保护法益的见地禁止、命令一定的行为,通过预告、实行对违法行为的刑罚制裁,使国民产生不实施犯罪的动机。因此,其前提必须是可能产生不实施犯罪的动机,换言之,行为人在实施犯罪行为之际具有选择其他适法行为的可能性。此即他行为可能性。在能够期待不实施违法行为而实施适法行为的意义上,也可改称为期待可能性。概言之,所谓有责性,是指对于能够期待实施其他适法行为(他行为可能性·期待可能性)却实施了违法行为的法的非难。"①显然,责任非难的基础是他行为可能性,也可以说是期待可能性。既然如此,那么,一方面,对于没有期待可能性的行为,就不得定罪处刑。② 另一方面,如果行为人具有期待可能性,但期待可能性明显减少,则是减轻责任刑的重要情节。例如,脱逃罪的行为主体是依法被关押的罪犯(已决犯)、被告人与犯罪嫌疑人。据此,只要司法机关在关押的当时符合法定的程序与实体条件,被关押的罪犯、被告人、犯罪嫌疑人就可以成为行为主体。但是,在相关附随情况使得行为人确实以为自己无罪,误以为司法机关的错误导致其被关押,进而单纯脱逃的,应认为期待可能性明显降低,量刑时必须大幅度减少责任刑。这种期待可能性的减少对量刑所起的作用,完全可能大于某些法定的量刑情节。

总之,虽然一般来说,在通常情况下,法定量刑情节的作用大于酌定情节的作用,但是,对此不能绝对化,必须承认酌定情节的作用大于法定情节的情形。

---

① 〔日〕西田典之:《刑法总论》,弘文堂2006年版,第191页。
② 在我国司法实践中,对于帮助配偶、近亲属(当事人)毁灭、伪造证据的行为,均以帮助毁灭、伪造证据罪论处;对于窝藏、包庇犯罪的配偶、近亲属的行为,也均以窝藏、包庇罪论处。但是,这种做法有悖责任主义原理,应当将其作为缺乏期待可能性的情形宣告无罪(参见张明楷:《期待可能性理论的梳理》,载《法学研究》2009年第1期,第60页以下)。

3. 正确对待数个量刑情节

一个犯罪人可能具有数个从严情节,或具有数个从宽情节,或同时具有从严与从宽情节。在这种情况下,不能任意改变量刑情节所具有的功能。

在犯罪人同时具有几个减少责任刑的情节,或者同时具有几个增加责任刑的情节时,应当按照从作用大到作用小的情节顺序对量刑起点进行调节。在一个犯罪人同时具有增加责任刑与减少责任刑的情节时,不能采取简单的折抵或者抵消的办法,而应考虑不同情节的地位与作用,分别适用各种量刑情节。特别要注意的是,法官不应当自觉或者不自觉地使从重处罚的情节优于从轻处罚的情节。在从重情节与从轻情节的作用相当的情况下,不能因为具有从重情节,而增加责任刑;在从轻情节的作用大于从重情节时,法官应当适当减少责任刑。

值得重复说明的是,按照点的理论,责任刑的从重情节与预防刑的从轻情节,责任刑的从轻情节与预防刑的从重情节,绝对不可以相互抵消。例如,甲因犯盗窃罪被判处2年有期徒刑,刑满释放后1年,又与他人共同实施抢劫罪,但在共同犯罪中是从犯。从犯是责任刑情节,累犯是预防刑情节。倘若甲的抢劫行为原本应处7年徒刑,由于其为从犯,法院决定从轻处罚,减少3年徒刑,那么,其责任刑(点)便是4年徒刑,即使其为累犯、特殊预防的必要性很大,也不得在4年之上判处刑罚。如果认为责任刑的从轻情节(从犯)与预防刑的从重情节(累犯)可以抵消,则意味着对甲仍然可以判处7年徒刑。但这种做法明显违反责任主义。

4. 正确适用多功能情节

我国刑法规定的从宽情节,绝大多数属于多功能情节,其核心是从某一量刑情节所包含的多种功能中选择其中一种功能,并将其适用于具体案件的量刑。在这种情况下,法官需要重点考虑的是被告人所具有的情节本身对责任刑的影响大小,而不是罪行本身的轻重。因为罪行本身的轻重已经考虑到量刑起点的确定中,在量刑起点确定后,多功能情节所起的作用就是情节本身。例如,在盗窃案中望风的从犯,同样要对正犯的盗窃数额负责。在根据盗窃数额确定量刑起点后,重点要考虑的是从犯本身的情节。如果从犯在共同犯罪中所起的作用虽然较小,但已经接近正犯的作用,或者说接近于共同正犯,则只能选择从轻处罚。如果从犯在共同犯罪中所起的作用特别小,则可以选择免除处罚。

在多功能量刑情节本身与被告人的罪行轻重具有重合性质的情况下,不排除对罪行的评价与对多功能量刑情节的评价存在不一致的情形,但需要避免重复评价。例如,防卫过当致人死亡的情况下,倘若防卫人出于过失,那么,应当按照过失致人死亡罪的常态确定量刑起点。在此基础上,通过考虑防卫过当的情节,决定是减轻处罚还是免除处罚。在考虑防卫过当的情节时,不应当将"致人死亡"作为不得免除处罚的根据。

第六章 预防刑的裁量

一、概　　述

按照责任主义与点的理论,在通过裁量确定了责任刑的点之后,就应当在责任刑的点之下、法定刑最低刑以上裁量预防刑;如果有减轻处罚的情节,当然可以或者应当在法定刑之下裁量预防刑。

如前所述,罪刑均称是非对称性的原则,只是意味着刑罚不得超过责任的上限,而不意味着最终宣告的刑罚必须与责任相适应。所以,责任刑的作用只是限制刑罚,尤其是限制对预防目的的过度追求,将对预防目的的追求控制在报应限度之内。

在责任刑的点之下,对预防刑的裁量是实现刑罚目的的关键。如果确定了责任刑的点之后,不进行预防刑的裁量,就意味着采取了绝对报应刑论,因而不符合并合主义原理。如果在责任刑的点之上裁量预防刑,则意味着仅采取预防刑论,同样违背并合主义原理。倘若在责任刑的点之下裁量的预防刑不当,就不利于预防目的的实现,同样缺乏刑罚的正当化根据。

预防刑的裁量仍然存在刑种的选择问题。因为我国刑法对大部分犯罪都规定了两种以上的刑罚。因此,即使确定了责任刑的点,点之下仍然可能存在不同的刑种。例如,对故意杀人或者故意伤害致死的犯罪,确定了无期徒刑的责任刑之后,在裁量预防刑时,仍然面临是宣告无期徒刑还是 10 年以上有期徒刑的选择。再如,对故意轻伤害的犯罪,确定了 1 年有期徒刑的责任刑之后,1 年徒刑之下还有拘役与管制,最终是选择徒刑,还是选择拘役或者管制,是预防刑的裁量所要解决的问题。例如,如果实行社区矫正就足以预防犯罪人重新犯罪,那么,法官原则上就应当选择管制。

在选择了刑种之后,预防刑的裁量主要是刑度或刑量的决定。例如,对一个普通抢劫罪确定了 7 年有期徒刑的责任刑之后,如果没有减轻处罚与免除处罚的情节,那么,就只能在 3 年以上 7 年以下有期徒刑的范围内进行预防刑的裁量,此时仅有刑量的决定。刑量的决定,则完全取决于影响预防刑的情节以及对犯罪人再犯罪危险性的评估。

预防刑裁量的另一个重要内容,是刑罚的具体形态的决定,亦即在具备适用缓刑的前提条件下,是判处实刑还是宣告缓刑。实质的标准显然是特殊预防目的及其实现条件:如果没有再犯罪的危险,原则上就应当宣告缓刑;如果不执行刑罚就有再犯罪的危险,则不宜宣告缓刑(参见本书第七章)。对于累犯不适用缓刑,就是因为犯罪人有过刑罚体验之后仍然再次犯罪,这便表明,如果适用缓刑就不能避免再犯罪的危险。

广义的预防刑的裁量,还包括是否宣告禁止令的裁量以及没收犯罪工具等处分的裁量(参见本书第七章)。

二、裁量预防刑的观念

前一章关于责任刑裁量的观念,同样适用于预防刑。在此,主要就特殊预防与一般预防在量刑过程中的地位做进一步说明。

(一) 裁量预防刑的一般观念

特殊预防是刑法所期待的未来的目的,但法官在追求特殊预防目的裁量刑罚时,必须以已经发生或者已经存在的反映犯罪人的再犯罪危险性的事实为根据。在此意义上说,刑罚必须与犯罪人的再犯罪危险性相适应。显而易见,犯罪人罪前一贯品行较好或素有劣迹、是否累犯、有无前科等,以及罪后自动投案或畏罪潜逃、主动坦白或嫁祸于人、积极退赃或隐藏赃物、对被害人赔礼道歉或扬言报复等与犯罪行为有关的表现,虽然对他所实施的犯罪本身没有直接影响,或者说不能对责任刑产生影响,却可预示其改造的难易程度和再犯罪的危险性大小,将这种再犯罪危险性作为决定刑罚轻重的根据之一,符合特殊预防的需要。不仅如此,犯罪人再犯罪的危险性大小,还与其人格、家庭及社会环境、职业状况、交往关系等密切相关。因此,认定再犯罪危险性程度的依据,包括两大方面:一是犯罪人在罪前罪后的与犯罪行为有联系的表现,对此刑法理论上已有较多的论述①,刑法关于自首、立功与累犯的规定,也都说明罪前罪后的表现是裁量预防刑的依据。二是犯罪人的人格、家庭及社会环境、职业状况等影响再犯罪的危险性的因素。例如,行为人是否生活在健全的家庭环境中,从特殊预防的观点来看,对刑种的选择以及对缓刑与实刑的选择起着重要作用。家庭生活的健全性,是判处管制、缓刑的有利因素;反之,如果行为人生活在像犯罪温床那样的家庭里,则影响管制、缓刑的适用。② 有争议是,作为量刑根据之一,是全面地考察行为人的人格,还是仅仅在与犯罪行为有关联性的限度内考虑? 回答应是后者。"行为并非单纯是人格的体现,而是人格与环境的相互作用中产生的东西。从这一点来看,人格全体并不一定总是与行为联系在一起的,而且,国家不应该判断人格本身。既然目的在于以刑罚来防止犯罪,仅仅在与犯罪行为相互联系的限度来考虑个人的人格或性格就足够了。"③

各国刑法的相关规定,也都要求法官在量刑时考虑特殊预防的目的。例如,德国《刑法》第 46 条规定,法院在量刑时,应考虑犯罪人的履历、人身和经济情况及犯罪后的态度,尤其是为了补救损害所作的努力。奥地利《刑法》第 32 条规定,法院在量刑时,应当考虑刑罚和行为的其他后果对行为人将来在社会生活中的影响。日本《刑事诉讼法》第 248 条规定,

---

① 参见高铭暄主编:《刑法学原理》第三卷,中国人民大学出版社 1994 年版,第 234 页以下;张明楷:《刑事责任论》,中国政法大学出版社 1992 年版,第 52 页。
② 参见〔日〕川崎一夫:《体系的量刑论》,成文堂 1991 年版,第 203 页。
③ 〔日〕曾根威彦:《量刑基准》,载〔日〕西原春夫主编:《日本刑事法的形成与特色》,中国法律出版社、日本成文堂 1997 年版,第 143 页。

在决定是否暂缓起诉时,应当考虑"犯罪人的性格、年龄和境遇,犯罪的轻重和情节,以及犯罪后的态度。"日本《改正刑法草案》第48条第1项规定,适用刑罚时,应当考虑犯罪人的年龄、性格、经历与环境、犯罪人在犯罪后的态度以及其他情节,并应当以有利于抑止犯罪和促进犯罪人的改善更生为目的。如前所述,我国《刑法》第5条所规定的"刑罚的轻重,应当与……承担的刑事责任相适应",实际上是指刑罚必须与犯罪人的再犯罪危险性相适应。

总之,根据并合主义原理,在确定责任刑之后,必须考虑特殊预防目的,是理所当然的。

(二) 预防刑裁量与预防目的

争论的问题是,在量刑时是否应当考虑一般预防的需要?如果持肯定回答,那么,一般预防与特殊预防相冲突时,如何处理?本书前几章已经反复表明了立场,在此再作如下归纳。

第一,量刑时难以考虑积极的一般预防。

本书承认,刑罚具有积极的一般预防的功能。例如,刑罚的适用有利于增强国民的规范意识,提高国民的法律意识,促进国民的守法观念,强化国民的法律认同。但是,如前所述,法官要在责任刑之下考虑积极的一般预防的实现,是相当困难甚至是不可能的。例如,倘若从强化规范意识的角度来说,人们会认为,刑罚越是严厉就越能给国民产生深刻印象,因而越能强化国民的规范意识。但这样的量刑不仅会导致残酷的、不必要的刑罚,而且导致将犯罪人作为实现积极的一般预防的工具。再如,对一起故意伤害案或者盗窃案,根据什么样的情节,宣告什么样的刑罚,才能实现刑罚的学习效果、信赖效果、满足效果、确证效果?这不仅在经验上得不到任何证明,而且确实没有(如不可能通过民意调查裁量预防刑)将刑量与积极的一般预防的效果联系起来的路径与方法。结局,只能由法官根据自己的感觉判断。

其实,"使国民的规范意识觉醒和得到强化这一所谓'积极的一般预防目的',可以认为已经在相应于责任的量中得到了体现。"①如果在裁量预防刑时再根据相关情节考虑积极的一般预防目的,也会形成不当的重复评价。

如前所述,Roxin 教授认为,量刑时,积极的一般预防优于特殊预防,因此,在犯罪人没有特殊预防的必要性,但具有积极的一般预防必要性时,应当科处刑罚。然而,其一,这种观点难以避免将犯罪人作为一般预防工具的嫌疑。其二,积极的一般预防恐怕永远都是有必要的,因为对于任何犯罪的量刑,人们都期待实现刑罚的学习效果、信赖效果、满足效果、确证效果。于是,在任何犯罪中都需要判处刑罚。这种刑罚积极主义的做法,为本书所不取。

总之,积极的一般预防虽然是量刑所期待的效果,事实上也会产生这样的效果,但它不是决定量刑内容的原理。② 量刑时,应当注重特殊预防,而不能使积极的一般预防优于特殊预防。

第二,量刑时不能考虑消极的一般预防。

所谓量刑时不能考虑消极的一般预防,是指量刑时不能为了威慑一般人而对犯罪人从重处罚。这是因为,在其他人可能实施相同犯罪行为的情况下,通过对犯罪人科处重刑以便威慑其他人,完全是将犯罪人当作工具对待的,违反了宪法有关"国家尊重和保障人权"的规定。宪法的这一规定根源于"人的尊严"。③ 任何人,不管其个性如何,无论其身心有无缺陷,也不管他是否犯罪人,都拥有尊严。"人的尊严既非由国家,也不是由法律制度所创造并授予的,它所依赖的是人自身的主体性,所以,尊严是由每个人应当享有的权利,而且优先于国家法律所规定的所有权利。……人的尊严构成了一个法治国家宪法的'立法原则'。尊重和维护人的尊严对任何国家行为,立法、司法、执行机构均是一种有约束力的

---

① 〔日〕曾根威彦:《量刑基准》,载苏惠渔等编:《中日刑事法若干问题》,上海人民出版社 1992 年版,第 59 页。
② 参见〔日〕城下裕二:《量刑基准の研究》,成文堂 1995 年版,第 129、136 页。
③ 参见〔日〕团藤重光:《法学の基础》,有斐阁 1996 年版,第 129 页。

法律原则。"①尊重和维护人的尊严,意味着将人当作自在的目的,而不是实现某种目的的手段。换言之,"'尊严'——'不仅仅是一种相对的'、'可用等价物来衡量的价值','而且是一种内在的价值'——只能表现为一种'自在的目的本身',因此它是'美德加人性,只要拥有尊严,就能拥有两者'。换言之,人只要确定'自在的目的',能够分辨善恶,并且永不将其用作达到其他目的的手段,他便拥有了绝对尊严。"②可是,如果量刑时重视消极的一般预防的效果,就必然使被告人成为实现消极的一般预防目的的工具。

此外,刑罚的威慑效果还未能得到科学证明,事实上也不能根据威慑预防的要求确定必须增加的刑量,考虑刑罚的威慑效果只会导致重刑主义,所以,消极的一般预防不可能成为独立的量刑要素。③

特别需要指出的是,不能将一般人的报应感情等同于一般预防的必要性。换言之,不能认为一般人强烈要求严厉惩罚,一般预防的必要性就大;一般人没有要求严厉惩罚,一般预防必要性就小。一般人的惩罚要求,主要是基于报应感情,绝不是裁量预防刑时应当考虑的情节。

既然量刑时不能考虑消极的一般预防,就不存在是特殊预防优先还是消极的一般预防优先的问题。或者说,在量刑过程中,消极的一般预防不可能优于特殊预防。

第三,量刑时不应考虑所谓特别的一般预防。

德国学者 Bruns 将一般预防分为普通的一般预防与特别的一般预防。普通的一般预防,是对一般人给予的法的确证,承担这种普通的一般预防目的的是刑法整体。特别的一般预防,是指在确定具体犯罪的刑量时,基于一般预防的观点加重刑罚的情形。④ 所谓基于一般预防的观点

---

① 〔德〕乔治·恩德勒等主编:《经济伦理学大辞典》,王淼洋等译,上海人民出版社2001年版,第324—325页。
② 同上书,第323页。
③ 参见〔日〕远藤邦彦:《量刑判断过程の总论的检讨》,载大阪刑事实务研究会编著:《量刑实务大系第1卷量刑总论》,判例タイムズ社2011年版,第95页。
④ Vgl., Hans-Jügen Bruns, Strafzumessungsrecht, 2. Aufl., Heymann 1974, S. 326.

加重刑罚的情形,一般是指发案频率高的犯罪或者模仿性强的犯罪。①按照这样的观点,量刑时,应当对发案频率高的犯罪或者模仿性强的犯罪加重刑罚。

本书难以接受这样的观点。其一,对于发案频率高的犯罪,立法者已经规定了较重的法定刑。例如,盗窃罪的法定刑之所以重于故意毁坏财物罪,一个重要原因是其发案频率高。倘若在量刑时再次考虑这一因素,那么,就违反了禁止重复评价的原则。其二,如果某种犯罪的本身模仿性强,立法者也会在法定刑中予以考虑,量刑时不得再次考虑。倘若仅因为该犯罪模仿性强就加重预防刑,实际上是将犯罪人作为预防犯罪的工具对待,侵犯了人的尊严。如前所述,如若行为人特意以刑法条文没有预想到的、他人容易模仿的方法实施了某种犯罪,应当属于增加责任刑的情节,宜在责任刑的裁量时考虑,而不是在预防刑的裁量时考虑。换言之,如果特别的一般预防必要性大小取决于犯罪人的具体行为或者情节,那么,此时的特别的一般预防就属于行为责任或者特殊预防的问题。

第四,量刑时可以考虑一般预防必要性小的情形。

所谓一般预防的必要性小,既包括积极的一般预防必要性小,也包括消极的一般预防的必要性小。主要表现为,就被告人实施的犯罪行为而言,一般人均具有规范意识,基本上不会实施或者很少实施该类犯罪(当然,对积极的一般预防必要性大小的判断相当困难);即使就缺乏规范意识的人而言,以刑罚威慑的必要性也不大。例如,成人间基于同意公开实施的聚众淫乱行为,虽然成立聚众淫乱罪,但通常不会被人模仿,以刑罚威慑一般人的必要性不大,所以,成为减少预防刑的因素。再如,背叛国家罪,虽然罪行严重,但由于一般人不可能实施本罪,故以刑罚威慑一般人的必要性很小,也可以成为减少预防刑的因素。

问题是,一般预防必要性小而特殊预防必要性大时,应当如何处理?如前所述,本书坚持特殊预防优先的立场,因为法定刑的确定大体上考虑了一般预防必要性,量刑原本就是在责任刑之下实现具体案件的刑罚的

---

① 参见〔日〕川崎一夫:《体系的量刑论》,成文堂1991年版,第164页。

个别化。换言之,特殊预防不可能在法定刑中予以考虑,只能由法官在量刑时、执行机关在行刑时考虑。如果法官在量刑时不考虑特殊预防必要性的事实,就不可能发挥刑罚的特殊预防机能。所以,当法官根据量刑资料,确信特殊预防的必要性大时,就可以在责任刑(点)之下,从重处罚。

反之,如果一般预防必要性大而特殊预防必要性小时,应当如何处理?按照本书的观点,既然量刑时不能因为一般预防必要性大而增加预防刑,就意味着只能将特殊预防必要性小作为减少预防刑的情节。我国刑法的相关规定,也能说明这一点。例如,《刑法》第17条之一规定:"已满七十五周岁的人故意犯罪的,可以从轻或者减轻处罚;过失犯罪的,应当从轻或者减轻处罚。"已满75周岁虽然可谓影响责任刑的情节,但同时也是影响预防刑的情节。因为行为人的年龄已经表明其再犯罪的危险性减少。所以,即使行为人实施的是一般预防必要性很大的犯罪,也必须将其特殊预防必要性小的事实作为减少预防刑的情节。

如前所述,Roxin教授认为,一些谋杀犯虽然没有特殊预防的必要性,但由于具有一般预防的必要性,所以必然以一般预防优先,对其判处刑罚,而不得免予刑罚处罚。本书看法如下:其一,犯罪人是否具有特殊预防必要性,是根据已有的事实进行判断的,而不是对将来的单纯猜测。一般来说,故意杀人犯具有特殊预防必要性,如果对之不给予刑罚处罚,不能保证其不再犯罪。其二,在故意杀人罪责任刑的点之下,由于特殊预防的必要性小而宣告缓刑,也是完全可能的。如前所述,在日本,故意杀人罪的缓刑适用率在20%左右,但其故意杀人罪的发生率依然低于美国、德国、法国与英国等发达国家。这表明,对部分故意杀人犯判处缓刑,也能预防故意杀人。其三,在我国,刑法关于量刑的规定,导致不具有免予刑罚处罚情节的犯罪人,不可能免予刑罚处罚。所以,即使法官认为故意杀人犯没有特殊预防的必要性,也不可能宣告免予刑罚处罚。但在这种场合,并不是因为量刑时考虑到一般预防的必要性大而判处刑罚,而是立法者在立法层面对一般预防必要性进行了考虑。所以,量刑时仍然考虑的只是特殊预防必要性的大小。

由于在量刑时基本上考虑的是特殊预防目的,故必须了解特殊预防的实现途径(保安、威慑与再社会化功能),并且应当针对不同的犯罪侧重考虑不同的途径。

死刑是剥夺再犯条件的根本性刑罚,但在当今社会却是最缺乏正当化根据的刑罚。换言之,在当今社会,即使对于最严重的犯罪,无期徒刑也足以剥夺其再犯条件。有期徒刑也能在较长时间内剥夺再犯条件。而且如前所述,国内外的实证研究表明,经过10年左右期间的服刑,犯罪人基本上就丧失了再犯罪的能力。所以,从保安功能的角度来说,无期徒刑与15年以上的徒刑,只能适用于比较罕见的严重案件。

特别威慑功能也不以重刑为前提。随着国民生活水平的不断提高,轻微的刑罚就足以使一般人产生痛苦;现实生活中的故意犯罪人大多为初犯,轻微的刑罚足以对初犯、过失犯产生威慑作用。相反,过重的刑罚不能使犯罪人形成"罪有应得"的感悟,反而会引起他们对刑罚适用的抵触,进而再次实施犯罪行为。

在监禁刑的场合,再社会化功能即教育感化功能的发挥,主要依靠行刑的方式与内容,而不是依靠长时期的监禁。另一方面,我国刑法规定对被判处管制和被宣告缓刑的犯罪人实行社区矫正,所以,即使是非监禁刑或者缓刑,也具有再社会化的功能。既然如此,法官就不应当将再社会化功能完全寄托于监禁刑。

(三) 预防刑裁量与量刑平衡

由于在量刑时基本上考虑的是特殊预防目的,所以必然导致对罪行相同的犯罪宣告不同的刑罚。在此,有必要对量刑平衡观念展开讨论。

所谓量刑平衡观念(相对的均衡),是指对相同的案件应当判处相同的刑罚。其中,理论界与实务界也有使用量刑均衡的用语来表述的。例如,有学者指出:"对同样的犯罪事实未能给予同等的刑罚而导致的量刑上的畸轻畸重,偏轻偏重称为量刑失衡。旨在谋求量刑的平衡,对待相同的犯罪事实,不同的法官消除时空差异达致一致的判决结果的理想化司法状态,可称为量刑平衡。"①还有人指出:"量刑要客观、全面地把握不同时期、不同地区的经济社会发展和治安形势的变化,确保刑罚目的的实现;对于同一地区、同一时期、案件相同或相似的案件,对被告人判处的刑罚应当基本均衡。这就是量刑均衡原则。"②这种量刑均衡的观念,实际上就是量刑平衡观念。量刑平衡观念,也可以称为量刑统一观念,亦即,在全国或者至少在同一地区,对于相同的案件都应当统一量刑,而不能有明显的差异。最高人民法院推行的量刑规范化改革,就是为了实现量刑的统一。亦即,"量刑规范化改革的目的,就是制定一部统一的量刑指导意见,统一量刑方法和步骤,统一法律适用标准和尺度,最大限度地实现量刑的公正和均衡,实现社会公平正义。"③

但是,在本书看来,不管这种观念是统一观念还是平衡观念,抑或冠以公正、公平的名称,都是不合适的。

第一,得出各地量刑存在重大偏差的结论,本身就值得怀疑。媒体的发达,使得人们站在本地观察外地的情形,包括站在本地观察外地的量刑。但这种隔地观察所得出的结论,不一定正确。换言之,甲地的学者认为乙地法院存在量刑偏差,或者得出全国各地的量刑存在不均衡现象的结论,本身就值得怀疑。因为你只是生活在甲地,对乙地并没有全面了解。甲地的学者只是凭借媒体的对外地量刑的报道,同时根据自己在甲地的生活经验得出了结论。然而,甲地的学者基本上不可能置自己于乙地权衡量刑是否合理。所以,不要过于相信各地量刑存在重大偏差这样的结论。

第二,诚然,正义要求对相同的案件必须做出相同的处理,对不同的案件应当做出不同的处理。例如,当甲故意砍断 A 的两个大拇指,乙故意砍断 B 的一个大拇指时,如果其他情形相同,对甲判处的刑罚就必须重于对乙判处的刑罚。但是,一方面,法定刑已经考虑了相对的均衡(刑法

---

① 陈兴良主编:《宽严相济刑事政策研究》,中国人民大学出版社2007年版,第200页。
② 熊选国主编:《〈人民法院量刑指导意见〉与"两高三部"〈关于规范量刑程序若干问题的意见〉理解与适用》,法律出版社2010年版,第49页。
③ 熊选国主编:《量刑规范化办案指南》,法律出版社2011年版,第33页。

对不同犯罪规定了不同的法定刑、对相同犯罪规定了相同的法定刑),量刑时需要重点考虑的是不同案件的差异性。另一方面,相对的均衡本身具有局限性。例如,判处甲6年徒刑、判处乙3年徒刑,与判处甲10年徒刑、判处乙5年徒刑,都做到了相对均衡,故相对的均衡并不能决定对甲、乙应当分别判处何种具体的刑罚。① 再如,相对的均衡必然导致向重刑看齐,而不可能向轻刑看齐。还如,从纵向上看,相对的均衡是以已经判决的案件作为比较对象的,如果已经判决的刑罚不适当,也必然导致后来判决的刑罚不适当。

第三,平衡或者统一观念所要求的是,对于相同的案件必须做出相同的判决。可是,"'相同'是从来没有真正有的……在真实里,永远只有或多或少,较大的相似性及不相似性"。② 人们习惯于认为,甲盗窃5000元现金与乙盗窃5000元现金的案件是相同的。其实,这两个案件只有一点是相同的,即所盗窃的现金数额是相同的,而其他方面必然存在大量的不相同。同样,A杀害一人与B杀害一人也被认为是相同的案件,其实,也只有在杀死一个被害人这一点上是相同的,其他方面必然存在诸多差异。量刑要考虑方方面面的事实,不可能凭借一个方面的事实或者部分事实,就使罪刑统一、量刑平衡。

不仅如此,即使从定罪角度来说,对所谓相同案件也不可能做到相同定罪。例如,对于所谓相同的案件,即使在德国、日本等国,也不可能得到完全相同的处理。在德国,对于利用他人的信用卡在自动取款机取款的行为,有的法院宣告无罪,有的法院认定为盗窃罪,有的法院认定为侵占罪。③ 在日本,最高裁判所将基于报复动机的强制猥亵行为认定为强制

---

① 参见〔日〕小池信太郎:《量刑における犯行均衡原理と予防の考虑(1)》,载《庆应法学》第6号(2006年),第8页。
② 〔德〕亚图·考夫曼:《法律哲学》,刘幸义等译,台湾五南图书出版有限公司2000年版,第122页。
③ 参见〔日〕长井圆:《カード犯罪对策法の最先端》,日本クレジット产业协会2000年版,第111页以下。

罪①,但此后的东京地方裁判所却将这种行为认定为强制猥亵罪。② 在我国,对于所谓相同的犯罪,更不可能得到完全相同的处理。所以,与其期待对所谓相同的案件做出相同的处理,不如重视个案处理的妥当性。既然对所谓相同案件都不可能完全相同的定罪,当然也就不可能做到相同的量刑。

第四,根据前述点的理论以及一般预防与特殊预防的关系,在量刑时必须重视特殊预防的必要性。换言之,在量刑与刑罚执行阶段,"刑罚的主要目的是特别预防,首要是回复社会"③。但是,每个罪犯的特殊预防的必要性大小绝不可能是相同的。诚然,哪些要素会影响特殊预防必要性的大小,或多或少会有一些共识,或者说已经被类型化,如自首、立功、坦白等。但是,还有大量的影响特殊预防必要性大小却没有被类型化的因素,事实上对法官的量刑却起着重要作用。或许被告人在法庭上的表情、一个独特的眼神都可能影响法官对其再犯罪危险性的判断,进而影响预防刑。没有见到被告人的面孔,没有听到被告人说话,没有看到被告人的举止,就做出量刑判断的做法,是何等不可思议!

概言之,特殊预防的必要性大小是在责任刑之下最应当重视的量刑因素,而每个罪犯的特殊预防必要性大小不可能相同,因此,不存在相同的案件。既然如此,要求量刑统一就不可行了。有关量刑规范化改革的说明,就表明了这一点。"量刑既要考虑实现量刑均衡、公平的要求,又要考虑被告人的主观恶性、人身危险性等个体情况,实现惩罚和预防犯罪的目的,达到量刑均衡与量刑适当的和谐目标。量刑均衡体现的是不同犯罪之间的刑罚适用的同质性,但刑罚的运用不能以量刑均衡抹杀对特定犯罪人量刑的特殊性。量刑公正必须在量刑均衡的同时注意量刑个案的公正,即实现刑罚个别化。适用刑罚时,必须考虑到罪犯的年龄、性格、经

---

① 日本最高裁判所1970年1月29日判决,载日本《最高裁判所刑事判例集》第24卷(1970年)第1号,第1页。
② 日本东京地方裁判所1987年9月16日判决,载日本《判例时报》第1294号(1987年)第143页。
③ 〔德〕亚图·考夫曼:《法律哲学》,刘幸义等译,台湾五南图书出版有限公司2000年版,第163页。

历、成长环境和一贯表现,考虑犯罪的动机、方法、后果和社会影响,以及罪犯在犯罪后的态度、补偿损害之努力和其他情况,以达到有利于遏制犯罪和使罪犯改过自新的目的,这就是刑罚个别化原则。该原则关注的是犯罪人的人身危险性和刑罚的预防功能,强调对不同的犯罪人适用不同刑罚,'对症下药'地进行犯罪人改造和犯罪预防。"[1]这样的表述清楚地说明,为了实现刑罚个别化,不必做到量刑平衡、量刑均衡,所谓"不能以量刑均衡抹杀对特定犯罪人量刑的特殊性",就表明了这一点。既然量刑平衡应当让步于刑罚个别化,它就不是一个量刑原则。换言之,为了实现某种正当目的而可以违反的"原则",就根本不是原则。

第五,退一步说,即使量刑需要考虑一般预防的必要性大小,各地对同一犯罪的一般预防的必要性大小也不相同。反过来说,不同地区对相同或者相似犯罪的量刑存在一定区别,并不是异常现象,更不能认为这种现象"破坏了法制的统一性"。正如德国学者所言:"现在,人们已经不再看重地区间在量刑严厉程度上的差异。造成这种差异的原因部分与下列因素有关,即相同的犯罪行为在不同的法院管辖区域发生的频率并不相同,因此可以用一般预防的观念解释量刑实践中存在的差异。"[2]本书虽然主张量刑时不得为了实现一般预防而增加预防刑,但主张在一般预防的必要性较小时,应当从宽量刑。所以,不同地区发生的犯罪,一般预防的必要性大小不同,必然影响量刑。例如,在道路通畅的地区,多发生"飞车抢夺"的案件,一般预防的必要性大;但在像北京城区这样的交通堵塞的地方,基本上不会发生"飞车抢夺"的案件,一般预防的必要性小。所以,要求在全国范围对"飞车抢夺"案件实现量刑统一化、标准化,是不合适的。这种做法所实现的是机械化的正义,而不是活生生的正义;这种做法既没有充分考虑责任刑的根据,也没有考虑预防刑的根据。更为重要的是,我国地域辽阔,人口众多,各地发展不平衡,这会合理地影响不同地

---

[1] 熊选国主编:《〈人民法院量刑指导意见〉与"两高三部"〈关于规范量刑程序若干问题的意见〉理解与适用》,法律出版社2010年版,第49页。

[2] H. Jescheck/T. Weigend, Lehrbuch des Strafrechts Allgemeiner Teil, 5. Aufl., Duncker & Humblot 1996, S. 875.

区的法官对所谓相同案件的罪行轻重评价,因而必然造成量刑上的差异。

名副其实的法官①,"面对具体的个案,永远也不可能放弃个人所感觉到的正义的活生生的声音;这种声音是永远不可能被排除的。不管法是多么努力想把正义变为原则的制度,法也不可能缺少正义,相反,只有在正义里面,法才变得生机勃勃"。②但是,正义"随时可呈不同形状并具有极不相同的面貌"③,而不只是隐藏在某种规则中。法官对刑法的适用除了实现一般正义外,还必须在具体的个案中实现个别正义。美国历史上颇具影响的法官卡多佐指出:"我们必须维护正义的一般品质,也要保留它兼顾个性与特性的能力。尽管先例或成文法无论多么苛刻也应当得到严格遵守,但公正与良知的良好规诫同样应当得到尊重,而后者在很多时候都不能拘泥于文字。"④因为"法官逐个案件地思考,重点聚集在具体案件的特定事实,以尊重法律的完整性的方式在为做出判决所必须的最低限定内运用抽象力"。⑤可是,要求在全国实现量刑平衡的做法,严重妨碍了个别正义的实现。

总之,就责任刑而言,各地发生的所谓相同案件,并不意味着罪行轻重程度也是相同的。因为各地的社会经济条件与治安形势等不同,必然导致法官对其罪行轻重程度评价不同。不同地区发生的所谓相同案件,一般预防必要性的大小也可能不相同。即使是在同一地区发生的所谓相同案件,也不意味着罪行轻重程度是相同的,因为在社会急速变化的时代,人们对今天发生的案件的评价,与对昨天发生的案件的评价,就可能

---

① 量刑是由法官做出的,其中不可避免价值判断,可是,法官的生活阅历、价值取向、判案经验、阅读范围、亲属关系等都不同,因此必然影响量刑。日本学者森武夫指出:"律师出身的审判官,检察官出身的审判官,学者出身的审判官,有着质的差别。"我国虽然基本上没有律师出身的审判官与学者出身的审判官,但有从各行各业进入法院的审判官,或者说有形形色色的法官。在这种背景下,要求量刑做到平衡或者统一,根本不可能。
② 〔德〕H. 科殷:《法哲学》,林荣远译,华夏出版社 2003 年版,第 186 页。
③ 〔美〕E. 博登海默:《法理学:法律哲学与法律方法》,邓正来译,中国政法大学出版社 1999 年版,第 252 页。
④ 〔美〕本杰明·N. 卡多佐:《法律的成长 法律科学的悖论》,董炯、彭冰译,中国法制出版社 2002 年版,第 86—87 页。
⑤ 〔美〕戴维·鲁本:《法律现代主义》,苏亦工译,中国政法大学出版社 2004 年版,第 5 页。

不相同。同样,不管发生在什么地区、什么时期的所谓相同案件,犯罪人特殊预防必要性的大小是绝对不可能相同的。既然如此,就没有相同的案件。对量刑平衡的追求,必然对预防刑的裁量产生不利影响。刑罚的正当化根据是报应与预防,法官不能为了追求量刑平衡,而放弃对此地此时此案件的责任刑与预防刑的合理裁量,相反,必须根据此地此时此案件的责任程度与此被告人的特殊预防必要性大小,做出符合刑罚正当化根据的量刑判断。

三、影响预防刑的情节

量刑只能以过去的事实为根据判断犯罪人将来再次犯罪的危险性大小,所以,对影响预防刑的情节的判断,实际上也是对特殊预防必要性大小的判断。预防刑的裁量以特殊预防为目的,需要确定什么样的刑罚就可能或者才能使被告人改善更生,属于对将来的预测;为了使预测尽可能准确,需要尽可能全面、广泛收集被告人的相关情节。既要收集法定情节,也要收集酌定情节;既要收集案中情节,也要收集案外情节;既要收集与行为责任相关联的情节,也要收集与行为责任没有直接关联但确实能表明行为人再犯罪可能性大小的情节;既要收集不利于被告人的从重情节,也要收集有利于被告人的从宽情节。无论如何,必须以影响预防刑的情节为根据,以特殊预防为目的,判断被告人再犯罪危险性的大小,合理裁量预防刑。

(一) 累犯、再犯

大多数国家都将累犯规定为从重或者加重处罚的情节。这样的规定容易被人接受。德国刑法虽然删除了关于累犯的规定,然而,"最近的判例反复说明,对于轻微犯罪累犯的量刑,仅仅对犯罪人的责任进行社会心理评价是不够的。累犯,尤其是财产犯罪的累犯,被认为是加重处罚情节。与初犯相比,再犯表明以前的刑罚没有起到警示作用,从而导致更严厉的刑罚"。①

不过,累犯究竟是增加责任刑的情节还是增加预防刑的情节,并非没有争议。根据性格责任论或者人格形成责任论,累犯是增加责任刑的情节。可是,责任是对不法的行为责任,只能采取行为责任论。也有少数学者从行为责任的角度,说明累犯是增加责任刑的情节。认为被告人无视刑罚的警告机能,再次实施犯罪行为,使其责任加重。②但是,要从行为责任的角度说明累犯的责任加重,是相当困难乃至不可能的。累犯甲故意杀害一人与初犯乙故意杀害一人,倘若其他方面相同,二者在行为责任方面不可能有任何区别。因为二者的不法相同,因而对不法的责任相同。累犯与初犯本身不会导致其他责任要素的区别,因而不可能从责任要素方面寻找到责任程度的差异。就法定犯而言,倘若累犯因为曾经犯罪属于知法犯法,初犯存在违法性错误但具有违法性认识的可能性,那么,也不加重累犯的责任,只是初犯的责任有所减轻而已。而且,此时的责任区别,不是源于累犯本身,而是源于违法性的认识。事实上,对累犯从重处罚,并不是对以前的犯罪再次处罚,而是因为累犯在经受刑罚体验之后仍然无视刑罚的体验而再次犯罪,表明其再犯罪的危险性大,特殊预防的必要性大。所以,累犯不是增加责任刑的情节,而是增加预防刑的情节。日本刑法规定对累犯加重处罚,对累犯量刑时要修正法定刑,将最高刑增加一倍。这样的规定虽然不符合责任主义,但充其量只是责任主义的例外,而不意味着累犯是增加责任刑的情节。③基于同样的理由,不符合累犯条件的再犯也只是影响预防刑的情节。

累犯、再犯虽然都是说明特殊预防必要性大的情节,但是,在适用累犯、再犯这一情节时,也必须注意累犯、再犯与特殊预防的具体关联性,并且需要对我国刑法关于累犯的规定进行体系性理解与适用。

---

① 〔德〕弗兰茨·施特伦:《德国量刑理论的基本问题与最新进展》,陈学勇、罗灿编译,载《人民法院报》2014年6月6日第8版。
② 〔日〕川崎一夫:《体系的量刑论》,成文堂1991年版,第226页。
③ 参见〔日〕井田良:《量刑理论的体系化のための觉书》,载《法学研究》第69卷(1996年)第2号,第299页。

1. 累犯与特殊预防关联性的例外

虽然累犯是最能说明特殊预防必要性大的情节,但这是就一般情形而言,不能排除在极少数情况下,犯罪人不是因为无视自己的刑罚体验而再次犯罪,而是由于其他特殊原因导致其再次犯罪(如因受被害人的严重迫害而故意犯罪,但又不具备违法阻却事由)。如果是后者,就并不说明犯罪人的特殊预防必要性大,从重处罚就不一定适当。正因为如此,日本等国刑法只是规定对累犯加重最高刑,而并不提高最低刑。据此,在犯罪人基于特殊原因导致其再次犯罪,并不表明其特殊预防必要性大时,就仍然可以判处通常之刑。但是,我国刑法明文规定了对累犯应当从重处罚。在这种情况下,法官必须通过考察犯罪人再次犯罪的原因、刑罚执行完毕与再次犯罪的期间长短等因素,来决定从重的幅度。对基于特殊原因再次犯罪的,从重幅度应当控制在极小的范围内。

2. 累犯与举重以明轻原理的适用

由于累犯是最能说明特殊预防必要性大的情节,根据举重以明轻的解释原理,在刑法规定排除累犯适用的场合,也必须禁止考虑其他表明特殊预防必要性大的情节。众所周知,《刑法修正案(八)》修改了刑法关于累犯的规定,其中之一是"不满十八周岁的人犯罪除外",不管是犯后罪未满18周岁还是犯前罪未满18周岁,其行为均不构成累犯,不成为法定的从重处罚的情节。概言之,如果前次犯罪未满18周岁,对于后次犯罪,就不得以行为人特殊预防的必要性大为由而从重处罚。根据举重以明轻的解释原理,至少可以得出以下结论:

第一,对于不满18周岁的人实施毒品犯罪的,不得适用《刑法》第356条从重处罚。《刑法》第356条规定:"因走私、贩卖、运输、制造、非法持有毒品罪被判过刑,又犯本节规定之罪的,从重处罚。"众所周知,这是关于再犯的规定。与再犯相比,累犯的特殊预防必要性更大。既然不满18周岁的人犯罪不可能成立累犯,那么,当然也不得适用再犯从重处罚的规定。否则,会导致刑法条文之间的自相矛盾。在这种场合,解释者不可单纯根据字面含义说,"既然《刑法》第356条没有排除不满18周岁的人,就应当从重处罚";也没有必要认为《刑法修正案(八)》在修改关于累犯的规定时忽略了《刑法》第356条关于再犯的规定。"法律解释的古典规则早就指出,对规范的解释应尽可能避免使规范之间出现冲突。"①在根据字面含义得出不当结论的场合,解释者不能以"刑法规定原本如此,解释者无能为力"为由,维持不协调、不正义的局面,而应当通过各种解释途径,得出协调、正义的结论。即使《刑法》第356条并未将不满18周岁的人犯罪排除在外,根据当然解释的原理,也完全能够将其排除在外。而且,由于这种"排除在外"的结论是对被告人有利的结论,故并不违反罪刑法定原则。

第二,犯罪人在18周岁之前的过失犯罪、一般违法行为与其他不良表现,都不得作为从重处罚的情节。这也是由当然解释的原理决定的。亦即,既然18周岁之前受到有期徒刑以上处罚的故意犯罪,都不能成为从重处罚的情节(不成立累犯),那么,18周岁之前的较之更轻的过失犯罪、一般违法行为和其他不良表现,就更不能成为从重处罚的情节。

但是,在这一方面,司法实践中还存在明显的问题。例如,广州市中级人民法院《量刑指导意见(试行)》规定:"具有下列任何一项严重不良行为的未成年人经司法机关、社区、学校教育、处理后仍不悔改犯罪的,可适当增加10%以内的基准刑:(1)多次结伙滋事、扰乱治安的;(2)携带管制刀具、屡教不改的;(3)以大欺小,随意殴打他人或索要他人财物的;(4)传播淫秽的读物或者音像制品等;(5)进行淫乱或色情、卖淫活动;(6)多次偷窃;(7)酗酒或赌博、屡教不改;(8)吸食、注射毒品;(9)其他严重危害社会的行为。"可是,既然对未成年人都不以累犯从重处罚,就不应当将其轻于累犯的事实作为增加刑罚的情节。而且,根据这样的规定,未成年人在犯罪前的任何表现,不管是否与行为责任有关,也不管是否与特别预防的必要性大小有关,都会影响量刑,这显然没有考虑刑罚的正当化根据。

第三,既然18周岁之前因故意犯罪被判处有期徒刑以上刑罚,都不再作为特殊预防必要性大的从重处罚情节,那么,对于一个18周岁之前

---

① 〔德〕齐佩利乌斯:《法学方法论》,金振豹译,法律出版社2009年版,第57页。

没有犯罪的被告人,即使在18周岁之后的一贯表现并不良好,也不得从重处罚。

3. 再犯与特殊预防的关联性

不构成累犯的再犯一般也能表明犯罪人的特殊预防必要性较大,因而成为增加预防刑的情节。但是,一般来说,再犯对预防刑的增加量应当少于累犯对预防刑的增加量。这不仅是因为刑法对累犯有明文规定,对再犯只有针对毒品犯罪的特殊规定,而且因为再犯既可能表现为前罪没有执行刑罚,因而没有刑罚体验的情形,也可能表现为后罪与前罪刑罚执行完毕之间间隔时间较长,故再犯罪的危险性一般比累犯小。

再犯虽然是增加预防刑的情节,但并不是必然增加预防刑的情节。因为增加预防刑的情节,必须是表明犯罪人再犯罪可能性大的情节。不能因为犯罪人具有二次以上的犯罪经历,就得出再犯罪可能性大的结论。再犯罪可能性不是一种单纯的客观事实,而是必须联系犯罪人的犯罪原因、规范意识等主观事实进行判断后形成的结论。所以,倘若犯罪人基于特殊原因而再次犯罪,不能说明其再犯罪可能性大,就不应当增加预防刑。

由于刑法将过失犯罪排除在累犯之外,亦即,即使在5年之内再犯罪,但只要其中一次是过失犯罪,就不以累犯论处,不得从重处罚,所以,根据举重以明轻的解释原理,对于两次犯罪的行为人而言,如果前罪是过失犯罪或者后罪是过失犯罪,那么,在对后罪量刑时,都不得将"再犯"作为增加预防刑的情节。否则,实际上违反了刑法关于累犯的规定。

同样,由于刑法将不满18周岁的人排除在累犯之外,所以,如果行为人犯前罪时不满18周岁或者犯后罪时不满18周岁,在对后罪量刑时,也不得以再犯为由增加预防刑。否则,也有悖刑法关于累犯规定的精神。

由此可见,不能将所有前科(依法受过刑事处罚的事实,参见《刑法》第100条)都作为增加预防刑的情节。

(二)常习犯

犯罪构成预定具有常习性的行为人反复多次实施行为而成立的犯

罪,属于常习犯。所谓具有常习性,就是指具有反复实施犯罪的习性、习癖。我国现行刑法没有明文规定常习犯,但其他国家刑法分则规定了常习犯。例如,日本《刑法》第186条规定了常习赌博罪,日本的特别刑法还规定了常习盗窃罪、常习抢劫罪、常习暴行罪、常习伤害罪。

关于常习性的性质,日本刑法理论大致存在三种不同观点:违法要素说认为,常习性是行为的属性,因而是违法要素。就常习赌博罪而言,刑法不是规定常习者赌博,而是作为常习而赌博。① 也有学者认为,作为反复不断实施的意思的发现而具体化的行为,在法益侵害方面,比非常习犯更为严重,故常习犯是违法要素。② 责任要素说认为,常习性是行为人的属性,因而是责任要素。常习犯是身份犯的一种,虽然通常的身份犯影响违法性,但常习犯这一身份不是行为定型的要素,而是行为人定型的要素,故影响行为人的责任。③ 违法与责任要素说认为,常习性既是行为的属性,也是行为人的属性。④

如果常习犯是一种独立的犯罪类型,那么,将常习性理解为违法类型还是责任类型,抑或既是违法类型也是责任类型,对量刑没有实际意义。因为不管是违法要素还是责任要素,都被考虑到法定刑之中,不应再成为增加责任刑与增加预防刑的要素。日本刑法理论是就独立的犯罪类型展开讨论形成的不同观点,因而难以直接照搬到我国刑法理论中。

我国刑法虽然没有将常习犯规定为一种独立的犯罪类型,但事实上存在常习犯。换言之,我国刑法关于法定刑的规定,通常没有考虑常习性,故需要在量刑时考虑。于是,产生的问题是,常习性是增加责任刑的要素,还是增加预防刑的要素?

本书的初步看法如下:第一,如果量刑起点的确定已经考虑了基于常习性所实施的犯罪行为,那么,"常习性"就不应成为增加责任刑与预防刑的情节。例如,甲三次盗窃,从中可以发现其盗窃的"常习性"。但由

---

① 参见〔日〕平野龙一:《刑法概说》,东京大学出版会1977年版,第252页。
② 参见〔日〕内田文昭:《刑法各论》,青林书院1996年版,第524页。
③ 参见〔日〕团藤重光:《刑法纲要总论》,创文社1990年第3版,第138页。
④ 参见〔日〕大塚仁:《刑法概说(总论)》,有斐阁2008年第4版,第141页。

于三次盗窃才构成犯罪,所以,不能因为甲三次盗窃而增加责任刑与预防刑。第二,如果确定量刑起点时,没有考虑行为的"常习性",但基于"常习性"实施的犯罪行为表明不法程度增加,因而表明责任程度加重,那么,这种基于"常习性"所实施的行为,就是增加责任刑的要素。例如,乙五次盗窃,但没有达到数额较大的标准,对乙按照"两年内三次盗窃"确定量刑起点后,对另外的两次盗窃及其数额,可以作为增加责任刑的情节。① 第三,将基于"常习性"实施的犯罪行为作为增加责任刑的情节考虑之后,不得再次将"常习性"作为增加预防刑的情节。否则,就会导致重复评价。在上例中,在将乙另外的两次盗窃作为增加责任刑的情节后,不得再次作为增加预防刑的情节。第四,如果"常习性"没有作为增加责任刑的情节考虑时,则可能作为增加预防刑的情节。例如,丙多次盗窃且数额巨大。在根据数额巨大确定量刑起点后,多次盗窃所表现出来的"常习性",可以作为增加预防刑的情节。

由此看来,应当区分"常习性"本身与基于"常习性"所实施的犯罪行为。将后者作为增加责任刑的情节时,不仅评价了不法,而且评价了责任,所以,不能再作为增加预防刑的情节。但是,"常习性"本身难以评价为不法要素,也不能评价为责任要素。因为责任是对不法的责任,而责任要素本身并不包括常习性。所以,可以将"常习性"本身评价为增加预防刑的情节。

团藤重光教授主张人格责任论,认为刑法中的责任不只是对不法行为的意思责任,还包括背后的人格形成责任。犯罪行为是行为人的人格的现实化,而不单纯是危险性格的征表。常习犯的责任非难之所以较大,就是因为能够将常习性的形成归责于行为人。② 于是,常习性成为增加责任刑的情节。

诚然,"人的有意识的部分是习性的最终所在,因此人也就能为他的

---

① 按照《量刑指导意见》的规定,另外的两次盗窃及其数额,是增加刑罚量的事实。
② 〔日〕团藤重光:《刑法纲要总论》,创文社1990年第3版,第38—39页。

习性的产生和根除承担某种责任。"①但是,刑法上的责任是对不法行为的责任。如果认定行为人的责任加重,要么以不法程度加重为根据,要么以对不法行为的责任要素加重为根据。所以,将单纯的"常习性"评价为增加预防刑的要素,或许更为妥当。

(三) 一般违法事实

一般违法事实,是指违反其他法律,但没有构成犯罪的事实,如违反《治安管理处罚法》的行为、民法上的侵权行为等。

显然,一般违法事实不可能成为增加责任刑的情节。因为一般违法行为原本不受刑罚处罚,如果将一般违法事实作为增加责任刑的情节,就成为典型的间接处罚。但是,如果一般违法行为与犯罪相关联,足以说明被告人的特殊预防必要性大时,则成为影响预防刑的情节。例如,行为人的一次盗窃达到数额较大的标准,但另有违反《治安管理处罚法》的盗窃行为。应当认为,作为一般违法行为的盗窃,因为表明行为人再次盗窃的可能性较大,所以,成为增加预防刑的情节。再如,行为人随意殴打他人情节恶劣,在根据该事实确定责任刑之后,其不构成犯罪的追逐、拦截、辱骂、恐吓行为或者强拿硬要或者任意损毁、占用公私财物的一般违法行为,由于表明行为人再次犯寻衅滋事罪的可能性较大,可以成为增加预防刑的情节。

但应注意的是,并不是任何一般违法行为都能成为增加预防刑的情节。与行为人所犯之罪无关的不能表明行为人再次犯罪可能性大的一般违法行为,不应当成为增加预防刑的情节,否则会形成间接处罚。例如,在对故意杀人罪、故意伤害罪量刑时,就不能将违反《治安管理处罚法》的盗窃行为当作增加预防刑的情节;在对强奸罪量刑时,不能将其吸毒行为作为增加预防刑的情节;在对毒品犯罪量刑时,不能将其毁损财物的一般违法行为当成增加预防刑的情节。

---

① Prendille 语,转引自吴天岳:《意愿与自由》,北京大学出版社 2010 年版,第 279—280 页。

顺便指出的是故意杀人后的碎尸行为。可以肯定的是,故意杀人隐藏尸体的行为,不能成为增加责任刑的情节。因为对于故意杀人罪的行为人而言,这种行为没有期待可能性。但是,由于杀人后碎尸会受到社会一般人的更严厉的谴责,杀人后的碎尸行为在我国司法实践中成为增加责任刑的重要情节。一个原本可以判处无期徒刑或者死缓的杀人犯,很可能因为碎尸而被判处死刑立即执行。可是,刑法并没有规定毁坏尸体罪,杀人犯本人碎尸可谓一般违法行为。① 即使认为碎尸属于刑法规定的侮辱尸体行为,但由于侮辱尸体罪的最高法定刑仅为3年有期徒刑,所以,在原本不应当判处死刑的情况下,因为碎尸而判处死刑,就对碎尸行为的作用进行了过度评价。换言之,因为碎尸而判处死刑或者大幅增加责任刑的做法,缺乏正当化根据。

(四) 犯罪前的表现

这里所讲的犯罪前的表现,是指除了累犯、再犯等前科之外的表现。犯罪人的一贯表现既不是定罪的根据,也不是确定责任刑的依据。但是,能够表明行为人的再犯罪可能性大小的一贯表现,属于影响预防刑的情节。例如,两个盗窃相同数额财物的罪犯,一个平时经常有小偷小摸行为,一个没有不良表现,对于前者的量刑就可能重于后者。两位责任程度相同的过失犯,一位平时总是马马虎虎、粗心大意,另一位平时一直兢兢业业、小心谨慎,对后者的量刑就应当轻于前者。

但是,不良的一贯表现对预防刑的影响应当控制在很小的范围,否则会导致间接处罚。此外,也不是任何不良的一贯表现都是增加预防刑的情节。因为法官在考虑犯罪人特殊预防必要性大小时,首先并且重点在于判断被告人将来是否可能再次实施相同的犯罪,基本上不可能判断被告人将来是否实施其他犯罪。例如,在对盗窃犯量刑时,法官判断的是该被告人将来再犯盗窃罪的可能性大小,而不可能判断该被告人将来是否

---

① 碎尸行为当然也是毁灭证据的行为,但由于任何犯罪人对于毁灭自己犯罪的证据都不承担刑事责任(我国《刑法》第307条第2款规定:"帮助当事人毁灭、伪造证据,情节严重的,处三年以下有期徒刑或者拘役"),所以,将碎尸行为评价为毁灭证据的行为没有意义。

可能犯故意杀人罪。反之亦然。同样,在对强奸犯量刑时,法官判断的是该被告人将来再犯强奸罪的可能性大小,而不可能是判断该被告人将来是否可能犯盗窃罪。反之亦然。既然如此,法官就只能围绕被告人的已犯之罪收集、判断犯罪前的表现,只有这种与已犯之罪相关的一贯表现,才可能影响预防刑的裁量。所以,在对故意杀人罪、强奸罪量刑时,将小偷小摸的一贯表现作为增加预防刑的情节,是不合适的。

良好的一贯表现,如果能说明行为人再犯罪的可能性小,当然成为减少预防刑的情节。例如,一直具有规范意识的行为人,由于某种特殊的原因实施了故意犯罪或者过失犯罪的,可以认为其再犯罪可能性小,应当减少预防刑。必须强调的是,良好的一贯表现也只有能够说明行为人的再犯罪可能性小时,才能成为减少预防刑的情节。例如,经济状况良好的行为人,在犯强奸罪之前经常向灾民捐款。这种捐款表现恐怕难以成为减少强奸罪预防刑的情节。

有人认为,对于犯罪人的一贯表现,应当从以下方面把握:在家中是否不负责任;在社区生活中是否经常实施不道德行为;在学校是否经常违反校规,是否认真学习;是否有违法犯罪的经历。① 可是,不加限制地将犯罪人在各方面的表现全面纳入影响预防刑的情节,不利于判断被告人特殊预防必要性的大小,因而不利于实现预防犯罪的目的。例如,没有理由认为,在家中不负责任与故意杀人罪会有一定关联。相反,有的人可能因为在家中"负责任",为家庭成员报复解恨而实施杀人行为。再如,没有理由认为,在学校的学习是否认真,与杀人、放火、盗窃、诈骗具有什么关系。因为没有任何证据表明,犯罪人都是不认真学习的人。更为重要的是,如果将犯罪人的所有表现纳入影响预防刑的情节,不可避免导致间接处罚。

(五)犯罪后的态度

犯罪后的态度,既可能类型为法定情节,也可能只是酌定情节。虽然

---

① 参见翟中东:《刑罚个别化研究》,中国人民公安大学出版社2001年版,第116页。

一般来说,犯罪后的态度既可能增加预防刑,也可能减少预防刑,但在本书看来,法官不应将犯罪后的常态作为增加预防刑的情节。例如,犯罪后毁灭罪证、拒不交代等,并不是增加预防刑的情节,只是犯罪人犯罪后的常态而已,而且完全可能没有期待可能性。换言之,法官应当善于区分犯罪人事后为了避逃、减少刑事责任的情节与表明犯罪人再犯罪可能性大的情节。犯罪人事后为了避逃、减少刑事责任的情节,并不直接说明其再犯罪的可能性大,相反可能说明其再犯罪的可能性小。例如,被告人一直保持沉默,只是意味着其想逃避或者减少刑事责任,并不表明其再犯罪的可能性大。反之,被告人事后反省与悔罪,能够表明其再犯罪可能性小,但不表明其愿意承担较重的刑罚。所以,法官必须围绕特殊预防目的判断犯罪后的态度。

1. 自首、立功与坦白

自首、立功与坦白,是刑法总则规定的法定可以从宽处罚情节,除此之外,刑法分则还规定了特别自首制度。例如,《刑法》第164条第3款规定,在被追诉前主动交代向非国家工作人员等行贿行为的,可以减轻或者免除处罚;《刑法》第390条第2款规定,在被追诉前主动交代向国家工作人员行贿行为的,可以减轻或者免除处罚;《刑法》第392条第2款规定,在被追诉前主动交代介绍贿赂行为的,可以减轻或者免除处罚。

上述三种法定从宽处罚的情节,虽然是减少预防刑的情节,但其中也有刑事政策的理由。换言之,即使被告人的自首、立功与坦白,不能直接说明其再犯罪的可能性小,但这几种情节都不同程度地减轻了司法机关的负担、节省了司法资源,作为对被告人的奖励,对被告人从轻或者减轻处罚。①

所以,对于自首、立功与坦白能否从宽以及如何从宽,必须进行实质判断。其一,只要自首、立功与坦白行为能够表明行为人悔罪,因而说明

---

① 此外,犯罪后如实供述自己罪行,避免特别严重后果发生,则既是减少预防刑的情节,也是减少责任刑的情节,还有刑事政策的理由。例如,行为人犯绑架罪后被抓捕,如实供述自己罪行,避免了被绑架人伤亡的结果。就如实供述自己罪行而言,是减少预防刑的情节,也有政策的奖励;就避免了被绑架人伤亡的结果而言,则因为减少了绑架行为的不法程度,因而使其责任刑减少。

其再犯罪可能性小,或者已经减轻、能够减轻司法机关的负担,就应当从宽处罚,而不论行为人所犯之罪的轻重,或者说不论责任刑的轻重。其二,自首、立功与坦白行为既表明行为人悔罪,因而说明其再犯罪可能性小,又减轻了司法机关负担的,从宽幅度应当大一些;在刑法规定了可以减轻处罚时,应当减轻处罚;符合刑法规定的免除处罚规定的,宜免除处罚。其三,自首、立功与坦白悔罪,因而说明其再犯罪可能性小,但没有减轻司法机关负担的(如部分坦白可能并没有减轻司法机关的负担),也应从宽处罚,从宽幅度略小于前一种情形。其四,自首、立功与坦白不能表明行为人悔罪,因而不能说明其再犯罪可能性小,但减轻了司法机关负担的,也可从宽处罚,只是从宽幅度应当较小而已。例如,如果行为人有重大立功表现,则宜选择减轻处罚,而不应选择免除处罚。在这种场合,立功虽然不是减少预防刑的情节,却需要基于刑事政策给予必要的奖励。

值得指出的是,刑法虽然对自首、立功与坦白三种情节规定了"可以"从轻、减轻或者免除处罚,表明需要法官的自由裁量。但是,法官的自由裁量不等于任意裁量。在适用自首、立功与坦白这类"可以型"法定情节时,法官必须把握两点:其一,明确刑法规定量刑情节的实质根据,当案件事实具备了刑法规定的实质根据时,法官就必须适用刑法的规定。例如,刑法总则规定的自首制度旨在通过鼓励犯罪人自动投案,一方面促使犯罪人悔过自新,不再继续作案,另一方面使案件得以及时侦破与审判。这两个方面既是设立自首制度的目的,也是设立自首制度的实质根据。换言之,将自首规定为任意的("可以"而非"应当")从轻、减轻处罚事由,一方面是考虑到犯罪人可能具有悔过自新之意,因而其再犯罪可能性减小;另一方面是基于使案件得以及时侦破与审判的政策理由。问题在于,上述两方面的根据是只要具备其中之一即可,还是必须同时具备?如前所述,正确的是前者而非后者。倘若行为人自动投案后如实供述自己的罪行,既有悔过自新之意,又使案件的侦查与审判变得更加容易,那就"应当"从轻、减轻处罚。所以,只要自首行为具备上述两个实质根据之一,就应当适用自首的法律效果。其二,"可以"虽然是一种授权性规范的表达方式,但也反映了立法者倾向性的意见,亦即,除了特殊情况以外,法官对自首、立功与坦白的犯罪人应当适用从宽处罚的规定。换言之,如果犯罪人的事后行为成立自首、立功与坦白,那么,对犯罪人从宽处罚时不需要特别理由,但不从宽处罚时则需要特别理由。

　　刑法虽然将自首与坦白规定为量刑情节,但并不意味着不自首、不坦白是增加预防刑的情节。不自首、不坦白是犯罪人犯罪后的常态,不能成为增加预防刑的情节。将常态作为增加预防刑的情节,意味着所有犯罪的常态与犯罪后的常态,都成为从重处罚的情节。这显然不能被人接受。同样,即使被告人行使沉默权、辩护权,也不能将其作为增加预防刑的情节。如所周知,"坦白从宽、抗拒从严"曾经是家喻户晓、人皆尽知的刑事政策。刑法理论上有人认为,沉默权的内容,是禁止以强制方法取得被告人的供述,侵害沉默权所获取的对被告人不利的证据,不具有证据效力。至于被告人保持沉默或否认犯罪行为的态度,是否可以作为从重量刑的理由,并非沉默权的本来效果问题,由于坦白在量刑上可以作为从轻量刑的理由,故保持沉默则是对被告人不利的从重量刑的理由。① 但是,作为犯罪人犯罪后的常态的抗拒,不能成为从严或者从重处罚的根据。"因为将被告拒绝陈述,立法上作为法院量刑上之法定量刑加重事由,显会造成强迫被告放弃缄默权而做出陈述,乃是对于刑事被告陈述自由或缄默权行使最核心之直接侵害。被告单纯否认被诉之犯罪事实,本毋庸令其负自证无罪之责任,除非被告人有抗辩事项,亦仅就其抗辩负提证责任,从而,被告保持缄默、拒绝陈述或单纯否认犯行或消极性否认自己实施了犯罪行为,或虽然承认犯罪,但辩称不应追究刑事责任或者应当从轻、减轻或者免除刑罚等之辩解,应属于被告之不自证己罪原则保障范畴下被告单纯行使其诉讼上之防御权,难以认为得与其犯罪后之态度有所关连性,更不应以此作为法院量刑上审酌之考量因素。"②况且,如前所述,事后隐藏罪证、拒不坦白的,可谓"犯罪人的理性",不应当成为增加预防刑的情节。只有当犯罪后的抗拒超出了常态,而且具有期待可能性时,才能成为

---

　　① 参见苏俊雄:《刑法总论Ⅲ》,作者2000年自版,第432页;张丽卿:《刑事诉讼法理论与运用》,台湾五南图书出版公司2004年版,第118页。
　　② 刘邦绣:《认罪与量刑》,台湾五南图书出版公司2012年版,第62页。

增加预防刑的情节。例如,犯罪后栽赃陷害、嫁祸于人的,可以成为增加预防刑的情节。①

2. 反省、悔罪与赔礼道歉

反省,意味着被告人对自己实施的犯罪行为及其心理活动的一种回忆与检查,表明被告人认识到了自己的罪行。悔罪,意味着被告人对自己犯罪行为的后悔、悔恨,表明被告人以后不愿意再次实施相同的犯罪行为。赔礼道歉,意味着被告人向被害人或者向社会承认自己的罪过。反省、悔罪与赔礼道歉不可能减少被告人所犯之罪的不法程度,也不可能减轻其对所犯之罪的责任,故不可能成为减少责任刑的情节。但是,真诚的反省、悔罪与赔礼道歉能够表明犯罪人再犯罪的可能性小,因而是减少预防刑的情节。赔礼道歉还能缓解被害人与社会大众的报应感情,使一般预防的必要性减少。

反省、悔罪与赔礼道歉虽然不是法定的量刑情节,但就事后态度所表明的特殊预防必要性大小来说,其作用未必小于坦白。换言之,坦白只是对犯罪行为的如实供述,并不等于被告人对自己犯罪行为的后悔、悔恨。所以,虽然反省、悔罪与赔礼道歉不属于法定量刑情节,但在裁量预防刑时必须予以重视。换言之,不能简单地认为法定情节优先,更不能只考虑法定情节而忽视酌定情节。正确的做法是,在区分了情节性质的前提下,充分考虑具体个案各种情节的实际作用。就预防刑的裁量而言,不能简单地由法定情节决定预防刑。事实上,只要酌定情节能够说明特殊预防的必要性减少,其与法定情节就具有同样的作用。

不能因为被告人在法庭上为自己辩解,就否认其反省、悔罪。因为犯罪事实具有多个侧面,检察机关指控的事实也不一概成立。被告人对自己认为不成立犯罪的事实进行辩解,与就自己认为成立犯罪的事实进行反省与悔罪,并不存在冲突。例如,检察机关指控被告人实施两起受贿行为,被告人对其中一起自认为构成受贿罪的事实进行反省、悔罪,但对另一起自认为只是礼尚往来而不构成受贿罪的事实进行辩解,是完全可能

---

① 如果构成新的犯罪,则要与前罪实行并罚,而不能作为增加前罪的预防刑的情节。

的。所以,被告人在法庭上以及庭审前的辩解不能成为增加预防刑的情节。①

3. 积极退赃、赔偿损失与挽回损失

这类行为都是事后减少被害人损失的行为(不包括受贿后的退赃)。我国刑法分则对事后减少被害人损失的行为,也有规定。例如,《刑法》第383条第1款第3项后段规定:"个人贪污数额在五千元以上不满一万元,犯罪后有悔改表现、积极退赃的,可以减轻或者免予刑事处罚。"再如,《刑法》第276条之一第3款规定:犯拒不支付劳动报酬罪,"尚未造成严重后果,在提起公诉前支付劳动者的劳动报酬,并依法承担相应赔偿责任的,可以减轻或者免除处罚"。大量的司法解释都肯定了积极退赃、赔偿损失与积极挽回损失上从宽处罚的情节。例如,《量刑指导意见》规定:"对于退赃、退赔的,综合考虑犯罪性质,退赃、退赔行为对损害结果所能弥补的程度,退赃、退赔的数额及主动程度等情况,可以减少基准刑的30%以下。"最高人民法院、最高人民检察院2013年6月17日《关于办理环境污染刑事案件适用法律若干问题的解释》第5条规定:"实施刑法第三百三十八条、第三百三十九条规定的犯罪行为,但及时采取措施,防止损失扩大、消除污染,积极赔偿损失的,可以酌情从宽处罚。"最高人民法院2010年2月8日《关于贯彻宽严相济刑事政策的若干意见》第23条指出:"对于过失犯罪后积极抢救、挽回损失或者有效防止损失进一步扩大的,要依法从宽。"

将赔偿损失等作为法定的减免情节,见诸于国外刑法。德国《刑法》第46a条明文将积极赔偿损失规定为减轻处罚乃至免除处罚的情节;意大利《刑法》第62条第6项规定,"在审判前,通过赔偿损失或者在可能情况下通过返还、完全弥补了损害的",属于减轻处罚情节。奥地利

---

① 公安、司法机关的一些做法(特别是在涉及非法占有目的等主观要素的认定方面)常常使行为人陷入两难境地。例如,行为人认为自己与他人只是合同纠纷,并不具有合同诈骗罪的故意与非法占有目的。但是,公安、司法机关可能先要求行为人认罪、退赃。如果认罪、退赃,意味着行为人承认自己有合同诈骗罪的故意与非法占有目的;如果不认罪、退赃,行为人会担心自己将受到更严厉的处罚。于是,不管是否认罪、退赃,一起原本无罪的案件,无形之中演变成犯罪案件。不难看出,在案件事实没有查明时,要求行为人认罪、退赃的做法,明显不当。

《刑法》第34条将"真诚努力对造成的损害予以补偿,或者避免其他不利后果"规定为特别的减轻事由。

德国刑法理论认为,积极退赃、赔偿损失与挽回损失属于事后减少不法程度的行为。亦即,积极退赃、赔偿损失与挽回损失的行为,通过与结果不法相抵消,减少了损害结果,特别是在财产犯罪中,成为减少不法的情节。① 我国也有学者认为,"赔偿一定程度上降低了犯罪行为的社会危害性,从轻或减轻处罚合乎常理"。②

诚然,在被告人积极退赃、赔偿损失与挽回损失的情况下,从事后来看,被害人的整体财产或许没有减少甚至有所增加。但是,对于行为的不法程度,只能以犯罪行为结束时或者犯罪结果发生时为基准进行评价,而不可能以裁判时为基准进行评价。如果认为事后行为可以减少犯罪的不法程度,就必然导致对各种罪行的评价不公平。例如,就故意杀人、过失致人死亡、强奸、非法拘禁等罪而言,行为人不可能通过事后行为减少不法程度。于是,对财产犯罪的评价与对侵犯人身犯罪的评价,明显不公平。而且,在我国刑法对财产犯罪按数额规定了不同法定刑的情况下,如果认为事后行为可以减少结果不法,也导致犯罪数额计算的困难。正因为如此,最高人民法院、最高人民检察院2009年3月20日《关于办理职务犯罪案件认定自首、立功等量刑情节若干问题的意见》明确规定:"职务犯罪案件立案后,犯罪分子及其亲友自行挽回的经济损失,司法机关或者犯罪分子所在单位及其上级主管部门挽回的经济损失,或者因客观原因减少的经济损失,不予扣减,但可以作为酌情从轻处罚的情节。"

日本刑法没有明文将赔偿损失等作为法定的量刑事由,但审判实践上会考虑这一情节。有一种观点认为,客观上存在的损害赔偿事实,即使不是基于被告人的任意的意思或者反省,其自身也缓和了被害人的处罚感情或者社会感情即报应感情,应当视为减轻了被告人的责任非难。或

---

① 参见〔德〕Hörnle:《量刑上重要な犯行事情》,〔日〕葛原力三译,载〔德〕Wolfgang Frisch、〔日〕浅田和茂、〔日〕冈上雅美编著:《量刑法の基本問題》,成文堂2011年版,第128—129页。
② 何成兵:《"赔钱减刑"的法律定位与价值探讨》,载《法治研究》2010年第5期,第97页。

者,作为由犯罪产生的社会影响之一的损害加重了被告人责任时,被告人为了恢复而采取相应措施时,也可以减轻责任。①

本书也难以赞成这种观点。换言之,不能认为被告人事后积极退赃、赔偿损失与积极挽回损失的行为,是减少责任的情节。一方面,责任是对不法行为的责任,在不法程度没有减少的情况下,对不法的责任不可能减少。另一方面,积极退赃、赔偿损失与积极挽回损失的行为,对被告人犯罪时的责任内容或者要素不产生任何影响。例如,不可能因为被告人事后积极退赃、赔偿损失与积极挽回损失,就认为其责任形式、责任能力降低,或者违法性认识的可能性与期待可能性减少。否则,还可能造成被告人事后的财产状况直接影响其犯罪的责任轻重的不当局面(例如,因为被告人事后无钱赔偿,导致其犯罪的责任增加)。所以,积极退赃、赔偿损失与积极挽回损失的行为,不可能成为减少责任刑的情节。

我国有学者指出:"从我国刑法的量刑体系或构造上讲,无论是什么案件,只要经济赔偿与案件有着内在的关联性,能够反应被告人的'罪责'的轻重、与评价被告人将来再犯的可能性的大小有关,都应放到量刑体系中,作为重要的酌定情节予以考虑,不应只限制在所谓'民间纠纷案'中。相反,即使在'民间纠纷案'中,如果经济赔偿根本与案件'犯罪事实'没有内在的关联性,根本不能影响被告人的'罪责'和'预防',无论赔偿的金额多高多及时,都不应成为酌定情节,不能以此判处死刑缓期两年执行。"②

诚然,罪责与预防是量刑的根据,从这两个角度思考经济赔偿的性质也是合理的。本书也认为,经济赔偿作为酌定情节,并不限于由民事纠纷引起的案件。但是,一方面,如前所述,经济赔偿不可能对被告人所犯之罪的不法与责任产生影响,因而不可能影响被告人的罪责。所以,要求经济赔偿影响被告人的罪责,才作为酌定情节,并不妥当。另一方面,只要

---

① 参见〔日〕香城敏麿:《交通事件における量刑の特质》,载《判例タイムズ》第 262 号(1971 年),第 122 页。
② 冯春萍:《浅析我国死刑量刑体系中经济赔偿的合理性与局限性》,载《法学杂志》2012 年第 5 期,第 102 页。

犯罪行为给被害人造成了物质上或者精神上的损害,经济赔偿就可能安抚被害人,也可能表明被告人认罪、悔罪,因而特殊预防必要性减少。所以,要求经济赔偿与犯罪事实具有内在关联性,也显得多余。

本书的观点是,事后积极退赃、赔偿损失与积极挽回损失的行为,是减少预防刑的情节。不过,究竟是减少特殊预防刑的情节,还是减少一般预防刑的情节,则需要具体分析。

被告人基于自己悔罪的意思积极退赃、赔偿损失与积极挽回损失的,或者虽然没有完全退赃、赔偿损失与挽回损失,但为此付出了真挚的努力的,或者强烈要求家属、亲友帮助自己赔偿损失与挽回损失的,能够表明被告人的认罪、悔罪态度,因而表明其特殊预防的必要性减少,属于减少特殊预防刑的情节。

即使被告人不是基于自己的意思退赃、赔偿损失与挽回损失,而是由亲属或者亲友帮助赔偿损失与挽回损失的,由于能够缓解被害人的报应感情与社会的处罚感情,可以认为一般预防的必要性减少,也可以成为减少预防刑的情节。当然,对家属或者亲友帮助赔偿损失与挽回损失的情节,应当与被告人主动赔偿损失与挽回损失的情节有所区别。

众所周知,最高人民法院为了限制死刑立即执行,对于被告人积极赔偿被害人损失的,一般不核准死刑。最高人民法院2007年1月《关于为构建社会主义和谐社会提供司法保障的若干意见》指出:"对案发后真诚悔罪并积极赔偿被害人损失的案件,应慎用死刑立即执行。"最高人民法院《关于贯彻宽严相济刑事政策的若干意见》指出:"被告人案发后对被害人积极进行赔偿,并认罪、悔罪的,依法可以作为酌定量刑情节予以考虑。因婚姻家庭等民间纠纷激化引发的犯罪,被害人及其家属对被告人表示谅解的,应当作为酌定量刑情节予以考虑。"值得讨论的是,上述规定将悔罪与积极赔偿作为从宽处罚必须同时具备的条件是否合适?本书持怀疑态度。

其一,诚然,如果"积极"赔偿不能表明行为人特殊预防与一般预防的必要性减少,就不能成为减少预防刑的情节。倘若被告人闯入五口之家,杀死一人、砍伤一人后被制服,在法院核准死刑时,他为了保住性命积极赔偿,以便出狱后杀害被害人全家的,其特殊预防的必要性并没有减少。如果被害人及其家属以及社会大众知道了被告人的内心真实想法,报应感情与处罚感情只会增加,不会减少,故一般预防的必要性也没有减少。此时当然不应从宽处罚。其二,赞成"赔钱减刑"的刘仁文教授指出:"'赔钱减刑'也并非难以在现实法律中找到根据。赔钱获减刑的前提是真心悔罪,而真心悔罪意味着犯罪人的人身危险性比较低。刑法第六十一条规定隐含着将人身危险性作为量刑依据的意蕴。"①可是,既然案发后被告人真诚(心)悔罪,就能表明其特殊预防的必要性减少,为什么还附加积极赔偿被害人损失的条件?其三,为什么对真诚(心)悔罪但因为没有赔偿能力而未能赔偿的犯罪人,就可以适用死刑立即执行?这有"富人保命、穷人偿命"的嫌疑。

不难看出,对于量刑情节不能只看表面,而要看其实质。亦即,影响量刑的情节,要么是影响责任刑的情节,要么是影响预防刑的情节;而影响预防刑的情节,只能是影响特殊预防的情节与影响一般预防的情节。针对特殊预防来说,积极退赃、赔偿损失与挽回损失或许并不是真正的量刑情节,而是判断行为人是否悔罪、再犯罪可能性是否减少的资料(一般来说,积极退赃、赔偿损失与挽回损失都能表明行为人的悔罪态度;例外情形极为罕见)。就核准死刑而言,即使责任刑是死刑立即执行,但只要特殊预防的必要性减少(如真诚悔罪、真心忏悔),即使客观上不能赔偿被害人损失,即便被害人并不谅解,也不应当核准死刑。就一般预防而言,如果积极退赃、赔偿损失与挽回损失缓和了被害人与社会的处罚感情,即使被告人并没有真心悔罪,也可以成为一般预防必要性减小的理由,从而成为减少预防刑的情节。有学者指出:"若犯罪嫌疑人或被告人虽然给予赔偿,但是不能说明其具有真诚悔过的态度,不能证明其人身危险性的降低,那么即便被害人予以谅解,相应司法机关也不应从宽处理。"②这种观点重视了赔偿与悔罪即特殊预防的关系,但忽略了赔偿与

---

① 刘仁文:《"赔钱减刑"的思路值得肯定》,载《人民法院报》2007年6月19日第5版。
② 王瑞君:《"赔偿型"刑事司法的反思》,载《河南省政法管理干部学院学报》2010年第3期,第110页。

一般预防的关联性,为本书所不取。

4. 隐瞒事实、毁灭证据与负案潜逃

在我国的司法实践中,被告人犯罪后为逃避刑事责任而隐瞒事实、毁灭证据与负案潜逃(逃逸)的,通常被作为从重处罚的情节。例如,最高人民法院2010年2月8日《关于贯彻宽严相济刑事政策的若干意见》第8条第2款规定:"对于国家工作人员职务犯罪和商业贿赂犯罪中性质恶劣、情节严重、涉案范围广、影响面大的,或者案发后隐瞒犯罪事实、毁灭证据、订立攻守同盟、负案潜逃等拒不认罪悔罪的,要坚决依法从严惩处。"最高人民法院2011年12月30日《关于进一步加强危害生产安全刑事案件审判工作的意见》还将"事故发生后不积极抢救人员,或者毁灭、伪造、隐藏影响事故调查的证据,或者转移财产逃避责任的"行为,作为法定刑升格的情节。

但在本书看来,被告人犯罪后为逃避刑事责任而隐瞒事实、毁灭证据与负案潜逃,属于行为人犯罪后的常态。这种常态只是表明行为人希望逃避刑事责任,而不意味着其特殊预防的必要性大。换言之,这种常态意味着行为人惧怕承担刑事责任,表明刑罚能够对其起到威慑作用。既然如此,就不能将这种情节当作增加预防刑的情节。更为重要的是,对于犯罪人而言,隐瞒事实、毁灭证据与负案潜逃都是没有期待可能性的行为,正因为如此,《刑法》第307条第2款仅规定了"帮助当事人毁灭、伪造证据,情节严重"的行为构成犯罪。行为人为自己毁灭、伪造证据的,不成立犯罪。显然,如果将行为人为自己隐瞒事实、毁灭证据与负案潜逃的行为作为增加预防刑的情节,就成为典型的间接处罚,与刑法规定相抵触。何况,即使帮助当事人毁灭、伪造证据,也只有情节严重时,才成立犯罪,所以,将行为人为自己隐瞒事实、毁灭证据与负案潜逃的行为作为增加预防刑的情节,就更缺乏理由。

这里特别要讨论的是犯罪后的"逃逸"。《刑法》第133条规定:"违反交通运输管理法规,因而发生重大事故,致人重伤、死亡或者使公私财产遭受重大损失的,处三年以下有期徒刑或者拘役;交通运输肇事后逃逸或者有其他特别恶劣情节的,处三年以上七年以下有期徒刑;因逃逸致人死亡的,处七年以上有期徒刑。"由于本条将逃逸规定为法定刑升格的情节,又由于最高人民法院2000年11月10日《关于审理交通肇事刑事案件具体应用法律若干问题的解释》将"交通运输肇事后逃逸"解释为"在发生交通事故后,为逃避法律追究而逃跑的行为",于是,在我国司法实践中,犯罪后逃逸成为从重处罚的情节。《量刑指导意见》针对交通肇事罪的量刑规定:"在量刑起点的基础上,可以根据事故责任、致人重伤、死亡的人数或者财产损失的数额以及逃逸等其他影响犯罪构成的犯罪事实增加刑罚量,确定基准刑。"最高人民法院2010年2月8日《关于贯彻宽严相济刑事政策的若干意见》第32条"对于过失犯罪,如安全责任事故犯罪等,主要应当根据犯罪造成危害后果的严重程度、被告人主观罪过的大小以及被告人案发后的表现等,综合掌握处罚的宽严尺度。……对于造成的危害后果虽然不是特别严重,但情节特别恶劣或案发后故意隐瞒案情,甚至逃逸,给及时查明事故原因和迅速组织抢救造成贻误的,则要依法从重处罚。"但是,将为逃避法律追究而逃跑的行为认定为从重处罚的情节,殊有不当。

首先,司法解释将交通肇事罪中的"逃逸"解释为"为逃避法律追究而逃跑"就明显缺乏合理性。犯罪后为逃避法律追究而逃跑,对于犯罪人而言可谓"人之常情",是"犯罪人的理性"。换言之,犯罪后为逃避法律追究而逃跑,是不具有期待可能性的行为。正因为如此,自首成为法定的从宽处罚情节。如果将"逃逸"解释为"为逃避法律追究而逃跑",那么,刑法为什么不将逃逸规定为故意杀人、强奸、抢劫等罪的法定刑升格的情节?难道交通肇事罪是刑法中最严重的犯罪?显然,刑法之所以仅在交通肇事罪中将逃逸规定为法定刑升格的情节,是因为在交通肇事的场合,往往有需要救助的被害人,进而促使行为人救助被害人。由于行为人的先前行为(包括构成交通肇事罪的行为)使他人生命处于危险状态,产生了作为义务,不履行作为义务的行为,当然能够成为法定刑升格的根据。所以,应当以不救助被害人(不作为)为核心理解和认定逃逸。一般来说,只要行为人在交通肇事后不救助被害人的,就可以认定为逃逸。例如,发生交通事故后,行为人虽然仍在原地,但不救助受伤者的,应认定为逃逸。行为人造成交通事故后，让自己的家属、朋友救助伤者，自己徒步离开现场的，不应认定为逃逸。行为人造成交通事故后，没有需要救助的被害人而逃走的，不应认定为逃逸。① 反之，甲驾车追杀骑摩托车的乙，过失发生交通事故，导致丙重伤，甲为了追杀乙而没有救助导致丙死亡的，即使事后向公安机关自首，也应当认定为逃逸。

其次，由于犯罪后为逃避法律追究而逃跑，属于犯罪人的常态，所以，单纯的逃逸不能表明行为人特殊预防的必要性大，因而不能成为增加预防刑的情节。只有当逃逸表现为没有履行相应的法律义务，而且表明犯罪的不法程度增加时，才能成为增加刑罚的情节。但这种情节已经不是增加预防刑的情节，而是增加责任刑的情节。就前述《关于贯彻宽严相济刑事政策的若干意见》第32条的规定而言，如果行为人在发生责任事故之后逃逸，给迅速组织抢救造成贻误的，应当认为不法程度增加，属于增加责任刑的情节。但是，如果逃逸只是给及时查明事故原因造成贻误的，则不是增加责任刑与预防刑的情节，不应当从重处罚。

最后，当根据司法解释将逃逸评价为犯罪成立要素时，不能再将逃逸评价为增加责任刑的情节与增加预防刑的情节。例如，根据我国《刑法》第133条的规定，交通肇事致1人重伤的，原本就成立交通肇事罪。但最高人民法院《关于审理交通肇事刑事案件具体应用法律若干问题的解释》为了限制处罚范围，作了如下规定："交通肇事致一人以上重伤，负事故全部或者主要责任，并具有下列情形之一的，以交通肇事罪定罪处罚：（一）酒后、吸食毒品后驾驶机动车辆的；（二）无驾驶资格驾驶机动车辆的；（三）明知是安全装置不全或者安全机件失灵的机动车辆而驾驶的；（四）明知是无牌证或者已报废的机动车辆而驾驶的；（五）严重超载驾驶的；（六）为逃避法律追究逃离事故现场的。"由此可见，如果行为人交通肇事致1人重伤，但没有上述6种情形之一，就不以交通肇事罪论处。反过来说，当行为人交通肇事致1人重伤，并且具有上述第（六）种情形

---

① 单纯的不保护现场、不立即向警察报告，不应当成为法定刑升格的根据，只能受到行政处罚。换言之，将原本应当仅受行政处罚的行为作为刑法上的法定刑升格的根据，必然是间接处罚，违反罪刑法定原则。

时,逃逸就成为定罪所必需的情节。因此,在这种情况下,根据禁止重复评价的原则,逃逸不再属于量刑情节。

总之,单纯为逃避法律追究而逃逸的行为,因为属于行为人犯罪后的常态,不应当成为增加预防刑的情节。但是,当行为人负有刑法上的义务而逃避义务的,逃逸行为要么成立新的犯罪,要么是增加相关犯罪的责任刑的情节。

(六)犯罪行为对犯罪人自身造成的损害

犯罪行为对被告人自身造成的损害结果,不可能影响违法性与有责性。[①] 例如,交通肇事致他人死亡的同时,也导致行为人身受重伤的,并不因此减轻对交通肇事行为违法性与有责性的评价。但是,一方面,由于预防刑必须考虑刑罚对犯罪人未来生活的影响,所以,对行为人自身造成的结果,完全可能成为预防刑所考虑的因素。另一方面,特殊预防目的,是通过刑罚的保安、威慑与再社会化功能实现的。在犯罪人身受重伤后,通过保安功能实现特殊预防的必要性减少。德国《刑法》第60条规定:"如果行为人因犯罪行为遭受了严重后果,以至判处刑罚显属不当时,法院可免除刑罚。但行为人因其犯罪行为被判处一年以上自由刑的,不适用本规定。"例如,行为人因为酒后驾驶造成交通事故而遭受重伤时,法院可免除刑罚。因为行为人身受重伤,再犯罪的条件受到了限制,特殊预防的必要性减少;让这样的犯罪人在监狱内服刑,对国家与犯罪人都会弊大于利。我国刑法虽然没有类似于德国《刑法》第60条的规定,但对行为人自身的结果是可以作为预防刑的情节考虑的。

四、裁量预防刑的方法

在确定了责任刑的点之下,预防刑的裁量相当重要。一方面,预防刑

[①] 即使在一般意义上可以认为,犯罪行为对犯罪人造成的损害是一种"报应",但这种"报应"不是现代报应刑论的责任报应。

的裁量直接关系到刑罚目的能否实现,另一方面,在通常情况下,确定了预防刑,也就确定了宣告刑(当然,也会有例外)。然而,一般来说,预防刑的裁量难度大于责任刑的裁量难度。这是因为,影响责任刑的情节相对固定,而影响预防刑的情节相当宽泛;裁量责任刑是对过去的犯罪事实的回顾,具有报应的标准,而裁量预防刑是对犯罪人将来再社会化的预测,并且没有具体的标准。究竟应当如何裁量预防刑,的确需要法官的经验与智慧。本书从以下几个方面对预防刑的裁量方法发表一些看法。

(一)情节性质与裁量方法

前面已经多次说明,必须区分影响责任刑的情节与影响预防刑的情节。由于责任刑的裁量在前,预防刑的裁量在后,所以,影响责任刑的情节与影响预防刑的情节既不可能综合判断,也不可能相互抵消。但是,在这方面,刑法理论与司法实践存在明显的疑问。

李洁教授将多种量刑情节并存时刑罚的适用分为三种情形:第一是同向趋轻情节并存时的适用。"同向趋轻情节,是指多个情节量刑的方向均为从宽,如自首与从犯即属之。在这种情况下……其适用的顺序应该是先减轻,再从轻,即在减轻后所可能裁量刑罚的基础上,再从轻处罚。"第二是同向趋重情节并存时的适用。"同向趋重情节,是指多个法定情节在量刑方向上均为从重的情况。例如,武装掩护走私又构成累犯的即属此类。"对此,不能合并升格为加重。第三是逆向冲突情节并存时的适用。"逆向冲突情节,是指多个法定情节在量刑方向上不同的情况……应按先从严,再从宽的顺序适用。"[1]但是,这种观点值得商榷。

首先,上述观点似乎并没有明确区分影响责任刑的情节与影响预防刑的情节。例如,从犯是减少责任刑的情节,而自首是减少预防刑的情节;武装掩护走私是增加责任刑的情节,累犯是增加预防刑的情节。按照并合主义的原理,首先应当通过考虑影响责任刑的情节裁量责任刑,然后

---

[1] 李洁:《定罪量刑情节若干问题研究》,载《北华大学学报(社会科学版)》2001年第1期,第20—21页。

再考虑影响预防刑的情节。单纯地按照先从严或者先从宽的方法得出的量刑结论,不可能具有刑罚的正当化根据。

其次,当被告人在预防刑方面仅有同向从重情节或者仅有同向从宽情节时,先后适用顺序不是重要问题;关键是要通过综合考虑各种预防刑的情节,判断被告人特殊预防必要性的大小。在被告人具有多个逆向量刑情节时,选择适用顺序或许是一个问题。以影响预防刑的情节为例,被告人犯罪后投案自首,同时也是累犯。本书主张,在确定了责任刑的点之后,在裁量预防刑时先适用从重情节,再适用从宽情节。因为在这种情况下,意味着先在责任刑的点之下,确定了可能判处的最高刑,从而使从宽情节具有充分适用的余地。不过,即便如此,也需要法官综合考虑,正确判断被告人特殊预防必要性的大小。简单地抵消逆向情节,虽然相对容易,但不一定符合刑罚目的。《量刑指导意见》之所以采取"同向相加、逆向相减"的方法调节刑罚,是因为《量刑指导意见》规定了主要情节对基准刑的调节比例。但是,这种比例不可能与具体被告人的特殊预防必要性大小完全对应,所以,不可避免需要综合判断。但这里的综合判断,并不是指将影响责任刑的情节与影响预防刑的情节进行综合判断,而是指在裁量责任刑时,需要对影响责任刑的情节进行综合判断;在确定责任刑的点之后,需要对影响预防刑的情节进行综合判断。

司法实践通常也很在意各种情节适用的先后顺序,而没有注重情节性质的区分,没有将预防刑的考量置于责任刑之后,导致量刑步骤与量刑结论出现偏差。例如,被告人王某曾因犯奸淫幼女罪于1994年被判处有期徒刑3年,因犯招摇撞骗罪于1999年被判处有期徒刑1年,因犯绑架罪、强制猥亵妇女罪于2001年被判处有期徒刑12年,2011年8月刑满释放。2012年8月21日,王某假借李某的名义,诱骗被害人高某到王某家中居住,后王某于8月25日晚8时许,对高某实施诱骗并强行与其发生性关系。9月1日,王某再次假借李某的名义将高某诱骗至家中,9月2日晚王某欲再次强行与高某发生性关系,遭到高某的反抗而未能得逞,王某用皮带将其打成轻微伤。对王某的量刑存在不同观点:第一种观点认为,被告人既有犯罪未遂的从宽处罚情节,也有构成累犯的从严处罚情节,应按照法定量刑情节的量刑规定确定其宣告刑,然后进行相减,确定其刑期。被告人实施两次强奸,一次既遂,一次未遂,未遂犯应比照既遂犯从轻、减轻处罚,被告人又系累犯应从严处罚,累犯从严和未遂从宽的法定量刑情节相扣抵,按照一个正常的强奸既遂犯的量刑即可。第二种观点认为,法院在运用量刑规范对法定量刑情节进行量刑的时候,应根据不同的犯罪对象对社会造成的社会危害性及其本人的人身危险性进行综合考量,贯彻宽严相济的刑事政策,根据本案具体案情,应首先考虑从重处罚情节,在体现从轻精神的同时正确量刑。第三种观点认为,如果从宽情节的程度大于从严情节的程度,应对全案进行从宽处理,应从轻、减轻或免除处罚;如果从严情节的程度大于从宽情节的程度,应对全案进行从严处理,则从重处罚;若二者的程度相当,则既不应从严,也不应从宽,按照同类案件正常适用刑罚。本案被告人构成累犯,且构成累犯的基础犯罪系重刑,还在此之前犯下三宗刑事案件,又两次对本案被害人进行强奸,尽管一次未遂,显然不足以给予减轻处罚,从宽处罚的程度明显小于从严处罚的程度,全案应从严处罚。①

其实,上述三种观点都存在没有区分情节性质的缺陷。首先,如果对王某的两次强奸行为只认定为一罪,那么,就必须以第一次强奸既遂作为责任刑的量刑起点。另一次强奸未遂就不是从宽情节,而是在量刑起点基础上增加责任刑的情节。只有对王某的两次强奸行为分别认定为同种数罪时,未遂才是减少第二个强奸罪的责任刑的情节。显然,上述观点并没有注意到未遂情节的作用。换言之,在本案中,由于仅认定为强奸一罪,第二次强奸未遂就根本不是从宽处罚的情节,而是以第一次强奸既遂作为责任刑的量刑起点后,增加责任刑的情节。其次,累犯是增加预防刑的情节,在确定了责任刑之后,对于累犯必须在责任刑的点之下从重处罚。

此外需要说明的是,在逆向情节中包含了"可以"与"应当"两种不同

---

① 禹爽、谢万兵:《逆向量刑情节竞合的处理原则》,载《人民法院报》2013年5月15日第5版。

情形时,如被告人具有法定的"可以"从轻、减轻或者免除处罚的情节,同时具有"应当"从重处罚的情节时,不能简单地认为"应当"型情节优先,更不能只考虑"应当"型情节,而忽视"可以"型情节。正确的做法是,在区分了情节性质的前提下,充分考虑具体个案各种情节的实际作用,不能简单地按照"应当"型情节决定预防刑。例如,在被告人具有"可以"减轻或者免除处罚的情节,同时具有"应当"从重处罚的情节时,最终所确定的刑罚完全可能是减轻处罚或者免除处罚。这是因为,"可以型情节一旦确定要予以适用,即与应当型情节具有同样效力"①。

总之,只有明确区分各种情节的性质,并在责任刑的点之下,既分析各种影响预防刑的情节所起的作用,又综合判断被告人特殊预防必要性的大小,才能使预防刑的裁量合理化。

(二)预防刑的裁量与罪行轻重

按照本书的观点,在确定了责任刑的点之后,再考虑影响预防刑的情节,依据特殊预防必要性的大小,在责任刑的点之下从重或者从轻处罚。例如,甲以暴力抢劫他人价值7000元的财物,并且致人轻伤。假定量刑起点为4年,根据抢劫的数额与致人轻伤的情节,将责任刑确定为6年,那么,在甲具有坦白、悔罪、退赃等减少预防刑的情节时,就必须在3年以上6年以下的幅度内从宽处罚。再如,乙出于报复动机故意杀害2人,假定其责任刑是死刑立即执行,但乙具有坦白、悔罪等减少预防刑的情节,就必须从宽处罚,宣告刑不得为死刑立即执行。由此可见,不管罪行与责任刑的轻重,只要被告人具有减少预防刑的情节,就必须从宽处罚。

但是,在这方面,我国的量刑实践却存在明显的疑问。例如,最高人民法院、最高人民检察院2009年3月20日《关于办理职务犯罪案件认定自首、立功等量刑情节若干问题的意见》规定:"对于具有自首情节的犯罪分子,应当根据犯罪的事实、性质、情节和对于社会的危害程度,结合自动投案的动机、阶段、客观环境,交代犯罪事实的完整性、稳定性以及悔罪

---

① 肖怡:《解决量刑情节冲突的依据及方法》,载《人民检察》2008年第23期,第60页。

表现等具体情节,依法决定是否从轻、减轻或者免除处罚以及从轻、减轻处罚的幅度。""对于具有立功情节的犯罪分子,应当根据犯罪的事实、性质、情节和对于社会的危害程度,结合立功表现所起作用的大小、所破获案件的罪行轻重、所抓获犯罪嫌疑人可能判处的法定刑以及立功的时机等具体情节,依法决定是否从轻、减轻或者免除处罚以及从轻、减轻处罚的幅度。"再如,最高人民法院 2010 年 12 月 22 日《关于处理自首和立功若干具体问题的意见》指出:"虽然具有自首或者立功情节,但犯罪情节特别恶劣、犯罪后果特别严重、被告人主观恶性深、人身危险性大,或者在犯罪前即为规避法律、逃避处罚而准备自首、立功的,可以不从宽处罚。"又如,《量刑指导意见》规定:"对于当庭自愿认罪的,根据犯罪的性质、罪行的轻重、认罪程度以及悔罪表现等情况,可以减少基准刑的 10% 以下。""对于退赃、退赔的,综合考虑犯罪性质,退赃、退赔行为对损害结果所能弥补的程度,退赃、退赔的数额及主动程度等情况,可以减少基准刑的 30% 以下;其中抢劫等严重危害社会治安犯罪的应从严掌握。"理论界也有学者提出:"'赔钱减刑'的适用范围有限,不能扩展到所有案件。从性质上,它只适用于有被害人的案件,但即使是这类案件,也并非都可适用。原则上,它不宜在行为残忍、社会影响特别恶劣的案件中适用。可确立这样一种标准,即综合罪行的性质与情节,只有具备一定可减轻性的案件才能适用'赔钱减刑'。"① 言下之意,被告人事后赔偿损失这一表明预防必要性减少的情节,只适用于罪行较轻的案件。

  上述规定与观点的共同点是,如果罪行严重(如犯罪情节特别恶劣、犯罪后果特别严重),即使被告人具有减少预防刑的情节,不管是法定情节还是酌定情节,都不得从宽处罚或者必须严格限制从宽处罚情节的适用。按照上述规定与观点,前述甲虽然具有坦白、悔罪、退赃等减少预防刑的情节,但由于其实施了抢劫罪,也必须"从严掌握";乙虽然具有坦白、悔罪等减少预防刑的情节,但由于其罪行严重(杀害 2 人),也必须判处死刑立即执行。

---

① 左卫民:《"赔钱减刑"无碍于司法公正》,载《人民法院报》2007 年 6 月 19 日第 5 版。

上述观念在司法实践中得到了贯彻,许多判决严格控制减少预防刑的情节在重罪中的适用。例如,某判决指出:"被告人叶X受贿数额特别巨大,其中部分系索贿,且绝大部分赃款未能追回,情节特别严重,应依法严惩。虽然其案发后主动交代了有关部门尚不掌握的小部分受贿事实,配合办案机关追缴赃款,认罪、悔罪,但根据其受贿的数额和情节,不足以对其从宽处理……判决如下:一、被告人叶X犯受贿罪,判处死刑,剥夺政治权利终身,并处没收个人全部财产……"①据此,如果情节特别严重,坦白、认罪、悔罪等减少预防刑的情节,就不能发挥作用。从笔者收集的资料来看,只要被告人故意导致二人死亡,即使事后投案自首,也会判处死刑立即执行。② 再如,某判决指出:"虽然周喜军犯罪后迫于压力向公安机关投案,有自首情节,但周喜军盗窃汽车,不计后果,明知公安机关和社会公众急切寻找失盗车辆和婴儿,为避免犯罪行为败露,对襁褓之中两个月的婴儿先用手掐颈,后又用布条勒颈,直致婴儿死亡,然后抛尸荒野雪地,其故意杀人态度坚决,毫无人性,手段残忍,主观恶性极深,罪行极其严重,社会危害性极大,不足以对其从轻处罚。"③据此,自首对于特别严重犯罪的量刑不起任何作用。

但是,这样的做法并不妥当。

首先,虽然宣告刑的确定需要最终的综合判断,但是,根据并合主义原理,必须区分罪行轻重与特殊预防必要性大小两个方面:对于罪行的轻重,只能根据影响责任刑的情节进行判断;对于特殊预防必要性的大小,只能根据影响预防刑的情节进行判断。前者不能直接决定后者,后者也不可能直接决定前者。不能因为罪行重,就认为特殊预防必要性大;也不能因为特殊预防必要性大,便断定罪行重。可是,司法实践的做法,则使责任刑直接影响预防刑,显然不合适。

其次,不管是法定的减少预防刑的情节,还是酌定的减少预防刑的情

---

① (2012)雅刑初字第21号。
② 参见党建军:《抢劫案件死刑裁量因素初探》,载《国家检察官学院学报》2013年第4期,第38页。
③ 张先明:《长春盗车杀婴案凶手被执行死刑》,载《人民法院报》2013年11月23日第7版。

节,对任何被告人的量刑都必须起作用。这是因为,不论罪行轻重如何,只要被告人具备减少预防刑的情节,就表明其特殊预防必要性小,因而应当从宽处罚。例如,刑法关于自首的法律后果,有"犯罪较轻的,可以免除处罚"的规定,但这绝对不意味着犯罪严重的自首,就可以不从轻或者减轻处罚。刑法针对一般立功与重大立功规定了不同的法律效果,该法律效果适用于所有的犯罪,而不是说对于罪行严重的犯罪就可以不从宽处罚。可是,司法实践的做法,导致坦白、自首、认罪、悔罪等减少预防刑的情节,仅适用于罪行较轻与罪行中等的犯罪,而不能适用于罪行严重与罪行特别严重的犯罪。这不仅人为地限制了酌定的减少预防刑情节的适用范围,而且不当限制了法定的减少预防刑情节的适用范围。这种没有理由的限制对被告人产生了明显不利的后果,有悖刑法的自由保障机能。

再次,司法实践的上述做法,实际上是暗中想定了更高的法定刑。例如,在前述叶 X 案判决中,法官实际上在想,叶 X 的受贿罪行远远超出了判处死刑的标准,应当判处比死刑更重的法定刑,虽然叶 X 具有认罪、悔罪等情节,但还是必须判处死刑。如前所述,这样的观念,实际上违反了罪刑法定原则。

最后,司法实践的上述做法,导致重罪与轻罪的刑罚的正当化根据不同。亦即,就轻罪而言,既要考虑罪行较轻的事实,也要考虑减少预防刑的情节,因而刑罚的正当化根据是报应与预防。但是,就重罪而言,只考虑罪行较重的事实,不考虑减少预防刑的情节,因而刑罚的正当化根据就只有报应。换言之,司法实践的上述做法是,对轻罪既考虑罪刑均衡也注重刑罚个别化,而对重罪就只考虑罪刑均衡却不注重刑罚个别化。可是,轻罪与重罪的刑罚的正当化根据应当是相同的,而不可能对轻罪与重罪的刑罚分别采取不同的正当化根据。

由上可见,在被告人具有"可以型"减少预防刑的情节时,根据罪行轻重决定是否从宽处罚的做法,或者说使自首、坦白、认罪、悔罪等减少预防刑的情节只适用轻罪的做法,并不可取。司法实践中之所以存在这种做法,一个重要原因是没有以刑罚的正当化根据为指导,没有明确真正的"量刑基准"概念的含义,没有区分责任刑与预防刑,导致二者的混合判断。法官必须以并合主义观念为指导,而且特别要意识到,只能在责任刑之下考虑预防犯罪的目的,减少预防刑的情节适用于所有犯罪,而不是只适用于轻罪。

(三) 主观恶性与人身危险性

主观恶性与人身危险性这两个概念,在我国刑法理论与司法实践中使用得相当混乱,甚至可以认为,很多人在滥用这两个概念。这两个概念是一个含义还是不同含义,也并不清楚。不同的人在使用这两个概念时,内心里想的内容可能并不相同。刑事判决究竟在什么场合、什么意义上使用这两个概念,也无从知晓,评价主观恶性与人身危险性的标准是什么,更不明确。

例如,有判决指出:"关于上诉人张杰锋提出一审判决对贩卖毒品罪量刑过重的上诉理由,经查,上诉人张杰锋曾因故意犯罪被判处有期徒刑,在刑罚执行完毕后五年内再犯应当判处有期徒刑之罪,系累犯,依法应当从重处罚,且因犯罪曾多次被判处刑罚,仍屡教不改,足以证明其主观恶性较深,人身危险性较大。一审法院根据其犯罪的具体情节,对其犯贩卖毒品罪判处有期徒刑一年六个月,并处罚金人民币五千元,量刑适当。"①这是以累犯情节为根据证明主观恶性深、人身危险性大。可以认为,其中的主观恶性与人身危险性是指再犯罪可能性。

又如,有判决指出:"被告人刘少东故意非法剥夺他人生命,致三人死亡、二人重伤、一人轻伤,其行为已构成故意杀人罪。被告人刘少东虽系限定刑事责任能力,但由于其犯罪手段极其残忍,后果极其严重,且引起当地村民的恐慌,人身危险性极大,故依法不予从轻处罚。"②这是以手段残忍、后果严重为根据说明人身危险性极大。显然,这里的人身危险性并不指再犯罪可能性。

再如,有判决指出:"原审被告人黄某某、王某某以营利为目的,开设

---

① (2014)徐刑终字第00062号。
② (2014)赣刑一终字第36号。

赌场,其行为构成开设赌场罪;黄某某因赌场终止泄私愤,故意毁坏他人财物,数额较大,其行为构成故意毁坏财物罪。王某某在公安机关调查其财物被毁过程中,主动交代其开设赌场的犯罪事实,其自首情节成立,依法可从轻或者减轻处罚。黄某某归案后如实供述了开设赌场和毁坏他人财物的事实,依法可从轻处罚。黄某某一人犯数罪,依法应当数罪并罚。黄某某在诉讼过程中赔偿了毁坏的财物损失并得到谅解,具有悔罪表现,依法可以从轻处罚。黄某某因与王某某合伙开设赌场而产生矛盾,为向王某某索要赌博机电板,纠集社会闲散人员当众砸毁王某某的汽车,社会影响恶劣;黄某某为追回非法物品,再次实施故意犯罪,主观恶性较大,犯罪情节较重,不符合缓刑适用条件。抗诉机关提出原判对黄某某适用缓刑不当的抗诉理由成立,黄某某的辩护人建议驳回抗诉、维持原判的意见不予采纳。原判认定事实和适用法律正确,对王某某量刑适当,但对黄某某适用缓刑不当,依法予以改判。"[1]这是以行为人犯数罪为根据,说明主观恶性大。可是,究竟是因为有数个法益侵害认定为主观恶性大,还是因为犯数罪说明被告人再犯罪可能性大,则并不清楚。

还如,有判决指出:"被告人徐某以暴力方法阻碍国家机关工作人员依法执行职务,其行为已构成妨害公务罪。公诉机关指控的罪名成立,本院予以支持。被告人徐某在犯罪后能主动投案,并如实供述自己的罪行,系自首,可依法对其从轻处罚。被告人徐某在违法行为被当场查处时,为逃避法律处罚,在闹市区无证驾驶机动车顶撞执法人员,其行为的主观恶性、社会危害性、人身危险性均较大,可酌情对其从重处罚。"[2]有判决指出:"被告人方某甲持砍刀伤害被害人,表明其主观恶性较深,人身危险性、社会危害性较大,对其酌情从重处罚。"[3]这两个判决的共同点是,以符合构成要件的事实为根据评价为主观恶性大、人身危险性严重。按照这样的评价标准,任何被告人都是主观恶性大、人身危险性严重。这显然

---

[1] (2014)乐刑终字第34号。公诉机关的抗诉意见也指出:"黄某某犯数罪,人身危险性和社会危害性较大,不符合无再犯罪危险的缓刑条件。"
[2] (2014)绍越刑初字第639号。
[3] (2014)石惠刑初字第62号。

是重复评价。

在再犯罪危险性以外使用人身危险性概念,是没有任何意义的。所以,我国刑法理论一直认为,人身危险性一般是指再犯罪可能性。[①] 或许可以认为,犯罪事实本身就可以说明被告人再犯罪可能性大小,犯罪前的表现、犯罪后的态度等其他影响预防刑的情节,也能表明再犯罪可能性大小。但应注意的是,当犯罪事实本身作为影响责任刑的情节对责任刑的裁量起到作用之后,就不应当再作为影响预防刑的情节起作用,否则就是重复评价。所以,在量刑时,只能将影响预防刑的情节作为表明人身危险性大小的情节。基于以上理由,本书主张在等同意义上使用人身危险性与再犯罪可能性的概念,而且只能根据影响预防刑的情节判断人身危险性或者再犯罪可能性。

主观恶性这一概念并没有确定的内涵与评价标准。当人们说被告人主观恶性深时,既可能考虑到了故意内容、犯罪动机,也可能考虑了累犯、再犯等因素,还可能包含了道德谴责。例如,有人指出:"主观恶性是指犯罪人恶劣的思想品质,反映了犯罪人思想上反社会性的程度,亦即'藐视社会'的程度,并表现为应受道义上和法律上责难的程度。"[②]有人进一步指出:"主观恶性是指由犯前、犯中和犯后行为表现出来的犯罪人的恶劣思想品质,具体表现了犯罪人应受道义上和法律上责难的程度。"[③]于是,对主观恶性的评价,基本上综合了犯罪主观方面的情节与犯罪前后的影响预防刑的情节。显然,如果将犯罪过程中体现出来的心理态度如犯罪动机等作为责任要素予以考虑,使之在责任刑的裁量中起到了作用,那

[①] 参见邱兴隆、许章润:《刑罚学》,群众出版社1998年版,第259页;王勇:《定罪导论》,中国人民大学出版社1990年版,第83页。陈兴良教授认为,人身危险性不仅包括再犯罪可能性,而且包括初犯可能性(陈兴良:《论人身危险性及其刑法意义》,载《法学研究》1993年第2期,第36页以下)。但是,当人们说量刑应当考虑人身危险性时,是针对特定的犯罪人而言的。在此意义上说,只能是指再犯可能性。如果认为量刑必须考虑一般预防,那么,也可以认为人身危险性包括初犯危险性。但是,人身危险性的概念只能针对特定人而言,故本书仅在再犯可能性意义上使用人身危险性概念。

[②] 王勇:《定罪导论》,中国人民大学出版社1990年版,第84页。

[③] 黄祥青:《论主观恶性及其刑法意义》,载鲍遂献主编:《刑法学研究新视野》,中国人民公安大学出版社1995年版,第183页。

么,就不应当在预防刑的裁量中再起作用。① 否则,也是重复评价。故意内容更是如此。倘若认为主观恶性就是指人身危险性,那么,主观恶性这一概念,实在没有存在的必要。所以,本书建议,法官们不要使用主观恶性这一概念。即便使用这一概念,也必须明确在什么意义上使用这一概念。

动辄以主观恶性深、人身危险性严重为由从重处罚,是导致我国量刑过重的一个原因。从上述判决可以看出,大多数关于主观恶性深、人身危险性大的评价或者判断都是没有任何根据的。例如,将后果严重、犯数罪、符合构成要件的事实作为主观恶性深、人身危险性大的评价根据,不仅意味着这种评价没有根据,而且必然导致重复评价与量刑过重。

(四) 类型化的情节与非类型化的情节

影响预防刑的情节十分宽泛,但只有一部分被类型化。其中,有的被刑法条文类型化(如自首、立功、坦白),有的被司法解释类型化(如退赃、退赔、当庭自愿认罪等)。除此之外,还有大量没有被类型化,但的确能够表明犯罪人特殊预防必要性大小的情节。例如,虽然不完全符合自首的条件,但的确有自动投案行为;再如,虽然未能退赔,但被告人为此做出了真挚的努力;又如,被害人虽然有过错,但过错又不明显;如此等等。

正是由于没有类型化的情节也能表明被告人特殊预防必要性的大小,所以,法官在裁量预防刑时,既要考虑类型化的情节,也要考虑非类型化的情节。但是在这一方面,我国的量刑实践还存在明显的缺陷。

例如,某判决书指出:"上诉人杨双军上诉及其辩护人关于被害人有过错的理由及意见,经查,被害人因打台球付费问题与其发生争执,继而打斗,双方均有责任,被害人尚不构成刑法意义上的过错。关于自首情节的上诉理由及辩护意见,经查,上诉人杨双军主动到案后,并未如实供述故意伤害犯罪事实,其行为依法不能认定为自首。关于监视居住计算有

---

① 如果认为主观恶性是指有责性或者非难可能性,则完全没有必要使用主观恶性这个概念。

误的上诉理由及辩护意见,经查,公安机关出具的情况说明证实,对杨双军在指定居所监视居住仅有40日,虽然没有提前解除监视居住的强制措施,但未在指定居所执行,依法不能折抵刑期。关于其对被害人主动补偿,原判量刑重的理由及意见,经查,原审法院对其补偿被害人的事实已予认定,并作为酌定从轻量刑之情节,本案因被害人头部受重伤,完全丧失劳动能力,智力严重减退,语言功能严重受损,不能进行有效语言交流,生活不能自理,记忆力大部分丧失,其精神伤残程度属重度Ⅱ级伤残,给被害人造成了特别严重的伤害后果和特别重大的经济损失,其补偿部分不足以成为对其从宽处罚的理由。故上诉理由及辩护意见均不能成立,不予支持。"①这样的判决,显然只是考虑了类型化的情节,而没有将非类型化的情节置于应有的地位。

首先,既然被害人在犯罪起因上具有责任,即使是部分责任乃至小部分责任,也能影响对被告人犯罪动机的评价,进而对减少责任刑起作用。事实上,只要被害人有过错,不管是严重过错还是轻微过错,都可能对量刑产生影响。以被害人的过错"尚不构成刑法意义上的过错"为由,而不予考虑,明显不当。况且,所谓"刑法意义上的过错"原本就没有明确的外延与具体的判断标准。

其次,既然被告人主动到案,即使并未如实供述故意伤害的事实,也减轻了司法机关的负担,或者也能同时说明被告人的特殊预防必要性减少。虽然不能认定为自首,但也不至于对量刑不产生任何影响。

最后,既然认定被告人对被害人进行主动补偿,为什么就不足以成为对其从宽处罚的理由? 主动补偿的事实,能够反映出被告人的认罪、悔罪态度,是裁量预防刑时必须考虑的重要情节。

不难看出,上述判决没有注重非类型化情节对量刑的影响,导致对原本能够适当从宽处罚的案件,没有适当从宽处罚。

法官应当意识到,不管是类型化的情节,还是非类型化的情节,都有程度的不同。例如,同样是坦白或者认罪,但是坦白或认罪的时间不同,

---

① (2014)郑刑一终字第212号。

对量刑就会产生不同的影响。"在美国,认罪甚至导致诉辩交易的启动,犯罪嫌疑人因为认罪甚至可以获得免诉、免刑的待遇。认罪的时间也对量刑有重要的影响。例如,在爱尔兰蒂尔南一案中,被告人蒂尔南与另一个人轮奸和殴打受害人,并逼其进行变态性行为。案发后,被告人即承认有罪,一审法院判处其二十一年监禁,被告人认为刑罚太重,理由是法院没有考虑其在案发伊始就认罪这个事实。爱尔兰最高法院认为被告人及早认罪具有十分重要的意义,对此量刑时必须予以考虑。但是早认罪对量刑有多大的影响,那还要看每个案件的具体情况。对于本案,最高法院认为及早认罪解除了受害人举证的负担,尤其是免除了受害人的被迫出庭作证,故被告人刑期由二十一年减为十七年。"①

法官在量刑时应当合理行使自由裁量权,不能期待所有情节都由刑法明文规定。② 刑法不可能将所有量刑情节法定化,不可能对各种量刑情节的裁量制定具体规则,不可能对各种量刑情节的作用予以数学式的量化。"即便能够制定规则,裁量往往也是更优的。没有裁量的规则就无法全面考虑使结果适应具体案件的特定事实和情况。证成裁量正义的理由通常是个别化正义的需要。""在许多情况下,机械地适用规则就意味着非正义;我们需要的是个别化的正义,也就是说,正义的程度要适应单个案件的需要。只有通过裁量方能实现个别化正义目标。"③法官的判决,不只是要实现刑法规定的抽象制度,还要实现一位真正的法官的正义感觉。法官的裁量,不能只是机械地套用刑法的一般性规定,更要考虑一般性规定背后的实质根据与理由。预防刑的裁量特别需要法官明确刑罚的正当化根据,全面掌握非类型化的情节,以此为基础正确判断被告人特殊预防必要性的大小,从而实现刑罚目的。

---

① 吴峻:《重视量刑因素确保罪刑相当》,载《检察日报》2004 年 4 月 15 日第 3 版。
② 法官们总是希望酌定情节法定化。例如,有的法官希望将"事后的积极补救行为"、"被害人过错"、"被害人(或其近亲属)谅解"、"介入情况下的因果关系的影响"规定为法定情节(参见祁若冰:《几种酌定情节法定化愚考》,载《人民法院报》2012 年 11 月 7 日第 6 版)。
③ 〔美〕肯尼斯·卡尔普·戴维斯:《裁量正义》,毕洪海译,商务印书馆 2009 年版,第 17、20 页。

第七章 宣告刑的确定

一、概　　述

一般来说,在责任刑的点之下妥当裁量了预防刑,所形成的刑罚便是宣告刑。《量刑指导意见》也指出:"量刑情节对基准刑的调节结果在法定刑幅度内,且罪责刑相适应的,可以直接确定为宣告刑。"例如,甲故意致人轻伤,法官所确定的责任刑为1年有期徒刑,考虑到甲坦白并赔偿被害人损失,认为甲的特殊预防必要性较小,于是在责任刑之下,确定了7个月的有期徒刑。如果没有其他特殊需要考虑的事项,7个月的有期徒刑便可以成为宣告刑(当然还有是否宣告缓刑的问题)。但是,在许多场合,并不是只要在责任刑的点之下裁量了预防刑,就能直接形成宣告刑。

首先,在裁量了预防刑之后,通常会有一些相关事项要求法官做出进一步判断,最后决定宣告刑。

例如,在裁量了责任刑与预防刑之后,法官完全可能考虑到被告人已经受到的社会制裁,而做出略微对被告人有利的宣告刑。这是因为,"社会的制裁,不管是合法的还是违法的,其与刑罚一样,都是社会统制的手段,具有抑止犯罪的效果,所以,受到了社会制裁这一事实,在量刑上会成为应当考虑的对被告人有利的情节。"[1]换言之,被告人受到社会的制裁

---

[1] 〔日〕原田国男:《量刑判断の実際》,立花书房2004年增补版,第19页。

之后,刑罚的必要性减少,法官在宣告刑罚时应当予以考虑。同样,如果被告人已经因犯罪行为受到了其他的制裁(如行政制裁、经济制裁),倘若这种制裁不可能折抵刑罚,却又能使刑罚的必要性减少时,也是在确定宣告刑时应当考虑的事实。

再如,法官在裁量了预防刑之后,可能考虑到公安、司法人员的不当行为而减少宣告刑。如被告人的行为虽然成立犯罪,但其侦查期间被刑讯逼供的事实,可能成为略微减少宣告刑的情节。当然,如何评价这种情节的性质,的确需要进一步研究。一种观点认为,"国家无视自己的瑕疵,对行为人的过错进行严厉的追究,无论如何也缺乏妥当性。对于这样的事情,在考虑预防之前,就应当作为确定刑罚的上限时应予考虑的事情"。① 这种观点似乎将国家机关的瑕疵视为影响责任刑的情节。本书的初步看法是,对此不能一概而论。公安、司法人员在侦查、起诉阶段的不法行为(包括程序上的不当行为)虽然不能使被告人的责任与预防必要性减少,但如果公安、司法人员的不当行为使被告人在身体上与精神上遭受了不必要的痛苦,实际上相当于使被告人承受了一定的刑罚处罚,就应当减少报应程度。在此意义上说,公安、司法人员的这类不当行为,成为减少责任刑的情节。另一方面,被告人对公安、司法人员不当行为的反应,尤其是忍受了公安、司法人员的不当行为,也可能发现被告人特殊预防必要性较小,进而可以减少预防刑。此外,如果公安、司法人员的不当行为没有使被告人在身体上与精神上遭受痛苦,但影响了被告人行使辩护权等权利,虽然不能成为减少责任刑与预防刑的情节,但基于政策的理由,在确定宣告刑时,也应当予以考虑。

又如,法官在裁量预防刑时,认为被告人特殊预防的必要性较小,符合缓刑条件。但是,被告人的家庭是否适合宣告缓刑,则是在做出宣告刑时必须考虑的问题。倘若被告人的家庭存在明显的缺陷,如同犯罪的温床,使被告人回到家庭反而会促使其再次犯罪,那么,法官就不会宣告

---

① 〔日〕冈上雅美:《責任刑の意義と量刑事実をめぐる問題点(二)》,载《早稻田法学》第69卷(1993年)第1号,第67页。

缓刑。

还如,在共同犯罪案件中,法官分别对各被告人确定了责任刑与预防刑之后,会权衡对各被告人所宣告的刑罚是否协调,防止宣告刑的不公平、不合理。同样,在被告人犯数罪时,法官分别对各罪确定责任刑与预防刑之后,只有进行综合判断,才能确定宣告刑。

其次,能否将在责任刑之下所裁量的预防刑直接作为宣告刑,在很大程度上还取决于法官的直觉。"直觉通常被界定为对某事的直接看法或理解——即不运用理性推理而对某事的感觉或理解。"①波斯纳指出:"直觉是我们的一套基本的确信,它埋藏得很深,我们甚至不知如何质疑它,它无法令我们不相信,因此,它也为我们的推理提供了前提。"②他还说:"当一个决定要取决于数个因素时,运用直觉,而不是努力清醒地分别评估各个因素,然后将之结合形成一个最终结论,也许更好。"③概言之,"法官的确是通过感觉而不是判断,通过预感而不是逻辑推理来判决的……判决的关键冲动是个案中对于什么是正确、什么是错误的直觉;精明的法官,在已有定论后,劳其筋骨,苦其心智,不仅为了向自己证明直觉是合理的,而且还要使之经得起批评。"④许多与被告人相关的事项,可能难以用文字表述,也不一定能成为量刑情节,但会影响法官的直觉。法官在根据不同类别的情节,分别确定了责任刑与预防刑之后,可能感到拟宣告的刑罚不符合自己的直觉,或者认为刑罚过重,或者认为刑罚过轻,于是,法官完全可能凭借自己的直觉,在不违反法律、不歪曲事实的前提下,对先前确定的刑罚进行一定的调整,最终形成宣告刑。这样的宣告刑,不仅具有责任刑与预防刑的根据,也符合了法官的直觉。

直觉能够影响宣告刑,并不是因为直觉是正确的,而是因为确定宣告

---

① 〔美〕文森特·鲁吉罗:《批判性思考批南》,顾肃、董玉荣译,复旦大学出版社2010年版,第24页。
② 〔美〕理查德·A.波斯纳:《法理学问题》,苏力译,中国政法大学出版社2002年版,第93页。
③ 〔美〕理查德·波斯纳:《法官如何思考》,苏力译,北京大学出版社2009年版,第101页。
④ 〔美〕彼得·德恩里科、邓子滨编著:《法的门前》,北京大学出版社2012年版,第27页。

刑时,需要考虑的因素中有许多既没有定型、又不可量化,这些因素必然影响法官的直觉。"刑罚中有死刑、惩役、罚金等,因此,可以说,刑法是法中最令人害怕的法律……在刑法的这张脸上,包含着被害人的父母、兄弟的悲伤与愤怒,包含着对犯人的怜悯与体恤,也包含着对犯人将来的期望与祈盼;此外还一定包含着法官在充分理解犯人的犯罪动机的同时又不得不对犯人科处刑罚的泪水。"① 要彻底认清和准确描绘刑法这张脸实在太难,一位法官要想同时顾及到刑法这张脸上的各种表情、感情与心情更难。着眼于被害人及其家属的悲伤与愤怒时,常常会忽略对犯罪人将来的期望与祈盼;着眼于对犯人的怜悯与体恤时,往往会忘记一般人对犯罪的愤懑与怨恨;认为需要对犯罪人科处作为报应的刑罚时,可能疏于考虑是否存在预防犯罪的必要;认为没有预防犯罪的必要时,社会大众又可能出于伸张正义而要求处罚犯人;即使人们知道需要考虑对立一方的心情,但也很难找到进入对方错综复杂心灵的途径。诸多难以描述但事实上能被法官感觉到的事项,实际上会影响宣告刑的确定。

最后,广义的宣告刑并不限于对刑罚的宣告,而是包括了对保安处分以及其他非刑罚处罚措施的宣告。例如,是否宣告禁止令,是否没收犯罪工具等,都必须在判决时一并处理。在实行依法治国的时代,这是不可轻视的重要问题。例如,即使是没收被告人放火时所剩下的半盒火柴或者一个打火机②,也必须写进判决书,并且指明法律根据。

《量刑指导意见》规定了确定宣告刑的方法:"(1)量刑情节对基准刑的调节结果在法定刑幅度内,且罪责刑相适应的,可以直接确定为宣告刑;如果具有应当减轻处罚情节的,应依法在法定最低刑以下确定宣告刑。(2)量刑情节对基准刑的调节结果在法定最低刑以下,具有法定减轻处罚情节,且罪责刑相适应的,可以直接确定为宣告刑;只有从轻处罚情节的,可以依法确定法定最低刑为宣告刑;但是根据案件的特殊情况,

---

① 〔日〕西原春夫:《刑法の根底にあるもの》,成文堂2003年增补版,第197—198页。
② 在日本,"有的判例没收用来放火的五根火柴棒"(金光旭:《日本刑法中的不法收益之剥夺》,载《中外法学》2009年第5期,第784页)。乍一看,日本的判决似乎很无聊。其实,在一个法治国家,如果没有法律根据,即使是一根火柴棒或者一张餐巾纸,也不应当、不可能没收。

经最高人民法院核准,也可以在法定刑以下判处刑罚。(3)量刑情节对基准刑的调节结果在法定最高刑以上的,可以依法确定法定最高刑为宣告刑。(4)综合考虑全案情况,独任审判员或合议庭可以在20%的幅度内对调节结果进行调整,确定宣告刑。当调节后的结果仍不符合罪责刑相适应原则的,应提交审判委员会讨论,依法确定宣告刑。(5)综合全案犯罪事实和量刑情节,依法应当判处无期徒刑以上刑罚、管制或者单处附加刑、缓刑、免刑的,应当依法适用。"

关于上述规定,有以下几点需要说明:其一,由于《量刑指导意见》没有区别责任刑与预防刑,更没有主张在责任刑之下裁量预防刑,所以出现了第(3)项所称的"对基准刑的调节结果在法定最高刑以上的"情形。本书主张在法定刑之内确定责任刑,并在责任刑之下裁量预防刑,因而不可能出现这样的现象。其二,上述各项规定,实际上肯定了宣告刑的确定需要综合判断。换言之,单纯根据各种情节所确定的刑罚,不等于宣告刑。本书对此持肯定态度。其三,上述各项规定,只是就刑罚的宣告而言,而没有考虑保安处分与非刑罚处罚措施。但如前所述,在宣告狭义刑罚的同时,通常也要宣告保安处分与非刑罚处罚措施。其四,《量刑指导意见》虽然将缓刑的决定纳入宣告刑的确定,但缓刑的宣告首先是预防刑的裁量问题。另一方面,被告人的家庭状况等也是能否宣告缓刑的重要判断资料,但家庭状况本身不能直接说明被告人再犯罪可能性的大小。在此意义上说,难以绝对区分预防刑的裁量与宣告刑的确定。

本章以下内容,并非与裁量责任刑和预防刑无关,只是侧重于从宣告刑的角度,对前几章没有得到展开讨论的问题略作说明(因而缺乏逻辑关联性),其中包括非刑罚方法与保安处分的宣告。

二、共犯与数罪

前几章的讨论,大体上是以单个人犯一罪为模式展开的。对共犯与数罪的量刑,存在特殊之处,需要讨论。

(一) 共犯

我国刑法将共犯人区分为主犯、从犯与胁从犯,并规定了不同的处罚原则,另外还规定了教唆犯的处罚原则。显然,对共犯人的合理量刑,以正确区分主犯、从犯与胁从犯为前提,因为从犯与胁从犯是法定的应当从轻、减轻或者免除处罚的事由,而且是减少责任刑的重要情节。如果不区分主犯、从犯、胁从犯或者区分不当,必然对量刑产生不利后果。对单位共同犯罪,应根据主体在单位共同犯罪中所起的作用大小,分清主犯、从犯,并根据相应的原则处罚;对单位犯罪中的直接负责的主管人员与直接责任人员,也应当分清主犯、从犯,分别适用不同的处罚原则。即使在共犯人均为主犯的情况下,也需要对各共犯人的责任进行比较,对于责任较轻的主犯,宜适当从轻处罚。

如何区分主从犯,以及对两个以上的主犯如何区分责任轻重,不是本书所要讨论的问题,但本书仍然要指出的是,司法实践中对教唆犯的量刑一概重于正犯,对雇凶者的量刑通常重于正犯的做法①,明显不当。如所周知,正犯是直接引起法益侵害结果的人,教唆犯是通过正犯间接引起法益侵害结果的人,二者均有犯罪故意。由于责任是对不法的责任,所以,在通常情况下,教唆犯的责任刑应当轻于正犯。所谓的雇凶杀人或者雇凶伤人,也只是教唆犯罪而已②,并不是所谓特殊的共同犯罪。雇凶杀人的责任,一般不可能重于正犯。即使从所谓主观恶性方面来说,雇凶杀人者自己不敢或者不愿意直接杀人,而正犯却敢于和愿意直接杀人,故不能认为雇凶者的非难可能性与人身危险性更大。人们习惯于认为,雇凶者引起了他人的犯意,所以责任重大。可是,仅有犯意并不成立任何犯罪,一个人在内心里存在犯意时,不可能受到刑罚处罚。这表明,关键不在于谁产生犯意,而在于谁将犯意现实化。雇凶者产生了犯意后,并没有直接

---

① 天津市高级人民法院《关于常见犯罪的量刑指导意见实施细则》规定:"雇佣他人实施伤害行为的,可以增加基准刑的20%以下。"江苏省高级人民法院、河南省高级人民法院《关于常见犯罪的量刑指导意见实施细则》也有相同规定。
② 利用金钱雇凶杀人的责任,并不重于采用胁迫手段教唆他人杀人的责任。

将犯意现实化;雇凶者通过正犯使犯意现实化时,正犯并非没有犯意,只是犯意的产生晚于雇凶者。然而,犯意产生的早晚并不直接说明责任的轻重。或许有人认为,雇凶者比正犯狡猾,因为雇凶者自己不杀人却利用他人杀人,所以责任更大。然而,刑法上的责任不是伦理的责任,而是法律的责任;只要被利用者的责任要素没有减少和减弱,就不能认为雇凶者的责任重于被利用者。所以,在刑法上,对不法的责任,只能是正犯重于雇凶者,而不是相反。也正因为如此,在旧中国以及大陆法系国家,都将教唆犯归入共犯。

我国1979年的刑法对主犯规定了"从重处罚"的原则,但现行刑法删除了这一处罚原则。换言之,对主犯的量刑与单个人犯罪的量刑应当是相同的,而不能从重处罚。但是,我国的司法实践依然盛行主犯从重处罚的做法。例如,某判决书指出:"被告人黄某、宋某、吴某为索取债务,非法拘禁他人,其行为均已构成非法拘禁罪。公诉机关指控的犯罪事实和罪名成立。被告人黄某、宋某、吴某案发后,如实供述犯罪事实,是坦白,当庭认罪态度较好,并取得被害人谅解,具有法定和酌定从轻处罚情节,依法对其从轻处罚。被告人黄某在共同犯罪中起主要作用,是主犯,依法应当从重处罚;被告人宋某、吴某在共同犯罪中起次要作用,是从犯,依法应当从轻处罚。"[1]然而,在现行刑法中,对主犯的处罚原则与对单个人犯罪的处罚原则是相同的,单独的直接正犯、间接正犯本身,不可能成为从重处罚的情节。对主犯"依法从重处罚"的表述,完全不成立。类似这样的判决明显不符合罪刑法定原则,应当杜绝。

主犯、从犯、胁从犯只是就责任而言,换言之,对从犯应当从轻、减轻或者免除处罚,只是对责任刑的从轻、减轻与免除处罚。反过来说,对主犯不从轻、减轻和免除处罚,只是就责任刑而言。当主犯具有减少预防刑的情节时,对主犯当然需要从宽处罚。但是,在司法实践中,一直存在对主犯不适用"可以型"从宽处罚情节,或者不考虑酌定从宽处罚情节,或者从严掌握从宽情节适用的现象,值得商榷。

---

[1] (2004)定刑初字第00248号。

例如,最高人民法院2010年2月8日《关于贯彻宽严相济刑事政策的若干意见》第33条规定:"在共同犯罪案件中,对于主犯或首要分子检举、揭发同案地位、作用较次犯罪分子构成立功的,从轻或者减轻处罚应当从严掌握,如果从轻处罚可能导致全案量刑失衡的,一般不予从轻处罚;如果检举、揭发的是其他犯罪案件中罪行同样严重的犯罪分子,或者协助抓获的是同案中的其他主犯、首要分子的,原则上应予依法从轻或者减轻处罚。对于从犯或犯罪集团中的一般成员立功,特别是协助抓获主犯、首要分子的,应当充分体现政策,依法从轻、减轻或者免除处罚。"不难看出,同样是立功,对于主犯与从犯所起的作用就明显不同。然而,在从犯的责任刑轻于主犯的情况下,或者说在对主犯已经确定了重于从犯的责任刑的情况下,对于预防刑的裁量不应当存在如此区别。诚然,上述规定旨在避免主从犯的量刑失衡。但是,主从犯的量刑均衡只是就责任刑而言,而不是就预防刑而言。在主犯与从犯具有相同的减少预防刑的情节时,预防刑应当相同地减少,而不能因为主犯责任重于从犯责任,就增加主犯的预防刑。

责任刑与预防刑的关系表明,主犯、从犯与胁从犯的再犯罪可能性大小,并不取决于责任的大小。换言之,主犯的责任重,并不等于其再犯罪可能性也大;从犯的责任轻,并不意味着其再犯罪可能性也小。所以,不能片面追求主从犯的量刑均衡。例如,乙为了帮助甲伤害丙,将丙引诱至甲约定的偏僻处,甲造成丙的重伤。甲(主犯)的责任刑明显重于乙(从犯)的责任,但甲犯罪后投案自首,并且有立功表现,而乙是累犯,对预防刑裁量的结局,很可能是乙的宣告刑重于主犯。

最高人民法院2010年12月22日《关于处理自首和立功若干具体问题的意见》指出:"在共同犯罪案件中,对具有自首、立功情节的被告人的处罚,应注意共同犯罪人以及首要分子、主犯、从犯之间的量刑平衡。犯罪集团的首要分子、共同犯罪的主犯检举揭发或者协助司法机关抓捕同案地位、作用较次的犯罪分子的,从宽处罚与否应当从严掌握,如果从轻处罚可能导致全案量刑失衡的,一般不从轻处罚;如果检举揭发或者协助司法机关抓捕的是其他案件中罪行同样严重的犯罪分子,一般应依法从宽处罚。对于犯罪集团的一般成员、共同犯罪的从犯立功的,特别是协助抓捕首要分子、主犯的,应当充分体现政策,依法从宽处罚。"如果从责任刑的角度追求量刑平衡,的确无可非议。但是,倘若从预防刑与宣告刑的角度追求量刑均衡,则明显不当。另一方面,即使从量刑平衡的角度来说,在主从犯均有立功表现的情况下,在确定了责任刑之后,也有两条路径:一是不考虑主犯的立功表现,仅考虑从犯的立功表现,从而实现量刑平衡;二是考虑主犯的立功表现,从轻处罚,同时考虑从犯的立功表现,从轻幅度更大或者减轻处罚。上述规定实际上是选择了前一路径,但这一路径不符合刑法关于立功的规定,因为立功并不是只适用于从犯与胁从犯,同样适用于主犯。主犯检举揭发或者协助司法机关抓捕同案地位、作用较次的从犯的,依然是立功。从立功制度的根据来说,只有当立功表现不能表明主犯的再犯罪可能性减少,并且也没有减轻司法机关的负担时,才不宜从宽处罚。"导致全案量刑失衡",不可能成为不适用立功制度的理由。所以,即使要考虑全案的量刑平衡,也只能采取后一路径。

主犯、从犯、胁从犯的责任不同,只是就犯相同罪而言,并不意味着犯罪集团中的首要分子对任何具体犯罪的责任都重于其他共犯人。这是因为,责任是就具体犯罪而言,而不可能是整体评价。对首要分子的量刑,需要根据分则的不同规定以及刑罚的正当化根据予以裁量(以下主要从责任刑角度展开讨论)。

有的犯罪,如财产犯罪(如盗窃罪)、经济犯罪(如走私罪)、毒品犯罪,刑法根据犯罪数额规定了不同的法定刑。当犯罪集团的首要分子应当对该集团的财产犯罪、经济犯罪、毒品犯罪总数额承担刑事责任时,只要确定了犯罪总数额以及与该数额相应的法定刑,便可合理量刑。例如,在毒品犯罪集团中,有的共犯人参与贩卖的鸦片不满200克,有的共犯人参与贩卖的鸦片为200克以上但不满1000克,集团贩卖鸦片的数量超过了1000克。在这种情况下,对首要分子应当适用贩卖鸦片1000克以上的法定刑。但是,在选择了这一法定刑之后,不能因为其为首要分子,一概从重处罚;而应通过考虑其他方面的情节,决定对首要分子是否从重处罚。

有的犯罪,如伪造货币罪,拐卖妇女、儿童罪等,刑法对集团首要分子规定了较重的法定刑。在对首要分子选择了相应法定刑后,不能将首要分子本身再作为从重处罚的情节。

有的犯罪,如组织卖淫罪,强迫卖淫罪,制作、复制、出版、贩卖淫秽物品牟利罪等,刑法根据情节轻重规定了不同的法定刑。如果根据集团犯罪的总体情节,对首要分子选择了情节严重或者情节特别严重的法定刑,就不能再将首要分子本身作为从重处罚的情节。

有的犯罪,其加重结果或性质转化由正犯造成,虽然犯罪集团的首要分子一般对结果加重犯、容易转化的犯罪应当承担责任,但首要分子的责任通常应当轻于正犯。例如,盗窃集团的首要分子虽然对集团的盗窃总数额承担责任,但对正犯实施盗窃时转化的抢劫罪的责任,则应当轻于正犯。

存在疑问的是恐怖活动组织、黑社会性质组织的首要分子的责任程度。虽然就组织、领导、参加恐怖组织罪和组织、领导、参加黑社会性质组织罪而言,首要分子的责任程度重于组织成员,但现实表明,组织成员完全可能积极实施严重犯罪。所以,在这种情况下,仍应区分责任的轻重,不能认为在任何情况下首要分子对任何犯罪都绝对负主要责任。根据刑法总则关于共同犯罪处罚原则的精神,虽然犯罪集团的首要分子应对集团所犯的全部罪行负责,但就首要分子仅具有总体性、概括性故意,且没有具体策划、指挥的具体犯罪而言,仍应根据共犯人在共同犯罪中所起的作用大小予以处罚。在本书看来,就恐怖活动组织、黑社会性质组织的首要分子的责任程度,可以得出以下几点具体结论:

第一,应当区分首要分子与组织成员在具体犯罪中所起的客观作用。首要分子直接策划、指挥集团成员实施某一具体犯罪行为的,或者在策划之后与成员一并直接实行犯罪的,首要分子对该犯罪的责任同于或者重于其他成员。某种犯罪虽然属于首要分子总体性、概括性故意之内的和总体策划、指挥的罪行,但首要分子没有直接预谋、没有具体策划和实行,具体犯罪完全由组织成员见机实行时,首要分子对组织成员实施的具体罪行的责任,不应重于具体实施的正犯。例如,恐怖活动组织的成员甲得知记者乙正在撰稿准备揭露该组织的罪行,甲为了防止恐怖组织的罪行败露,杀害了乙。即使恐怖活动组织的首要分子事前指示、暗示成员遇到类似情形时杀害他人,但就该具体杀人罪行而言,首要分子的责任不应重于甚至可能轻于具体实施的正犯。

第二,应当区分首要分子对组织成员的支配形态,从而确定首要分子的责任程度。例如,首要分子虽然只是策划、指挥实施某一具体犯罪行为,而并非直接实施实行行为,但首要分子已经绝对控制了组织成员,组织成员如不按首要分子的策划、指挥实行犯罪,便会受到惩罚乃至于家破人亡时,首要分子对该犯罪的责任应当重于直接正犯。相反,首要分子只是示意组织成员实施某一具体犯罪行为,也没有绝对控制组织成员,组织成员仍有不实施首要分子所唆使的具体犯罪的可能性时,直接正犯的责任应当重于首要分子。因为在后一种情况下,直接正犯仍然是具有规范意识,应当产生规范障碍的人,但他并没有像法律所期待的那样基于规范意识产生反对动机,因此,在其行为造成了危害结果的情况下,应当承担主要责任。

第三,应当考虑具体犯罪犯意的产生情况,从而确定首要分子的责任程度。在恐怖活动组织、黑社会性质组织中,虽然有组织犯罪的总体内容一般由首要分子决定、策划、指挥,但并不排除组织成员就个别具体犯罪提出倡议、具体实施的情形。因此,当具体犯罪由组织成员率先提出并实行,首要分子只是表示认可时,就该具体犯罪而言,首要分子的责任不应重于甚至可能轻于率先提出并直接实行的成员。

此外,应当明确个人影响预防刑情节的作为范围。在共同犯罪中,共犯人具有的影响预防刑的情节,只对本人产生作用,不得影响他人的刑罚。因此,当首要分子具有自首、立功等影响预防刑的情节时,这种情节不对其他成员产生刑罚影响。例如,甲组织、领导了黑社会性质组织,并且策划、指挥了多起具体犯罪活动,但甲后来自首并有重大立功表现,而该黑社会性质组织的其他参加者参与了多起具体犯罪活动,并无自首、立功表现。在这种情况下,组织、领导者的宣告刑有可能轻于其他参加者。所以,认为对首要分子的宣告刑必然重于其他集团成员的观念,并不适当。这一结论也适用于一般犯罪集团的首要分子。

总之,在共同犯罪中,量刑均衡只是就责任刑而言,对主犯、从犯、胁从犯的量刑均衡只是就责任刑而言。由于预防刑因人而异,故对宣告刑不得强调罪刑均衡。

(二) 数罪

对数罪的量刑,除了典型数罪的量刑外,还包括科刑的一罪与包括的一罪的量刑问题。

1. 典型数罪

被告人犯数罪的,首先应当分别裁量责任刑与预防刑,然后再综合裁量宣告刑。

例如,甲犯故意伤害罪(重伤)与盗窃罪(数额巨大)。如果先裁量故意伤害罪的刑罚,那么,在确定了故意伤害罪的量刑起点后,首先要根据影响责任刑的情节,确定故意伤害罪的责任刑。然后,再考虑影响预防刑的情节,进而确定故意伤害罪的刑罚。在对盗窃罪量刑时,也应当按照上述步骤量刑。倘若对故意伤害罪裁量的刑罚是 4 年有期徒刑,对盗窃罪裁量的刑罚是 5 年有期徒刑,那么,应当在 5 年以上 9 年以下,综合考虑相关因素,确定宣告刑。

显然,在对数罪量刑时,需要分清哪些情节对哪一犯罪的责任刑起作用,哪些情节对哪一犯罪的预防刑起作用。例如,在上例中,甲犯故意伤害罪的动机,不可能对盗窃罪的责任刑产生作用。同样,甲犯盗窃罪的数额,也不可能对故意伤害罪的责任刑起作用。又如,倘若甲在故意伤害罪被发现后,主动交代司法机关尚未掌握的盗窃事实的,对盗窃罪成立自首,自首情节仅影响盗窃罪的预防刑。但如果甲有检举揭发他人犯罪的立功表现,则该情节适用于所有犯罪。倘若甲是累犯,累犯也同时成为增加故意伤害罪与盗窃罪的预防刑的情节。不过,在这种场合,累犯对两个犯罪的预防刑所起的作用可能存在区别,因为同种累犯与不同种累犯对说明被告人再犯罪的可能性大小所起的作用并不相同。倘若甲以前曾因盗窃罪受到刑罚处罚,那么,这一累犯事实,对甲的故意伤害罪的预防刑所起的作用,就应当小于对盗窃罪的预防刑所起的作用。

特别需要指出的是,在被告人犯异种数罪时,对于预防刑也必须分别裁量,而不得一概综合裁量。这是因为,被告人的再犯罪可能性是就具体犯罪而言,而不是就抽象犯罪而言。在上例中,甲再犯故意伤害罪可能性与再犯盗窃罪的可能性不可能完全相同。相关情节可能表明,甲再犯故意伤害罪的可能性较小,而再犯盗窃罪的可能性较大,或者相反。所以,原则上不应当在分别裁量了故意伤害罪与盗窃罪的责任刑之后,综合裁量两罪的预防刑。当然,如果被告人犯同种数罪而被并罚时,对于预防刑则可能综合裁量。

2. 科刑的一罪

科刑的一罪是指结合犯、想象竞合犯与牵连犯。由于刑法对结合犯规定了加重的法定刑,所以,对结合犯的量刑没有特别之处。

想象竞合犯是指一个行为触犯数个罪的情形。为什么对想象竞合仅科处一个刑罚,而不实行并罚?明确这一问题,有利于想象竞合犯的量刑。

违法减少说认为,对想象竞合犯仅科处一个刑罚的根据是,对数罪的违法评价实际上存在重复部分。例如,在使用暴力妨害公务且导致公务员伤害,因而同时触犯故意伤害罪与妨害公务罪的场合,由于在暴力的限度内构成要件存在重合,就该部分而言实际上是一种法条竞合。即使在构成要件没有重合的想象竞合犯中,虽然被告人违反了数个规范,但由于行为不可分割,在现实中数个法规范所具体禁止的只有一个行为,所以,只有一个违法。①

量刑情节重合说认为,对想象竞合犯仅科处一个刑罚的理由是,作为违法要素的量刑情节的重合。在对一个犯罪行为的违法程度(量)进行评价时,不仅要评价构成要件的该当事实,而且要评价作为违法要素的量刑情节。在想象竞合的场合,作为违法要素的量刑情节存在类型性的大

---

① 参见〔日〕中野次雄:《并合罪》,载日本刑法学会编:《刑事法讲座》(第7卷),有斐阁1953年版,第1386页。

量重合,倘若实行并罚就会导致双重处罚,违反责任主义。为了避免这种现象而将想象竞合犯作为科刑的一罪。①

责任减少说认为,之所以对想象竞合犯仅科处一个刑罚,是因为仅有一个意思活动。一个意思活动是一次规范意识的突破,两个意思活动是两次规范意识的突破。因此,从责任的角度来说,一次要比两次轻。②

违法与责任减少说认为,之所以对想象竞合犯仅科处一个刑罚,是由于违法与责任均减少。量刑时,不仅要避免对违法的重复评价,也要避免对责任的重复评价。一个行为触犯数个罪名时,该数罪的违法减少,责任也减少。例如,行为人用他人的贵重花瓶砸伤被害人时,其对此规范的违反与彼规范的遵守之间,没有兼顾的可能性。由于行为人只有一个意思决定,其责任比数罪的责任减少。③

本书站在结果无价值论的立场,初步认为对想象竞合犯仅科处一个刑罚,是因为量刑责任减少。例如,当被告人一枪导致甲死亡和乙受伤时,由于存在两个法益侵害结果,所以违法性没有减少。再如,在被告人使用暴力妨害公务且造成公务员重伤时,由于存在两个法益侵害结果,违法性也没有减少。但是,在上述两例中,由于被告人只有一个意思决定,与具有两个意思决定造成两个法益侵害结果相比,量刑责任减少。如前所述,作为量刑基准的责任,除了对不法的责任外,还包括责任本身的程度。在想象竞合犯的场合,量刑责任的减少,并不是指被告人对不法的责任减少(因为不法没有减少),而是指责任程度本身的相对减少。

对想象竞合犯仅科处一个刑罚时,又应当从重处罚。这是因为,在仅以一个重罪量刑时,必须考虑被告人对另一轻罪的责任。换言之,在根据重罪的法定刑裁量责任刑时,另一轻罪的责任成为增加责任刑的情节,所以,对想象竞合犯应当从重处罚。从重的幅度,取决于轻罪的责任程度。但是,想象竞合犯的责任刑也不能是重罪的责任刑与轻罪的责任刑的总

---

① 参见〔日〕井田良:《故意における客体的の特定および"个数"の特定に关する一考察(四)》,载《法学研究》第58卷(1985)第12号,第59页以下。
② 参见〔日〕平野龙一:《犯罪论的诸问题(上)总论》,有斐阁1981年版,第205页。
③ 参见〔日〕只木诚:《罪数论の研究》,成文堂2009年增订版,第25页以下。

合,否则,会导致实际上的并罚,因而不可取。

在对想象竞合犯从一重罪量刑时,会出现两个问题:一是重罪的最低刑轻于轻罪的最低刑。例如,被告人张三的一个行为触犯甲罪与乙罪,甲罪的法定刑为"一年以上七年以下有期徒刑",乙罪的法定刑为"二年以上五年以下有期徒刑"。在对张三以甲罪量刑时,能否低于乙罪的最低刑(如判处1年或者1年6个月的有期徒刑)?二是重罪没有附加刑,而轻罪有附加刑。例如,被告人李四盗窃正在使用中的电力设备,构成破坏电力设备罪与盗窃罪(数额较大)的想象竞合时,前者的法定刑为"三年以上十年以下有期徒刑",后者的法定刑为"三年以上有期徒刑、拘役或者管制,并处或者单处罚金"。在根据破坏电力设备罪的法定刑对李四量刑时,应否并处罚金?

本书的看法是,在想象竞合的场合,如果没有减轻处罚的情节,那么,在根据重罪的法定刑量刑时,宣告刑不得低于轻罪的法定刑,同时应当科处轻罪所规定的附加刑。例如,对张三所宣告的刑罚不得低于2年有期徒刑;对李四必须并处罚金(如果轻罪的所规定的附加刑是"可以并处罚金",则视轻罪的具体情形决定是否并处罚金)。这是因为,想象竞合原本是数罪,只是因为责任有所减轻而在重罪的法定刑内量刑。如果宣告的主刑低于轻罪的最低刑,就意味着想象竞合时不仅按轻罪量刑,而且比轻罪的量刑更轻,这显然违反想象竞合犯的处罚原则。同样,如果宣告的主刑合理,但没有科处轻罪的附加刑时,就意味着完全没有评价轻罪,这也不符合想象竞合犯的处罚原则。

我国刑法总则没有规定牵连犯的处罚原则,分则对牵连犯规定了不同的处罚原则。在刑法分则没有对牵连犯规定数罪并罚的情况下,一般采取仅科处一个刑罚的原则。对于采取这一原则的根据,刑法理论上同样存在违法减少说、量刑情节重合说、责任减少说、违法与责任减少说。[①]本书对牵连犯也采取责任减少说,在量刑时,应当与想象竞合犯一样

---

① 参见〔日〕长井秀典:《数罪と量刑》,载大阪刑事实务研究会编著:《量刑实务大系第1卷量刑总论》,判例タイムズ社2011年版,第289页以下。

处理。

3. 包括的一罪

包括的一罪主要有连续犯、集合犯与吸收一罪,需要分别讨论。

(1) 连续犯

对连续犯如何裁量刑罚,与法定刑是否涵盖了连续犯具有重要关系。如果连续犯属于数额犯,刑法针对不同数额规定了不同的法定刑,那么,应当累计连续犯的犯罪数额,选择相应的法定刑。此时,连续犯不应当再成为增加责任刑的情节,也不得作为增加预防刑的情节,否则会导致重复评价。

如果连续犯符合刑法分则规定的作为升格法定刑前提的"多次"要件(如多次抢劫),那么,除了按照升格法定刑裁量责任刑之外,多于三次的行为,可以成为增加责任刑的情节。预防刑的裁量,则没有特别之处。

如果连续犯并不属于上述两种情形,且以一罪论处时,那么,原则上应当以一次最重的犯罪为基础确定量刑起点,然后将此外的犯罪作为增加责任刑的情节。

如果对连续犯实行并罚(如连续造成三人轻伤),则按前述典型的数罪量刑。

(2) 集合犯

集合犯包括常习犯、职业犯与营业犯。我国刑法没有规定常习犯,前一章已从预防刑的角度对常习犯有所讨论,在此需要说明的是职业犯与营业犯。

在被告人的行为仅满足职业犯与营业犯的定罪起点条件时,职业犯与营业犯本身不可能成为增加责任刑与预防刑的情节。在刑法分则对职业犯与营业犯按照情节轻重规定了不同的法定刑时,如果被告人长时间的犯罪行为等情节成为适用升格法定刑的根据,也不能将长时间的犯罪行为等情节作为升格法定刑内增加责任刑与预防刑的情节。只有多于基本法定刑罪状要求的行为与结果等事实,或者多于升格法定刑罪状要求的行为与结果等事实,才能成为增加责任刑的情节。

例如,《刑法》第 336 条第 1 款规定:"未取得医生执业资格的人非法行医,情节严重的,处三年以下有期徒刑、拘役或者管制,并处或者单处罚金;严重损害就诊人身体健康的,处三年以上十年以下有期徒刑,并处罚金;造成就诊人死亡的,处十年以上有期徒刑,并处罚金。"最高人民法院2008年4月29日《关于审理非法行医刑事案件具体应用法律若干问题的解释》规定:"造成就诊人轻度残疾、器官组织损伤导致一般功能障碍的",属于情节严重。据此,造成就诊人轻度残疾,只是符合了情节严重的要求,不能成为增加责任刑与预防刑的情节。倘若行为人不仅造成就诊人轻度残疾,而且非法行医时间很长,则可以将后者作为增加责任刑的情节。

(3) 吸收一罪

吸收一罪,是指事实上数个不同的行为,其一行为吸收其他行为,仅成立吸收行为一个罪名的犯罪。在这种情况下,被吸收之罪能否成为影响重罪(吸收之罪)的责任刑的情节,是需要讨论的问题。本书的基本看法是,只要行为没有侵害新的法益,或者虽然侵害了新的法益但被告人对新的法益侵害没有责任,就不得作为增加吸收之罪的责任刑的情节。

例如,甲盗窃枪支后又私藏枪支的,只能认定为盗窃枪支罪,而且私藏枪支的行为,不是增加盗窃枪支罪的责任刑的情节。一方面,盗窃枪支后私藏枪支的行为没有侵害新的法益。另一方面,私藏枪支是盗窃枪支后的当然状态,法律不可能要求行为人盗窃枪支后立即将枪支上缴公安机关或者立即丢弃枪支。在此意义上说,盗窃枪支后的私藏枪支行为,也是没有期待可能性的行为。

再如,在通常的发展犯①中,如果发展过程中触犯了其他的罪名,但没有侵害新的法益,或者所侵害的法益能够被既遂犯所包含,并且没有超出既遂犯的通常预设范围,那么,发展过程中所触犯的其他罪名,就不能成为增加既遂犯责任刑的情节。例如,从杀人预备到着手杀人再到杀人既遂,就属于发展犯,仅认定为一个故意杀人既遂。其中,相对于杀人既

---

① 发展犯,是指针对同一法益的犯罪,根据其阶段性的发展形态,被设计为复数的犯罪类型的情形。

遂而言,之前的杀人未遂与杀人预备,一般不能成为增加故意杀人既遂的责任刑的情节。例如,被告人第一枪没有打中被害人,第二枪打中被害人心脏并致被害人死亡。第一枪行为以及第二枪在死亡之前造成的伤害,都不能成为增加故意杀人既遂的责任刑的情节。但是,如果之前的行为包含了造成死亡所不必要的伤害,则可能成为增加故意杀人罪的责任刑的情节。例如,被告人先用汽车将被害人撞成重伤,然后用绳子勒死昏迷中的被害人。撞成重伤并不是造成死亡所必要的伤害,因而可以成为增加责任刑的情节。再如,以伤害故意向被害人发射散弹枪,导致被害人身体一处重伤、一处轻伤。对此不实行并罚,仅以一个重罪(重伤)论处。但是,此时的轻伤可以成为增加故意伤害(重伤)罪责任刑的情节。又如,将伪造的货币出售给知情的第三者的,仅认定为伪造货币罪,不另认定出售假币罪。但是,出售假币的行为使假币置于流通领域,增加了法益侵害的程度,因而成为增加伪造货币罪的责任刑的情节。正因为如此,《刑法》第171条第3款规定:"伪造货币并出售或者运输伪造的货币的,依照本法第一百七十条的规定定罪从重处罚。"

又如,消费财产犯罪所得财物的行为,属于共罚的事后行为,不能成为增加财产犯罪责任刑的情节。如窃取他人财物后,使用、消费该财物的行为,不能成为增加盗窃罪责任刑的情节。因为法律不可能要求盗窃犯人窃取财物后,原封不动地保管或者返还他人;盗窃犯使用、消费所盗窃的财物,是没有期待可能性的行为。

顺便指出的是,在法条竞合时,如果选择适用特殊法条或者重法条后,不能因为行为同时触犯了普通法条或者轻法条而从重处罚。在法条竞合的场合,只有一个犯罪行为;不是因为行为侵害了数个保护法益,而是由于刑法错综复杂的规定导致行为同时触犯数个罪名。所以,如果将法条竞合作为增加重罪的责任刑的情节,就必然形成重复评价,明显不合理。

三、缓刑与禁止令

缓刑是目的刑论尤其是特殊预防论的产物。如上一章所言，缓刑基本上属于预防刑的裁量问题，禁止令也是广义的预防刑裁量问题。因为缓刑意味着即使不剥夺被告人的人身自由，也可能预防其再次犯罪；禁止令则意味着，在不剥夺被告人人身自由的情况下，需要宣告禁止令以防止被告人再次犯罪。缓刑与禁止令虽然性质不同，但都着眼于预防犯罪、防卫社会。

（一）缓刑

缓刑自1842年发端于英国以来，逐渐被各国广泛采用。缓刑的优点在于：可以避免不必要的刑罚，能够避免短期自由刑的弊害；由于保留执行刑罚的可能性，因而能够促使犯罪人改过自新。美国学者"通过对青少年和成人缓刑的研究，得出了如下结论：1.目前监禁的犯人中有很大一部分可以执行缓刑，而重犯率不会因此而上升。2.适用缓刑的初犯的再犯率比假释犯要低得多。但是，如果缓刑犯有过一次或者两次前科，两者间则没有什么差别"。在美国，缓刑"是使用最广的司法处理方法，也是减少累犯的最有效手段之一"。① 由此可见，缓刑能够发挥特殊预防的效果（对累犯不应适用缓刑），正因为如此，在国外，缓刑的适用率相当高。

例如，在德国，对于1年以下的自由刑，通常可以宣告缓刑；如果有特殊情况，对于1年以上2年以下的自由刑，也可以宣告缓刑。"现在，根据成年刑法，在被判处自由刑的全部案件中，有2/3宣告附有保护观察的缓刑，约占全部刑罚的14%。缓刑仅次于罚金刑，占第2位。"②

在日本，2008年，地方裁判所判处的2年以上3年以下的惩役或者禁

---

① 〔美〕克莱门斯·巴特勒斯：《矫正导论》，孙晓雳等译，中国人民公安大学出版社1991年版，第128页。
② 〔德〕Hans-Jürgen Kerner：《ドイツにおける刑事追诉と制裁》，〔日〕小口浩译，信山社2008年版，第16—17页。

锢刑中,有 56.8% 被宣告缓刑;所判处的 1 年以上不满 2 年的惩役或者禁锢刑中,有 67.8% 被宣告缓刑;所判处的 6 个月以上不满 1 年的惩役或者禁锢刑中,有 67.4% 被宣告缓刑;所判处的不满 6 个月的惩役或者禁锢刑中,有 67.1% 被宣告缓刑。① "2010 年在地方裁判所、简易裁判所宣告的 3 年以下惩役或者禁锢刑中,宣告缓刑的比例为 63.2%。"② 即使是故意杀人罪,被宣告缓刑的比率也相当高。例如,2009 年,日本地方裁判所判决的故意杀人案的被告人数为 495 人,其中,判处死刑的 5 人,判处无期徒刑的 18 人,判处有期徒刑的 465 人,有期徒刑中 98 人被宣告缓刑,占有期徒刑的 21.1%,其余作其他处理。③ 2011 年,日本地方裁判所共审理故意杀人犯 385 人,其中,3 人被判处死刑,9 人被判处无期徒刑,363 人被判处有期徒刑,有期徒刑中 92 人被宣告缓告,占有期徒刑的 25.3%,其余作其他处理。④ 从立法上看,即使再严重的犯罪,日本刑法也尽量考虑适用缓刑的可能性。例如,2004 年日本将强盗致伤罪的法定刑由"无期或者 7 年以上惩役"改为"无期或者 6 年以上惩役",就是为了使缓刑适用成为可能。⑤ 即使提高了许多犯罪的法定刑(如故意杀人罪、有组织的杀人罪⑥、伤害致死罪、强奸致死伤罪等),但法定最低刑都在 6 年以下(含 6 年),也是考虑到适用缓刑的可能性。

我国的缓刑适用率一直较低,其中一个重要原因是,以往对宣告缓刑的犯罪人,基本上没有任何观察、监督措施,导致缓刑的适用没有取得良好的效果。但是,在《刑法修正案(八)》公布以后,应当扩大缓刑的适用范围。其一,根据《刑法》第 75 条与第 77 条的规定,被宣告缓刑的犯罪分

---

① 日本法务综合研究所:《平成 21 年版犯罪白书》,日本国立印刷局 2009 年版,第 51 页。
② 〔日〕川出敏裕、金光旭:《刑事政策》,成文堂 2012 年版,第 147 页。
③ 日本法务综合研究所:《平成 22 年版犯罪白书》,日本国立印刷局 2010 年版,第 50 页。
④ 日本法务综合研究所:《平成 24 年版犯罪白书》,日本国立印刷局 2012 年版,第 50 页。
⑤ 参见〔日〕佐藤弘规:《刑法等の一部を改正する法律》,载《Jurist》第 1285 号(2005 年),第 34 页以下。根据日本《刑法》第 25 条的规定,对于被宣告 3 年以下惩役、禁锢或者 50 万元以下罚金的人,才可能宣告缓刑。当法定最低刑为 7 年有期惩役、禁锢时,即使酌量减轻处罚,最低也必须判处 3 年 6 个月惩役、禁锢,因而不能宣告缓刑。降为 6 年后,法官可以酌量减轻至 3 年惩役或者监禁,进而可以宣告缓刑。
⑥ 该罪规定在《关于有组织犯罪的处罚及犯罪收益规制等的法律》中,法定刑原为"死刑、无期或者 5 年以上惩役",2004 年改为"死刑、无期或者 6 年以上惩役"。

子,应当遵守法律、行政法规,服从监督;按照考察机关的规定报告自己的活动情况;遵守考察机关关于会客的规定;离开所居住的市、县或者迁居,应当报经考察机关批准。如果严重违反,则可能被撤销缓刑,执行原判刑罚。这样的规定,显然有利于促使犯罪人悔过自新。其二,《刑法》第76条规定:"对宣告缓刑的犯罪分子,在缓刑考验期限内,依法实行社区矫正"。将犯罪人置于社区内,在相关社会团体和民间组织以及社会志愿者的协助下,由专门的国家机关对犯罪人的行为与心理进行矫正,就使缓刑本身成为预防犯罪人重新犯罪的有效措施。其三,《刑法》第72条第2款规定:"宣告缓刑,可以根据犯罪情况,同时禁止犯罪分子在缓刑考验期限内从事特定活动,进入特定区域、场所,接触特定的人。"据此,即使认为宣告缓刑时不能确保犯罪人重新犯罪,也可以通过禁止令防止其重新犯罪。

缓刑虽然是特殊预防目的的产物,基本上属于预防刑的裁量问题,适用缓刑的主要根据是被告人没有再犯罪的危险,但责任程度对能否宣告缓刑起着重要作用。

一方面,犯罪的动机这一责任要素,实际上也是判断行为人特殊预防必要性大小的重要资料。在被告人基于特殊原因而犯罪时,动机的可宽恕性,成为适用缓刑的重要依据。

例如,41岁的北京男子廖丹因家境困难,为给患有尿毒症的妻子做透析,私刻北京某医院财务章骗取17.2万元。2012年6月,廖丹被北京市东城区检察院以诈骗罪提起公诉。法院综合了廖丹到案后能够如实供述其所犯罪行且全部退赔医院损失,以及特殊的犯罪动机等情形,以诈骗罪判处被告人廖丹有期徒刑3年,缓刑4年,并处罚金3000元。① 类似的合理判决表明,犯罪原因的特殊性与犯罪动机的可宽恕性,表明特殊预防的必要性明显减少,足以成为适用缓刑的充分理由。

另一方面,根据我国刑法的规定,如果对被告人判处较重的刑罚(超过3年徒刑),就不可能宣告缓刑。缓刑的这一适用条件告诉法官,当被告人没有再犯罪的危险时,只要有可能判处3年以下有期徒刑,就不要判

---

① 杨波:《廖丹获缓刑是不是"法外容情"》,载《检察日报》2012年12月11日第1版。

处更重的刑罚。否则,就会不当限制缓刑的适用。

例如,被告人韩群凤与丈夫黄某于1996年9月20日登记结婚。1998年6月5日,韩群凤生下一对孪生儿子黄浩佳、黄汝佳。1999年年底,经医院确诊,黄浩佳、黄汝佳均为脑瘫,日常生活不能自理。韩群凤夫妇得知情况后,带着两个儿子四处求医。2000年年底,韩群凤得知东莞市石碣镇有一按摩师能通过物理治疗对此类病儿进行治疗,遂和丈夫一起,每天将两个儿子送往石碣治疗。2003年,韩群凤在东莞市石碣镇租下出租屋,将两个儿子留在石碣镇,并请专人专职照顾他俩的日常生活,以方便按摩师每天进行物理治疗。2009年12月,为更好地照顾两个儿子,同时综合考虑工资收入和计划再生一个小孩等因素,韩群凤辞去寮步镇建设银行客户经理的工作。2010年11月,因暂时请不到护工,韩群凤夫妇将儿子接回东莞市寮步镇的家中自行照顾。面对一双脑瘫的双胞胎儿子,在尽力照顾、治疗13年后,因为看不到好转的希望,为了让家人和孩子都得到解脱,绝望的韩群凤于2010年11月20日22时选择了极端的做法——溺死自己的一对亲生儿子,后服毒自杀未遂。经司法鉴定,被告人韩群凤在案发时行为辨认能力正常,但控制能力明显削弱,系限制刑事责任能力人。被告人韩群凤的辩护人认为,本案的发生反映了我国社会救济制度还存在有待改善之处,很多社会公众也呼吁对被告人韩群凤从轻处罚,建议法院对被告人韩群凤适用缓刑。但韩群凤被广东省东莞市第一人民法院一审以故意杀人罪判处有期徒刑5年。① 可是,将这样的女性被告送进监狱,让她反省什么呢?让她改造什么呢?其实,韩群凤根本没有再杀人的危险性。如果法官意识到这一点,就不会判处韩群凤5年有期徒刑,而是判处3年有期徒刑并宣告缓刑。

总之,在《刑法修正案(八)》公布之后,扩大缓刑的适用不仅具有可行性,而且更有利于实现特殊预防的目的,避免短期自由刑造成的诸多不利后果。

---

① 邓新建、廖蔚:《法官详解 悲情母亲为何获从轻处罚》,载《法制日报》2011年6月29日第8版。

（二）禁止令

《刑法修正案（八）》增设了禁止令的规定。关于禁止令的性质，刑法理论上有不同看法。一种观点认为，禁止令是管制刑与缓刑的执行方式或者执行内容。[①] 但在本书看来，这种观点难以成立。首先，并不是对被判处管制和宣告缓刑的犯罪人都宣告禁止令，难以认为一种刑罚的执行内容与方式会因人而异，既然如此，就不能认为禁止令是管制刑与缓刑本身的内容或者执行方式。其次，缓刑本身就是暂缓执行原判刑罚，将禁止令视为缓刑的执行内容，意味着缓刑实际上在执行刑罚，这不符合缓刑的本质。最后，如果将禁止令视为管制刑与缓刑的执行方式或者执行内容，会导致管制与缓刑成为内容相同的刑罚。然而，根据我国刑法的规定，对管制不能够宣告缓刑，管制与缓刑存在明显区别。所以，本书认为，禁止令只是一种保安处分。在此意义上说，禁止令的适用不是刑罚的适用。但由于适用禁止令是为了防卫社会，与特殊预防目的完全一致，因此，属于广义的预防刑的裁量。换言之，在责任刑之下裁量预防刑时，倘若宣告管制或者缓刑，就需要决定是否适用禁止令以及禁止的具体内容。

由于禁止令不是管制与缓刑本身的内容，所以，并不是对任何判处管制的罪犯和宣告缓刑的罪犯，都必须做出禁止令。只有根据犯罪情况，认为从促进犯罪分子教育矫正、有效维护社会秩序的需要出发，确有必要做出禁止令时，才宜做出禁止令。禁止令的具体内容，以特殊预防为根据。因此，人民法院宣告禁止令，应当根据犯罪分子的犯罪原因、犯罪性质、犯罪手段、犯罪后的悔罪表现、个人一贯表现等情况，充分考虑禁止内容与犯罪人所犯罪行的关联程度，有针对性地决定禁止其在管制执行期间或者缓刑期间"从事特定活动，进入特定区域、场所，接触特定的人"的一项或者几项内容。例如，对于利用从事特定生产经营活动实施犯罪的，禁止其从事相关生产经营活动；对于危险驾驶的罪犯，可以禁止驾驶机动车。

---

① 参见高铭暄：《中华人民共和国刑法的孕育诞生与发展完善》，北京大学出版社2012年版，第220、264页。

又如,对于某些寻衅滋事的犯罪人,可以禁止其进入夜总会、酒吧、迪厅等娱乐场所,以及举行大型群众性活动的场所。再如,对于侵犯儿童的罪犯,可以禁止其接触儿童;如此等等。即使在有必要做出禁止令的情况下,所做出的禁止令也不能限制犯罪人的正常生活。禁止令的期限,既可以与管制执行的期限、缓刑考验期限相同,也可以短于管制执行的期限与缓刑考验期间。这需要根据特别预防必要性的大小予以确定。

四、罚金与没收

罚金是附加刑的一种。没收包括作为附加刑的没收财产与对违禁品、犯罪工具等的没收。

(一) 罚金

罚金的优点相当明显:罚金不剥夺犯罪人的人身自由,犯罪人不被关押,从而避免了狱中的"交叉感染";罚金使犯罪人仍然过着正常的社会生活,避免因入狱而与社会隔离导致对社会不适应,也不影响犯罪人的家庭生活,有利于犯罪人的悔过自新;罚金的执行不仅不需要费用,而且可以增加国库收入;罚金能适应罪行的轻重程度以及犯罪人的收入、性格、家庭状况等情况,具有一定的特殊预防作用;罚金既给基于营利目的的犯罪人以迎头痛击,还剥夺了他们继续实施经济犯罪的资本,从客观上防止了他们重新犯罪;罚金误判后容易纠正;罚金还可以适用于单位犯罪。德国的统计资料表明,被判处罚金刑的犯罪人的重新犯罪率明显低于被判处自由刑(实刑)的犯罪人。[①] 美国的实证研究也证明:"无论是初犯还是累犯,受到罚金处罚后的再犯率低于受到缓刑处理的再犯率。"[②]

正因为罚金刑具有许多优点,所以,许多国家刑法将罚金刑规定为主

[①] Vgl. , H. Jescheck/T. Weigend, Lehrbuch des Strafrechts Allgemeiner Teil, 5. Aufl. , Duncker & Humblot 1996, S. 769.

[②] 〔美〕克莱门斯·巴特勒斯:《矫正导论》,孙晓雳等译,中国人民公安大学出版社1991年版,第128页。

刑,并且大量适用。在德国,"罚金刑是适用最为广泛和频繁的制裁手段……在1975年的刑法改革过程中,为了排除短期自由刑,又进一步扩大了罚金刑的适用。"①1915年,德国的罚金刑在全部刑罚中所占的比率为51.8%,1955年上升为70%,1983年上升为81%,1991年达到了84%。瑞典从1953年起就达到了90%。日本从1980年到1985年的五年间,罚金刑超过了95%,1995年为93.8%,1996年为93.7%,1997年为93.7%,1998年为93.5%,1999年为93.2%,2000年为91.9%,2002年为91.4%,2003年为90.6%,2004年为88.8%。② 2007年,日本判决被告人615387人,其中有533949人被单处罚金,2842人被判处科料。2008年,日本判决被告人530293人,其中有453065人被单处罚金,2507人被判处科料。③

与原刑法相比,我国现行刑法大量增加了罚金刑。以前,人们习惯于认为罚金刑是不公平的刑罚。其实,在许多活动与享受都以金钱为前提的社会里,对任何人来说,罚金刑都是其生活质量的一种可感知的损失。④ 即使对腰缠万贯的犯罪人而言,分期缴纳罚金也是一种明显的惩罚。由于罚金刑不仅是一种痛苦,而且也确实有利于特殊预防,所以,在法定刑规定了"单处罚金"时,法官应尽可能多地单处罚金。

我国《刑法》第52条规定:"判处罚金,应当根据犯罪情节决定罚金数额。"以犯罪情节为根据决定罚金数额,主要是由罪刑均衡原则(报应刑)决定的。罚金作为犯罪的法律后果,必须具有正当化根据。以增加国库收入为目的的罚金,或者以直接或者间接增加司法机关的收入为目的的罚金,没有任何正当化根据。在裁量责任刑时,必须根据罪行程度决定适当的罚金数量。显然,被告人的财产状况,不能成为影响责任刑的根据。

---

① H. Jescheck/T. Weigend, Lehrbuch des Strafrechts Allgemeiner Teil, 5. Aufl., Duncker & Humblot 1996, S.767f.
② 参见〔日〕藤本哲也:《刑事政策概论》,青林书院2006年全订5版,第159页。
③ 日本法务综合研究所:《平成21年版犯罪白书》,日本国立印刷局2009年版,第49页。
④ Vgl., H. Jescheck/T. Weigend, Lehrbuch des Strafrechts Allgemeiner Teil, 5. Aufl., Duncker & Humblot 1996, S.769.

但是,由于罚金意味着犯罪人向国家缴纳一定数额的金钱,故在判决罚金时,不可能不考虑犯罪人的财产状况。问题在于,如何"考虑"?本书的基本看法如下:(1)被告人的财产富裕,不能成为增加责任刑的情节。因为被告人的财产富裕,既不能表明其犯罪的不法增加,也不能表明其犯罪的责任加重。(2)基于同样的理由,被告人的贫穷,也不能成为减少责任刑的情节。(3)被告人的财产富裕,不能成为增加预防刑的情节。因为并不是富人犯罪的可能性大,穷人犯罪的可能性小,再犯罪的可能性与其财产的多少没有直接关系。(4)被告人的贫穷,是减少其预防刑的情节。对贫穷的被告人判处高额罚金,不仅导致罚金刑难以执行,而且引起被告人的不满,难以促使其悔过自新。此外,高额罚金反而可能促使被告人再次实施财产犯罪,因而不能实现特殊预防的目的。所以,在裁量罚金刑时,对于贫穷的被告人应当减少罚金数额。概言之,所谓判决罚金时,要考虑犯罪人的财产状况,是指在犯罪人不可能缴纳按照责任刑确定的罚金数额时,必须减少罚金数额,而不是在犯罪人富裕的情况下,在按照责任刑确定的罚金数额基础上增加罚金数额。

(二)没收

1. 没收的种类

一般来说,没收是指将原本不属于国家所有的财物,强制性地无偿收归国有、上缴国库。根据我国刑法总则与分则的规定,广义的没收包括以下几类:

第一类是公认的作为附加刑的没收财产,亦即,"没收犯罪分子个人所有财产的一部或者全部"(《刑法》第59条第1款)。这是一般没收。

第二类是没收"违禁品"(《刑法》第64条),亦即没收毒品、枪支、弹药等禁止个人持有的物品。其中包括两类:一类是原本存在,但由于具有公共危险,而禁止个人持有的物品,如行为人购买的枪支、弹药等。另一类是由犯罪行为产生的违禁品①,即在行为人实施犯罪前并不存在这种物,行为人通过实施犯罪行为制造出这种物。例如,伪造货币罪中的伪造的货币、伪造有价证券罪中的伪造的有价证券,属于违禁品。需要说明的是,没收的违禁品是否收归国有、上缴国库,不可一概而论。由于国家不可能变卖违禁品,所以,对没收的违禁品,通常只能作两种处理:其一,供有权使用的国家机关管理、使用,如没收的枪支、弹药等。其二,没收之后予以销毁,使其不能使用,如毒品、伪造的货币等。

第三类是没收"供犯罪所用的本人财物"(《刑法》第64条),包括没收犯罪工具与组成犯罪行为之物。前者如,没收杀人用的刀具、走私集团所用的船只、无行医执照的人在行医过程中所使用的器材;后者如没收聚众赌博者的赌资、没收走私的货物或物品、没收行贿人用于行贿的财物。一种观点认为,《刑法》第64条所规定的"供犯罪所用的本人财物"就是指犯罪工具。② 其实不然。组成犯罪行为之物,是构成要件所要求的内容,而犯罪工具则并非如此。例如,故意杀人所使用的工具,在构成要件上没有任何限定,但是,行贿人向国家工作人员交付的只能是财物。显而易见的是,没有犯罪工具也可能构成故意杀人罪,但是,没有财物就不可能构成行贿罪。同样,走私所用的船只是犯罪工具,但走私的货物、物品本身则不是犯罪工具,而是组成犯罪行为之物。

第四类是没收犯罪分子违法所得的财物,亦即《刑法》第64条的追缴或者责令退赔中所包含的没收。首先,从具体对象来说,追缴或者责令退赔包括以下两种财物:(1)犯罪行为所得之物,即行为人通过实施犯罪行为取得了原本存在的物。例如,盗窃犯窃取的财物、赌博犯赢得的金钱,受贿犯收受的贿赂,就是犯罪行为所得之物。至于是否包括违法所得产生的收益,是下面将要讨论的问题。(2)作为犯罪行为的报酬而得到的财物,受嘱托杀人所得到的酬金属于这一类。其次,"追缴"的对象必须是现实存在的违法所得,既包括现存于犯罪分子处的违法所得的财物,

---

① 一般违法行为产生的违禁品虽然也应当予以没收,但通常不需要适用《刑法》第64条,只需要适用《治安管理处罚法》等法律即可,故本书不将其列入在刑法的没收之中。

② 参见王飞跃:《犯罪工具没收研究》,载《中外法学》2010年第4期,第616页。

也包括转移至他人但依然应当追缴的违法所得的财物(如本犯为了销赃而将违法所得的财物转移给销赃者保管时,也应追缴)。"退赔"可理解为追征或者包含了追征。亦即,在不能追缴的场合,责令被告人交纳一定的金钱或者相应的财物。所谓不能追缴,是指在判决的当时,在事实上或者法律上不能追缴。事实上不能追缴,一般是指原物被犯罪人消费、毁坏、丢失等,客观上已经不存在。例如,受贿犯已经消耗了受贿所得的财物。法律上不能追缴,是指原物虽然客观上存在,但由于法定的原因不能没收。例如,第三者已经善意取得了犯罪人违法所得的财物。对此,应责令犯罪分子从自己合法所得中交纳相应财物。最后,追缴或者责令退赔违法所得的财物,只能作两种处理:其一,属于被害人的合法财产的,应当及时返还被害人;其二,没有被害人或者不需要返还被害人的违法所得财物,只能收归国有、上缴国库。后一种情形,显然属于没收。或许有人认为,根据《刑法》第64条的规定,这种情形只能叫追缴或责令退赔,而不能称为没收。其实不然。《刑法》第64条的表述是:"犯罪分子违法所得的一切财物,应当予以追缴或者责令退赔;对被害人的合法财产,应当及时返还;违禁品和供犯罪所用的本人财物,应当予以没收。没收的财物和罚金,一律上缴国库,不得挪用和自行处理。"除了应当及时返还给被害人的以外,对于犯罪分子的违法犯罪所得显然应当上缴国库。本条最后一句所称的"没收的财物",明显包含了除及时返还之外的追缴和责令退赔的财物。换言之,追缴和责令退赔中实际上包含了部分没收。

此外需要说明的是《刑法》第191条规定的没收。《刑法》第191条规定:"明知是毒品犯罪、黑社会性质的组织犯罪、恐怖活动犯罪、走私犯罪、贪污贿赂犯罪、破坏金融管理秩序犯罪、金融诈骗犯罪的所得及其产生的收益,为掩饰、隐瞒其来源和性质,有下列行为之一的,没收实施以上犯罪的所得及其产生的收益,处五年以下有期徒刑或者拘役,并处或者单处洗钱数额百分之五以上百分之二十以下罚金;情节严重的,处五年以上十年以下有期徒刑,并处洗钱数额百分之五以上百分之二十以下罚金……"不难看出,本条规定的"没收"包含了不同的内容:其一,对于贪污犯罪、金融诈骗犯罪的所得,黑社会性质组织实施的财产犯罪所得等,应当在追缴后及时返还给被害人,而不应当上缴国库。概言之,凡是有被害人的,应当将犯罪所得返还给被害人。这显然不同于没收的含义。其二,对于贪污犯罪、金融诈骗犯罪、黑社会性质组织等实施的财产犯罪所得的收益,应当追缴并上缴国库,这属于没收。例如,行为人利用贪污犯罪所得购买房产后变卖房产所得的收益,应当没收。其三,对于没有被害人的犯罪,如毒品犯罪、走私犯罪、贿赂犯罪所得及其产生的收益,应当追缴并上缴国库,这也属于没收。不难看出,《刑法》第191条所规定的没收,实际上与第64条的追缴基本上是一个含义。

从上面的分析可以看出,除了《刑法》第59条规定的没收财产附加刑之外,没收的对象包括三类:一是违禁品,二是供犯罪所用的本人财物(犯罪工具与组成犯罪行为之物),三是不应当返还被害人的违法犯罪所得(如毒品犯罪所得、受贿犯罪所得)。① 对这三类对象的没收,相当于国外的特别没收(以下称为特别没收)。

2. 特别没收的性质

关于特别没收的性质,在国外刑法理论上存在争议。刑罚说认为,刑法是将没收作为附加刑规定的,故没收属于刑罚。保安处分说认为:"仅仅针对各个具体的物的没收(Einziehung;confiscation;confisca),从实质上看,保安处分的色彩浓厚,在立法例中,没收明显是作为保安处分而规定的。在日本刑法中,没收形式上明显属于刑罚的一种,但是,必须注意的是,没收在实质上存在与刑罚不相容之处。"②折中说认为:"在法律上,没收是财产刑的一种,是刑罚,但从实质上说,除了刑罚的侧面之外,在消除目的物对社会的危险性,使犯罪人不能保持犯罪所得利益这一点上,也具有保安处分的侧面。"③日本《改正刑法草案》,也设专章规定没收,将没收分为刑罚性质的没收(第75条)与保安处分性质的没收(第74条)。

众所周知,刑罚是一种具有剥夺性痛苦的制裁措施,以有责为前提;

---

① 在有被害人的犯罪中,被害人死亡因而不需要返还的,该财物虽然也应上缴国库,但严格地说,并不同于没收。
② 〔日〕团藤重光:《刑法纲要总论》,创文社1990年第3版,第504页。
③ 〔日〕前田雅英等编:《条解刑法》,弘文堂2007年第2版,第33—34页。

保安处分是社会保安措施,不以有责为前提。例如,不具有责任能力的精神病人实施杀人、伤害等行为的,不可能对之科处刑罚,但可以采取保安处分(如强制治疗)。刑罚的正当化根据决定了刑罚需要在责任的限度内做出具体裁量,而保安处分则不存在与责任相应的裁量问题。换言之,刑罚必须在责任之下考虑预防犯罪的需要,而保安处分只是单纯考虑特殊预防的需要。诚然,保安处分也存在比例原则,但这种比例不是与罪行成比例,而是与特殊预防成比例。① 更为重要的是,我国《刑法》第 64 条规定,对供犯罪所用的本人财物应当全部没收,而不包括部分没收。例如,倘若认为"没收供犯罪所用的本人财物"属于刑罚,就需要根据责任轻重裁量是否没收以及没收多少;如若认为"没收供犯罪所用的本人财物"属于保安处分,就应当按照刑法的规定没收供犯罪所用的本人全部财物,没有裁量的余地。显而易见的是,特别没收的对象五花八门,笼统讨论特别没收的性质是不合适的。换言之,"没收的对象物是多种多样的,因此,不应当将所有的没收一元地归入刑罚或者保安处分"。②

(1) 没收违禁品

如果某种物对于公共安全或社会秩序具有危险性,而且不问这种特定物由谁持有,均应从防卫社会出发予以没收,那么,这种没收就属于保安处分。违禁品是任何人都不得持有的物品,因为这种物品对社会具有危险性(有被用于违法犯罪的危险),所以,即使持有者没有责任,也应当没收。例如,严重精神病患者所持有的枪支、毒品等,应当没收。不难看出,没收违禁品属于保安处分,而不是刑罚。国外一般也将这种没收规定为保安处分。例如,根据德国《刑法》第 74 条(隶属于"改善与保安处分"一节)的规定,"根据其性质和状况,该物品将危害公众,或者具有被用于违法行为的实施的危险"时,予以没收。瑞士《刑法》第 58 条也将没收危害人身安全、公共秩序的物品,规定为保安处分。

---

① 关于刑罚与保安处分的区别,参见张明楷:《外国刑法纲要》,清华大学出版社 2007 年第 2 版,第 429 页。
② 〔日〕西田典之等编:《注释刑法》第 1 卷,有斐阁 2010 年版,第 107 页。

（2）没收供犯罪所用的本人财物

可以肯定的是，如果供犯罪所用的本人财物属于违禁品，那么，对其没收属于上述保安处分。但是，如果所没收的供犯罪所用的本人财物并非违禁品（以下所称的"供犯罪所用的本人财物"，均指违禁品之外的本人财物），这种没收是应当归入刑罚（以下简称"附加刑说"），还是应当归入保安处分（以下简称"保安处分说"），则值得深入研究。本书主张"保安处分说"。① 但"保安处分说"的最大问题是，由于其不需要考虑罪刑相适应原则，不需要将处分限定在责任之下，结局导致行为人遭受比刑罚更重的痛苦。换言之，"保安处分说"所要解决的问题是，当甲使用合法所有的 10 亿元资金操纵证券市场时，以什么理由和法律根据不没收该 10 亿元资金？当乙使用自己价值 100 万元的越野车撞毁他人价值 5000 元的简易房时，以什么理由和法律根据不没收该越野车？当丙容留他人在自己的房屋内卖淫时，以什么理由和法律根据不没收该房屋？本书的观点是，《刑法》第 64 条所规定的"供犯罪所用的本人财物"应当限制解释为"供犯罪使用的，并且与违禁品相当的本人财物"。所谓"供犯罪使用"，是指直接供犯罪使用，不仅包括犯罪工具，而且包括犯罪行为组成之物；所谓"与违禁品相当"，是指虽然不属于法律、法规明文规定的违禁品，但该财物是行为人主要或者通常用于犯罪的财物（后文将对此作具体解释）。做出上述限制解释的理由如下：

第一，既然"供犯罪所用的本人财物"是与"违禁品"并列规定的，当然意味着二者具有类似性。所以，做出限制解释，符合同类解释规则。换言之，既然没收违禁品不属于刑罚，那么，与之并列规定的没收供犯罪所用的本人财物，也不应当属于刑罚。

第二，既然是保安处分而不是刑罚，就只能从预防犯罪的角度做出限制，而不能仅从字面含义理解和适用。保安处分以防卫社会为目的，不具有非难的意义。既然将没收供犯罪所用的本人财物作为保安处分，那么，该财物就只能限于主要或者通常用于犯罪的财物。

---

① 参见张明楷：《论刑法中的没收》，载《法学家》2012 年第 3 期，第 55 页以下。

第三,做出上述限制解释的实质理由是,避免保安处分违反比例原则,避免行为人受到不公平的对待。诚然,保安处分不是惩罚措施,但是,如果不加限制地没收行为人所使用的本人财物,必然导致在某些场合其结局比没收财物刑和罚金更为严厉。所以,保安处分虽然不受责任的限制,但依然受比例原则的限制。只有做出上述限制解释,才能贯彻比例原则,避免行为人受到不公平的对待。根据上述限制解释,前述甲、乙、丙的10亿元资金、越野车与房屋,都不是与违禁品相当的财物,故不应当没收。

第四,上述解释是有利于被告人的限制解释,并不违反罪刑法定原则。即使被认为是类推解释,也不违反罪刑法定原则。

(3)没收违法所得的财物

没收犯罪分子违法所得的财物,究竟是刑罚还是保安处分,抑或其他处分,是最有争议的问题之一。

众所周知,刑罚是一种法律制裁,是一种剥夺性痛苦,保安处分则并非如此。一种观点认为,使利益状态比违法行为之前恶化的,才是制裁,故仅仅使利益状态恢复到违法行为之前的状态的,就不是制裁。据此,没收违法所得并不是一种制裁,当然不属于刑罚。另一种观点则认为,法律上的制裁,是指通过剥夺一定的利益,或者施加一定的不利益对违法行为做出否定评价,进而达到抑制违法行为目的的一切措施。据此,没收违法所得是对行为人利益的剥夺,因而是一种制裁,当然属于刑罚。① 现在,将没收违法所得的财物作为刑罚,基本上成为日本刑法理论的通说。②

此外,有预防作用的,并不必然是保安处分。徒刑本身就通过剥夺人身自由产生预防犯罪的作用,但不可能是保安处分。有惩罚作用的,也不必然是刑罚。没收违禁品,实际上也剥夺了持有者的利益,但并不是一种制裁。因此,某种措施是否属于刑罚,还需要考虑其他因素。

其一,在我国,如果说没收违法所得是刑罚,那么,在法官裁量时就可

---

① 参见金光旭:《日本刑法中的不法收益之剥夺》,载《中外法学》2009年第5期,第785页。

② 参见〔日〕山口厚:《刑法总论》,有斐阁2007年第2版,第392页;〔日〕井田良:《讲义刑法学·总论》,有斐阁2008年版,第553页;〔日〕佐伯仁志:《制裁论》,有斐阁2009年版,第60页;金光旭:《日本刑法中的不法收益之剥夺》,载《中外法学》2009年第5期,第785页。

能仅没收部分违法所得,这是否合适?

在行为人实施了违法行为后,如果法官裁量时仅没收部分违法所得,就意味着只是部分地否定了违法行为的性质,从而部分地将违法行为合法化,所以不妥当。如果认为没收违法所得是保安处分或者行政措施①,则意味着对于违法所得的全部财产均应没收。显然,后者具有妥当性。

其二,如果将没收违法所得作为刑罚,那么,只有当行为构成犯罪时,才能适用刑法关于没收违法所得的规定,这是否妥当?

例如,无责任能力人、没有达到责任年龄的人的违法所得是否应当没收?答案应是肯定的。法谚云:"任何人不得因自身的不法获得利益"(Commodum ex injuria sua nemo habere debet)。如果认为无责任能力、没有达到责任年龄的人的违法所得不必没收,就意味着这些人可以实施刑法所禁止的行为,具有超越刑法的特权,这难以被人接受。或许有人认为,在这种情况下,适用《治安管理处罚法》的规定即可。② 可是,《治安管理处罚法》同样有责任能力与责任年龄的规定,而且其规定与刑法规定相同。在刑法上没有责任能力的,在《治安管理处罚法》上同样没有责任能力;没有达到刑法上的责任年龄的,同样没有达到《治安管理处罚法》上的责任年龄。概言之,不能适用《刑法》第64条规定的,同样不能适用《治安管理处罚法》。显然,只有将没收违法所得作为保安处分或者行政措施,才能没收任何人的违法所得,从而实现刑法的公平正义。

3. 没收的一般要件

总的来说,没收的要件如下:(1) 所没收的对象必须是财物、物品,但不限于有体物。日本刑法典所规定的没收,仅限于对有体物的没收,而不包括对财产性利益的没收。"例如,以现金的方式获得的犯罪报酬,可对之实施没收。但通过银行账户转账方式支付时,由于犯人获得的是存款债权,因而就不能对之实施没收。"③但是,我国刑法所规定的财物,并不

---

① 没收违法所得究竟是保安处分、行政措施,还是其他措施,需要进一步研究,本书暂且表述为"保安处分或者行政措施"。
② 我国《治安管理处罚法》第11条第2款规定:"违反治安管理所得的财物,追缴退还被侵害人;没有被侵害人的,登记造册,公开拍卖或者按照国家有关规定处理,所得款项上缴国库。"
③ 金光旭:《日本刑法中的不法收益之剥夺》,载《中外法学》2009年第5期,第782页。

仅限于有体物,而是包括了财产性利益。① 所以,即使是无形的财产性利益,也能成为没收的对象。况且,日本刑法典的规定,似乎存在明显的漏洞与不当,不宜仿效。(2)拟没收的财物、物品必须现实存在。否则,就不能没收。换言之,不管是作为刑罚的没收财产,还是作为保安处分的没收,都只能没收犯罪人已经具有的、现实存在的财产,而不可能没收犯罪人将来可能具有的财产。例如,犯罪人现实具有的财产为20万元现金以及A、B两套住房。法院在判决没收财产时,必须确定没收其中的哪一项或者哪几项财产(如没收现金20万元,或者没收现金20万元以及A住房等),而不能宣告"没收100万元现金"。(3)所没收的财物、物品必须不为第三者善意所有。属于犯罪人与他人共有的物,一般也不能没收。但违禁品之类的物,由于不允许任何人持有,因而可以没收;第三者以恶意取得与犯罪有密切关系的物时,应当没收。(4)没收的内容必须符合法律的规定。在应当没收的财物由于事实的或者法律的原因而不可能没收时,不得令行为人交付替代的财物。

4. 没收违禁品的裁量

由于没收违禁品属于保安处分,所以,不问行为是否构成犯罪,凡属对于社会有危险的违禁品,均予没收。当行为人犯伪造、变造类犯罪,真正的部分与伪造、变造的部分能够分割时,仅没收伪造、变造的部分;如果不能分割,则全部没收。

5. 没收供犯罪所用本人财物的裁量

如前所述,供犯罪所用的本人财物,是指供犯罪所用的、与违禁品相当的本人财物。

首先,在认定供犯罪所用的本人财物时,应注意以下几点:第一,供犯罪所用的本人财物,包括已经用于犯罪的财物和以犯罪为目的而准备使用的财物。例如,准备用于犯罪,即使在现场没有使用的长刀,也应当没收。第二,供犯罪使用的本人财物,不仅包括一般所称的犯罪工具,而且包括组成犯罪行为之物。例如,用于赌博的金钱、用于行贿的财物,都属

---

① 参见张明楷:《诈骗罪与金融诈骗罪研究》,清华大学出版社2006年版,第13页以下。

于组成犯罪行为之物。第三,供犯罪所用的本人财物,不仅包括供符合构成要件的行为使用的财物,而且包括在构成要件的行为完成后当场为了确保犯罪结果而使用的财物。① 第四,供犯罪使用的本人财物,仅包括在故意犯罪中使用的财物,而不包括在过失犯罪中起作用的财物。这是因为,没收供犯罪所用的本人财物属于保安处分,即使过失犯罪人也会具有再犯罪的可能性,但是难以认为行为人的下次过失犯罪也会使用该财物,所以,没收该财物并不对特殊预防起作用。第五,供犯罪使用的本人财物,仅限于行为人所有的财物。因此,供犯罪所用的他人财产,不得没收。但是,如果他人是共犯人,则可能针对共犯人没收。

其次,重要的是如何判断财物是否与违禁品相当。违禁品不具有生活用途,几乎专门用于违法犯罪,只需要进行抽象判断。与违禁品相当的供犯罪所用的本人财物,则需要进行具体判断。第一,行为人用于犯罪的物品基本上没有生活用途,该物品也通常被其他犯罪人用于违法犯罪时,该物品与违禁品相当,应当没收。例如,并非家庭生活所用的长刀、长铁棒等,虽不属于毒品但用于麻醉他人的药品等,虽不属于违禁品但主要用于窃听、窃照的器材等,应当没收。第二,虽然具有生活用途,但是,行为人长期或者多次将该物品用于犯罪的,该物品与违禁品相当,应当没收。换言之,主要或者通常用于犯罪的物品,是针对具体的行为人而言,而不是针对一般人而言。例如,危险驾驶机动车的,机动车一般不属于与违禁品相当的财物。但是,如果行为人反复利用自己的机动车追逐竞驶,或者反复醉酒驾驶自己的机动车、特别喜欢醉酒驾驶机动车,则宜认为该机动车与违禁品相当,可以没收。第三,在犯罪过程中偶然使用的财物(没有供犯罪所用的意思而使用的财物),一般与违禁品不相当,不应当没收。例如,用脚踢伤被害人的,所穿的皮鞋不应作为供犯罪所用的财物。但是,主要用于蒙面抢劫、蒙面盗窃时所使用的头巾、帽子等则属于供犯罪所用的财物。②

---

① 参见日本东京高等裁判所1953年6月18日判决,载日本《高等裁判所刑事判例集》第6卷第7号,第848页。
② 参见〔日〕山中敬一:《刑法总论》,成文堂2008年第2版,第1032页。

一般来说,金钱不可能是与违禁品相当的财物。在此特别要提到的是赌资的没收。最高人民法院、最高人民检察院2005年5月11日《关于办理赌博刑事案件具体应用法律若干问题的解释》第8条第1款与第2款分别规定:"赌博犯罪中用作赌注的款物、换取筹码的款物和通过赌博赢取的款物属于赌资。通过计算机网络实施赌博犯罪的,赌资数额可以按照在计算机网络上投注或者赢取的点数乘以每一点实际代表的金额认定。""赌资应当依法予以追缴;赌博用具、赌博违法所得以及赌博犯罪分子所有的专门用于赌博的资金、交通工具、通讯工具等,应当依法予以没收。"不难看出,该解释所称的赌资,既包括了供犯罪所用的财物(赌博犯罪中用作赌注的款物),也包括了违法所得的财物(通过赌博赢取的款物)。既然如此,就需要区别对待。其一,行为人将贪污、挪用、职务侵占的公款当作赌资的,应当追缴后返还被害单位,而不得没收。其二,通过赌博赢得的款物属于违法所得的财物,对其没收属于保安处分或者行政措施。其三,行为人正在用作赌注的款物、换取筹码的款物,属于犯罪行为组成之物,应根据该款物相对于行为人而言是否与违禁品相当的标准做出判断,决定是否没收。其四,行为人已经输掉的财物,不可能再没收。在司法实践中,经常出现行为人输掉10万元,就要再根据《刑法》第64条没收其10万元的做法。但这种做法明显错误。因为既然行为人已经输掉,就不可能针对行为人再没收。在这种场合,司法机关实际上是借《刑法》第64条之名,行没收财产刑之实,应当杜绝。其五,行为人随身携带的尚未直接用于赌博的金钱,一般不应当没收。这是因为,在通常情况下,金钱并不是主要或者通常用于犯罪的物品。

事实上,我国的司法实践已经重视对"没收供犯罪所用本人财物"的限制。例如,被告人沈某于2003年以2万元购得一辆面包车,从事出租营运。2004年5月5日夜间,沈某驾驶该车伙同他人来到某县境内,采用投毒的方式窃取狗11条,价值1200元。同月10日夜,沈某再次驾驶该车伙同他人来到该县行窃时,被公安机关抓获。一审法院以盗窃罪判处沈某拘役3个月,并处罚金人民币2000元,没收供犯罪使用的面包车。沈某以没收面包车对其处罚过重为由提出上诉,二审法院认为,"没收该面包车与沈某所犯罪行的社会危害性不相适应,显失公平",原判予以没收不当,撤销了一审判决"没收供犯罪使用的面包车一辆"部分,并判决由扣押单位将被扣押的面包车发还沈某。① 这一判决重视了没收供犯罪所用的本人财物的惩罚性质,以比例原则为根据,没有没收面包车。

再如,2010 年 10 月 21 日 10 时许,被告人黄国业打电话给被告人何运枝,要求以每克 360 元的价格赊购 1 克冰毒,后双方在珠海市斗门区黄国业住处的楼下完成交易。同日 19 时许,黄国业携带购得的部分毒品以 100 元的价格卖给蔡此强。次日 15 时许,黄国业又致电何运枝,要求以每克 360 元的价格购买 1 克冰毒,双方约定在斗门区信禾汽车站附近交易。随后,何运枝驾驶其别克牌小汽车到信禾汽车站。两人正准备交易时,被公安民警当场抓获。民警从黄国业身上缴获毒资 300 元及一小包净重 0.10 克的冰毒,从地上缴获何运枝丢弃的 1 袋净重 0.87 克的冰毒,从其携带的手袋里搜获一袋净重 0.90 克冰毒。后民警搜查何运枝住处,从其房间里搜获一袋净重 4.80 克的冰毒、2 袋净重 39.64 克的含氯胺酮成分的红色药片以及净重 3.31 克含硝甲西泮成分的橙色药片。广东省珠海市斗门区人民法院判决:被告人何运枝犯贩卖毒品罪,判处有期徒刑 3 年 6 个月,并处罚金 5000 元;被告人黄国业犯贩卖毒品罪,判处有期徒刑 1 年,并处罚金 300 元;扣押在案的犯罪用工具被告人何运枝所有的别克牌小汽车一辆、三星牌手机 1 台,被告人黄国业所有的金鹏牌手机 1 台、毒资 300 元及缴获的毒品,予以没收。被告人何运枝不服,提出上诉。广东省珠海市中级人民法院经审理认为,关于原判没收的别克牌小汽车,因没有证据是专门或主要用于犯罪的工具,不宜没收。原判没收不当,应予以纠正。② 这一判决将"没收供犯罪所用本人财物"限制解释为"专门或主要用于犯罪的工具",没有没收汽车,具有合理性。

6. 没收违法所得财物的裁量

关于没收违法所得财物的裁量,需要注意以下几个问题。

---

① 参见吴燕、赵祥东:《"供犯罪所用的本人财物"的认定与没收》,载最高人民法院刑事审判第一庭、第二庭编:《刑事审判参考》第 45 集,法律出版社 2006 年版,第 56 页以下。

② 李晓琦:《供犯罪所用的本人财物的认定》,载《人民法院报》2011 年 8 月 17 日第 6 版。

其一，对《刑法》第64条的"犯罪分子"应作广义理解，除了包括自然人之外，也包括犯罪组织与犯罪单位。

其二，《刑法》第64条所称的违法所得，既不是指一般违法行为所得，也不是要求完全符合犯罪成立条件的犯罪所得，而是指符合犯罪构成要件的违法行为所得。亦即，不以行为人具有责任为前提。例如，对于15岁的人走私毒品犯罪所得，也应当没收。与此相应，其中的"犯罪分子"只要求是实施了符合构成要件的违法行为的人或者单位，而不要求是具备有责性的人。

一种观点指出："没有刑事责任能力者收受成年人钱财，接受教唆实施犯罪的——例如，教唆者给予不满14周岁的某甲1万元人民币，让某甲抢劫并杀害被害人的，如何处理？此种情况下，教唆者属于间接正犯，对教唆者直接适用《刑法》第263条，即对教唆者认定为抢劫罪，判处该条规定的主刑，同时并处罚金或者没收财产。问题在于，该案中没有刑事责任能力的行为实行者收受的1万元，是否属于'犯罪分子违法所得的一切财物，应当予以追缴'的范围？……对此还是应当在中国现有法律框架内讨论才是科学可行的。首先，由于没有责任能力者不能成为犯罪主体，故其不是刑法上的'犯罪人'，因而不能将其理解为'犯罪分子'。其次，中国《刑法》第64条规定的'违法所得'，应当是指刑法意义上的犯罪人通过违法犯罪所获得的一切财物。由于没有责任能力者不是刑法意义上的犯罪人，故对其不能适用《刑法》第64条规定的'追缴'。其三，本例中，没有责任能力者实施抢劫行为虽然不构成抢劫罪，但是其行为符合《治安管理处罚法》第42条第1项关于'以其他方法威胁他人人身安全'以及第43条第1款关于'故意伤害他人身体'的规定，因此，对本案中没有责任能力者非法获得的1万元，可以按照《治安管理处罚法》第11条第2款处理——'违反治安管理所得的赃物，追缴退还被侵害人；没有被侵害人的，登记造册，公开拍卖或者按照国家有关规定处理，所得款项上缴国库。由于《治安管理处罚法》没有规定没收这一行政处罚方法，故对本例中没有责任能力者非法获得的1万元可以追缴后上缴国库。"①在本书看来,上述观点过于形式化,也反映出四要件犯罪构成体系的缺陷。首先,《治安管理处罚法》规定,已满14周岁的人才承担治安管理处罚责任。倘若认为,对于不满14周岁的人的违法所得,因为其没有达到责任年龄,而不能适用《刑法》第64条,那么,对其同样不能适用《治安管理处罚法》予以追缴。其次,既然认为《治安管理处罚法》没有规定没收这一行政处罚方法,那么,认为对没有责任能力者非法获得的1万元可以追缴后上缴国库,就是自相矛盾的。因为追缴后上缴国库,实际上也是没收违法所得。再次,只要采取德国、日本的三阶层或者两阶层犯罪论体系,认为犯罪的实体是违法与责任,犯罪就具有双重含义:违法层面意义上的犯罪(符合构成要件的违法行为)与违法且有责意义上的犯罪②,并且在违法层面上理解《刑法》第64条的"犯罪分子"与"违法所得",那么,对于没有责任能力、没有达到责任年龄的人实施的符合构成要件的违法行为所取得的财物,就可以直接适用《刑法》第64条的规定。

其三,违法所得的财物,首先是指违法所得的财物本身。问题是,是否包括由违法所得的财物产生的收益?例如,甲、乙分别实施贩卖毒品罪、非法经营罪,违法获得1000万元后,利用该资金投资股票,获取了500万元收益。是仅没收1000万元,还是没收1500万元?本书的基本看法是,对《刑法》第64条的"违法所得的财物"应当进行扩大解释,亦即,不仅包括违法所得的财物本身,而且包括违法所得的财物产生的收益。一方面,《刑法》第191条明文规定了应当没收洗钱罪的上游犯罪所得产生的收益。另一方面,《刑法》第312条明文将"犯罪所得及其产生的收益"规定为掩饰、隐瞒的对象。这表明,任何人都不得掩饰、隐瞒任何犯罪的违法所得及其产生的收益,从而肯定了违法所得产生的收益的非法性。倘若认为违法犯罪所得产生的收益是合法的,不应当没收,就与《刑法》第191条、第312条的规定相冲突。换言之,《刑法》第191条、第312条

---

① 谢望原:《刑法中的没收制度》,载《中国刑事法杂志》2009年第6期,第8页。
② 参见张明楷:《犯罪构成体系与构成要件要素》,北京大学出版社2010年版,第49页以下。

的规定肯定了各种违法所得产生的收益的非法性,既然如此,违法所得产生的收益就当然属于没收的对象。不过,所谓违法所得的财物产生的收益,应限于违法所得的财物直接产生的收益。

其四,对于违法所得及其收益的没收,是只能采取纯益主义(扣除成本的违法所得),还是应当采取总额主义(不扣除成本的违法所得)?德国刑法在1992年以前对犯罪所得的没收采取的是纯益主义,但1992年后采取了总额主义。① 这种纯益主义与总额主义之分,是建立在将没收违法所得与没收供犯罪所用的本人财物等同看待的基础之上的。在本书看来,没收违法所得与没收供犯罪所用的本人财物虽然都不是刑罚,但多少有些性质上的区别。就没收违法所得而言,只能采取纯益主义。而其中的用于犯罪的成本,则属于供犯罪所用的本人财物,应根据其是否属于与违禁品相当的财物做出是否没收的判断。

7.《刑法》第60条的适用

《刑法》第60条规定:"没收财产以前犯罪分子所负的正当债务,需要以没收的财产偿还的,经债权人请求,应当偿还。"对此,有几个需要解决的问题。

首先,"没收财产以前犯罪分子所负的正当债务",是仅指犯罪分子在判决生效前所欠他人的合法债务,还是包括本次犯罪对被害人形成的赔偿债务?本书认为,只能是前者。这是因为,《刑法》第36条第2款对本次犯罪被害人的民事赔偿做出了更有利于被害人的规定。《刑法》第36条第2款规定:"承担民事赔偿责任的犯罪分子,同时被判处罚金,其财产不足以全部支付的,或者被判处没收财产的,应当先承担对被害人的民事赔偿责任。"不难看出,适用第36条时,是先对被害人承担民事赔偿责任,后执行罚金或者没收财产。

其次,"需要以没收的财产偿还",是指"需要以已经没收的财产偿还"还是指"需要以拟没收的财产偿还"?显然,二者的程序不同。如果

---

① 参见〔日〕岛田聪一郎:《最近のドイツにおけるVerfallを巡る议论》,载〔日〕川端博等编:《理论刑法学の探究》(2),成文堂2009年版,第191页以下。

是前者,那么,债权人应当向国家机关请求,由国家机关偿还。如果是后者,则意味着债权人仍然只能是向被告人请求,由被告人偿还。但是,一方面,在人民法院还没有判决没收财产时,怎么可能有拟没收的财产呢?显然,只有当法院已经判处了没收财产后,才存在"需要以没收的财产偿还"的问题。另一方面,如果在判决没收财产之前,由被告人与债权人自行处理债权债务关系,必然导致被告人转移财产,不利于没收财产刑的执行。所以,本书认为,应当在人民法院做出没收财产的判决后,判决执行前,经债权人请求,返还给债权人。在这种场合,人民法院应当审查债务的正当性,由于没收财产还没有执行,故偿还的主体依然是被告人,而不是国家机关。

最后,需要以没收的财产偿还,是仅限于没收全部财产的情形,还是包括没收部分财产的情形?换言之,在人民法院判处没收部分财产时,是否存在需要以没收的财产偿还正当债务的问题?本书持肯定回答。否则,不利于保护第三者的合法权益。例如,被告人有一套住宅和若干现金,法院判处没收全部现金,而没有判处没收住宅。在这种情况下,即使住宅的价值多于全部现金,但是,让被告人变卖住宅后偿还第三者的正当债务并不现实。在这种情况下,应当认为需要以没收的部分财产偿还正当债务,适用《刑法》第60条的规定。

五、减轻处罚与免除处罚

刑法不仅规定了减轻处罚与免除处罚的一般原则,而且规定了不少减轻处罚与免除处罚的具体情节。如何适用关于减轻处罚与免除处罚的规定,是量刑中的一个重要问题。

(一)减轻处罚

减轻处罚包括法定减轻处罚与酌定减轻处罚,需要分别讨论。

1. 法定减轻处罚

在被告人具有法定的"应当"减轻处罚情节时,不管是使责任刑减轻的情节,还是使预防刑减轻的情节,法官都应当适用减轻处罚的规定。

在被告人具有法定的"可以"减轻处罚情节时,法官通常也应减轻处罚。因为"可以"表达了刑法的倾向性意见。换言之,在刑法规定"可以"减轻处罚时,对被告人减轻处罚不再需要其他理由,只是不减轻处罚时才需要特别理由。所以,在没有特别理由表明不得减轻处罚的情况下,法官应减轻处罚。

在被告人具有法定的"从轻或者减轻处罚"情节时,本书也主张尽可能减轻处罚。因为我国的法定刑较重,重刑又具有诸多弊端,减轻处罚可以减少重刑的弊害。但我国的司法机关常常只是对轻罪减轻处罚,对重罪仅从轻处罚。例如,某判决指出:"被告人玉龙以非法占有为目的,虚构工程招标、办理贷款、注册拆迁公司、工作调动等事实,骗取孟××、张×、关××等人钱财,数额特别巨大,其行为已构成诈骗罪。公诉机关指控玉龙犯诈骗罪罪名成立。公诉机关指控玉龙诈骗王××人民币52.64万元,没有扣除归还利息和信用卡透支产生的滞纳金,本院予以纠正。玉龙犯罪后自动投案,如实供述自己的罪行,系自首,依法可从轻处罚。辩护人提出玉龙有自首情节的意见正确,予以采纳。玉龙虽有自首情节,但其诈骗数额特别巨大,且多次实施诈骗,考虑其主观恶性和人身危险性等等因素,对其不足以减轻处罚,故辩护人建议对玉龙减轻处罚的意见,本院不予采纳。"①这一判决混淆了责任刑与预防刑,导致责任重大的犯罪不得因为自首而减轻处罚。一方面,在将多次诈骗的数额累计为诈骗巨大数额后,以数额巨大、多次诈骗为根据认定为被告人主观恶性和人身危险性大,显然是将影响责任刑的情节重新作为影响预防刑的情节再次评价,并不妥当。另一方面,如上一章所言,自首、坦白、立功的规定并不是只适用于轻罪,同样适用于重罪;在刑法规定"从轻或者减轻处罚"时,并不是说对轻罪减轻处罚、对重罪从轻处罚。所以,以罪行重为由不得减轻处罚的做法,并不符合刑法的规定。

---

① (2014)松刑初字第163号。

2. 酌定减轻处罚

有的国家刑法规定,法官可以酌定减轻刑罚,不需要经过上级核准。例如,日本《刑法》第66条规定:"有值得酌量的犯罪情节时,可以减轻刑罚。"在这种立法例之下,法官减轻刑罚成为相当容易的事情。我国1979年《刑法》第59条第2款规定:"犯罪分子虽然不具有本法规定的减轻处罚情节,如果根据案件的具体情况,判处法定刑的最低刑还是过重的,经人民法院审判委员会决定,也可以在法定刑以下判处刑罚。"在原刑法时代,酌定减轻处罚的可能性较大,也是比较容易的。但是,现行《刑法》第63条第2款规定:"犯罪分子虽然不具有本法规定的减轻处罚情节,但是根据案件的特殊情况,经最高人民法院核准,也可以在法定刑以下判处刑罚。"于是,减轻处罚成为程序相当复杂的事情,这就导致酌定减轻处罚的适用范围较小。

尽管如此,法官还是应当具有"只要符合条件就减轻处罚"的意识。法官应当意识到,我国刑法规定的法定刑较重,适当减轻处罚,有利于刑罚朝着合理方向发展。在法定刑较重的立法例之下,尤其是意识到这一点,并通过减轻处罚顺应刑罚的发展趋势。法官应当充分认识到,量刑关系到被告人的人权保障乃至国家的人权状况。在法治国家,人权实际上完全是通过法院得到保障和实施的;法官的任务就是解释宪法和法律赋予公民的权利,以便确定他人诉讼请求是否有效,法官和法院是为宪法和法律确认的权利服务的。所以,如果法官与法院都不能保障人权,那么,这个国家的人权是不可能得到保障的。法官应当意识到,剥夺一两天的人身自由,也是一种重大痛苦。① 所以,本书建议,法官没有必要将《刑法》第63条第2款视为特殊的例外规定,而应看作一般性规定。换言之,法官应当具有"只要符合条件就减轻处罚"的意识,充分利用《刑法》第63条第2款。至于减轻处罚是否妥当,当然取决于是否存在减轻处罚的根

---

① 有的法官嫌我国现行刑法规定的减轻处罚的程序复杂,而不愿意减轻处罚。可是,为什么判处死刑时不嫌麻烦,层层上报到最高人民法院核准,却不愿意通过层层上报减轻处罚呢?显然还是观念问题。一些法官存在重刑主义观念,缺乏保障被告人权利的观念,缺乏只要符合减轻处罚的条件就减轻处罚的观念与意识。

据。但法官形成减轻处罚的动机,产生减轻处罚的想法,是减轻处罚的前提条件。在本书看来,至少在以下两种情况下,法官应当特别考虑能否减轻处罚。

其一,法定刑过重时,应当有减轻处罚的意识。例如,与故意杀人、抢劫、非法拘禁等罪的法定刑相比,绑架罪的法定刑过重。因此,在绑架行为没有造成伤亡后果与财产损失的情况下,应当实行减轻处罚。已有法官做到了这一点。[①] 再如,"入户抢劫"的法定刑也过重,必要时应当减轻处罚。

其二,罪行明显轻于最低法定刑对应的程度时,应当有减轻处罚的意识。法定刑是根据具体犯罪的通常情形设定的,而不可能考虑到各种案件的特殊情况。但案件事实总是复杂的,许多案件都会存在特殊情况,所以,刑法针对各种具体犯罪规定的法定刑,可能难以与具体案件的特殊情况相适应,需要减轻处罚,以实现罪刑相适应原则。当然,"特殊情况"并不是泛指任何特殊情形,而是指表明存在减轻处罚根据的情况。例如,《刑法》第 232 条对情节较轻的故意杀人罪规定了"三年以上十年以下有期徒刑"的法定刑。在司法实践中,对大义灭亲的故意杀人,一般适用情节较轻的法定刑。倘若现实生活中发生了大义伤亲致死的案件,则面临着如何处罚的问题。例如,父母不希望儿子继续为非作歹,打算将儿子打成重伤,让其一辈子没有犯罪能力,并养活其一辈子,但在伤害过程中过失导致儿子死亡。如果父母实施更重的杀害行为,反而能适用"三年以上十年以下有期徒刑"的法定刑;现在,父母实施较轻的故意伤害行为,却要适用"十年以上有期徒刑、无期徒刑或者死刑"的法定刑。这明显不当。在这种场合,将父母的行为认定为故意杀人罪,并无根据,因为父母并无杀人的故意;将父母的行为仅认定为过失致人死亡,则没有做到全面评价,也不妥当。合理的做法只能是,适用《刑法》第 234 条的规定,同时根据《刑法》第 63 条第 2 款的规定减轻处罚,报请最高人民法院核准。

---

① 参见陈勇、陈霏:《绑架犯获轻罚》,载《人民法院报》2008 年 6 月 9 日第 3 版。

3. 如何减轻处罚

《刑法》第 63 条第 1 款规定:"犯罪分子具有本法规定的减轻处罚情节的,应当在法定刑以下判处刑罚;本法规定有数个量刑幅度的,应当在法定量刑幅度的下一个量刑幅度内判处刑罚。"但是,在现实生活中,完全可能存在这样的情形:由于各种原因,下降一个量刑幅度仍然显得量刑偏重乃至畸重,那么,在什么样的条件下,可以下降两个量刑幅度?

首先,当行为人具有可以(或者应当)"减轻或者免除处罚"的法定情节,而又不宜免除处罚时,减轻处罚时可以下降两个量刑幅度。例如,国家工作人员甲收受 20 万元贿赂,妻子乙实施了帮助行为,因而成立受贿罪的从犯。根据《刑法》第 385 条、第 383 条和第 63 条的规定,对甲应当适用"十年以上有期徒刑或者无期徒刑"的法定刑,对乙应当适用"五年以上有期徒刑"的法定刑。但是,乙是从犯,根据《刑法》第 27 条的规定,"应当从轻、减轻处罚或者免除处罚"。根据当然解释的原理,既然有免除处罚的可能性,那么,如果认为对乙判处 5 年以上有期徒刑过重,就可以再下降一个量刑幅度,适用"一年以上七年以下有期徒刑"的法定刑。①

需要说明的是,举重以明轻的当然解释原理,并不只是适用于定罪(出罪),而是同样适用于量刑。在根据当然解释的原理得出有利于被告人的解释结论时,不需要以案件事实符合刑法规范为条件,只是不能将刑法的处罚漏洞作为举重以明轻的根据。我国刑事审判中的量刑一直较重,其中一个原因就在于随意确定从重处罚情节。如果积极运用当然解释的原理,善于将案件情节与刑法的相关规定相比较,则会减少许多所谓的从重处罚情节,增加从轻、减轻处罚的情节,从而有利于量刑的合理化。

其次,当被告人具备两个以上减轻处罚的情节时,原则上也可以下降两个量刑幅度。(1)在被告人具有两个"应当"减轻处罚的情节时,宜下降两个量刑幅度裁量刑罚。因为《刑法》第 63 条第 1 款后段是以被告人

---

① 虽然其间还存在"七年以上十年以下有期徒刑"的法定刑,但在减轻处罚的场合,如果认为判处 5 年有期徒刑仍显过重,就不应当选择最低刑高于 5 年的法定刑。由此看来,在从一重罪处罚时,应当首先比较最高刑,最高刑相同时再比较最低刑。但在减轻处罚时,则应当首先比较最低刑,在最低刑相同时,再比较最高刑。

具有一个法定的减轻处罚情节为模式所做的规定,并没有包含具有数个减轻处罚情节的情形。(2) 在被告人具有一个"应当"减轻处罚与一个"可以"减轻处罚的情节,或者具有两个"可以"减轻处罚的情节时,需要对量刑情节进行综合考察,判断下降一个量刑幅度所判处的刑罚是否适当。如果得出否定结论,就可以下降两个量刑幅度。(3) 如果具有三个以上的减轻处罚的情节,通常应当下降两个量刑幅度裁量刑罚。

例如,被告人林珍丽从 2008 年开始,在广州市荔湾区花地大道越和花鸟鱼艺大世界经营的木永檀工艺品店,非法出售由同伙朱永祥提供的象牙制品、羚羊角牟利。2012 年 2 月 15 日,公安机关在其工艺品店查获野生动物象牙制品 216 件,共重 6.618 千克,羚羊角 1 只重 0.172 克,总价值人民币 30 余万元。2012 年 2 月 17 日,被告人林珍丽向公安机关投案自首,2012 年 2 月 21 日,林珍丽带领同案人朱永祥到公安机关投案。广州市荔湾区人民法院经审理认为,被告人林珍丽非法出售珍贵、濒危野生动物制品,情节特别严重。林珍丽已经着手实行犯罪,由于其意志以外的原因而未得逞,是犯罪未遂;犯罪后自动投案,如实供自己的罪行,是自首;协助公安机关抓获同案犯,有立功表现。于是,对林珍丽减轻处罚,判处有期徒刑 5 年。被告人林珍丽上诉后,广州市中级人民法院判处林珍丽有期徒刑 3 年,缓刑 5 年。① 本书认为,广州市中级人民法院下降两个量刑幅度所做的判决具有合理性。

最后,当被告人仅具有一个减轻处罚的情节,但下降一个量刑幅度裁量刑罚仍然导致宣告刑过重,不符合报应刑原理,导致不必要的刑罚时,法官应当适用《刑法》第 63 条第 2 款,经最高人民法院核准,下降两个量刑幅度宣告刑罚。

或许有人认为,本书的这一观点违反《刑法》第 63 条第 2 款的规定,因为该款规定的是"不具有本法规定的减轻处罚的情节"的情形,而上面所讨论的是具有一个减轻处罚情节的情形。刑法理论上也有观点认为,

---

① 亢爱清:《林珍丽非法出售珍贵、濒危野生动物制品案》,载《广州审判》2013 年第 4 期,第 52 页以下。

适用酌定减轻处罚的前提是犯罪分子不具有刑法所规定的减轻处罚情节。①但是,其一,"犯罪分子是否具有法定减轻处罚情节并不影响酌定减轻处罚的适用,刑法虽然将法定减轻和酌定减轻规定在同一条文中,但这并不意味着只有在没有法定减轻处罚情节的情况下才可以适用酌定减轻。《刑法》第63条第2款只是告诉我们,在'不具有本法规定的减轻处罚情节'时可以适用酌定减轻,并非是说在'具有本法规定的减轻处罚情节'时不可以适用酌定减轻。"②根据当然解释的原理,在被告人不具有减轻处罚的情节时,都可以下降一个幅度减轻处罚,那么,在被告人具有一个减轻处罚的情节时,当然也可以下降两个幅度裁量刑罚。其二,退一步说,在被告人的一个减轻处罚的情节作为下降一个量刑幅度起作用后,被告人便不具有再下降一个量刑幅度的减轻处罚的情节,故仍然属于《刑法》第63条第2款规定的"不具有本法规定的减轻处罚的情节"的情形。

(二) 免除处罚

刑法总则与分则规定了一些具体的免除处罚的情节,此外,《刑法》第37条规定:"对于犯罪情节轻微不需要判处刑罚的,可以免予刑事处罚,但是可以根据案件的不同情况,予以训诫或者责令具结悔过、赔礼道歉、赔偿损失,或者由主管部门予以行政处罚或者行政处分。"在被告人具有免除处罚的具体情节时,如何宣告刑罚,在被告人不具有免除处罚的具体情节时,能否适用《刑法》第37条直接免除处罚,在被告人具有免除处罚的具体情节,同时又具有从重处罚情节时,应当如何宣告刑罚,都是值得研究的问题。

1. 具有免除处罚的具体情节

可以肯定的是,在被告人具有法定的应当免除处罚的情节时,应当免除处罚。例如,对于没有造成损害的中止犯,应当免除处罚。在被告人具

---

① 参见胡学相:《论量刑中减轻处罚和免除处罚的适用》,载《人民司法》2004年第8期,第40页。
② 张永红、孙涛:《酌定减轻处罚刍议》,载《国家检察官学院学报》2007年第5期,第99页。

有可以免除处罚的情节时,原则上也应免除处罚。例如,对于犯罪较轻且自首的,或者非法种植毒品原植物在收获前自动铲除的,通常宜免除处罚。

值得进一步讨论的是中止犯。我国《刑法》第 24 条第 2 款规定:"对于中止犯,没有造成损害的,应当免除处罚;造成损害的,应当减轻处罚。"显然,认定中止犯是否造成了损害,对于中止犯的量刑具有重要意义。

司法实践中,存在对没有造成损害的中止犯减轻处罚的现象。例如,某判决认定的犯罪事实为:2014 年 4 月 13 日凌晨 2 时许,被告人张某跟踪被害人李某到佛山市禅城区张槎东鄢罗埠村南中一巷 20 号门口,突然张开双手扑向被害人李某面部,企图以惊吓的方式抢走被害人李某手里挽着的一个手提包(内有人民币 1000 元和价值人民币 373 元的华为牌 T8951 手机一台)。被害人李某受到惊吓后立即蹲下并大声呼叫求救。被告人张某遂放弃抢劫并逃走,随后被巡逻民警抓获。判决指出:"被告人张某以非法占有为目的,劫取他人财物,其行为已构成抢劫罪。公诉机关的指控成立。被告人张某在犯罪过程中自动放弃犯罪,是犯罪中止,依法应当减轻处罚。被告人张某归案后能如实供述自己的犯罪行为,依法可以从轻处罚。公诉机关建议判处被告人张某有期徒刑一年以下,并处罚金的量刑意见成立,本院予以采纳……判决如下:被告人张某犯抢劫罪(中止),判处有期徒刑六个月,并处罚金人民币 1000 元。"①然而,张某的抢劫行为没有造成任何损害,既然认定为犯罪中止,就不能减轻处罚,只能免除处罚。

再如,某判决认定的事实是:2014 年 4 月 27 日 21 时许,被告人黄某某在荣成市崂山街道办事处古塔村社会福利中心工地与郭某某、方某某同住的工棚内,趁郭某某外出,其与方某某单独在场之机,采用强行抚摸等手段欲强行与方某某发生性关系,因某某强烈反抗并严明要将此事告诉黄某某的妻子等人,黄某某遂自动放弃强奸行为。判决指出:"被告人黄某某无视国法,采用暴力手段强奸妇女,其行为构成强奸罪。公诉机

---

① (2014)佛城法刑初字第 601 号。

关指控的罪名成立。被告人黄某某在犯罪过程中,自动放弃犯罪,是犯罪中止,且归案后,如实供述自己的罪行,具有坦白情节,应当减轻处罚……判决如下:被告人黄某某犯强奸罪,判处有期徒刑一年,缓刑三年。"①可是,本案黄某某的强奸行为没有造成任何损害结果,在肯定其行为构成强奸中止的情况下,就只能免除处罚,而不应当减轻处罚。这样的判决明确违反我国《刑法》第24条的规定,却非常普遍(笔者从相关网站上发现了大量的类似判决)。上级司法机关应当高度重视这一违法现象,切实采取有效措施杜绝类似的判决。

司法实践中,也存在扩大"损害"范围,对应当免除处罚而仅减轻处罚的现象。例如,某判决认定的事实是:2014年5月22日凌晨1时许,被告人龚某来到宝安区塘下涌三村君发旅馆309房准备盗窃,被住在309房的被害人何某某发现。龚某遂拿出水果刀,威胁何某某交出财物,并当场抢走何某某人民币500元。接着,何某某与龚某开始聊天,其间,龚某因害怕被何某某记住长相,意图将其杀害,遂用水果刀捅向被害人的脖子,并对其实施殴打。经鉴定,被害人何某某所受损伤为轻微伤。后龚某因心里害怕,持被害人手机报警,公安机关赶赴现场将被告人龚某抓获归案。判决指出:"被告人龚某无视国家法律,以非法占有为目的,当场使用暴力、胁迫手段劫取他人财物,其行为已构成抢劫罪;在劫取得财物后为了毁灭证据,而杀害被害人,其行为已构成故意杀人罪,公诉机关的指控成立。被告人在实施犯罪后,为了防止更大损害发生,自动放弃犯罪,其行为属于犯罪中止,应当减轻处罚;被告人主动报警投案,到案后亦能如实供述自己的罪行,其行为构成自首,可以减轻处罚。"于是,对故意杀人罪,判处有期徒刑2年6个月。② 这一判决也值得商榷。

中止犯中的造成"损害",并不是指任何损害。换言之,即使有一定的"损害",但如果这种损害并不具有刑法上的意义,也应当免除处罚。首先,"损害"仅限于行为造成的实害,不包括行为造成的危险。因为预

---

① (2014)荣刑初字第197号。
② (2014)深宝法刑初字第2552号。

备行为与着手实行的行为都具有结果发生的抽象危险与具体危险,如果认为危险也属于损害,那么,对任何中止犯都不可能免除刑罚,这显然不符合我国的刑法规定与客观事实。其次,"损害"必须是刑法规范禁止的侵害结果。一般意义上的实害或侵害结果的范围相当广泛。例如,行为造成他人的身体疼痛、相当轻微的伤害、微薄的财物损失时,都是一种实害。但是,如果将这种结果认定为造成"损害",就会不当扩大"损害"的范围,不当限制中止犯的认定。在实行罪刑法定原则的时代,只能根据刑法规范理解和认定造成"损害"。再次,"损害"仅限于对他人造成的损害,而不包括对自己造成的损害。最后,"损害"不仅是能够客观归责的结果,而且必须是能够主观归责的结果,而不包括意外造成的结果。所谓能够主观归责的结果,是指行为人对损害具有责任,尤其是指行为人对损害具有故意或者过失;如果某种损害虽然由行为造成,但行为人对此没有故意与过失,则不属于中止犯中的造成"损害"。

不难看出,倘若综合上述几个内容,便可得出如下结论:只有当行为符合了某种重罪的中止犯的成立条件,同时又构成了某种轻罪的既遂犯时,才能认定为中止犯中的造成"损害"。如强奸罪的中止犯已经构成了强制猥亵妇女罪的既遂犯,故意杀人罪的中止犯已经构成了故意伤害罪的既遂犯,入室抢劫的中止犯已经构成了非法侵入住宅罪的既遂犯,敲诈勒索罪的中止犯已经构成编造虚假恐怖信息罪的既遂犯;如此等等。[①] 龚某的杀人行为虽然造成了轻微伤,但并不成立任何轻罪的既遂犯,故不能认为龚某造成了"损害",因而对其故意杀人行为,应当免除处罚。

根据本书的观点,对中止犯的量刑应当把握两个基本点:其一,中止犯如果没有造成损害,必须免除处罚;其二,中止犯中的"造成损害"实际上是指构成另一轻罪的既遂犯。据此,对"造成损害"的中止犯量刑时,既要受《刑法》第63条规定的制约,也要与轻罪的法定刑及其量刑实践相协调,即不应超过轻罪的法定刑裁量刑罚。

例如,一般情节的故意杀人中止,如果没有造成轻伤或者重伤等损

[①] 参见张明楷:《中止犯中的"造成损害"》,载《中国法学》2013年第5期,第112页以下。

害,就必须免除处罚。如果造成了重伤,就应当在故意重伤的法定刑内裁量刑罚(与故意杀人罪的下一个量刑幅度重合,均为"三年以上十年以下有期徒刑")。如果造成了轻伤害,原本应在故意轻伤的法定刑("三年以下有期徒刑、拘役或者管制")之内裁量刑罚。但是,由于受《刑法》第63条关于减轻处罚规定的制约,在没有下降两个量刑幅度的根据时,只能在下一个量刑幅度内("三年以上十年以下有期徒刑")裁量刑罚,所以,此时判处3年徒刑乃至缓刑,才是合适的;倘若判处更重的刑罚,则明显难以实现罪刑之间的协调。入户抢劫、持枪抢劫致人轻伤后自动中止抢劫行为的,或者在公共场所当众强奸妇女致人轻伤后自动中止奸淫行为的,也应如此。

再如,行为人实施普通强奸行为,其间对被害妇女实施了强制猥亵行为,但后来自动中止了奸淫行为。由于行为构成了强制猥亵妇女罪的既遂,而该罪的法定刑为"五年以下有期徒刑或者拘役",就此而言,在该法定刑内裁量刑罚并无不当。但是,由于对其适用强奸罪的"造成损害"的中止犯的规定,而强奸罪的法定刑为"三年以上十年以下有期徒刑",根据《刑法》第63条的规定,量刑必须低于3年有期徒刑。于是,在3年以下(不含3年)和拘役的幅度内裁量刑罚,是适当的。

在被告人具有"应当减轻或者免除处罚"的情节时,应当根据情节的性质与内容,决定是减轻处罚还是免除处罚。不过,从我国刑法规定的防卫过当、避险过当与胁从犯三种应当减轻或者免除处罚的情节来看,本书主张尽可能免除处罚。例如,对于过失造成防卫过当的行为,应当免除处罚。因为被告人通常是为了保护合法权益而实施正当防卫,且造成过当的后果出于过失,不仅责任较轻,而且没有特殊预防的必要性。即使对于故意造成的防卫过当行为,如果过当的结果并不严重,也宜免除处罚。再如,对于胁从犯,应尽可能免除处罚。因为被告人是基于被胁迫参与犯罪,虽未完全丧失意志自由,但其参与犯罪的原因表明其没有再犯罪的危险性。例如,在著名的洛阳地窖囚禁6名女子案中,李浩于2010年下半年的一天,指使、胁迫段某某并直接参与杀害一名被囚禁妇女。2011年6、7月份,李浩又指使段某某、姜某某、张某某杀害另一名被囚禁妇女。

一审法院认定段某某、姜某某、张某某被胁迫参加犯罪,对姜某某、张某某宣告了缓刑,但对段某某没有宣告缓刑。① 在本书看来,由于在当时的环境下,姜某某、张某某几乎丧失了意志自由,对于姜某某、张某某完全可以免除处罚。

我国刑法分则针对行贿与介绍贿赂规定了三种可以减轻或者免除处罚的情节:在被追诉前主动交代向非国家工作人员等行贿行为的(《刑法》第 164 条第 3 款);在被追诉前主动交代向国家工作人员行贿行为的(《刑法》第 390 条第 2 款);在被追诉前主动交代介绍贿赂行为的(《刑法》第 392 条第 2 款)。基于贿赂犯罪的特点与刑事政策的考虑,本书主张,对于这三种情形,应当尽可能免除处罚。

一般来说,行贿与受贿在刑法理论上属于对向犯,即以对方相对的行为为前提;在受贿人并没有索取贿赂的情况下,如果行为人不主动行贿,就不可能有受贿。事先行贿的,都是为了收买国家工作人员的职务行为;事中或者事后行贿的,是为了给予国家工作人员的职务行为以不正当报酬,结果仍然是金钱与权力的交换。也正因为如此,各国刑法无不在处罚受贿行为的同时,也处罚行贿行为。

从刑法目的与犯罪本质来考虑,设立并处罚受贿罪与行贿罪,没有任何值得非难之处。但是,由于贿赂行为总是发生于没有第三者在场的时空,贿赂双方都不是被害人,没有任何一方告发,所以,贿赂的暗数令人吃惊;更为重要的是,由于贿赂双方的行为都构成犯罪,故任何一方都不希望东窗事发,导致行贿人与受贿人之间自然而然地形成了一种相互"信任"关系:对方不会告发我,否则对方也会受到刑罚处罚;我也不会告发对方,否则我也会受到刑事追究。在有些情况下,除了行贿人与受贿人之外,可能还有贿赂介绍人,但介绍贿赂的行为也成立犯罪;故三方之间依然存在相互信任关系,都相信任何一方不会告发。由此可见,只要犯罪人之间形成了这种相互信任关系,案件就往往石沉大海,而不会露出水面。

---

① 李丽静:《洛阳地窖囚禁 6 名女子案一审宣判》,载《人民法院报》2012 年 12 月 1 日第 3 版。

这种局面,不仅导致贿赂案件难以侦破,而且导致受贿者肆无忌惮,贿赂犯罪愈演愈烈。不难发现,在其他没有被害人的对向犯(如贩卖毒品与购买毒品、贩卖假币与购买假币等)场合,也存在相互信任关系,犯罪暗数同样很高。而其他几乎不存在这种信任关系的犯罪,如伤害罪、强奸罪、抢劫罪、盗窃罪等,都不存在双方信任问题,所以被害人一般会告发,行为人因而会受到刑罚处罚。由此看来,如果采取某种立法措施,使行贿人与受贿人之间的信任关系不复存在,至少有一方面主动检举、交代贿赂犯罪事实,那么,就可能收到较好的效果。而要使行贿人与受贿人不存在信任关系,需要将行贿人与受贿人置于囚徒困境。

质言之,如果对于在被追诉前主动交代的行贿人或者介绍人免除处罚,行贿人、介绍人就不会担心自己受刑罚处罚,受贿人、行贿人、介绍人之间的信任关系便不复存在,行贿人、介绍人随时可能在被追诉前主动交代贿赂事实。当行贿人、介绍人不担心自己的主动交代也会使自己受刑罚处罚后,由于行贿人、介绍人与受贿人之间的信任关系不复存在,受贿人就开始担心:索取、收受贿赂后,行贿人、介绍人在行贿后是否会主动交代?因为一旦行贿人、介绍人在被追诉前主动交代,行贿人、介绍人便可以免除处罚,而受贿人却身陷图圄。于是,行贿人、介绍人与受贿人之间产生了相互不信任。进一步的局面是:国家工作人员不敢受贿,至少不会像现在这样受贿如此普遍和严重。所以,基于刑事政策的考虑,建议对于在被追诉前主动交代的行贿人或者介绍人免除处罚。①

2. 没有免除处罚的具体情节

在此所要讨论的是,被告人没有刑法规定的免除处罚的具体情节时,能否直接根据我国《刑法》第 37 条免除处罚?

我国现行《刑法》第 37 条即 1979 年《刑法》第 32 条。以往,许多论著将上述规定视为独立的免除刑罚的情节或事由。如有的教科书指出:"《刑法》(指 1979 年《刑法》——引者注)第 32 条关于'免予刑事处分'

---

① 参见张明楷:《置贿赂者于囚徒困境》,载何家弘主编:《法学家茶座》(第 5 辑),山东人民出版社 2004 年版,第 10 页以下。

(现行《刑法》改为'免予刑事处罚'——引者注)的根据是'犯罪情节轻微不需要判处刑罚','免除处罚'的根据是法定的免除处罚的情节,其犯罪情节可能是较重的……因此,在决定不判处刑罚的时候,如果具备免除处罚的情节,需要免除处罚时,应当依照规定免除处罚情节的有关条文,判决免除处罚。如果不具备法定免除处罚情节,而又不需要判处刑罚的,则应当依照《刑法》第32条规定,判决免予刑事处分。"①据此,可以直接根据上述第37条的规定免除刑罚。还有一些论著将该条规定的内容列为法定的量刑情节,即法定的可以免除刑罚处罚情节。② 现行刑法实施以来,刑法理论上的通说以及司法解释也认为,《刑法》第37条规定了独立的免除刑罚的事由。③ 本书认为,我国《刑法》第37条所规定的不是独立的免除刑罚的事由,只是有关其他具体的免除处罚情节的概括性规定。

第一,刑法所规定的免除刑罚的情节都是具体的,而不是抽象的;而《刑法》第37条并没有规定具体的免除刑罚处罚的情节,其中的"情节轻微"是一个相当抽象的概念,将其作为独立的、具体的免除处罚的根据,并不合适。《刑法》第37条旨在概括规定,具有免除处罚情节因而免除刑罚处罚时,可以适用非刑罚的法律后果,而不在于规定具体的免除处罚情节。刑法在"刑罚的种类"设立本规定,而不是在"自首和立功"(量刑情节)之后设立本规定,说明其规定的不是独立的免除处罚的情节。

第二,《刑法》第63条第2款规定,对不具有刑法规定的减轻处罚情节而又需要减轻处罚的,只有经过最高人民法院核准,才可以减轻处罚;如果可以直接根据《刑法》第37条的规定免除处罚,也不必经最高人民法院核准,便极不协调。所以,不能认为,刑法规定对不具有法定减轻处罚情节的减轻处罚需经最高人民法院核准,而对不具有法定免除处罚情节的免除处罚可以由任何法院、任何法官决定。现在,不仅在司法实践中,而且在司法解释中都出现了这种不协调的现象。例如,最高人民法院

---

① 何秉松主编:《刑法教科书》,中国法制出版社1995年版,第448页。另参见王作富:《中国刑法研究》,中国人民大学出版社1988年版,第323页。
② 参见苏惠渔主编:《刑法学》,中国政法大学出版社1994年版,第338页。
③ 参见最高人民法院2006年1月11日《关于审理未成年人刑事案件具体应用法律若干问题的解释》第17条。

1998年4月29日《关于审理挪用公款案件具体应用法律若干问题的解释》第2条第1款第2项规定："挪用公款数额较大,归个人进行营利活动的,构成挪用公款罪,不受挪用时间和是否归还的限制。在案发前部分或者全部归还本息的,可以从轻处罚;情节轻微的,可以免除处罚。"最高人民法院2001年9月17日《对执行〈关于审理非法制造、买卖、运输枪支、弹药、爆炸物等刑事案件具体应用法律若干问题的解释〉有关问题的通知》指出："行为人确因生产、生活所需而非法制造、买卖、运输枪支、弹药、爆炸物,没有造成严重社会危害,经教育确有悔改表现的,可依法免除或者从轻处罚。"这样的规定不符合逻辑,原因在于误解了《刑法》第37条。

第三,如果认为《刑法》第37条规定的是独立的免除处罚的事由,其消极后果(事实上已经出现)便不堪设想:导致对任何犯罪,不问罪质轻重,都可以免除刑事处罚,因而违反罪刑相适应原则;导致刑法分则规定的法定刑的威慑作用大为减小,因而违背刑罚目的;导致法官的自由裁量权过大,因而与罪刑法定原则相抵触;导致适用刑罚必然出现不平等现象,因而不符合平等适用刑法的原则。

第四,根据通说的观点,在犯罪人因中止犯罪而免除刑罚处罚时,不能适用《刑法》第37条给予非刑罚处罚;只有当犯罪人不具备法定的具体免除处罚的情节,仅因情节轻微而免除刑罚处罚时,才能适用《刑法》第37条给予非刑罚处罚。这显然不合适。

第五,在我国刑法中,免除刑事处分、免除刑事处罚、免除处罚等都是一个含义,适用根据都应是刑法规定的具体的免予刑罚处罚的情节。将结局都是免除刑罚处罚的一个概念,仅因所谓适用根据不同而区分为不同概念,只会引起概念上的混乱。

第六,对于犯罪情节轻微,也没有免除处罚的具体情节,但没有再犯罪的危险性的,完全可以适用缓刑,从而解决量刑过重的问题。

总之,不宜直接根据《刑法》第37条的规定免除刑罚;只有当行为人具有刑法规定的具体的免除刑罚的情节时,才能免予刑罚处罚。

3. 免除处罚情节与从重处罚情节的并存

在被告人具有刑法规定应当免除处罚的情节时,即使另具有其他从重处罚的情节,也只能宣告免除处罚。例如,被告人强奸中止,没有造成任何损害,即使其为累犯,也只能免除处罚。一方面,没有造成损害的中止,是影响责任刑的情节。亦即,在裁量责任刑时就必须免除处罚。既然责任刑是免除处罚,那么,在责任刑之下裁量预防刑的结局也只能是免除处罚。换言之,既然责任刑是0,那么,在0之下裁量预防刑的结果也只能是0。另一方面,如果在这种情况下仍然判处刑罚,就明显违反了我国《刑法》第24条的规定。

在被告人具有"可以免除处罚"、"应当减轻或者免除处罚"、"应当从轻、减轻或者免除处罚"、"可以减轻或者免除处罚"等情节,同时具有从重处罚的情节时,要先确定被告人所具有的情节是影响责任刑的情节还是影响预防刑的情节,按照先裁量责任刑后裁量预防刑的情节的步骤,决定宣告刑。

例如,被告人防卫过当且是再犯。由于防卫过当是减轻或者免除责任刑的情节,所以,如果对于防卫过当的责任刑的裁量结果是免除处罚,那么,宣告刑也只能是免除处罚,而不能因为其是再犯就减轻处罚。否则,就违反了责任主义。如果对于防卫过当的责任刑的裁量结果是减轻处罚,那么,应在所确定的责任刑的点之下,考虑再犯情节从重处罚。顺便指出的是,虽然累犯的成立条件之一是后罪属于"应当判处有期徒刑以上刑罚之罪",但这是就责任刑而言,而不意味着累犯的宣告刑必须是有期徒刑以上刑罚。如果累犯在预防刑方面另具有从轻、减轻或者免除处罚的情节(如自首、重大立功等),对累犯的宣告刑完全可能低于有期徒刑,甚至可能免予处罚。

再如,被告人奸淫幼女,同时有重大立功表现。由于奸淫幼女是增加责任刑时的情节,所以,在裁量责任刑时,先从重处罚,确定责任刑的点。倘若确定的责任刑为5年有期徒刑,然后,在责任刑之下,考虑其重大立功表现,决定是否减轻处罚与免除处罚。

又如,被告人犯故意伤害罪(重伤),既是累犯又有重大立功表现。

对此,就根据故意伤害的事实裁量责任刑。然后再综合考虑累犯与重大立功表现这两个情节,判断被告人再犯罪可能性的大小与有无,确定是否减轻处罚与免除处罚。

最高人民法院 2010 年 12 月 22 日《关于处理自首和立功若干具体问题的意见》指出:"对于被告人具有自首、立功情节,同时又有累犯、毒品再犯等法定从重处罚情节的,既要考虑自首、立功的具体情节,又要考虑被告人的主观恶性、人身危险性等因素,综合分析判断,确定从宽或者从严处罚。累犯的前罪为非暴力犯罪的,一般可以从宽处罚,前罪为暴力犯罪或者前、后罪为同类犯罪的,可以不从宽处罚。"这样的规定,显然混淆了责任刑与预防刑。前罪不可能直接影响后罪的责任刑,只是后者的预防刑的判断资料。如果综合判断自首、立功与累犯、毒品再犯等情节,认为被告人再犯罪的可能性较小,就应当从宽处罚,而不应当以前罪是暴力犯罪或者前、后罪为同类犯罪为由,不从宽处罚。

六、从轻处罚与从重处罚

从轻处罚与从重处罚,是最常见的两种处罚,因为几乎任何犯罪都具有从轻或者从重处罚的情节。但是,从轻处罚与从重处罚的根据究竟是什么,以及如何从轻或者从重处罚,并非没有疑问。

(一) 从轻处罚

《刑法》第 62 条规定:"犯罪分子具有本法规定的从重处罚、从轻处罚情节的,应当在法定刑的限度内判处刑罚。"显然,从轻处罚以具有从轻处罚的情节为前提。问题是,从轻处罚是相对于什么刑罚而言?

可以肯定的是,从轻处罚并不意味着在法定刑的"中间线"以下判处刑罚。因为刑法并没有以法定刑的"中间线"为标准区分从重处罚与从轻处罚;绝大多数法定刑也不存在清晰的"中间线"(只有大体意义的"中间线"或者"中间刑");如果从轻处罚以法定刑的"中间线"为标准,就必然造成轻罪重判或者重罪轻判的局面。更为重要的是,"中间线"的标准,不具备刑罚正当化的根据。

一般来说,从轻处罚是相对于既没有从轻处罚也没有从重处罚情节的一般情况下所应判处的刑罚而言,即比没有上述情节时所应判处的刑罚相对轻一些。因此,从轻处罚并不是指一律判处法定最低刑。例如,被告人甲使用暴力致乙重伤,而且伤害结果特别严重,造成终身残疾。归案后,甲如实供述了自己的罪行(坦白)。倘若裁量的责任刑为9年有期徒刑,考虑到在预防刑情节方面具有可以从轻处罚的情节,法官宣告8年有期徒刑(尽管可谓在"中间线"以上),就属于从轻处罚。

如前所述,量刑情节分为影响责任刑的情节与影响预防刑的情节,所以,从轻处罚的情节也包括责任刑的从轻处罚情节与预防刑的从轻处罚情节,二者分别对责任刑的裁量与预防刑的裁量起作用,不可混淆。

虽然从轻处罚以被告人具有从轻处罚的情节为根据,但是,从轻处罚的情节(尤其是预防刑的从轻处罚情节)相当宽泛,因为凡是表明责任有所降低或者预防必要性有所减少的情节,都能成为从轻处罚的情节(只是从轻幅度不同)。相对确定的法定刑,就是为了保证法官可以按照刑罚的正当化根据合理宣告刑罚。期待任何一种从轻处罚情节,都有刑法上的明文规定,或者随意否认从轻处罚情节,不是法官应有的态度。

有人指出,只投案不自首的,不符合自首条件,不得从轻处罚。① 然而,即使投案后没有如实交代全部罪行,不成立法定的自首情节,但投案本身要么表明被告人具有一定的悔改表现,要么减轻了司法机关的负担,当然可以成为酌定从轻处罚的理由。概言之,即使没有完全具备法定的从轻处罚情节的条件,但只要符合其中部分条件,并能表明责任刑或者预防刑有所减少的,都可以成为从轻处罚的情节。例如,虽然不符合立功条件,但确实减轻了司法机关负担的,也能成为酌定从轻处罚的情节。再如,虽然只是耳聋而不是又聋又哑的,但只要导致其责任能力有所下降,就能成为酌定从轻处罚的情节。又如,被告人虽然未满75周岁但已满70岁甚至接近75周岁,或者刚满18周岁,都是酌定从轻处罚的情节。

---

① 赵永平:《赵某只投案不自首不能从轻处罚》,载《农家之友》1995年第1期,第38页。

有人认为,被告人将受贿等犯罪的赃款用于公务的,不应当从轻处罚,因为没有法理根据。① 其实,如果被告人将受贿赃款用于公务,是其忏悔受贿罪行的一种方式时,理当作为酌定从轻处罚的情节。如果被告人将受贿赃款用于公务,旨在掩盖其受贿罪行,则不能从轻处罚。

有人主张,激情犯罪不能成为从轻处罚的情节,因为从致罪因素看,被害人的过错行为并非激情犯罪的必然诱因;从心理状态看,激情犯罪行为人的刑事责任能力并无减弱;从人格特征看,高激情性和暴力倾向决定了激情犯罪行为人较大的人身危险性。概言之,激情犯罪缺乏从轻处罚的心理学依据。② 可是,刑罚的正当化根据是报应与预防,并不是只有从心理学上找到根据才能从轻处罚。被害人的过错行为虽然并不必然导致被告人实施犯罪,但是,对被告人犯罪动机的形成起到了重要作用;主张对激情犯罪从轻处罚,并不是因为被告人的刑事责任能力减弱,而是其犯罪动机影响对责任的评价③;认为激情犯罪的被告人具有较大的人身危险性,则混淆了责任与预防的关系。总之,基于激情实施犯罪,导致被告人的责任减少,理当作为从轻处罚的情节(参见本书第五章)。

有人提出,主动预交罚金的行为,不能成为从轻处罚的情节。因为对主动预交罚金酌情从轻会直接导致同罪异罚,可能株连无辜,可能导致罚不当罪,容易导致新的犯罪,容易造成以钱赎罪。④ 诚然,原本不应当存在预交罚金的做法。但是,如果被告人预交罚金表明其认罪、悔罪和愿意接受刑罚处罚,当然说明其特殊预防必要性减少,因而应当从轻处罚。同

---

① 王新政:《受贿赃款用于公务不应从轻处罚》,载《人民检察》2011年第14期,第75页。
② 陈和华:《激情犯罪不宜从轻处罚的心理学依据》,载《法学》2011年第5期,第117页以下。
③ 德国《刑法》第213条规定,被告人由被害人对被告人或者其亲属实施的虐待或者严重侮辱所激怒,导致被告人当场杀害被害人的,属于情节较重的故意杀人,法定刑明显轻于谋杀罪与普通的故意杀人罪。在英美法中,符合一定条件的激情杀人不被认定为谋杀罪,而被认定为责任较轻的非预谋故意杀人罪。英国的 *The Coroners and Justice Act 2009* 第54条规定:"在被告人杀害了被害人的情况下,具备以下条件的,可以不认定为谋杀罪:(a)被告人的行为或者过失是在被告人失去自我控制的情况下实施的;(b)有适格的刺激因素导致被告人失去自我控制;(c)与被告人的性别、年龄相同,拥有正常的容忍与自我克制能力的一般人,若处于被告人的情境下,会做出与被告人相同或者类似的行为。"
④ 徐莉、黄祥坤:《主动预交罚金不宜酌情从轻处》,载《人民检察》2005年第10期,第62页。

罪不得异罚、罪刑相当,只是就责任刑而言,特殊预防必要性的大小只能是个别判断,不可能完全相同。至于是否株连无辜,是否导致新的犯罪,不是预交罚金本身的问题。对预交罚金的从轻处罚,也不是所谓以钱赎罪。

(二) 从重处罚

与从轻处罚一样,从重处罚是相对于既没有从轻处罚也没有从重处罚情节的一般情况下所应判处的刑罚而言,即比没有上述情节时所应判处的刑罚相对重一些。从重处罚的情节也包括责任刑的从重处罚情节与预防刑的从重处罚情节,二者分别对责任刑的裁量与预防刑的裁量起作用,不可混淆。亦即,责任刑的从重处罚情节,导致法定刑内的责任刑增加;而预防刑的从重处罚情节,只能导致在责任刑的点之下从重处罚。例如,被告人奸淫幼女,同时构成累犯。倘若强奸罪的量刑起点为 4 年徒刑,由于被告人奸淫幼女,责任刑增加至 5 年,那么,3 年以上 5 年以下就是裁量预防刑的空间。在此空间内,由于被告人具有累犯情节,应当从重处罚,因而可以选择 4 至 5 年有期徒刑作为宣告刑。

从刑罚的正当化根据与量刑情节的性质可以看出,不能将"从重处罚"理解为宣告刑的从重处罚。倘若被告人在责任刑方面有从重处罚的情节,但在预防刑方面有从轻或者减轻处罚的情节,那么,从重处罚就只能体现在责任刑中,而不可能体现在宣告刑中。

从轻处罚有利于被告,从重处罚不利于被告。所以,扩大从轻处罚的范围,不会违反罪刑法定原则,但随意扩大从重处罚的范围,则会违反罪刑法定原则。与从轻处罚一样,只有当某种情节说明被告人的责任增加或者特殊预防的必要性增加时,才能成为从重处罚的情节。可是,没有根据地从重处罚,是我国刑事司法的一个重要特点。

例如,最高人民法院 2011 年 12 月 30 日《关于进一步加强危害生产安全刑事案件审判工作的意见》指出:"国家工作人员违反规定投资入股生产经营企业,构成危害生产安全犯罪的","依法从重处罚"。诚然,国家工作人员违反规定投资入股生产经营企业,可能违反了相关行政法规或者部门规章,但是,不能因此将这一行为作为危害生产安全犯罪的从重处罚情节。其一,国家工作人员投资入股生产经营企业,不可能使危害生产安全犯罪的法益侵害加重,也不可能使其责任程度加重。其二,国家工作人员投资入股生产经营企业,并不表明其特殊预防的必要性增大。其三,如果将国家工作人员投资入股生产经营企业,作为危害生产安全犯罪的从重处罚的情节,必然导致间接处罚。亦即,这种行为原本并不成立任何犯罪,不可能受到任何刑罚处罚,但由于国家工作人员的行为触犯了危害生产安全犯罪,导致该行为受到了刑罚处罚。

再如,最高人民法院、最高人民检察院2001年4月9日《关于办理生产、销售伪劣商品刑事案件具体应用法律若干问题的解释》规定:"国家机关工作人员参与生产、销售伪劣商品犯罪的,从重处罚。"不可否认,如果国家机关工作人员利用职权参与生产、销售伪劣商品犯罪,不仅破坏市场经济秩序,而且因为滥用职权而侵害了国家机关公务的合法、公正、有效执行以及国民对此的信赖,应当从重处罚。但是,倘若国家机关工作人员参与生产、销售伪劣商品犯罪的行为,与其职务、职权没有任何关系,就不得从重处罚。

司法机关不仅不能没有根据地从重处罚,而且从重处罚的根据必须合理。针对我国的司法实践,本书特别提出以下几点意见:

第一,不能将一般违法行为作为责任刑从重处罚的根据,一般违法行为足以说明被告人再犯罪的可能性较大时,才可以成为预防刑从重处罚的根据。例如,盗窃犯、抢夺犯具有吸毒、赌博等违法行为的,不能成为责任刑从重处罚的根据。[①] 因为吸毒、赌博行为,既不增加盗窃罪的不法程度,也不增加盗窃行为的责任程度。另一方面,只有当吸毒、赌博事实,能够说明被告人再次盗窃、抢夺的可能性较大时,才成为预防刑的从重处罚情节。

第二,不能将犯罪的常态作为对责任刑从重处罚的根据。例如,基于

---

① 山西省高级人民法院《关于常见犯罪的量刑指导意见实施细则》规定:为吸毒、赌博等违法活动盗窃、抢夺的,增加基准刑20%以下。

报复动机伤害他人、基于奸情杀害他人,是犯罪的常态,不能以动机卑鄙、恶劣为由从重处罚;故意杀害一人既遂,是故意杀人罪的常态,不能以发生死亡结果为由从重处罚;强奸、强制猥亵行为致使被害妇女精神痛苦,同样是犯罪的常态,而不是从重处罚的情节;事先有预谋,也是故意犯罪的常态,不应作为从重处罚的情节①(参见本书第五章)。

第三,不能将犯罪后的常态作为预防刑从重处罚的根据。例如,虽然认罪是从轻处罚的情节,但拒不认罪、认罪态度较差或不好,不是从重处罚的情节,因为拒不认罪是犯罪后的常态;拒不退赃或退赃较少、不赔偿经济损失,也不是从重处罚的情节,因为对犯罪结果的评价已经包括了被害人的损失。挥霍财产犯罪所得,也是犯罪后的常态。换言之,非法占有财物后使用该财物的行为,只要没有侵害新的法益,就是不可罚的事后行为,既然是事后不可罚的行为,就不可能成为从重处罚的情节。否则,就相当于处罚了不可罚的行为。② 同样,将犯罪所得用于违法活动,只要没有侵害新的法益③,就不能成为从重处罚的情节。如果事后行为构成新的犯罪,则是新罪的处罚根据,而不是前罪的从重处罚情节。

第四,被告人不能左右的客观事实,不应成为从重处罚的情节。例如,被告人的犯罪行为给他人造成了财产损失,但被害人没有赔偿能力的,不能作为责任刑从重或者预防刑从重的情节。④ 在有赔偿能力的前提下,是否赔偿是被告人可以左右的,因而能够反映被告人有无悔罪表现。但是,如果将没有赔偿能力作为从重处罚的情节,明显违反责任主义。

---

① 江苏高级人民法院《关于常见犯罪的量刑指导意见实施细则》规定:事先有预谋犯故意伤害罪的,增加基准刑20%以下。这显然是将常态作为从重处罚的情节。
② 天津市高级人民法院《关于常见犯罪的量刑指导意见实施细则》规定:"挥霍诈骗的财物,致使诈骗的财物无法返还的","可以增加基准刑的20%以下"。这一规定明显将事后不可罚的行为作为从重处罚的情节。
③ 山西省高级人民法院《关于常见犯罪的量刑指导意见实施细则》规定:"侵占款项用于吸毒、赌博、非法经营、走私等违法犯罪活动的","可以增加基准刑的30%以下"。天津市高级人民法院《关于常见犯罪的量刑指导意见实施细则》规定:"职务侵占的款项用于吸毒、赌博等违法犯罪活动的","可以增加基准刑的30%以下"。
④ 天津市高级人民法院《关于常见犯罪的量刑指导意见实施细则》规定:犯交通肇事罪,"无能力赔偿数额每增加20万元的,可以增加两个月至四个月刑期确定基准刑"。

总之,鉴于我国法定刑较重的立法现状以及量刑较重的司法现实,本书主张,除了法定情节以外,法官应尽可能多地考虑酌定从轻情节,尽可能少地考虑酌定从重处罚的情节。

七、死刑与限制减刑

死刑是最残酷的刑罚,死缓原本可以救济死刑的缺陷,但是,限制减刑的制度却过度重视报应与被害人的感情。本书主张,尽量不适用死刑与限制减刑。

(一) 尽量不适用死刑

近年来,尤其是《刑法修正案(八)》废止了13个罪名的死刑后,我国的死刑适用明显减少。但按本书的观点,我国的死刑适用依然过多。例如,在司法实践中,对于故意杀人一人的,只要没有从轻处罚的情节,一般会判处死刑立即执行。对于故意杀人两人的,即使其具有自首情节,乃至出于可以宽恕的动机,一般也会判处死刑立即执行。

死刑背后的观念,是以眼还眼、以牙还牙的报复刑观念,而不是经过洗炼的报应刑观念;是个人的报复欲(或报应欲),而不是作为刑罚正当化根据的报应理念。相对于适用死刑最多的故意杀人罪而言,死刑也不一定能够实现公正。表面上看,对罪行极其严重的犯罪人判处死刑,有利于实现刑法的公平正义。但事实上并非如此。"相同的名义之刑不是相同的实在之刑。"①例如,人们常说的是,20岁、30岁的人被判处死刑,与50岁、60岁的人被判处死刑,便存在重大差异,并不公平。同样,杀1人被判处死刑,与杀5人、10人被判处死刑,也是不公平的。

与刑法规定的时效制度相比,也可以发现死刑是不公平的。我国刑法对于最高刑为无期徒刑与死刑的犯罪,规定了20年的追诉时效。关于

---

① 〔英〕吉米·边沁:《立法理论——刑法典原理》,李贵方等译,中国人民公安大学出版社1993年版,第70页。

刑法设立追诉时效的根据，刑法理论上存在证据湮灭说、改善推测说、准受刑说、规范感情缓和说、尊重事实状态说等学说。① 这些学说各具道理，也不一定相互矛盾。但是，由此可以明确死刑与时效制度相冲突。例如，既然最高刑为死刑的犯罪经过20年就推测行为人已经改善，那么，经过20年监狱改造的犯罪人，当然也已经改善。再如，既然最高刑为死刑的犯罪经过20年就认为行为人如同已经受到了20年的刑罚处罚，那么，在监狱关押了20年的犯罪人，更是受到了刑罚处罚。况且，在行为人没有受刑罚处罚而逃匿的场合，是行为人自由隔离社会；但在犯罪人被关押于监狱的场合，属于受强制而隔离社会。又如，既然最高刑为死刑的犯罪经过20年后，人们对犯罪的规范感情得以缓和，不一定要求给予现实的处罚，那么，经过20年的刑罚执行后，人们对犯罪的规范感情更能得到缓和。这些都足以说明，20年以上的刑罚基本上是不公正的，死刑更是不公正的。或许有人认为，我国的追诉时效过短，应当延长。可是，姑且不论应否延长，但可以肯定的是，无论如何都不应认为严重犯罪的追诉时效为"终身"，否则就丧失了追诉时效制度的意义。

诚然，死刑可以彻底实现特殊预防。但是，仅着眼于特殊预防而判处死刑，是不合适的。因为仅有特殊预防的作用，不能成其为正当化根据。认为死刑有利于特殊预防，是因为人们过度地期待刑罚的特殊预防功能。其实，"如果某一个罪犯经过判决执行之后，与蹲监狱之前相比，其犯罪次数减少，情节减轻，则表明了他的犯罪生涯受到了削弱。在这样的情况下，应该承认判决执行取得了相对的成功。除了犯罪作案的强度之外，再犯的速度也可能减慢。在判决执行之后，再次作案之间的间隔时间也延长了。"② 所以，即使以前是因为故意杀人而被判处执行15年徒刑的人，只要在释放后，没有再犯与故意杀人相当的犯罪，就应认为产生了特殊预防的效果。人们常说，对于没有改造可能的罪犯，应当判处死刑。可是，根据什么说某个罪犯没有改造可能呢？这充其量只是人们根据罪犯已经

---

① 参见张明楷：《外国刑法纲要》，清华大学出版社2007年第2版，第425页。
② 〔德〕汉斯·约阿希姆·施奈德：《犯罪学》，吴鑫涛、马君玉译，中国人民公安大学出版社、国际文化出版公司1990年版，第925页。

实施的行为所作的预测,可是,预测并不都是准确的。与减刑、假释相比较就能说明这一点。如果认为,法官在量刑时对报应与预防需要所作的预测是准确的,就不应当有减刑与假释制度。反过来说,减刑与假释制度的存在,说明了任何罪犯的改造,都可以比法官预想得快。既然如此,为什么我们偏要预测有的罪犯是不可能改造的呢?

按照国内外刑法理论的思路,在保留死刑的情形下,死刑基本上仅适用于故意杀人罪。① 但对故意杀人罪的预防,并不依赖于死刑。因为绝大多数的杀人犯,既不是倾向犯,也不是职业犯罪者,而是在特殊的、几乎不能反复的状况下杀人的冲动犯。即使不适用死刑,也足以预防其再次故意杀人。②

死刑并没有一般预防的威慑力。首先,死刑之所以缺乏威慑力,是因为许多人以为犯罪后不会被发现。"据说,扒窃在英国一度是死罪,而且绞刑是公开的,这都是为了产生最大的威慑效果。但是,公开的绞刑不得不取消了,因为扒窃之类的罪行如此频繁地发生在围观绞刑的过程中!"③其次,死刑之所以缺乏威慑力,还因为许多犯罪是基于冲动。"犯罪人不是经济学家,风险的计算在他们的头脑中并不是按照我们可以察觉的理性方法进行的。抢劫杀人犯是受心血来潮即兴驱使的动物,其行为无法轻易用黑板上的图表来解释。他开枪射击……或者用脚踢打受害者,都不是出自把这些行为的所有风险计算在内、沉着冷酷地商定的计划,而是由于行为受阻的激怒。假设任何幅度的刑罚,包括死刑在内或者

---

① 《公民权利和政治权利国际公约》第 6 条第 2 款规定:"在未废除死刑的国家,判处死刑只能是作为对最严重的罪行的惩罚。"公约本身没有明确界定"最严重的罪行"的范畴,但是,"在 1984 年通过的《关于保护面对死刑的人的权利的保障措施》中,经济和社会理事会认为,关于'最严重的罪行'这一术语的范围'应当不超出故意犯罪的范围,而且应伴随致命或其他极为严重的后果'。'或其他极为严重的'这一表述是在预防和控制犯罪委员会(起草该《保障措施》的机构)的一名成员提出下列观点之后增加的,他指出,一些行为(例如在战时向敌人提供秘密情报)可能会导致大规模丧失生命,即使不一定能证实此罪行的致命后果。"(〔英〕奈杰尔·S. 罗德雷:《非自由人的人身权利》,毕小青、赵宝庆等译,生活·读书·新知三联书店 2006 年版,第 233 页)。
② 〔德〕Arthur Kaufmann:《転換期の刑法哲学》,〔日〕上田健二监译,成文堂 1993 年版,第 265 页。
③ 〔美〕詹姆斯·P. 斯特巴:《实践中的道德》,李曦、蔡蓁等译,北京大学出版社 2006 年版,第 516 页。

排除死刑,都会影响他的行为的话,那么就是忽视了我们必须要应付的人的本性。"①换言之,对于冲动犯而言,常常是因为他们不可能或者没有经过深思熟虑而实施的,在当时,他们大脑中根本不存在刑法,不存在刑罚。所以,就这些犯罪而言,死刑难以起到一般预防的作用。再次,规定死刑是希望人们通过死刑的预告,抑制内心犯罪的冲动,产生反对动机。"但是,在一定的场合……特别是当行为人内在的根源性的冲动,远远强于对法所预告的苦害的恐怖之念时,反对动机的设定就是没有意义的。例如,在对生命的紧急避险这样的界限状态中,人的脆弱性与自我保存的本能是显著的。再如,在自杀的场合,由于行为人自我破坏的本能很强(自杀人决意顽固),而不能改变。还有,革命家、殉道者这样的确信犯,其英雄的动机、确信远远超过了对害苦的恐惧。"②想一想那些自杀式爆炸的人,就能明白这一点。最后,一般来说,刑罚的威慑力只是在通常情形下,对比较有规范意识的人具有作用,但对通常情形下具有一定规范意识的人来说,不需要以死刑威慑,以较轻的刑罚威慑就能起到作用。概言之,刑罚的一般威慑功能是有限的,死刑极为有限的威慑力并不是其存在理由。

即使是积极的一般预防,也以责任主义作为设定刑罚界限的手段。因为积极的一般预防理论缺乏对刑罚的限制,故需要通过禁止超出责任限度的刑罚的方法加以补救。在当今社会,应当认为,对杀害一人的杀人犯适用死刑,属于超出了责任限度的刑罚。另一方面,积极的一般预防效果,是难以得到证明的。死刑的适用同样不能证明积极的一般预防。

总之,在当今社会,死刑基本上丧失了正当化根据;法官应当尽可能不适用死刑。

(二)尽量不适用限制减刑

《刑法修正案(八)》对死缓犯人同时规定了限制减刑制度,并且规定:"人民法院依照本法第五十条第二款规定限制减刑的死刑缓期执行的

---

① 〔美〕欧内斯特·范·登·哈格、约翰·P.康拉德:《死刑论辩》,方鹏、吕亚萍译,中国政法大学出版社 2005 年版,第 83 页。
② 〔日〕青井秀夫:《法理学讲义》,有斐阁 2007 年版,第 59 页。

犯罪分子,缓期执行期满后依法减为无期徒刑的,不能少于二十五年,缓期执行期满后依法减为二十五年有期徒刑的,不能少于二十年。"于是,被判处死缓的犯罪人,如果在二年考验期内,没有重大立功表现,其在监狱至少要服刑 27 年,这还不包括判决前的羁押时间。这种限制减刑制度接近于终身刑,即使认为它不是终身刑,只是长期徒刑,其弊害也不可低估。本书看法是,法官尽量不要适用限制减刑。

限制减刑与时效制度相冲突。既然最高刑为死刑的犯罪经过 20 年就不再追诉,那么,对于经过 20 年监狱改造的犯罪人仍不释放,就明显不合适。

限制减刑使犯罪人在监狱服刑时间过长,导致犯罪人丧失希望。可是,"人只有在有希望的时候,才可能生存。丧失希望的人,是不能作为人而生存的。没有希望的人,不具有任何意义,刑罚也不能实现这样的理念。只有基于希望、赋予'自己的'刑罚以积极意义的人,才可能于某日赎罪,走向新的生活"。① 况且,限制减刑与赎罪观念并不一致。既然可以将犯罪人长期拘禁于监禁,又何必让其赎罪?根据法国哲学家利科(P. Ricoeur)的观点,大多数西方国家废除死刑是出于两个原因,第一"是给犯人一个未来";第二是"国家的自制",即"国家禁止自己对犯人使用同样的暴力"。② 我们同样能够基于这两个原因反对限制减刑。第一,限制减刑基本上没有给犯人一个未来,没有给犯人一种希望,因而是没有将犯人当人看待的刑罚。第二,国家应当自制,不用残酷的方法对待犯人,是国家权力上的进步、道德上的进步。不能因为世上曾经有过而且现在也有国家存在终身刑,国家就采用与终身刑相近的限制减刑;更不能因为被害人期待限制减刑,就采取这样的措施。"决定性的反对论据是,经过数十年拘禁的结果,内心已钝磨、精神已痴呆化的犯罪人,原本就没有洞察其责任、据此而赎罪的能力。"③反过来,只有在犯人丧失赎罪能力之前

---

① 〔德〕Arthur Kaufmann:《転換期の刑法哲学》,〔日〕上田健二监译,成文堂 1993 年版,第 264 页。
② 杜小真编:《利科北大讲演录》,北京大学出版社 2000 年版,第 24—25 页。
③ 〔德〕Arthur Kaufmann:《転換期の刑法哲学》,〔日〕上田健二监译,成文堂 1993 年版,第 263 页。

的监禁,才具有使其赎罪的作用;此后的监禁不再具有任何意义。

其实,人是相当脆弱的。即使是极为凶狠的犯罪人,在强大的国家机关面前,也十分脆弱。"任何被拘禁者,都不可能在其人格不遭受重大障碍的情况下忍耐15年以上的拘禁,这在今天已是不争的事实。其后他所剩下的并不是真正的生存,只不过是苟延残喘的人的空壳。"①从特殊预防的角度来看,限制减刑也并非必要的措施。"从司法统计数据分析,执行十年以上有期徒刑的犯罪分子在刑罚执行完毕之后再犯罪的比率很低,可以认为基本上达到了适用刑罚的目的。"②国外的相关数据也能够说明这一点。例如,美国1986年的一项调查表明,长期受刑者中的75%,在过去5年内没有在监狱内实施暴力行为,其中的35%在过去2年内没有违反任何监狱规则。③ 再如,日本2005年的统计表明,2005年被检举的一般刑法犯中④,有13.8%的人有相同犯罪的前科。其中,伤害罪(不含伤害致死)为19.9%,敲诈勒索罪为19.5%,盗窃罪为19.1%,诈骗罪为16.5%;而故意杀人罪仅为3.8%,伤害致死罪为4%,放火为7%,强盗为9%,强盗致死为9.8%。⑤ 这足以说明,已经服刑10年左右的人,释放后的重新犯罪率已经很低,特殊预防的目的基本实现。既然如此,限制减刑就成为不必要的刑罚制度。

维护人的尊严、保护人的人格,是法秩序的最高要求,也是最基本要求。"而且在任何意义上都不允许将人格作为实现自己目的的手段,这是法的本质立场。"⑥犯人也是人,"对付"犯人的人,应当想到犯人具有和自己一样的人格尊严。"所有被剥夺自由的人应给予人道及尊重其固有的

---

① 同上书,第262—263页。
② 黄太云:《〈刑法修正案(八)〉解读(一)》,载《人民检察》2011年第6期,第11页。另参见张明楷:《死刑的废止不需要终身刑替代》,载《法学研究》2008年第2期,第79页以下。
③ G. Wilson & F. Vito, "Long-Term Inmates: Special Needs and Management Considerations", *Federal Probation*, Sep. 1998, p.23.
④ 一般刑法犯,是指触犯刑法典以及10个特别刑法的犯罪,但不包含与道路交通有关的危险驾驶致人死伤的犯罪。
⑤ 日本法务综合研究所:《平成18年版犯罪白书》,日本国立印刷局2006年版,第128页。
⑥ 〔日〕木村龟二:《刑法总论》,有斐阁1978年增补版,第270页。

人格尊严的待遇。"①对人的污辱,是对人的尊严的严重侵犯。"现在在所有伦理家、法学家之间有一种共识,他们认为酷刑是不能容许的,不仅仅因为它使人痛苦,还因为它污辱人。"②限制减刑相当于终身刑,不仅给犯人造成终身痛苦,而且基本上是一种"终结生活的惩罚"。可是,让一个犯人"活"着,却又让他终身没有"生活",让他没有活得稍微好一点的希望与可能,让他终身只能像动物一样活着直至死亡,是对犯人的最严重污辱。我们没有理由认为,在所有刑罚中,只有死刑涉及人道主义问题,长期徒刑与人道主义无关。我们不能认为,只要让犯人活着,保留犯人"没有生活的生命",就是符合人道主义的。

削减或者废止死刑,象征着一种社会的进步。如果进一步时又退一步,就意味着没有进步;如果进一小步时退一大步,则意味着倒退。钱穆先生在谈到善恶问题时指出:"我们终要承认杀人是一件大恶事。我们总希望人类,将来能少杀人,而终至于不杀人。明白言之,从前人类并不承认杀人是恶,渐渐人类要承认杀人是恶,将来人类终将承认杀人是大恶,而且成为一种无条件无余地的赤裸裸的大恶。……让我再稍为深进一层来发挥这里面的更深一层的涵义。杀人也是人类在没有更好办法之前所选的一种办法呀。人类在无更好办法时来选择杀人之一法,这也已是人类之自由,所以那里也不算它是一种恶。幸而人类终于能够提供出比杀人更好的办法来。有了更好的办法,那以前的办法便见得不很好。照中国文字的原义讲,恶只是次一肩的,便是不很好的。若人类提供了好的办法,能无限进展,则次好的便要变成不好的。"③在当今社会,完全有比限制减刑更好的方法(如视死缓犯人的改造情况决定的减刑、假释),既然如此,我们就不能认为限制减刑是好的方法。在削减与废止死刑的过程中,增加限制减刑,是在增加善的同时增加了一种相当的恶,并不意味着进步。

---

① 《公民权利和政治权利国际公约》第10条。
② 杜小真编:《利科北大讲演录》,北京大学出版社2000年版,第27页。
③ 钱穆:《人生十论》,广西师范大学出版社2004年版,第20页。

诚然,限制减刑可谓被害人家属的强烈要求。① 但是,仅以个案为根据得出结论是不合适的。其一,被害人的报应感情不是固定不变的,相反,"人的报应感情是逐渐衰退的"②。在被害当时报复欲望十分强烈的人,时过境迁之后,即使加害人未受刑罚处罚,也可能与加害人和好。而在加害人经过10年以上的刑罚执行后,一般来说,被害人的报复欲望就已经得到满足,被害人的报应期待就已经实现。所以,即使为了满足被害人的报应感情,也不需要让犯罪人终身服刑或者服刑30年左右。其二,个案中的被害人及其家属的感情也不具有普遍性。在不少场合,被害人更需要的是得到安慰,而不一定是报复。"鲍尔曼和舍特勒(baumann/Schädler)的一个小规模的研究针对的是203个暴力犯罪、财产犯罪和其他犯罪的被害人的问卷。这些对象是1986年在哈瑙(Hanau)报案之后被直接问卷的。这里,希望更为严厉的刑罚还是排在教育和保障安全的刑罚需求之后……总体上已经表明,被害人的报应需求并不是首要的,这个命题是正确的。另外,其他暴力犯罪被害人的最为突出的需求可能同样也是杀人犯罪被害人的亲属的要求。他们首要的不是需求报仇或者报应,而是需要一个倾诉的对话者,这个对话者要全面理解并耐心地倾听他们的诉说,向他们表示安慰和同情;当需要支持的时候,随时为他们提供帮助。"③立法机关在斟酌刑罚体系时,既不能以满足少数被害人的感情为目的,也不能仅看到被害人的表面情感,而应尊重多数被害人的真实需要。如果这样来思考,就会发现,限制减刑并不能给被害人带来利益,并

---

① 我国农村与中小城镇是一个熟人社会,人们相互之间比较熟悉,许多杀人、强奸案件发生在邻里之间。在案件发生后,被害人及其家属就不愿意再见到犯罪人,但我国的户籍制度使得一个人(包括被告人与被害人)很难离开原来的住所。可是,在各地报请核准死刑的案件中,被告人年龄在18至30周岁的约占1/2。这意味着如果一个25岁左右的人犯杀人、强奸等罪而被判处死缓时,大约在40岁左右就可以回到原居住地。可是,被害人及其家属见到当初的杀人犯、强奸犯回到自己的身边后,心里难以接受。于是,他们强烈要求判处被告人死刑立即执行。在司法机关认为被告人不符合死刑立即执行的条件时,被害人及其家属就强烈要求将被告人终身监禁在监狱,以免犯罪人回到自己身边。这或许是立法机关对死缓犯人规定限制减刑的重要动因。
② 〔日〕齐藤金作:《刑罚と保安处分との关系》,载林赖三郎中博文追悼论文集:《刑事法学论集》,日本中央大学法学会1960年版,第73页。
③ 〔德〕海因茨·舍许:《死刑的被害人学视角》,樊文译,载陈兴良主编:《刑事法评论》(第21卷),北京大学出版社2007年版,第155—156页。

不是对被害人感情的真实满足。其三,在许多场合,被害人并不一定关心犯罪人会受到何种处罚,而是关心自己能够得到什么。"尤其是在财产犯罪的领域,被害人多半关心的是经由国家来实现的再复原损害,而非对行为人的处罚。这尤其表现在具有最高及最低社会能力的被害人:众所周知,银行认为,如果不利他们的犯罪被报道出来,其所招致形象损失的受害程度,远远超过放弃处罚行为人的损失,所以,银行极少去告发犯罪;另一方面,相反的出发点,但却相同的想法是,小诈欺的被害人通常去找警察,因为他们以为可以因此找回失去的金钱。还有,尽管很多人说,近年来人民对入刑化的想法是有增无减,然而,不消几年时间,这又会被证实只不过是个昙花一现的小插曲而已。"① 所以,国家不能仅因为部分被害人的一时要求,就设置限制减刑措施。换言之,刑事立法时,不能仅考虑国民不成熟的处罚感情,而要尽可能合理地、实证地考虑法益保护的适合性、必要性、相当性。② 其四,与死刑一样,限制减刑措施是完全与被害人的恢复相对立的。所以,一旦国家将被害人的恢复侧面作为第一志向,就不可能单纯为了满足被害人的处罚感情,而采取限制减刑的措施。

从司法实践来看,对被告人故意致一人死亡,有从宽处罚情节,但被害人家属不予谅解的案例,一般宣告限制减刑。例如,最高人民法院第 4 号指导案例就王志才案的裁判要点是,"因恋爱、婚姻矛盾激化引发的故意杀人案件,被告人犯罪手段残忍,论罪应当判处死刑,但被告人具有坦白悔罪、积极赔偿等从轻处罚情节,同时被害人亲属要求严惩的,人民法院根据案件性质、犯罪情节、危害后果和被告人的主观恶性及人身危险性,可以依法判处被告人死刑,缓期二年执行,同时决定限制减刑,以有效化解社会矛盾,促进社会和谐。"再如,最高人民法院第 12 号指导案例中对李飞案的裁判理由指出:"被告人李飞的行为已构成故意杀人罪,罪行极其严重,论罪应当判处死刑。本案系因民间矛盾引发的犯罪;案发后李

---

① 〔德〕许逎曼:《从德国观点看事实上的量刑、法定刑及正义与预防期待》,林钰雄译,载许玉秀、陈志辉编:《不移不惑献身法与正义——许逎曼教授刑事法论文选辑》,台湾春风煦日学术基金 2006 年版,第 686—687 页。
② 〔日〕松原芳博:《被害者保护与"严罚化"》,载《法律时报》第 75 卷(2003 年)第 2 号,第 21 页以下。

飞的母亲梁某某在得知李飞杀人后的行踪时,主动、及时到公安机关反映情况,并积极配合公安机关将李飞抓获归案;李飞在公安机关对其进行抓捕时,顺从归案,没有反抗行为,并在归案后始终如实供述自己的犯罪事实,认罪态度好;在本案审理期间,李飞的母亲代为赔偿被害方经济损失;李飞虽系累犯,但此前所犯盗窃罪的情节较轻。综合考虑上述情节,可以对李飞酌情从宽处罚,对其可不判处死刑立即执行。同时,鉴于其故意杀人手段残忍,又系累犯,且被害人亲属不予谅解,故依法判处被告人李飞死刑,缓期二年执行,同时决定对其限制减刑。"可是,即使责任刑为死刑,但由于被告人具有坦白悔罪、积极赔偿等减少责任刑的情节,就应当判处轻于死刑的刑罚。在宣告死缓的同时,基于被害人亲属的严惩要求或者不予谅解的态度,而适用限制减刑,不仅缺乏刑罚的正当化根据,而且使刑事司法丧失权威性与公正性。类似这种由被害人及其家属左右量刑、因而可以暂时满足被害人报复情感的判决,必然给刑事司法造成长久的不安定。

总之,从立法论上来看,限制减刑是一项不可取的制度,法官应当尽量不适用这项制度,或者将这项制度作为特例予以适用,而不能普遍适用。

不能不承认的是,在限制死刑与控制限制减刑方面,学理解释的作用不如刑事政策的作用,学者呼吁的作用不如官方决策的作用。所以,本书期待决策机构尽快出台进一步限制乃至废止死刑,以及严格控制限制减刑的刑事政策。